EL SENTIDO DE LAS DIMENSIONES ETICAS DE LA VIDA

Johan Leuridan Huys

Copyright © 2021 Johan Leuridan Huys
Copyright © 2021 Generis Publishing

All rights reserved. This book or any portion thereof may not be reproduced or used in any manner whatsoever without the written permission of the publisher except for the use of brief quotations in a book review.

Title: EL SENTIDO DE LAS DIMENSIONES ETICAS DE LA VIDA

Author: Johan Leuridan Huys

ISBN: 978-1-63902-342-4

Cover image: www.pixabay.com

Publisher: Generis Publishing
Online orders: www.generis-publishing.com
Contact email: info@generis-publishing.com

"Es más importante enseñar las virtudes que condenar los vicios"
SPINOZA

"La virtud es la capacidad para lograr el humanismo"
COMTE-SPONVILLE

"El amor no anula la regla de oro sino la orienta hacia la generosidad"
RICOEUR

"La felicidad es una actividad del alma"
ARISTÓTELES

"Como el padre me amó, así también los he amado yo: permanezcan en mi amor"
SAN JUAN

A LA JUVENTUD PERUANA

Índice

Prefacio 14

Introducción 15

Capítulo I 21

LA CULTURA DEL INDIVIDUALISMO Y DE LA VULGARIDAD EN LA ÉPOCA ACTUAL 21

1. La sociedad del individualismo 21
2. La malignización de lo bueno 23
3. La sociedad amoral 24
4. El emotivismo 25
5. Los líderes de la sociedad y la opinión pública 26
    A. Los líderes del Estado 27
    B. Los líderes culturales 28
    C. Los Líderes de la Ciencia, la tecnología y la Educación 30
6. El periodismo y los medios audiovisuales 31
7. Las nuevas tecnologías de comunicación 33
8. La influencia del neoliberalismo en la juventud limeña 34
9. La inteligencia artificial y el calentamiento global 36
    A. La inteligencia artificial 36
    B. El Calentamiento global 38

Evaluación 39

Capítulo II 43

ARISTÓTELES: EL HUMANISMO DEL BIEN 43

Introducción 43
1. El deseo del bien 43
2. Las pasiones 45
3. La ética es fruto de la razón y de la libertad 46
4. La virtud es una disposición adquirida (un hábito) de acuerdo a la razón y por decisión libre 48
5. La ejemplaridad, las leyes y las normas y la libertad 50
    A. La ejemplaridad 50
    B. Leyes, normas y libertad 51

6. La Educación en la Familia y el Ejemplo de Los Líderes Políticos Promueven la Virtud 53
7. Las virtudes o los fines: justicia, prudencia, fortaleza y templanza 56
    A. La justicia 56
    B. La prudencia o el conocimiento práctico 57
    C. La fortaleza 59
    D. La templanza 59
8. La virtud está en el medio 60
9. La amistad y el amor 60
Evaluación 62

Capítulo III 65

LA SOCIEDAD MEDIEVAL Y EL INICIO DE LA SOCIEDAD MODERNA 65

1. La cristiandad 65
2. Inicio de la modernidad 67

Capítulo IV 70

CAMBIO DE LA CULTURA EN LA MODERNIDAD, LIBERALISMO, SOCIALISMO Y POSITIVISMO 70

Introducción 70
1. Ideología del liberalismo (siglos XVI, XVII y XVIII) 70
2. La masonería 74
3. Ideología del socialismo (siglos XIX y XX) 77
4. El positivismo 82
Evaluación 85

Capítulo V 88

LA ÉTICA EN LA MODERNIDAD 88

El inicio con Hobbes, Locke y Hume y KANT, filósofo del humanismo del deber 88
1. Thomas Hobbes 88
2. John Locke 89
    A. Ley natural y conciencia 89
    B. Las instituciones del Estado 91
3. David Hume 93

4. Emmanuel Kant: El humanismo del deber 95
    Introducción: Una nueva concepción del hombre 95
    A. La libertad 97
    B. La conciencia del deber en la voluntad o la virtud desinteresada 99
    C. La universalidad 100
    D. El respeto 101
    E. El ejemplo 103
    F. La ética y la política 105
Evaluación 107
    A. La metafísica ontológica y la metafísica ética 111
    B. El imperativo categórico no puede hacerse
    valer sin relación con la experiencia 112
    C. El respeto y la imposibilidad de la virtud desinteresada 114

Capítulo VI 116

COMPARACIÓN ENTRE LAS ÉTICAS DE ARISTÓTELES Y KANT. 116

Introducción 116
1. La decisión por el bien o el deber de cumplir normas 116
2. La experiencia moral es positiva o negativa 118
3. Dignidad del hombre por ley natural o por decisión de la razón 119
4. Hábitos del bien o una voluntad netamente espiritual 119
5. La educación y el ejemplo 120
6. El Estado 122
7. La vida de la felicidad o el deber de la normas 123

Capítulo VII 125

CAMBIO DE CULTURA EN LA POSMODERNIDAD: LA CULTURA DE LA RAZÓN TECNOLÓGICA O LA CAUSALIDAD MECÁNICA 125

Introducción 125
1. El hombre tecnócrata y competitivo 126
2. La globalización o el fin del orden liberal y la ética 127
3. El casino de las finanzas 130
4. La igualdad mal entendida 134
5. El multiculturalismo 135
Evaluación 137

Capítulo VIII 141

LA ÉTICA EN EL SIGLO XX, ESCEPTICISMO Y POSMODERNIDAD
.... 141

Introducción 141

1. Friedrich Nietzsche: La deconstrucción de la razón y de la ética o el antihumanismo 143

    A. Precursor de la posmodernidad 143

    B. La "teoría" de Nietzsche o las fuerzas vitales 144

    C. La moral de Nietzsche: La voluntad de poder, más allá del bien y del mal 145

2. El anarquismo de Manuel González Prada 147

    A. La influencia del positivismo de Comte 147

    B. La influencia de Nietzsche 148

    C. Manuel González Prada. El anarquismo 149

3. Lyotard y Lipovetsky 151

    A. Lyotard: La tecnología tiene la razón. La búsqueda de resultados ... 151

    B. Lipovetsky: El individualismo y el hedonismo 154

Evaluación 155

Capítulo IX 163

LOS DERECHOS HUMANOS 163

Introducción 163

1. Los derechos humanos 165

    A. Individualismo de los derechos humanos 168

    B. Impunidad e incumplimiento internacional 170

    C. La moral es más que el derecho de cada uno 171

2. La universalidad de los conceptos de los derechos humanos 173

3. La tolerancia y La Interculturalidad. 177

Capítulo X 180

FICCIONALISMO, FIOLOSIA DE LA LIBERACIÓN, UTILITARISMO, FILOSOFÍA ANALÍTICA Y TEORÍA DE LA COMUNICACIÓN. PROPUESTAS PARA UNA ÉTICA POSTERIOR A LA POSMODERNIDAD. CAMINOS HACIA UN NUEVO HUMANISMO. 180

Introducción 180

1. Ficcionalismo 181
Evaluación 183
2. Filosofía de la Liberación 183
   A. Los marxistas 185
   B. Los filósofos de la cultura 187
Evaluación 191
3. El utilitarismo 193
4. La filosofía analítica. Los valores están dentro de la vida natural 195
   A. El sentido común y el método pragmático de la ciencia y la tecnología 196
   B. La materia y la moralidad 200
5. La ética del consenso. La teoría de la comunicación (Habermas) 204
   A. El positivismo de las ciencias naturales deshumaniza a la sociedad 204
   B. El positivismo del materialismo histórico de Marx y de la ideología del capitalismo avanzado 206
   C. Los intereses del conocimiento 208
   D. ¿Cómo se puede fundamentar la razón moral? 211
Evaluación 212
Capítulo XI 223

LA RELACIÓN NECESARIA ENTRE LA CIENCIA Y LA ÉTICA 223

Capítulo XII 229

LOS VALORES SON LOS VÍNCULOS ENTRE LAS PERSONAS. LA ÉTICA DE LAS VIRTUDES ES UN PROYECTO DE VIDA 229

Introducción 229

1. Los valores surgen desde el "interior" de la persona, La Conciencia 233

2. ¿Por qué existe algo y más bien nada? El sentido de la existencia y el origen de los valores 237

3. Una experiencia común a todos los hombres: Los valores o las virtudes 245

4. La razón, la voluntad y las pasiones 247

5. La Virtud no es una Acción sino una Actitud Relacionada con una Elección del Bien 248

6. Las Leyes Coaccionan la Libertad, pero los Ejemplos entran en el Corazón y lo Transforman 250

7. Las diferentes virtudes 251

    A. La justicia 252

    B. El Amor 254

8. El conocimiento práctico. La recta aplicación de la intención virtuosa ... 260

Evaluación 262

CAPITULO XIII 265

UNA INVITACIÓN AL CAMBIO 265

Introducción 265

1. Solo el misterio del amor puede superar la contradicción moderna entre naturaleza y cultura 267

2. El misterio del amor 270

3. La vida de la fe es un encuentro y el seguimiento de una persona 272

4. La vida del amor con Cristo es un cambio 277

5. El amor como preferencia por los pobres 280

6. La Relación entre Amor y Justicia en la Biblia 283

7. La ética cristiana es un nuevo estilo de vida 284

Capítulo XIV 288

LA ÉTICA EN LAS INSTITUCIONES: LA FAMILIA, LA ESCUELA Y LOS LÍDERES DE LA SOCIEDAD 288

1. La familia 288

    A. La familia demandada 288

    B. El matrimonio por amor 292

    C. La educación en familia por ejemplo e imitación 295

    D. La ejemplaridad por la dialéctica del odio y del amor en la familia. 298

    E."Es este un misterio muy grande, pues lo refiero a Cristo y a la Iglesia" (San Pablo, Efesios, 5: 32) 301

    F. El Significado político-moral de la familia para la justicia en el estado 303

2. La escuela 306

3. Los líderes de la Sociedad 311

    A. Liberalismo, Socialismo y Globalización 311

    B. El nuevo sentido de la política. La política es la revolución del amor. Familia y Estado 314

    C. La política ética de los líderes debe estar presente en el plano económico, financiero y técnico 319

D. La sociedad como producto del amor y de los derechos humanos ... 324

CONCLUSIÓN 328

Introducción 328

1. Superación de la Diferencia entre Aristóteles y Kant. Virtudes, Principios y Derechos 328

2. La Cultura de la Sociedad Tecnócrata 330

3. El Individualismo. La Autodeterminación y la Neutralidad del Gobierno. La Separación entre Vida Privada y Pública 333

4. Una antropología catastrófica o una antropología del bien 336

5. El hombre se realiza por la elección del bien para sí mismo, para los demás y para el buen uso de la tecnología. 340

6. La Victoria del Amor será la última Palabra de la Historia del Mundo (Benedicto XVI) 345

BIBLIOGRAFÍA 351

Prefacio

Los grandes cambios y problemas a nivel personal, familiar, nacional y mundial en la sociedad posmoderna me cuestionaron y me llevaron a la lectura de libros de filósofos y sociólogos para tratar de encontrar una explicación. Comprobé la indiferencia en torno al futuro de la juventud por una educación exclusiva tecnócrata, una cultura predominante de celulares, redes postverdades y juegos virtuales.

Los múltiples problemas a todo nivel se originan en una mentalidad común. Mis lecturas me convencieron de que el tema más cuestionado en el mundo posmoderno es la ética, o sea, el desconocimiento de la dignidad del ser humano.

En primer lugar, agradezco especialmente a Henrique Urbano, aunque no teníamos las mismas ideas. En segundo lugar, a Cynthia Silva Muñoz y Zoila Guzman Hurtado para algunos temas específicos.

Introducción

Sócrates caminaba por la ciudad y preguntaba a la gente por el sentido de su vida. La filosofía nació en la calle. Actualmente la filosofía, bajo la influencia de los enfoques especializados y diversificados de la ciencia, de la tecnología y del "martillo" de Nietzsche, se ha convertido también en una reflexión sobre áreas particulares: historia de las ideas, filosofía de las ciencias, de la lógica, del derecho, de la política, del lenguaje, de la ecología, de la religión, de la bioética, de la clonación, de congresos internacionales para discutir términos e interpretaciones, etc. Jürgen Habermas no está seguro que la filosofía, tal como la conocemos, tenga futuro. Actualmente sigue, como todas las disciplinas, la corriente hacia una especialización cada vez mayor. Y eso es un callejón sin salida, porque la filosofía debería tratar de explicar la totalidad, contribuir a la explicación racional de nuestra manera de entendernos a nosotros mismo y al mundo. Igualmente, Susan Neiman, filósofa norteamericana, y el filósofo francés Luc Ferry opinan que estos enfoques de la filosofía son importantes, pero que no tienen nada que ver con el ideal de los grandes filósofos. La erudición y el espíritu crítico escéptico reemplazan hoy en día al verdadero sentido de la filosofía: el amor por la sabiduría, la preocupación por el sentido de la vida y la salvación. ¿Me siento feliz? ¿Me siento realizado? ¿Tengo futuro en este mundo? ¿Cómo deben ser mis relaciones con los demás? ¿Qué debe significar mi familia? La filosofía no es una disciplina universitaria o una crítica permanente infructuosa. Erudición sin presencia de sentido no basta. Un espíritu crítico solo ayuda a eliminar los errores del pasado. Es más importante preguntarnos por las dimensiones profundas de las grandes interrogantes existenciales que siempre formaron parte del corazón de la filosofía. ¿Cuál es el sentido de la vida, qué son los ideales, la conciencia de obligación del hombre, las motivaciones, las normas y cómo se manifiesta la necesidad de la ética en la problemática del mundo actual? No se trata de analizar términos sino de dar conceptos que orienten a una vida. La cultura de un pueblo no es solamente ciencia, tecnología, literatura, pintura, música, canto, baile, etc., sino también y fundamentalmente el respeto entre las personas, la ética. Necesitamos de la libertad y de la felicidad de los demás para poder entendernos a nosotros mismos y sentirnos realizados. Vemos entonces que la ética es el eje central de la vida y lo que le da sentido a la existencia.

Sin embargo, vivimos una época de crisis de valores.

En una primera instancia presentamos una referencia a la sociedad de la amoralidad.

Para entender la actual problemática de falta de valores necesitamos un breve recorrido histórico por los cambios de las culturas y una presentación de las principales interpretaciones filosóficas.

Iniciamos esta historia con una reflexión sobre el libro **Ética Nicomáquea** de Aristóteles. En contra de Platón y de Sócrates, Aristóteles insiste en que nadie tiene la virtud por naturaleza. Fue el primer filósofo que formuló la pregunta: ¿Cómo uno se vuelve virtuoso?, a partir de la cual empieza la reflexión ética. No existe un bien único, una idea suprema como decía Platón, sino un bien distinto para las plantas, para los animales y para el hombre. La dignidad del ser hunmano está en la práctica de las virtudes. La virtud se adquiere por la razón que distingue entre el bien y el mal, la costumbre de practicar el bien y especialmente por el buen ejemplo en la familia y de los líderes políticos.

Aristóteles es el gran representante de la filosofía que tiene al bien como la noción central de la ética. Esta filosofía fue asumida por **Tomás** de Aquino, quien definió a Dios como el bien final y será la referencia durante siglos de la ética de la iglesia católica y por lo tanto de la sociedad.

El cuestionamiento de la autoridad del rey, de la monarquía y de la autoridad del Papa llevará a la modernidad. Esta siempre ha proclamado que es la *Razón* y no la *Revelación* la que organiza la sociedad, promueve la ciencia, satisface por sus aplicaciones las necesidades de los individuos y evita la violencia por el derecho. Las leyes descubiertas por la razón llevan al hombre a la libertad y a la felicidad. Los hombres están sometidos a estas leyes para proteger su libertad.

La enorme amplitud de las investigaciones en todas las áreas de las ciencias, la gran cantidad de sus escritos, y sus observaciones y análisis agudos hicieron de Aristóteles la figura central de todos los conocimientos en las universidades de la Edad Media. *Sicut Philosophus dicit*. Citar una idea suya era suficiente para dar por terminada una discusión. Cualquier filósofo de la Ilustración que quisiera destacar necesitaba criticarlo.

John Locke (1632-1704) es el fundador del pensamiento liberal. Sin duda fue la figura principal en el inicio de la historia moderna. Sus ideas sobre la libertad fueron decisivas para la revolución de París.

Será, sin embargo, Emmanuel Kant (1724-1804) el filósofo cuyo pensamiento tendrá una influencia enorme durante los siglos de la modernidad. El hombre se ha emancipado a la mayoría de edad (ha dejado de estar sometido a una sola persona que supuestamente sabía todo), lo que significa la *autonomía* de la voluntad para darse leyes a sí mismo que le permiten tratar a las personas como fines y no como medios. Excepto para los africanos que para Kant eran propensas a la esclavitud Hedges, 2008: 23).

Las ideologías del liberalismo y del socialismo se alejaron progresivamente de la filosofía del bien de Aristóteles. Además, los conflictos por un nuevo sistema económico y político entre las ideologías del neoliberalismo y del socialismo, en sus diferentes formas, incluyen una lucha contra la ética y la cultura tradicionales.

A pesar de los ingentes aportes científicos y tecnológicos (medicina, agricultura, industria, etc.) de la modernidad que permitieron el crecimiento masivo (en un siglo la humanidad aumentó de dos mil millones a siete mil millones) y el sostenimiento de gran parte de la población mundial, el siglo XX conoció dos guerras mundiales con setenta millones de muertos, el comunismo con ciento veinte millones de muertos, Hiroshima, Gulag, Auschwitz, Vietnam, Irak, Siria, Afghanistan, Angola, Sierra Leone, ExYugoslavia, dictaduras, las guerras de la descolonización, una carrera armamentista de las dos superpotencias –acumulando un arsenal de energía nuclear suficiente para eliminar toda la vida en el planeta–, la crisis económica y financiera, parte de los habitantes del mundo en pobreza, un debate preocupante sobre el calentamiento de la Tierra y una industria sin rumbo que está llenando el mar con plástico. Cuanto mejor tecnica tanto más muertes. Los genocidios en el último siglo han sido productos de la fe fanática en las ideologías del liberalismo y del socialismo. Como dice Chris Hedges todo conocimiento que pretende ser absoluto se vuelve una forma de fe. Es posible destruir a millones de personas, y es posible destruir nuestra humanidad.

El colonialismo contradijo todo discurso moderno sobre la igualdad y el universalismo. Las ideologías del liberalismo y del socialismo solamente soñaban en producir riquezas y armas, sin ningún control sobre las ciencias y las tecnologías. No hubo siempre un buen uso de la tecnología. Prueba es el calentamiento de la tierra.

Como el más importante exponente de la crítica a la modernidad con su fe en la razón, tenemos a Friedrich Nietzsche (1844-1900), posteriormente a los filósofos del escepticismo en el siglo XX y a los llamados filósofos de la posmodernidad, considerada por unos una ruptura con la modernidad y por otros un cambio en la filosofía pero como desarrollo de la modernidad. Nietzsche piensa que los modernos son tan creyentes como los antiguos. Los últimos creían en Dios mientras que los primeros creían en la razón y en sus ideales como los valores, la igualdad, la democracia, el socialismo, etc. La razón fracasó porque sus ideales son mentiras que esconden los intereses de los instintos. Un ejemplo, que ya usó Platón, son los políticos que ofrecen justicia en sus campañas electorales, pero solo con el fin de llegar al poder.

La posmodernidad y la sociedad tecnócrata han cuestionado la ética. No hay diferencia entre el bien y el mal. Todo es interpretación. El sentido más profundo es el caos de las fuerzas vitales de los instintos de poder del individuo. La filosofía de Nietzsche es el *individualismo*.

Sin embargo, la posmodernidad no ha cuestionado al positivismo. El gran desarrollo de las ciencias llevará progresivamente al predominio exclusivo del pensamiento científico, llamado positivismo. Actualmente se tiende a creer que "todo incremento del poder constituye sin más un progreso, un aumento de seguridad, de utilidad, de bienestar, de energía vital de plenitud de los valores", como si la realidad, el bien y la verdad brotaran espontáneamente del mismo poder tecnológico y económico. El hecho es que "el hombre moderno no está preparado para utilizar el poder con acierto", porque el inmenso crecimiento tecnológico no estuvo acompañado de un desarrollo del ser humano en responsabilidad, valores y conciencia (Francisco, 2015: 81-82).

En Gran Bretaña, desde una cultura diferente, se desarrolló, mucho antes de Nietzsche, el cuestionamiento de la razón por parte de David Hume (1711-1776), con la orientación de la ética hacia el *bien económico*, la filosofía de la utilidad y el empirismo.

En los siguientes capítulos presentamos una diversidad de propuestas de análisis y solución de filósofos actuales a la problemática de la actual sociedad tecnológica que elimina toda ética. Las principales tendencias son la filosofía del utilitarismo y las filosofías que se inspiran en el formalismo de Kant, como la filosofía analítica en Estados Unidos y la filosofía del consenso de Jürgen Habermas. Todas se refieren a la recuperación de las ideas de los derechos humanos de la revolución de París, son un aporte importante para recuperar la ética pero con tendencia individualista. Se limitan al respeto del derecho de cada uno. El individuo tiene plena libertad y el gobierno debe ser neutral y no puede imponerle valores. La filosofía materialista no permite definir el bien.

Como consecuencia se define la liberad como pasiva. No se puede definir el bien de una acción. Con el liberalismo desaparece la pregunta por el bien. Solo se pregunta ¿cómo podemos entendernos? La respuesta es la tolerancia e evitar hacer daño al otro.

Los últimos capítulos tratan acerca de la necesaria relación entre ciencia y ética, el fundamento de esta y proponen una **ética de las virtudes**. Se analiza las dimensiones éticas en la familia, la escuela y del ejemplo de los líderes de la sociedad para la ética.

Hacemos también una referencia a la importante relación entre filosofía y teología. La persona se realiza por la elección libre del bien. Las verdades que surgen en las interrelaciones interpersonales no pertenecen al orden científico ni filosófico.

La vida del cristiano que comienza con el cambio del corazón que se inspira en el misterio del amor de Dios que supera la contradicción moderna entre naturaleza y cultura. El reconocimiento de la *dignidad del hombre* en las religiones es decisivo.

"Los especialistas de filosofía moral no se ponen de acuerdo sobre la distribución del sentido de los términos 'moral' y 'ética'" (Ricoeur, 2008: 47). Nosotros respetamos el pensamiento de cada autor. (Comúnmente se entiende por ética la reflexión sobre los principios o valores, y por moral las normas y expresiones plurales en las diferentes culturas).

El texto no es un manual sino una introducción, dirigida a la juventud, para demostrar la necesidad inevitable de la ética para poder vivir en paz. Las ligaduras entre las personas o las verdaderas relaciones humanas se basan en los valores. Seguimos de cerca los textos de los filósofos escogidos. A veces parece una antología. Dejamos hablar filósofos de diferentes pensamientos y países, pero los textos citados están en función de la filosofía del autor y no significan necesariamente una coincidencia con todo el corpus filosófico de los autores citados. Por razones pedagógicas a veces se repiten ideas porque la filosofía no es lineal como la ciencia sino cíclica.

Las citas de autores en otro idioma han sido traducidas por el autor. (Desde hace años, parte del texto actual se ha venido publicando, en forma de artículos, en las revistas *Testimonio* y *Cultura*).

Muchos autores consideran necesario inspirarse en el pensamiento de Aristóteles y Kant, estos dos genios del pensamiento ético, para buscar una respuesta. "La existencia de dos grandes paradigmas en la historia de la ética es un hecho importante y aleccionador" (Giusti, 2007).

Kant decía: "Dos cosas me llenan de admiración y respeto. La primera cosa es el 'cielo estrellado sobre mí'; es decir, mi lugar dentro de un universo de magnitud incalculable, de mundos sobre mundos. La segunda cosa es 'la ley moral en mí'; es decir, soy una persona con sentido propio. La persona es un fin. No es el placer sino la justicia la que nos hace trascender los deseos de la animalidad hasta el sacrificio de la propia vida" (Kant, 1994: 197).

Igual que Kant, Aristóteles no se preocupa solo por dudas sobre el conocimiento humano –como los filósofos de la posmodernidad–, sino por señalar también un camino, el *humanismo del deber* según Kant y el *humanismo del bien* según Aristóteles. "La justicia así entendida es la virtud perfecta, pero no absolutamente, sino con relación a otro. Y por esto la justicia nos parece a menudo ser la mejor de las virtudes; y ni la estrella de la tarde ni el lucero del alba son tan maravillosos. Lo cual decimos en aquel proverbio: en la justicia está toda virtud en compendio" (Aristóteles, 2005: V, I).

Capítulo I

LA CULTURA DEL INDIVIDUALISMO Y DE LA VULGARIDAD EN LA ÉPOCA ACTUAL

1. La sociedad del individualismo

Desde hace unos decenios de años se habla de la crisis de los valores. Estamos en una nueva cultura. La cultura es un poder equivalente a otros (como el político, el económico o el militar). Tiene la capacidad de cambiar los modos de vida, de transformarlos; es decir, de acceder al fuero íntimo de la persona (Montiel, 2010: 12).

El filósofo posmoderno francés Gilles Lipovetsky manifiesta que hemos entrado en una época des deóntica, en la cual nuestra conducta se ha liberado de los últimos vestigios de los opresivos "deberes infinitos", "mandamientos" y "obligaciones absolutas". En nuestros tiempos se ha deslegitimado la idea del auto sacrificio; la gente ya no se siente perseguida ni está dispuesta a hacer un esfuerzo por alcanzar ideales morales ni defender valores morales; los políticos han acabado con las utopías y los idealistas de ayer se han convertido en pragmáticos. Vivimos en la era del individualismo más puro y de la búsqueda de la buena vida, limitada solamente por la exigencia de la tolerancia (siempre y cuando vaya acompañada de un individualismo autocelebratorio y sin escrúpulos, la tolerancia solo puede expresarse como indiferencia). La ética "posterior al deber" admite apenas un vestigio de moralidad, una moralidad "minimalista" (Lipovetsky; citado por Bauman, 2011: 8-9).

Gilles Lipovetski no se queja de la falta de valores. Al contrario, le parece que el individualismo es lo mejor para el hombre. El hombre debe liberarse de los valores.

Javier Gomá (filósofo, español) reconoce que fue la crítica nihilista, a partir de fines del siglo XIX, la que deslegitimó las normas, costumbres, creencias colectivas e ideologías, y derribó el principio de autoridad (el padre, el profesional, el maestro, el dirigente político, el sacerdote, etc.), que funcionaba como eje en torno al cual giraba toda la rueda social.

Para Javier Gomá el mundo se compone ahora de millones y millones de estetas excéntricos satisfechos de serlo, en pos de su autorrealización personal y excusados de la virtud por la oportuna doctrina de la autenticidad. Por lo tanto, lo que caracteriza más profundamente a la *vulgaridad actual* es, desde luego, el sentimiento de igualación de cada miembro dentro de la masa, todos idénticos en su pretensión de ser únicos. Todos se tutean porque se imaginan del mismo nivel de inteligencia, responsabilidad y méritos. Hoy solo somos capaces de ver, en el espacio exterior, una monótona inmensidad de materia inerte, y en lo íntimo de la psique humana perversos instintos y pulsiones destructivas. *La sociedad es una multitud de solos.*

Basta abrir los ojos para contemplar el espectáculo de una liberación masiva de individualidades no emancipadas que ha redundado últimamente en el fenómeno original de nuestro tiempo: la *vulgaridad*. "Llamo vulgaridad a la categoría que otorga valor cultural a la libre manifestación de la espontaneidad estético-instintiva del yo" (Javier Gomá, 2009: 11-12).

Respetable por la justicia igualitaria que la hace posible, la vulgaridad puede ser también, desde la perspectiva de la libertad, una forma no cívica de ejercitarla, una forma –en fin– de *barbarie*.

El filósofo alemán Peter Sloterdijk (el filósofo más leído en Alemania), preocupado por la comprobación del regreso fuerte de las religiones y del fin del predominio del ateísmo, dedica muchas páginas de su libro *Has de cambiar tu vida* en contra de las religiones, pero define la "cultura actual moderna" de la siguiente manera:

Es una fatalidad que sea el término "*bárbaro*" el que nos suministre la contraseña que nos franquea el acceso a los archivos del siglo XX. Esta expresión designaría al despreciador del rendimiento, al vándalo, al negador del *status,* al iconoclasta, al rechazador de todo tipo de reglas de *ranking* y jerarquía. Quien quiere entender el siglo XX no ha de perder nunca de vista este factor de la barbarie. Fue y ha seguido siendo algo típico de tiempos modernos recientes admitir ante el gran público la existencia de una alianza entre la barbarie y el éxito; al principio más bajo la forma de un imperialismo tramposo, hoy en día tras los disfraces de una vulgaridad invasiva, que, vehiculada a través de la cultura popular, se adentra en casi todos los campos (Sloterdijk, 2013: 28).

Hagamos una observación de esta nueva sociedad maravillosa sin valores de Gilles Lipovetski. Estamos en una sociedad de vulgaridad con la creciente problemática de trata de personas, narcotráfico, pesca ilegal, un mar llenándose de plásticos, guerras, asaltos, robos, extorsiones, poderes económicos mundiales que escapan al control de casi todos los gobiernos, fraude financiero, *dumping*, monopolios, fanatismo religioso y decapitaciones, secuestros, pandillas, feminicidio, corrupción, odio, envidia, resentimiento, egolatría, famélicos de poder, borrachos de egoísmo, venta de medicamentos falsificados, perfumes y bebidas alterados, evasión de impuestos, *bullying* en los colegios, niños que matan a sus compañeritos en la escuela, aumento de veinte por ciento anual del uso de drogas en los colegios, asesinato de la mujer en el hogar, fracaso creciente de los matrimonios, pérdida de autoridad y desinterés de los padres frente a sus hijos, explotación sexual de menores de edad, indiferencia por los pobres, violaciones y el crimen organizado que intenta tomar el poder en las regiones, alcaldías, congresos de las repúblicas.

2. La malignización de lo bueno

El filósofo alemán Odo Marquard formula la mentalidad de la filosofía posmoderna de una manera diferente a Gilles Lipovetski:

Lo que antes era bueno ahora es malo. Hay una malignización de lo bueno tradicional. Nada válido, auténtico, verdadero se libra de la sospecha de no serlo: la economía aliena al hombre, el Estado es diabólico, la familia tortura y deforma a los jóvenes, la razón es la "opositora del pensamiento", el espíritu el "oponente del alma", la tolerancia, represión, la religión, embaucamiento, etc. La desmalignización del mal se hizo luchando contra la resistencia que oponían las valoraciones tradicionales. El mal se hace bien en la misma medida en que el bien es desenmascarado como mal. La conversión de lo negativo en positivo y la agresividad contra lo que era considerado positivo no fue un proceso tranquilo: la "liberación" se dogmatiza y se adopta entonces la actitud negativa, que busca destruir el mundo existente. Lo dado hasta ahora es estilizado como el conjunto de razones para terminar con el mundo. Lo que estamos describiendo es una tendencia "anti-moderna" del propio pensamiento moderno. La forma actual del antimodernismo no es más que la recaída –filosófico-revolucionaria– en la negación escatológica del mundo. Allí donde el antimodernismo tiene éxito, comienza el fin de la modernidad.

Junto con la estética de lo bello aparece –de modo creciente– la estética de lo no-bello, de lo chocante, de lo simbólico y de lo abstracto; de lo feo, de lo dionisíaco, de lo fragmentario, de lo roto, de lo no-idéntico y de lo negativo. Lo no-bello sobrepasa a lo bello como valor estético. Surge el proceso de admisión y desmalignización del mal (Marquard, 2006: 56, 62).

La filosofía posmoderna dedica toda su energía a la búsqueda de errores, a describir la oscuridad de la vida, a halagar el sinsentido, a declarar sospechoso o a anular todo bien que aparece. La novela negra está de moda.

3. La sociedad amoral

Peter Sloterdijk (filósofo alemán), Luc Ferry (filósofo francés, fue Ministro de Educación, sus libros han sido traducido a treinta idiomas diferentes y conferencista invitado a muchos países, en América latina en Brasil y Chile) y muchos otros filósofos definen a la sociedad actual como una sociedad amoral, donde ya no se percibe la diferencia entre moral e inmoral. Cuando se respetan las normas morales sigue existiendo la conciencia de la injusticia. Perdiéndose esta última se pierde la cultura. Para Nietzsche hay que vivir el momento. No hay que distinguir entre acontecimientos malos y buenos. Todo es interpretación de interpretación. El que roba lo interpreta como un bien y la víctima lo interpreta como un mal. El robo como mal no existe.

En el siglo XX se han hecho desaparecer las dos normas más importantes: no matar y no envidiar.

El fascismo y el comunismo desactivaron el quinto mandamiento: "no matar". Ellos reclamaron el permiso para matar a gran escala por el bien de la raza o de la clase. Se puede añadir la experiencia actual del fanatismo religioso en varios países, que se atribuye la autoridad de matar a los que no son de su fe.

La norma ética en contra de la envidia, según Peter Sloterdijk, es la más importante de todas las civilizaciones porque previene la violencia. La regla de no envidiar se ha cambiado por la regla: debes desear lo que tienen los demás y si no lo puedes conseguir legalmente debes robarlo. Reanimamos los conflictos ligados a la envidia para crear el clima de la sociedad de consumo que ha perdido toda referencia a la moral. La cultura amoral contemporánea exige lo contrario de la discreción o prudencia. Hoy en día existe el culto a la fortuna. Se festeja el azar. ¿Qué hay más injusto que el azar? Vivimos en una religión que adora a la diosa del capricho y del vencedor, de las bolsas, de los duelos eróticos, donde siempre hay perdedores y vencedores. Su característica consiste en no decir por qué se privilegia a uno y se ignora al otro. Nunca hay justificación (Peter Sloterdijk, 2010a: 144-150).

Luc Ferry considera que en el mundo igualitario del sistema democrático sobresale la pasión de la envidia, más que la ira o el miedo. Cuanta más democracia más envidia y celos. La envidia es el deseo por algo del otro, sea material, intelectual o relacionado más profundamente con su felicidad. La envidia no se limita a un hecho, es una actitud permanente de descontento o insatisfacción, que elimina la posibilidad de amar o agradecer. En lugar de ser él mismo, el individuo se compara siempre con los demás y puede llegar a la mentira o a la violencia para hacer daño al otro. Dante

Alighieri colocaba a los envidiosos en el purgatorio. Su castigo consiste en tener los ojos cosidos.

Las rivalidades crecen con los que están en la misma profesión: periodistas, políticos (sobre todo dentro de los partidos), intelectuales, comediantes, cantantes, profesores universitarios, comerciantes, etc. (Ferry, 2012: 144). Se detestan entre profesionales por las diferencias de éxito a pesar de que todos parten de la misma base. Se inventan todo tipo de explicaciones, las más falsas, para justificar su fracaso frente al otro. Es una lógica que ilustra la dominación de las pasiones democráticas.

Según Martha Nussbaum (considerada la más importante filósofa de los EEUU de los últimos tiempos) la envidia ha supuesto una amenaza para las democracias desde el nacimiento de estas. Las posibilidades estaban muy fijadas en las monarquías absolutas, pero una sociedad que evita las órdenes, los destinos prefijados y abraza la competencia, abre la puerta a que los individuos envidien la prosperidad de otros. La envidia implica un rival y un bien, valorados como importantes; la persona envidiosa sufre porque su rival posee cosas buenas y ella no. La envidia genera tensión en la sociedad y puede impedir objetivos que la sociedad ha marcado (Martha Nussbaum, 2014: 409).

4. El emotivismo

En una sociedad donde se considera que la razón no puede y no debe dictar normas éticas, el emotivismo reemplaza a los valores.

"Es este politeísmo axiológico el que, según A. MacIntyre, ha posibilitado en nuestra época el triunfo del emotivismo. Nuestra época no es moderna ni postmoderna, sino moralmente emotivista, porque la modernidad ha supuesto para ella un largo proceso de des-racionalización, que ha desembocado en el emotivismo como teoría del uso –no del significado– del lenguaje moral" (Cortina, 2008: 99-100).

Hoy las emociones tienen una interpretación de acuerdo al modelo de los sentimientos. En lugar de ver el sentimiento como parte de una relación que tengo con el mundo, se entiende esta relación en función de lo que yo siento. De esta manera una experiencia de sinsentido, frustración o indignación ya no se entiende a partir de una situación con estas características, sino que se la reduce a una afección que necesita un tratamiento. Se quita el contenido a las emociones y se las considera como objetos mentales. Se pretende hablar sobre las emociones en términos terapéuticos. El sentimentalismo predomina en la vida. Por el acercamiento a las emociones como objetos naturales se construye un objeto que está fuera de su contexto cultural, negando la realidad de la comunidad humana como su verdadera realidad. Se describen los sentimientos separados del sentido de la situación que se vive. El sentimentalismo afirma una des-realización de la realidad. La emoción, al contrario, tiene una relación esencial con el mundo y con "el otro".

Jean-Paul Sartre (filósofo, francés) observa: "El estudio de las emociones ha verificado perfectamente el siguiente principio: una emoción remite a lo que significa. Y lo que significa es la totalidad de las relaciones de la realidad-humana con el mundo" (Jean-Paul Sartre, 1971: 131). ¿Qué queda de la indignación si se la reduce a una molestia interna? La gente dice: no te molestes, te afecta la salud. En lugar de educar la indignación se la elimina, se la convierte en una mala emoción. Existe la tendencia de considerar como víctimas a los delincuentes. Nadie puede sentirse mal, tampoco los asesinos. No existe culpa y tampoco sanción. La terapia elimina los valores de sacrificio, disciplina, solidaridad y altruismo. La neutralidad de las emociones es una característica de la cultura de la vulgaridad que separa el sentido de los comportamientos del valor de los fines.

5. Los líderes de la sociedad y la opinión pública

Resumimos a continuación la opinión de los psicoanalistas Fernando Maestre y Alberto Péndola (2001) respecto al tema que estamos analizando.

Freud afirmaba que todo niño –hablamos de uno pequeñito– es polimorfo perverso. Quería decir que los niños tienen dentro de sí una cantidad de tendencias que pueden impulsarlos justamente hacia la perversión, hacia una futura corrupción o hacia actos semejantes. La pregunta es: ¿qué hace entonces que unos seres humanos transiten por ese camino corrupto y otros no?

La respuesta obvia es la educación en la familia y los valores de sus contactos comunitarios, principalmente la escuela o el colegio. Los psicoanalistas observan que no es el único factor. Para la posible crisis y pérdida de valores son de importancia las presiones de la sociedad, pero, principalmente, los factores generados por el líder de esta.

Hoy en día muchos de los líderes políticos, culturales y económicos en varios países del mundo son también la expresión de una sociedad sin valores éticos.

A. Los líderes del Estado

El profesor Michel Serres (citado por Comte-Sponville, 2004: 13-41) comenta: "Hace treinta años, cuando quería lograr el interés de mis estudiantes les hablaba de política; cuando quería hacerlos reír les hablaba de religión. Hoy en día es lo contrario: cuando quiero lograr su interés les hablo de religión, cuando quiero hacerles reír les hablo de política".

La crisis de los líderes políticos hace perder credibilidad a las instituciones del Estado (Gobierno, Congreso y Poder Judicial). Las instituciones son las leyes y las sanciones vinculadas con ellas que defienden la libertad. La crisis de las instituciones pone en peligro la libertad de las personas.

"La lucha política es con denuncias mediáticas y después llega a los tribunales y no pasa absolutamente nada". (Moises Naim, "El Comercio", 2014)

Hay una interacción entre el grupo y el líder. "Todo ser humano necesita tener un ideal superior, que sea el que cuide nuestra ética y nuestra forma de proceder. Los pueblos ya no tienen un emblema, un ideal vivo, no cambiante y que nos ordene en una moral común". El comentario del pueblo es: "si los líderes pueden enriquecerse ilegalmente, por qué nosotros no".

Hay un círculo vicioso que va del líder a la masa y de la masa al líder. El filósofo y escritor español Fernando Savater dirá al respecto:

[...] por todas partes te lo van a decir: ¡los políticos no tienen ética! La primera norma es desconfiar de los que lanzan truenos morales contra la gente en general. Para lo único que sirve la ética es para intentar mejorarse a uno mismo, no para reprender elocuentemente al vecino. ¿Por qué tienen tan mala fama los políticos? Ellos ocupan lugares especialmente visibles en la sociedad. Sus defectos son más públicos. Las sociedades igualitarias, es decir, democráticas, son muy poco caritativas con quienes escapan a la media por encima o por abajo: al que sobresale, apetece apedrearle; al que se va al fondo, se le pisa sin remordimiento. Lo más probable es que los políticos se nos parezcan mucho a quienes les votamos, quizá incluso *demasiado* (Savater, 2004: 152).

Umberto Eco pensaba de la misma manera. Él consideraba que Silvio Berlusconi no era el problema en Italia sino la mayoría de los italianos que lo aceptaba. Solo se preocupaban en recibir su ración del Gran Hermano (Diario *El Comercio*, 16.6.2009).

John Locke rescató la herencia de las instituciones del imperio romano. No hay libertad sin autoridades que controlen el cumplimiento de las normas. La libertad solo prospera si logramos crear instituciones que confieran estabilidad. Hegel afirmaba que en su región todos los ciudadanos estaban satisfechos porque el Ministerio de Educación y el Ministerio de Justicia funcionaban perfectamente.

"Hay dos ramas de la administración del Estado respecto a cuyo buen funcionamiento los pueblos acostumbran a mostrar el mayor reconocimiento; a saber: una buena administración de la justicia y buenos centros de enseñanza; pues en ningún otro ámbito los particulares reciben y sienten las ventajas y los efectos de una forma tan inmediata, próxima e individualizada como en las ramas mencionadas, de las cuales una se refiere a su propiedad privada en general y, la otra, a su propiedad más querida, a sus hijos" (Hegel, 1998: 73).

B. Los líderes culturales

Los líderes culturales, los cantantes y las celebridades de Hollywood tienen una influencia negativa sobre los espectadores: violencia en el discurso (Julián, 2014), vida privada escandalosa y mensajes de autoagresión.

"Odiaba mi cuerpo, por eso lo lastimaba" (Drew Barrymore). "Mi cuerpo es un diario de mi vida, todo queda marcado allí" (Johnny Depp). "Todo lo que me alimenta me destruye" (Angelina Jolie). La frase de esta actriz se ha convertido en el lema de miles de adolescentes que sufren anorexia y bulimia. También supo de autoagresiones en su juventud.

Courtney Love se cortó "cada vez que atravesaba un trauma emocional", según ella misma confesó. "Muchas veces he estado muy enojada, furiosa, y he empezado a gritar y a lastimarme el cuerpo. Me corté los brazos muchas veces. Creo que la autodestrucción tiene mala fama, pero para mí está asociada al autoconocimiento, a la sensibilidad poética, a la empatía. Es una forma de liberalismo", declaró.

Madonna es conocida debido a un estilo de vida, escandalosa, además de ofrecer espectáculos con una gran carga de sexualidad y desnudismo, lo que desató una polémica en los países latinos que visitó en la década de los noventa. En el 2015 declaró que permite a sus hijos el consumo de drogas porque ella también las consumió y no podría negarse.

La diva Lady Gaga es conocida por su irreverencia, moda heterodoxa, rumores, accidentes, adicciones, preferencias e insinuaciones sexuales. De acuerdo al diario británico *Daily Mail*, ella estuvo a punto de perder la vida a consecuencia de la cocaína.

Ídolos juveniles del *pop* como Britney Spears, Demi Lovato, Miley Cyrus, Lindsay Lohan, Vanessa Huggens o Jonas Brothers, más que un estrellato, tienen en común una vida de escándalos. Drogadicción, cárcel, hospitales psiquiátricos, anorexia, sexo y alcohol. Posar desnudos o publicar en redes sociales sus preferencias por el consumo de marihuana.

La música tiene el potencial de ser una gran influencia en la vida de un niño. La American Academy of Child and Adolescent Psychiatry advierte que "si un adolescente se encuentra obstinadamente embebido en música que contiene temas peligrosamente destructivos, se producen cambios en su comportamiento, tales como aislamiento, depresión, suicidio, abuso de alcohol u otras drogas". La música a menudo glorifica la promiscuidad y la promueve.

Escuchar letras que involucran armas de fuego, violencia y comportamiento agresivo puede tener una influencia negativa en la juventud. Según un estudio publicado en el *Journal of Personality and Social Psychology*, las letras violentas incrementan tanto los pensamientos como los sentimientos agresivos. El estudio también advierte: "La exposición repetida a letras violentas puede contribuir al desarrollo de una personalidad agresiva". Ejemplos son los niños y jóvenes que entran en su colegio o universidad y disparan contra los otros estudiantes.

El uso de drogas y alcohol es a menudo glorificado en las letras de canciones y en los videos musicales. El John Hopkins Children's Center informa que el alcohol es retratado una vez cada 14 minutos en los videos musicales. De acuerdo con un estudio publicado en la revista *Pediatrics*: "la prolongada exposición a la televisión y a los videos musicales es un factor de riesgo para iniciar el consumo de alcohol en los adolescentes".

Fernando Savater llama mundo de los mediocres al mundo de los líderes culturales. Él define a los soberbios como los que no dejan paso a nadie ni toleran que alguien piense que puede haber otro delante de él.

En la actualidad, donde vivimos en una especie de celebración permanente de la mediocridad, como los *reality shows*, en los que se ponen cámaras para espiar durante un determinado tiempo a cinco o seis personas que se dedican a hacer y decir vulgaridades. Hacen cosas tan interesantes como cambiarse de calcetines, freír un huevo, insultarse o dormir. Yo puedo entender el interés que llega a suscitar *El rey Lear*, pero no me entra en la cabeza esta jerarquización de lo mediocre. Salvo creyendo que la pantalla muestra que todos somos capaces de lo mismo, las mismas vulgaridades, bajezas y torpezas que hacemos todos los días (Savater, 2005: 42).

C. Los Líderes de la Ciencia, la tecnología y la Educación

Los resultados prácticos de la ciencia y de la tecnología prescriben el orden político, ético y jurídico. El positivismo predominante del mundo científico deshumaniza a las personas. Ya no se busca un consenso sobre lo verdadero, lo justo y lo bello sino el principio más eficiente. La ciencia se vuelve pragmática.

Luc Ferry y Ralf Dahrendorf (alemán, 1929-2009, considerado el líder intelectual del liberalismo en el siglo XX, vivió mucho tiempo en Inglaterra y fue miembro de la Cámara de los Lores en el palacio de Westminster) consideran que las elites dominantes y la competitividad generalizada entre empresas transnacionales, con sus laboratorios de investigación científica, ha impuesto la ley de competitividad de producción y consumo, eliminando todo sentido, valor o finalidad.

La posmodernidad ha legitimado la tajante separación entre la vida pública, la que queda en manos de los expertos en tecnología, y la vida privada, sujeta a las decisiones privadas de la conciencia. Imposible criticar la vida pública a partir de la moral; imposible criticar desde el conocimiento racional el ámbito de las decisiones. El conocimiento es tecnológico y la única finalidad es ganar dinero.

Los seres humanos son objetos con un determinado valor de cambio. No hay respeto, gratitud y solidaridad. Entre los seres humanos no hay diferencias. Todos son piezas en el gran engranaje de producción y consumo. Cada individuo o género es el exacto equivalente de otro.

Las ciencias y la tecnología han modificado profundamente el ambiente cultural y la manera de pensar. "Han permitido conocer mejor al hombre, pero ha surgido el desequilibrio entre la especialización profesional y la visión general de las cosas. Han surgido las discrepancias sociales, raciales, en las familias y entre las naciones. Todo ello alimenta la mutua desconfianza y la hostilidad, los conflictos y las desgracias, de los que el hombre es a la vez causa y victima" (Gaudium et Spes, 1972: n.7).

Actualmente, el pensamiento sobre el ser humano es lograr el conocimiento del ser humano en base de experimentos sobre el comportamiento externo sensorial expresados en términos cuantitativos. La finalidad de esta interpretación del ser humano se manifiesta en la reforma del sistema educativo que tiene como resultado la transformación del ser humano como un eslabón dentro de esta sociedad materialista tecnológica. Por lo tanto, se considera inútil e irreal la vida íntima, la consciencia de sí mismo. Además, ellos son un peligro porque son elementos que no se puede manipular por la ciencia y la tecnología. Ellos pueden cuestionar el sistema.

6. El periodismo y los medios audiovisuales

El periodismo tiene la tarea sagrada e indispensable de informar y hacer reflexionar sobre la problemática y las decisiones que se toman para el bien o para el mal. Sin el periodismo se viviría en un estado salvaje.

[Sin embargo] La frontera que tradicionalmente separaba al periodismo serio del escandaloso y amarillo ha ido perdiendo nitidez, llenándose de agujeros hasta evaporarse en muchos casos, al extremo de que es difícil en nuestros días establecer aquella diferencia en los distintos medios de información. Porque una de las consecuencias de convertir el entretenimiento y la diversión en los valores supremos de una época es que, en el campo de la información, insensiblemente ella va produciendo también un trastorno recóndito de las prioridades: las noticias pasan a ser importantes o secundarias sobre todo, y a veces exclusivamente, no tanto por su significación económica, política, cultural y social como por su carácter novedoso, sorprendente, insólito, escandaloso y espectacular [...] Por eso, no debe llamarnos la atención que los casos más notables de conquista de grandes públicos por órganos de prensa los alcancen hoy no las publicaciones serias, las que buscan el rigor, la verdad y la objetividad en la descripción de la actualidad, sino las llamadas "revistas del corazón" [...] la pasan muy bien con las noticias sobre cómo se casan, descasan, recasan, visten, desvisten, se pelean, se amistan y dispensan sus millones, sus caprichos y sus gustos, disgustos y malos gustos los ricos, triunfadores y famosos de este valle de lágrimas (Vargas Llosa, 2013: 55).

El filósofo argentino José Pablo Feinmann (2008: 715) escribe sobre la violencia mundial, disfrazada en los noticieros por la televisión:

[...] porque ya es imposible ignorar el poder de los *mass-media* como creadores de la realidad. Es cierto que el hambre no es virtual, pero es virtual la trivialización del hambre, del crimen, de la tortura, como la de la guerra. No se "muestra" el hambre y si se lo "muestra" se lo hace como un paisaje más del *show* mediático posmoderno. Pasamos con tanta velocidad de una escuelita miserable de Jujuy, de chicos desnutridos o de violencias en las villas donde se encuentran los desesperados al galancito de la moda, a la modelo con trusa y *soutien*, a la risa de un conductor-empresario, a las declaraciones de un político, a un partido de fútbol o a la guerra de Irak, que del hambre y sus imágenes no nos queda nada, y si alguna emoción nos despertó ver a un chiquito raquítico, con la pancita hinchada, analfabeto, con el signo de la derrota clavado entre ceja y ceja, se nos diluyó en seguida, nos la borraron con el vértigo de las imágenes, de la información, con el anuncio de una película con Bruce Willis, con Penélope Cruz [...] con todo eso que, en efecto, hace que todo y nada sea real, porque es tanta la realidad que nos dan que no podemos retenerla, y esa realidad que no era "virtual", el hambre, o que no debía serlo, murió en la vorágine de las imágenes, que ya no son imágenes de nada, que son simulacros, ¿o quién le dijo a usted que Penélope Cruz existe?, ¿qué Bruce Willis es real?, son simulacros, son apariencias, son armas de seducción y desencanto que son reemplazadas por otras armas, acaso de horror y ternura o solemnidad o placer o sexo o lo que sea, armas que tienen el objetivo de saturar, de abotagar nuestra conciencia, nuestro juicio crítico y asesinarlo al tiempo que se asesina la realidad, de la que terminamos por saber solo una cosa: nada, y creyendo a la vez que lo sabemos todo, porque vivimos en el mundo de las comunicaciones, un mundo de informaciones-vértigo, de informaciones-infinito, en el cual algo murió y no lo sabemos, es lo único que no sabemos: no sabemos que murió la verdad.

Giovanni Sartori escribió una crítica muy exagerada sobre la televisión, pero merece una mención. Él explica cómo la televisión e Internet tienen una nefasta colaboración en la formación del hombre de la anomia; es decir, del hombre sin respeto por las reglas. Por su parte la radio, con sus programas groseros, no se salva de esta crítica.

La televisión destruye más saber y más entendimiento de los que transmite. Lo peor de todo es que el principio establecido de que la televisión siempre tiene que "mostrar" convierte en un imperativo el hecho de desplegar constantemente imágenes de todo lo que se habla, lo cual se traduce en una inflación de imágenes vulgares; es decir, de acontecimientos tan insignificantes como ridículamente exagerados. Se consigue información excitante por premiar la excentricidad y privilegiar el ataque y la agresividad. Un ataque puede resultar un espectáculo, y la televisión es espectáculo. Pero el mundo real no lo es y quien lo convierte en eso deforma los problemas y nos desinforma sobre la realidad; peor no podría ser.

La CBS, una de las grandes cadenas de televisión, ha comentado tranquilamente: "Es simplemente una cuestión de preferencia de los espectadores. El índice de audiencia aumenta con acontecimientos nacionales como terremotos o huracanes". Giovanni Sartori opina que este comentario es escalofriante por su miopía y su cinismo: descarga sobre el público las culpas que, en realidad, tienen los medios de comunicación: descarga sobre el público las culpas que, en realidad, tienen los medios de la comunicación (Sartori, 1997).

7. Las nuevas tecnologías de comunicación

El sociólogo francés Dominique Wolton (2000) nos dice que es impresionante la innovación tecnológica, pero que sigue arrastrando los problemas del siglo pasado de la incomunicación. La comunicación se reduce a las tecnologías y las tecnologías se convierten en sentido. La idea de progreso está ligada a la innovación tecnológica, la cual considera que una revolución en las tecnologías es la condición de una revolución en las relaciones humanas. Las tecnologías tendrán el mismo valor a nivel político como los conceptos de igualdad, libertad y fraternidad. Tienen una publicidad como ninguna otra actividad social, política, deportiva o cultural. Nadie osa cuestionarlas.

El individuo entra y, fuera de toda estructura, puede desarrollar libremente su competencia, asegurar su destino, instruirse, intercambiar mensajes o conocer gente. *Nos encontramos en el corazón del ideal individualista liberal. Estamos en la sociedad individualista de masas.* Es claro que el acceso a las mismas máquinas no reduce las desigualdades sociales, sino que proporciona –a algunos al menos– el sentimiento real de que hay posibilidades de cortocircuito. La crisis del vínculo social es el resultado de la dificultad de encontrar un nuevo equilibrio en el seno de este modelo de sociedad. Las relaciones vinculadas a la familia, al municipio, a la profesión, a la patria, a la Iglesia han desaparecido. *Ya no quedan vínculos.* Ralf Dahrendorf habla de *ligaduras*.

El tributo que debe pagarse a cambio de la libertad es caro, como también es cara la llegada de la sociedad de masas, en nombre de la igualdad. Cada uno es libre, incluso cuando el resultado es una discreta, pero obsesiva soledad. La dimensión técnica de la comunicación ha sustituido la dimensión humana y social. Se cambia la crisis de valores por los resultados de las tecnologías. Los periódicos, las radios, las televisiones se manifiestan como más democráticos. Son instrumentos que juegan sobre lo universal y no sobre lo particular.

Hay que apartar la ideología tecnológica que reduce la comunicación a la tecnología. Lo esencial de la comunicación no es de tipo tecnológico sino antropológico y cultural. ¿Por qué el hombre, al fin libre, acepta dejarse encadenar por los mil cables invisibles de la comunicación? Como si no soportara estar libre y deseara estar atado por la tecnología, no escapar de nadie y perder así la libertad que reclama desde siempre.

Son las máquinas las que se conectan, no los hombres. El desafío de la comunicación no está en la conexión, que supone resuelto el problema de las diferencias. Dicho de otro modo, la carrera hacia las nuevas tecnologías es eternamente frustrante, ya que el objetivo de la comunicación no está jamás en los resultados tecnológicos sino en la prueba del otro.

Esto explica por qué es necesario en un momento preciso apagar las computadoras y salir fuera; salir de la comunicación para probar las dificultades de la experiencia y del reencuentro con los demás; los demás que son algo diferente al compañero de la interacción tecnológica. Actualmente el tema de la sociedad de comunicación es una ilusión. Cuanta más comunicación existe, menos nos comprendemos.

8. La influencia del neoliberalismo en la juventud limeña

El libro de Jürgen Golte y Doris León Gabriel, *Polifacéticos*, analiza la influencia del neoliberalismo del mundo globalizado en la capital peruana.

Los casi diez millones de habitantes de la ciudad de Lima, en su amplia mayoría, tienen su origen en aldeas andinas. Su inserción en la ciudad ha significado obligatoriamente un cambio cultural pronunciado. Hasta la década de los noventa, ellos mantenían un núcleo fuerte de elementos derivados de las culturas aldeanas y campesinas. Sin embargo, en los últimos decenios es notable un distanciamiento pronunciado de la cultura de las generaciones anteriores y una influencia fuerte de la televisión, Internet, cine, discotecas, una cultura de consumo masivo como Saga Falabella y Ripley, aunque sea solo para mirar y desear. Se trata de un cambio de sociedad rural a sociedad urbana que se manifiesta en los hábitos e interacción personal. Los cambios mediáticos han transformado los estilos de vida (Golte y León Gabriel, 2011).

La modernidad cabe perfectamente en las estructuras quechuas, aimaras o chiriguanas. Siendo una actitud mental todas las expresiones lingüísticas andinas están capacitadas para expresarla. El hombre de los Andes no está equipado con una razón distinta a la de los demás hombres (Urbano, 1991: XXVI-XXVII).

El proceso de globalización ha significado cambios en las identidades de todos. La diferenciación en los entornos de socialización y la multiplicidad de los roles que tienen las personas en el contexto urbano nos hacen postular que estas se han vuelto cada vez más polifacéticas, pues cambian sus características según el momento y el contexto en los cuales se desenvuelven. El anonimato urbano contribuye a este cambio de comportamiento porque en las sociedades reducidas como los pueblos y ciudades pequeñas, donde todos se conocen, no sería tan fácil.

La enseñanza tradicional de los pueblos será reemplazada por nuevos conocimientos técnicos y científicos. Es que de hecho el anclaje en los valores de la sociedad campesina no era siempre adecuado para poder solucionar problemas que surgían en las ciudades. Lo que acentuaba la contradicción entre ambos espacios era que el ámbito familiar tenía poca capacidad para entender o controlar lo que ocurría en el espacio de aprendizaje "técnico urbano".

En los supermercados nos asalta una oferta de consumo de bienes y modas. Hay una gran diferencia entre las faldas de la mujer andina y la ropa apretada. La moda indica cómo debe uno vestirse hoy en día para "sentirse feliz", ser aceptado en la sociedad y conseguir sus metas. Los medios de comunicación estimulan el deseo de mostrarse en público con atuendos que estén "a la moda". Si no alcanza el dinero, se trata de acercarse al ambiente de consumo de las megatiendas que representan la modernidad, por entretenimiento y emulación de pertenencia a este mundo y para verse a sí mismos como futuros compradores.

Surgen nuevos hábitos por videojuegos, películas, Internet, televisión. Se consumen programas televisivos de pésima calidad y uno se habitúa a este consumo. Se visitan las cabinas de Internet en las cuales la mayoría de jóvenes se dedica a los juegos en red y al *chat*.

La "virtualidad" que ofrece Internet espacialmente casi invita a que los individuos asuman, aunque en un primer paso de manera virtual, alteridades pronunciadas. Pueden cambiar de sexo, edad y características de ingresos; tienen el don de la ubicuidad; pueden asignarse diversos lugares de residencia, distintos hábitos, etc. Es que vivimos en una sociedad de transgresión constante de normas culturales. Lo polifacético de las existencias no solo es virtual, sino que se convierte cada vez más en un hecho cotidiano.

Lo que hemos llamado polifacético hay que verlo en el campo de la relación entre la normatividad y el desempeño observable de las personas. En esto hay que considerar que, en los sistemas normativos del pasado, especialmente en los que parten de la noción de individuo, se exige la coherencia como un ideal de comportamiento.

La diversidad de facetas que asume la persona hoy en día no tiene una norma con función de integración. Además, no se busca una coherencia entre las facetas. Ocurre que el joven tiene una faceta con sus padres, otra en la universidad, otra en la discoteca, otra en el ambiente de trabajo, otra con sus amigos, etc. La construcción de varias facetas de acuerdo al lugar y a la compañía construye lo polifacético. El mercado global trata de condicionar la ruptura con las normas tradicionales de la familia, del barrio, de la escuela, del pueblo, etc. La fragmentación de las personas es lo más generalizado. Se vive el mundo virtual de los medios de comunicación. Son los nuevos hábitos, fugar del entorno y crear un campo que ubica al joven fuera de la cotidianidad y de la temporalidad. Si el hábito ayudaba antes a la persona a cumplir con las normas, hoy en día el nuevo hábito ayuda a evadirlas. Los autores mencionan el caso de una joven profesora de colegio que es ejemplo de buen comportamiento, pero que lleva aparte otra vida, dedicada a la droga, a la vivencia libre de la sexualidad, al alcohol, a las bandas de *rock*, etc.

Las condiciones en una sociedad como la peruana son particularmente propicias para el desarrollo de personas polifacéticas. Se da una normativa política y económica frágil en una megaciudad que tiene los ingredientes para un proceso de "individuación" aparente, que en realidad solo es posible como polifacetización. Se produce un desarrollo polifacético de personas con lealtades contradictorias hacia colectividades diversas entre su familia tradicional y el individualismo de la modernidad. Las personas se fragmentan en situaciones variadas.

Es importante observar que también los habitantes de países con mayores ingresos viven por un lado en una ilusión de autonomía, pero encuadrada en una sociedad altamente determinada por poderes que están fuera del control de la población. Sin embargo, es visible un alto grado de insatisfacción sobre la "autodeterminación" y la "participación en la democracia".

9. La inteligencia artificial y el calentamiento global

A. La inteligencia artificial

El trabajo es una de las características que distinguen al hombre del resto de las criaturas. Nadie puede cumplir su vocación humana sino mediante el trabajo. Es propia, efectivamente, del trabajo humano cierta capacidad particular de unir a los hombres entre sí, de establecer entre ellos una red de relaciones dentro de la cual hacen experiencia de la cultura. Es un sistema de comunicación entre los hombres que constituye una comunidad humana particular. Si los hombres redescubren la dimensión ética y cultural de su trabajo y encuentran el sentido de colaborar en solidaridad y en justicia, entonces se abrirá una nueva era de paz. La relación justa no es un subproducto de una organización económica particular o estatal. La tarea es defender las razones de la vida contra las razones del poder (Juan Pablo II, 1983).

Los nuevos descubrimientos en las ciencias ofrecen grandes cambios en el mundo del trabajo. La enorme información por las redes que intercomunican todos los individuos a nivel mundial y las nuevas aplicaciones de Internet como Amazon, Airbnb, Blablacar y otros, están llevando a cabo una nueva organización industrial y económica. Algunos tienen la tendencia de surgir al margen de las estructuras tradicionales del Estado y el Mercado. Los pueblos se agrupan en redes.

Las nuevas tecnologías y la *robotización* permiten aumentar la producción y ofrecer nuevos servicios. Ya hay países donde miles de robos reemplazan cientos de miles de seres humanos. La tarea está en lograr que los empleos antiguos sean sustituidos por otros, creados precisamente por estas innovaciones. La solución no está principalmente en la protección de los trabajos perdidos, sino en la formación continua de las personas para que estén preparadas para el trabajo en un mundo cambiado. Según Luc Ferry el capitalismo es desarraigo, pero también creación permanente de modo que una cosa compensa a otra (Ferry, 2017: 145).

Sin embargo, la inteligencia artificial no es neutra. Los logaritmos no son neutrales. La creciente dependencia de la Inteligencia Artificial da un enorme poder a quienes programan sus algoritmos. Pueden meterse en todas las instituciones y en la vida privada y adueñarse de las opiniones, costumbres, gustos y salud de todos y venderlos. Todos estos datos se vuelven mercancía. Todo se convierte en dinero. Existe un riesgo de una mayor marginalización de los pobres y vulnerables. Internet favorece la democracia y permite que las masas tienen accesos a la gran variedad de cultura, música, museos, lectura, ciencia, filosofía, cine y contactos internacionales. Sin embargo, la economía digital se impone a la política y puede amenazar los derechos humanos y la igualdad. La élite económica que posee más del ochenta por ciento del dinero domina el mercado y sus influencias están en la política, la economía y la cultura. Los sistemas han engendrado una élite que emite, a nivel mundial, el dictado de cierta forma de estar en el mundo. Son los capaces de posexperiencia, ese modo de utilizar la superficialidad como terreno de sentido. Hemos sobrepasado los hechos. Nos movemos a base de improvisadas convicciones fundadas en la nada, si no, en noticias palmariamente falsas. (Barrico, 2019: 281).

Otro problema actual son los científicos que plantean un *posthumanismo* no en el sentido de mejora de la humanidad sino en su superación radical. Los robots superarán los humanos. Serán máquinas con una inteligencia y memoria miles de veces superiores. Esta ideología descansa en un pensamiento materialista, la conciencia humana y la libertad son solo un reflejo mecánico de la máquina cerebral. No se trata de mejorar las capacidades del ser humano sino de reemplazarlo. El problema es que hay científicos que creen y trabajan en este proyecto monstruoso. Bill Gates,

Stephen Hawking, Elon Musk y unos mil científicos publicaron un manifiesto sobre los peligros crecientes de una inteligencia artificial como ya están algunos drones, para decidir por sí mismos quienes deben ser eliminados. Para Elon Musk es la mayor amenaza jamás inventada por la humanidad. Para Bill Gates no es que la inteligencia artificial suscite temor sino todo lo contrario, que la gente no esté aterrorizada". Para Stephen Hawking será el último invento (Ferry, 2017: 35-74).

Luc Ferry considera que el problema está en el desarrollo incesante de la técnica unida al desarrollo económico y financiero, es un proceso automático e incontrolable que va más allá de los individuos y del Estado nación. Es un fenómeno planetario. Para superar esta lógica del individualismo se necesita Estados capaces de comprender estas evoluciones y orientar soluciones al servicio de todos.

El siglo XXI, mientras mantiene un sistema de gobernanza propio de épocas pasadas, es escenario de un debilitamiento de poder de los estados nacionales, sobre todo porque la dimensión económico-financiera, de características transnacionales, tiende a predominar sobre la política. En este contexto, se vuelve indispensable la maduración de instituciones internacionales más fuertes y eficazmente organizadas, con autoridades designadas equitativamente por acuerdo entre los gobiernos nacionales, y dotadas de poder para sancionar (Francisco, 2015: 134).

B. El Calentamiento global

Las ideologías del liberalismo y del socialismo acompañaron la historia donde desaparecieron los fines a favor de los medios y que terminó en la cultura tecnológica de la vulgaridad y la destrucción del ambiente. La destrucción causada por Estados unidos, China y Europa es tan grande que anula todo esfuerzo de los otros países.

El progreso científico favorece a los hombres, pero también puede voltearse en contra de la humanidad. Puede llegar a amenazar la existencia misma del hombre.

Las predicaciones catastróficas ya no pueden ser miradas con desprecio e ironía. A las próximas generaciones podríamos dejarles demasiado escombros, desiertos y suciedad. El ritmo de consumo, de desperdicio y de alteración del medio ambiente ha superado las posibilidades del planeta, de tal manera, que el estilo de vida actual, por ser insostenible, sólo puede terminar en catástrofes, como de hacho ya está ocurriendo en varias regiones" (Francisco, encíclica Laudate Si, 161).

Hay un consenso científico muy consistente que indica que nos encontramos ante un preocupante calentamiento del sistema climático. Numerosos estudios científicos señalan que la mayor parte del calentamiento global de las últimas décadas se debe a la gran concentración de gases de efecto invernadero (anhídrido carbónico, metano, óxidos de nitrógeno y otros) emitidos sobre todo a causa de actividad humana, especialmente por el patrón de desarrollo basado en el uso de combustibles fósiles. Al concentrarse en la atmósfera, impiden que el calor de los rayos solares reflejados por la tierra se disperse en el espacio.

El agua potable y limpia representa una cuestión de primera importancia, porque es indispensable para la vida humana y para sustentar los ecosistemas terrestres y acuáticos. Los recursos de la tierra también están siendo depredados, las selvas, bisques, miles especies vegetales y animales y la innumerable variedad de microorganismos.

Todos los gobiernos del mundo, sin ningún escrúpulo, convirtieron el maravilloso mar en cementerios subacuáticos, eliminando fauna y flora. ¿Qué credibilidad nos ofrecen?

El miedo es la pasión de la democracia actual porque nadie sabe a dónde irá el mundo. Estamos en manos de la competencia de la técnica. Estamos en la cultura de la discoteca, de las drogas, del relativismo, de las canciones del suicidio y del sexo. ¿Puede el hombre aceptar esta resignación y renunciar a la razón, a la libertad, al progreso y a la humanidad? ¿El hombre va definitivamente camino a la deconstrucción total?

Evaluación

En lugar de estar en una sociedad liberada, como quiere Lipovetski, estamos en la cultura del individualismo y de la vulgaridad. La corrupción, el aumento de los asaltos, robos, asesinatos, egoísmo, contrato de sicarios, fraude financiero y maltrato de la mujer en la familia forman parte de la cultura de la vulgaridad, producto del hombre estético-instintivo, individualista.

El progreso moral de la libertad ha existido en la transgresión de las normas de la sociedad, pero se avanzó hacia un subjetivismo. La ampliación de la esfera de la libertad no garantiza un uso cívico de esa libertad ampliada. Abusamos, con sobrado énfasis, del lenguaje de la liberación, cuando lo que urge es preparar las condiciones culturales y éticas para la emancipación personal. Al pretenderse diferentes, los individuos se confirman pertenecientes al "montón" de la medianía sin virtud (Gomá, 2009: 11-20).

Peter Sloterdijk y Luc Ferry definen a la sociedad actual como una sociedad de amoral. El fascismo y el comunismo reclamaron el permiso para matar a gran escala por el bien de la raza o de la clase. En la democracia sobresale la pasión de la envidia.

Cada yo debe pasar del estético-instintivo al ético y adquirir el rango de ciudadano. El yo se siente original y único, pero debe evolucionar hacia una incorporación en la sociedad, por medio del trabajo, la familia y su relación con el Estado. Debe encontrar en este proceso de socialización su individualidad auténtica.

La responsabilidad por la vulgaridad en los medios de comunicación es más profunda de lo que señala Sartori, según Mario Vargas Llosa. Él considera que no está en el poder del periodismo por sí solo cambiar la civilización del espectáculo que ha contribuido a forjar. Esta es una realidad enraizada en nuestro tiempo (Vargas Llosa, 2013: 58-59). Un medio que empieza a eliminar la vulgaridad pierde inmediatamente clientela. La competitividad entre los medios no lo permite. Surge entonces la pregunta: ¿quién puede resolver este problema?

Para resolver este problema se apela a la autorregulación puesto que el gobierno no puede intervenir. La autorregulación se refiere principalmente a la protección de los horarios infantiles. Sin embargo, el individualismo no reconoce errores.

Muchos acontecimientos importantes no reciben un espacio en los medios. Los líderes de la sociedad, los líderes culturales y económicos tienen más responsabilidad que el pueblo porque ellos ejercen el poder.

Un estudio publicado en el *Journal of Personality and Social Psycology* indica que las letras violentas incrementan tanto los pensamientos como los sentimientos agresivos. El abuso de alcohol y drogadicción demuestra la falta de amor propio y de respeto para la dignidad.

Con la dominación de las nuevas tecnologías nos encontramos en el corazón del ideal individualista liberal según Luc Ferry, Ralf Dahrendorf, Dominique Wolton y el documento Gaudium et Spes. La ciencia y la tecnología modifican la cultura y transforman el pensamiento y los comportamientos del hombre sin una adecuada maduración de las relaciones auténticas personales.

"Internet, que nos convierte a todos en autores en potencia, no tiene más que un par de décadas de edad. Es posible que con el tiempo aprendamos a manejar las redes sociales de manera civilizada… Lo que me irrita es el hecho de que se trata de la primera revolución de los medios en la historia de la humanidad que sirve ante todo a fines económicos, y no culturales (Habermas, entrevista en El País, 10 de mayo, 2018).

La solución dependerá de la autocrítica, pero esta no existe en la cultura actual del individualismo de la posmodernidad. Todo es interpretación, como decía Nietzsche, y declaraba que la culpabilidad de una división interna nos quita la alegría de vivir. Se critica solo a los demás. La mentalidad individualista es la mentalidad común. El último criterio no es la dignidad humana sino el dinero.

El matrimonio y la familia es la víctima principal de esta situación porque su crisis afecta la parte más importante del ser humano, la educación en los valores que se recibe principalmente en la familia.

La inviolabilidad del cuerpo y de la vida constituye el núcleo de todas las formulaciones de los derechos humanos, desde el Acta de Habeas Corpus (1679), pasando por la Declaración de Derechos de Virginia (Virginia Bill of Rights, 1776), hasta la Declaración Universal de los Derechos del Hombre (1948). "El derecho a la integridad corporal forma parte allí de los derechos civiles individuales que protegen a todo ser humano del uso injustificado de la fuerza. Su protección es requisito, límite y contenido parcial del ejercicio de la libertad" (Schockenhoff, 2012: 254-255).

"La Iglesia debe acentuar el valor del trabajo contra la desvalorización consumista que lleva el ateísmo libertino. La "cornucopia permisiva" que nos transmiten las sociedades de consumo es mucho más devastadora para las sociedades latinoamericanas que para las desarrolladas; mucho más que la deuda externa, porque irremediablemente impide superarla. La época del relativismo se relaciona con la marginación de la exigencia de la verdad de la persona y su expulsión del tejido social. La verdad de la persona se descubre en una cultura que respeta todas las dimensiones de la realidad. Hay cultura cuando una idea unifica todos los aspectos de la vida a partir de los valores guías propios del ser humano" (Methol Ferré, 2015: 183-189).

Benedicto XVI recordó que el mundo no puede ser analizado sólo asilando uno de sus aspectos, porque "el libro de la humanidad es indivisible", e incluye el ambiente, la vida, la sexualidad, la familia, las relaciones sociales, etc. Se trata de una renuncia a convertir la realidad en mero objeto de uso y dominio. Si interpretamos el universo incorrectamente, actuaremos incorrectamente. Nuestras creencias básicas, condicionan nuestras posibilidades de acción. Necesitamos establecer una escala de valores complementaria a la pecuniaria. Necesitamos nuevas formas de pensar sobre nuestras visiones de quienes somos nosotros.

En los siguientes capítulos trataremos de explicar de dónde viene esta mentalidad común del individualismo,

Capítulo II
ARISTÓTELES: EL HUMANISMO DEL BIEN

Introducción

En 2004 los filósofos de Holanda declararon el libro Ética Nicomáquea de Aristóteles (384-322 a. C.) como el más importante sobre la ética escrito en la historia de la filosofía. Este libro fue el inicio de la reflexión sobre la ética en la antigüedad griega. "¿Cómo uno se vuelve virtuoso?". A partir de esta pregunta de Aristóteles empieza la reflexión ética. En contra de Platón y Sócrates, Aristóteles insiste en que nadie tiene la virtud por naturaleza. Este es el punto de partida de la ética (Aubry, 2002: 81-82).

1. El deseo del bien

Para Platón la realidad está en las ideas: verdad, justicia, bien y belleza. Sin embargo, la idea del bien es la suprema, de la cual dependen todas las demás cosas. En cambio, para Aristóteles no hay una idea suprema del bien sino un bien único de Dios, otro de los hombres, otro de los animales, otro de las plantas y otro de los minerales. A cada uno de estos seres le corresponden sus bienes particulares. Cada uno busca lograr su propia perfección. Dios no interviene en el mundo.

Aristóteles es el gran representante de la filosofía que ubica al bien como la noción central de la ética, ligado a la noción de la felicidad. "Es lo mismo vivir bien y obrar bien que ser feliz".

Aquello que es apetecible siempre por sí y jamás por otra cosa. Tal nos parece ser, por encima de todo, la felicidad. A ella, en efecto, la escogemos siempre por sí misma y jamás por otra cosa; en tanto que el honor, el placer, la intelección y toda otra perfección cualquiera son cosas que, aunque es verdad que las escogemos por sí mismas, lo cierto es que las deseamos en función de la felicidad, suponiendo que por ellas seremos felices. Nadie, en cambio, escoge la felicidad por causa de aquellas cosas, ni en general de otra ninguna. Es manifiesto, en suma, que la felicidad es algo final y autosuficiente, y que es el fin de cuanto hacemos […] (Aristóteles, 2005: I, 7).

El bien es el fin de todo. Los deseos, las tendencias, las pasiones, la razón y la voluntad están orientados hacia el bien. Hay un elemento común, siempre se busca el bien. "Cada arte y toda investigación científica, lo mismo que toda acción y elección parecen tender a algún bien […] Si existe un fin de nuestros actos querido por sí mismo, y los demás por él; y si es verdad también que no siempre elegimos una cosa en vista de otra –sería tanto como remontarnos al infinito y nuestro anhelo sería vano y miserable–, es claro que ese fin último será entonces no solo el bien, sino el bien soberano" (Aristóteles, 2005: I, 1).

El bien se refiere a todos los niveles de la vida. Se trata tanto del cuerpo como de la salud, la belleza, la fuerza, pero también de los amigos, del prestigio, etc. Vamos a la universidad porque queremos obtener un título. Queremos un título universitario porque queremos adquirir conocimientos. Queremos adquirir conocimientos porque queremos participar en la vida de la sociedad y trabajar. Queremos un trabajo para realizarnos en una vida digna y formar una familia. Se logra la felicidad cuando se logra la autorrealización. La felicidad se logra dentro de las actividades que se realizan. El hombre logra su autorrealización cuando cumple el ideal o los fines de su existencia. La virtud nos hace felices porque llegamos a ser lo que debemos ser.

Aristóteles dice que en el orden de los seres vivos existe una explicación basada en la finalidad (llamada la teleología). Todos los seres están en un proceso hacia su realización o finalidad. Por ejemplo, el grano se convierte en un cedro o el embrión en un animal maduro. Cada ser lo es de acuerdo a su finalidad. Los procesos de todos los entes naturales manifiestan en su realización lo "bueno" y lo "bello".

Sin embargo, la naturaleza del ser humana es excepcional. La comprobación de los hechos se traduce en una definición de valores. "Aristóteles considera al hombre como el animal más conforme con la naturaleza porque es una naturaleza que no está predeterminada como la de los animales". Para él los otros animales son anomalías de la norma natural (PA, II, 10,656 a 7-12 IV, 10,686 b 2-5). La naturaleza humana se convierte en la naturaleza como norma y valor y es el fundamento del paso de la descripción a la prescripción, de la descripción estadística a la axiológica. (Vegetti, 2002: 69). Conocido es la frase de Aristóteles: "Como el hombre es el mejor de los animales, apartado de la ley y de la justicia, es el peor de todos".

2. Las pasiones

Las pasiones o sentimientos son la resonancia interior consiguiente a la tendencia. En ellas se percibe la respuesta dada a cada momento en el encuentro con el mundo.

En su libro *La retórica* Aristóteles presenta un amplio y muy sutil análisis de las pasiones. Nos limitaremos a dar una información sucinta. "Llamo pasiones al deseo, la cólera, el temor, la audacia, la envidia, la alegría, el sentimiento amistoso, la indignación, la añoranza, la rivalidad, la piedad y en general a todas las afecciones a las que son concomitantes el placer o la pena" (Aristóteles, 2005: II, IV).

Las pasiones de competitividad y agresividad como las de cólera, envidia y celos juegan un papel esencial en la vida social. Son las emociones del dolor, la respuesta negativa por el mal. A ellas se juntan las emociones del placer, la respuesta positiva, que son la victoria o superioridad, el amor, el mando, la rivalidad y los honores. Se puede afirmar que todas estas pasiones forman la base de las relaciones entre las personas.

En primer lugar, Aristóteles analiza la ira y le dedica el espacio más grande. La ira es un deseo penoso de venganza provocado por un menosprecio notorio hacia nuestra persona o hacia otros, un menosprecio inmerecido. La esperanza de vengarse trae placer. Este placer que acompaña al acto de ultraje consiste en un sentimiento de superioridad. Este sentimiento de superioridad juega un papel especial en el mecanismo de la ira, tanto en la reacción del que sufre como en la del que actúa. Aristóteles concluye que quien provoca la ira es el que comete la más grande injusticia. Los hombres en general montan en ira contra quienes subestiman su valor individual. La culpa no la tiene el que se "molesta". El que agrede se defiende comúnmente diciéndole al otro que no se moleste. Sin embargo, el agredido no se molesta, sino que se indigna con justa razón. La indignación es correcta. La ira justa es considerada como una virtud.

En segundo lugar, tenemos la envidia y los celos. La envidia es una pasión moralmente negativa porque la persona se siente mal por el éxito del otro y habla mal de esta. Los celos son una pasión honesta. El dolor no es por el éxito del otro sino por lo que le falta a uno. Los bienes del otro, objeto de los celos, son la fortaleza, el saber y el mando. Es interesante observar que en el análisis de la amistad se encuentran los elementos de la rivalidad y los celos. Efectivamente, entre amigos que se aman existen estos dos elementos, pero no la envidia. Sin embargo, el deseo de superioridad es origen de la rivalidad. La superioridad no está solo ligada a la victoria, sino que también se halla en el origen de la ira provocada por haber sido menospreciado.

Finalmente, el sentimiento más profundo de la rivalidad y la superioridad es el amor propio. Aristóteles dedica un capítulo al amor a sí mismo y a su valor moral (2005: IX, 8). Es un sentimiento prioritario que antecede a la amistad y que determina todos los afectos para los demás. Puede tener un sentido negativo o positivo. El negativo quiere todos los bienes solo para él y el positivo quiere los bienes, pero también los comparte con los demás. Aristóteles lo llama el buen egoísmo. El fin del segundo es la diferencia con el primero.

Tendencias, pasiones, emociones y sentimientos tienen su origen en el impulso del "deseo". Todos tienen esa característica. Los deseos son el origen de la afectividad, los motores de nuestra vida. La presencia del deseo es indispensable para que las razones lleguen a la acción, porque solo él puede movilizar al cuerpo. Si no tenemos deseos, la razón no puede empezar su trabajo de análisis. Sin embargo, el deseo debe estar acompañado de las indicaciones de la razón y debe tener como objeto una finalidad o un bien. La irracionalidad del deseo se vuelve racional por la obediencia a la razón (Viano, 2002: 237-253).

"La teoría de las tendencias hacia el bien" de Aristóteles hace pensar que la ética depende de la naturaleza. El hombre cumpliría automáticamente las normas sin intervención de la libertad. ¿Cuál sería la diferencia entre el ser humano y los otros seres vivos si es suficiente existir y todos se inclinan hacia el bien? ¿Qué privilegio tendrían la razón y la libertad si la naturaleza ya es de por sí tendencia hacia el fin o el bien?

Por lo tanto, el objeto de la ética consiste en investigar en qué consiste el bien del hombre para poder orientar la práctica de su comportamiento.

3. La ética es fruto de la razón y de la libertad

Aristóteles manifiesta que el hombre conoce su fin natural (valores naturales y morales) y por lo tanto su actuar se dirige a perseguir esa finalidad; el bien tiene su fundamento en el mismo hombre. Esta es la fundamentación ontológica de la ética de Aristóteles. No hay ningún determinismo sino una actitud reflexiva en torno a los deseos y fines que se eligen.

El desarrollo del hombre –lograr ser un animal político– no es automático, sino el resultado de un largo proceso de conocimientos y decisiones que tienen como finalidad el bien y la justicia. Se trata de una elección o de un deseo inteligente. No existe determinismo sino una elección del fin, ilustrado por la razón. "Pues, así como el hombre perfecto es el mejor de los animales, apartado de la ley y de la justicia es el peor de todos. La injusticia es más feroz cuando posee armas, y el hombre se hace naturalmente con armas al servicio de la prudencia y la virtud, pero puede usarlas precisamente para las cosas opuestas" (Aristóteles, 2012: I, 2).

En el sexto libro de la Ética *Nicomáquea*, Aristóteles señala la diferencia entre la virtud natural y la virtud moral. Se puede nacer con una tendencia al coraje, a la justicia o a la temperancia, pero esto es nada más que una apariencia de virtud. Para que esta cualidad interna se transforme en una verdadera virtud es necesaria la presencia de la elección de la razón y de esa virtud intelectual, condición de todas las virtudes, que es la prudencia o el conocimiento práctico (Aristóteles, 2005: VI, 13, 1144 b, 4-17; posteriormente explicaremos la virtud de la prudencia). Aristóteles dice que la virtud no es natural pero tampoco es antinatural (2005: II, 1). La ética aristotélica no es naturalista. Ella no propone ser lo que uno ya es.

La praxis de la ética es un trabajo sobre la naturaleza para modificarla. Son la ética y la política las que producen "una naturaleza del hombre" por encima de la continuidad biológica del ser vivo. La tendencia no indica la integración del hombre a la naturaleza o su determinación por un talento, y menos aún reduce la búsqueda del bien al instinto, sino que significa, por el contrario, un esfuerzo de cambio para alcanzar un nivel superior de vida.

El fin de la ética, a diferencia de otras tendencias, es una inclinación al bien como una elección. No hay ética sin una relación selectiva de las facultades y posibilidades del hombre. No todos los hombres son virtuosos simplemente por tener la tendencia al bien. Esta debe estar de acuerdo a la razón, cuya ejecución depende de la libertad. La tarea de la prudencia consiste en definir en qué consiste ese bien. La idea de una ética natural o de una ética de acuerdo a la posición social o al talento de la gente iría en contra de la idea misma de ética y en contra de una distinción entre hombre y animal, porque eliminaría la unidad posible de la humanidad.

Llegar a ser hombre es escoger las potencialidades o tendencias que construyen lo verdaderamente humano. No es suficiente nacer como hombre para serlo. El hombre no puede realizarse con su verdadera naturaleza si no es distanciándose de lo inmediato (sus deseos, gustos, carácter, necesidades). Aristóteles rechaza también como bienes propios del hombre los placeres sensibles, las riquezas y los honores. Los honores son buenos, pero son más medios que fines.

El animal goza de la vida vegetativa y sensitiva pero no necesita dominar los procesos sordos de crecimiento, nutrición y generación. Las plantas y los animales no pueden fracasar en su destino. Llegarán necesariamente a ser lo que son. El hombre, al contrario, puede perder su humanidad por la contingencia de su libertad. El hombre necesita desarrollar la virtud correspondiente a la tendencia (Aubry, 2002: 81).

La vida del hombre no puede limitarse a la vida vegetativa de las plantas o a la sensitiva de los animales. Lo que verdaderamente distingue la vida del hombre es la razón, pero aplicada de acuerdo al bien. La ética es la selección o elección entre las tendencias.

De esta manera se da ya una diferencia entre el valor y el hecho, el deber-ser y el ser. Uno solo se realiza si hace lo que debe hacer. La Ética a Eudemo indica que ningún hombre digno puede escoger solo la vida de los placeres de la comida, de la carne o del sueño. El mejor comportamiento del hombre es el de la mejor disposición; es decir, el de la virtud o el fin del valor. Así también, la mejor virtud debe ser la que pertenece a esta parte del alma que es la actividad propia del hombre: la razón. Actuar como hombre significa usar las tendencias netamente humanas. La elección no es sobre el acto o la disposición sino sobre las tendencias al bien.

La felicidad es la actividad virtuosa del alma en todos los hombres y las condiciones de la validez de las definiciones de la ética filosófica son universales. La fundamentación antropológica de Aristóteles le permite entender al hombre y a la sociedad en general, y formular definiciones universales en una teoría racional que evita el relativismo. Existe una naturaleza del hombre que trasciende situaciones históricas.

Aristóteles sostiene que el conocimiento intelectivo no puede ejercerse sin la actividad sensitiva como paso previo, el intelecto se distingue del sensitivo –que capta lo particular– por poder elaborar conceptos universales mediante la abstracción. El concepto "árbol" se refiere a todos los árboles por diferentes que sean. La inteligencia capta lo inteligible que es común en lo sensible de todas las cosas. Sin embargo, hay una diferencia entre la ley natural y las leyes acordadas por consenso.

4. La virtud es una disposición adquirida (un hábito) de acuerdo a la razón y por decisión libre

Sin embargo, Aristóteles considera que la definición de la virtud como adquisición del bien es más importante que la definición de la tendencia al bien. Esto es lo que profundiza más la diferencia con el naturalismo. Para ser un hombre feliz no es suficiente optar por la mejor tendencia *sino adquirir el hábito de actuar bien, o sea la virtud*. Aristóteles da la siguiente definición de virtud:

La virtud es, por tanto, un hábito selectivo, consistente en una posición intermedia para nosotros, determinada por la razón y tal como lo determinaría el hombre prudente (Aristóteles, 2005: II, 7).

[…] Finalmente, dícese que somos movidos por las pasiones, mientras que por las virtudes y vicios no somos movidos, sino que estamos de tal o tal modo dispuestos (Aristóteles, 2005: 5).

En primer lugar, la definición aclara que la virtud no es una acción sino una actitud o postura relacionada con una elección. Esta actitud no se hereda, sino que se forma por esfuerzo de uno mismo o por influencia de los otros. El fin de la ética, a diferencia de otras tendencias, es mantener una tendencia al bien como elección. La virtud no es natural. La virtud, siendo la condición necesaria para actualizar la tendencia definida del hombre, no es una tendencia. Jean Baptist Gourinat dice: "Aristóteles no deja de repetir que la moral y la virtud consisten en la capacidad de elegir el bien" (Gourinat, 2002: 124). En contra de Platón y Socrates, Aristóteles insiste en que nadie tiene la virtud por naturaleza. El hábito o la virtud no son un estado de inercia o tradición negativa sino exigencia de presencia de la inteligencia por elección.

Además, la elección de pasar de la tendencia al acto no es suficiente. Aparte de la libertad se necesita también el hábito o la costumbre. La virtud moral necesita el hábito. La virtud como condición de este cumplimiento ya no es una tendencia sino una adquisición. El hábito modifica el carácter. El hábito transforma la naturaleza sin ser antinatural. La naturaleza nos ha dado la capacidad de recibir las virtudes y esta capacidad llega a la madurez por el hábito. La virtud no es por lo tanto una tendencia sino una disponibilidad adquirida.

Las virtudes morales presuponen un ejercicio previo, así como lo hacen nuestras facultades artísticas (Aubry, 2002: 83). En la virtud, el acto precede a la posibilidad o tendencia, tal como tocando el violín el violinista se realiza como artista; por actos de coraje uno se vuelve un hombre de coraje: es la repetición de un acto lo que produce la adquisición de una virtud o de un vicio. El esfuerzo de entrenarse lleva a ser un buen atleta, el esfuerzo de beber lleva al vicio de ebriedad. Así se comprende que en el proceso de la virtud entren los factores del ejercicio y de la ascesis. No es solamente cuestión de hacer, sino de hacerlo bien. El que no toca bien un instrumento será un mal músico. "Las virtudes, en cambio, las adquirimos ejercitándonos primero en ellas, como pasa también en las artes y oficios" (Aristóteles, 2005: II, 1).

El hábito lleva a ser un buen o mal músico, a ser una buena o mala persona; es decir, al vicio o a la virtud.

Se nos presenta aquí entonces un círculo virtuoso. Hay que actuar bien para poder llegar a ser alguien que actúa bien. Se trata de una adquisición, pero para poder adquirirla hay que serlo. Nadie nace con virtud, uno llega a ser virtuoso, pero para poder llegar a serlo hay que serlo. Aristóteles es consciente del problema y lo aclara en lo que sigue.

5. La ejemplaridad, las leyes y las Normas y la libertad

A. La ejemplaridad

El "preguntar" es siempre un asunto paradójico. Uno pregunta lo que debe hacer o cómo debe vivir porque no lo sabe. Pero uno solo puede formular la pregunta porque ya sabe algo al respecto. Primeramente, uno ya sabe que debe hacer el bien y para poder hacerlo pregunta en qué consiste; en segundo lugar, uno ya debe saber en qué consiste para poder reconocer la respuesta como tal. La ética justifica este planteamiento por el conocimiento que adquirimos a partir de los buenos ejemplos que nos dan deportistas, docentes, políticos, amigos, padres, familiares, etc.

Aristóteles formula un principio metodológico fundamental: el conocimiento práctico no parte de ideas preestablecidas, como decía Platón, ni de causas como en la ciencia. Basta demostrar el hecho (Vegetti, 2002: 64).

¿Qué es el hecho en la vida ético-política? El hecho se conoce por los discursos racionales cotidianos sobre el sentido y el valor de los comportamientos éticos y políticos. Aristóteles parte de la idea de que todos los hombres tienen una disposición natural por la verdad y tienen la capacidad para manifestarla. Se forma de esta manera una tradición de opiniones compartidas por una mayoría o por los sabios.

El punto de referencia para definir el *ethos* son los hombres destacados de la sociedad, cuyos comportamientos están reconocidos como acordes a las normas éticas aceptadas. Existe el hombre justo y virtuoso que representa el comportamiento ético, llamado el prudente (Aristóteles, 2005: III, 5 y X, 5). Es el que sabe distinguir los placeres nobles y dignos de los placeres perversos y corruptos. Él recibirá los honores públicos que servirán como modelo educativo para todos.

Aristóteles cita como ejemplo a Pericles y a sus similares. Son hombres cuya dignidad moral es reconocida porque decidieron vivir según las virtudes. No cualquiera representa este criterio sino solo aquellos que destacan por su dignidad moral. Aristóteles evita el relativismo de Protágoras, quien manifiesta que el hombre es la norma de todo. Para

Aristóteles se trata solo del hombre virtuoso. La pregunta es cómo derivar normas o deberes de un sistema de prácticas sociales vividas en la contingencia de la vida humana y en la tradición de la sociedad. Surge la pregunta: ¿cómo deducir normas de la descripción de un comportamiento?

B. Leyes, normas y libertad

El deseo de los legisladores es lograr buenos ciudadanos sobre la base de buenos hábitos. De esta manera los actos que debe engendrar la virtud no proceden de una elección: son impuestos por las leyes del Estado. También la educación establece los hábitos que vienen por las normas que ponen la familia y el centro educativo.

La coacción impone entonces los actos que por repetición se vuelven virtudes adquiridas. La virtud supone una forma de violencia. El esquema es el siguiente: la capacidad pasiva para la virtud es modificada por una fuerza exterior que, por imposiciones de actos virtuosos, produce una disposición estable (Aubry, 2002: 84).

Esta nueva problemática ya no proviene de la naturaleza, sino de una segunda naturaleza impuesta por el exterior. La virtud no conocería ni elección ni voluntad. La adquisición de la virtud sería automática. La virtud sería inercia, comportamiento de oveja. No conocería la duda entre opuestos. Una vez aprendida la virtud sería una técnica, todos podrían aplicarla por igual.

Sin embargo, Aristóteles aclara esta problemática sosteniendo que cada uno es siempre causante de sus actos, desde el inicio hasta el final (Aristóteles, 2005: III, 2 y 3). Cada uno es responsable de los fines que escoge. Por la virtud moral se trabaja sobre los gustos e impulsos para distinguir entre el verdadero bien y el aparente, para desconfiar de la atracción del placer o, más bien, para tener placer en el bien. Si por hábito la disposición puede volverse mecánica o inerte, el acto singular siempre depende de la elección, que tiene la posibilidad de ser o no ser repetición de las elecciones anteriores. Somos dueños de nosotros mismos desde el comienzo hasta el final. Ya habíamos señalado que la adquisición de la virtud es de acuerdo a la razón y a la libertad. La razón puede y debe escoger entre dos fines opuestos. (Esto indica que una ley que no tenga la aprobación de los sujetos a quienes se dirige no dará fruto. Un legislador debe consultar y promover antes de promulgar la ley).

El acto exterior no demuestra, por ejemplo, que un hombre actuó por coraje o por presión, por vicio o por hipocresía. La sola presencia física del estudiante en el salón de clases no indica si es por decisión libre o por coacción. Para un buen acto técnico o artístico no importa la disposición ética, pero para la virtud, el acto solo no es suficiente. El acto moral implica una moral intencional o del interior de la persona. Esta debe actuar sabiendo lo que está haciendo de una manera decisiva. Debe escoger libremente su acto. La ética del acto supone una moral de la interioridad. A pesar de que la virtud tiene su realización final en el acto que da la felicidad, el valor de este acto depende de la intención y de la disposición interna de la persona. Es un acto adquirido, un hábito basado en la razón y en la voluntad. La virtud no es rutina ni inercia. En cuanto a la capacidad racional, su aplicación tiene como condición el ejercicio de la elección y de la libertad. La virtud no es una técnica o un saber hacer mecánicamente aplicado.

La virtud no es una facultad innata, ni un talento, ni una tendencia espontánea. La virtud se adquiere en base a muchas mediaciones. Aristóteles reconoce esta complejidad. Intervienen en la realización de la virtud: la coacción de la política, la educación y la libertad; la dimensión ascética del trabajo y el trabajo como el gozo de lo cumplido; la duración del hábito y el momento de la elección. El ser racional puede alcanzar lo divino en sí mismo por un trabajo virtuoso del ejercicio de la razón y de la libertad. "Mas no por ello hay que dar oídos a quienes nos aconsejan, con pretexto de que somos hombres y mortales, que pensemos en las cosas humanas y mortales, sino que cuanto nos sea posible hemos de inmortalizarnos y hacer todo lo que en nosotros esté para vivir según lo mejor que hay en nosotros, y que por pequeño que sea el espacio que ocupemos, sobrepase con mucho a todo el resto en poder y dignidad" (Aristóteles, 2005: X, 7).

Aristóteles pone el origen de la norma en la naturaleza, entendida como naturaleza humana. Para Mario Vegetti la naturaleza significa la norma de los procesos, el principio de valor que permite ordenar una escala jerárquica. La naturaleza del hombre es excepcional porque Aristóteles lo considera el animal más acorde con la naturaleza porque su naturaleza no está predeterminada como la de los animales. Para él los otros animales son anomalías de la norma natural (PA, II,10, 656 a 7-12, IV,10, 686 b 2-5). El concepto de naturaleza pasa de una definición biológica y estadística a una definición axiológica. La naturaleza como norma y valor, idea ya presente en sus obras de física y biología, se vuelve en su antropología un fundamento prescriptivo en lugar de uno meramente descriptivo. Vegetti considera que las normas de la ciudad aparecen normativas en relación con la esencia de la naturaleza humana. La definición del hombre como un animal político es la afirmación de que este solo se realiza en la ciudad, donde están unidas la ética y la política. Si bien el hombre tiene una situación histórica, el fundamento antropológico permite entenderlo a él uy a la sociedad en general, tan atemporales y perpetuos como la naturaleza (Vegetti, 2002: 68-69).

Él hace una distinción entre la ley legal y la ley natural. La primera se fundamenta sobre los acuerdos de la sociedad y la segunda sobre la naturaleza humana. Esta última debe ser igual en todas partes. Las leyes legales pueden variar de acuerdo a las culturas y pueden necesitar correcciones: "Pues del mismo modo las cosas justas no son las mismas en todas partes, como no lo son las constituciones políticas, aunque en todas partes hay una solamente que es por naturaleza la mejor" (Aristóteles, 2005: V, 7).

Él define al hombre como el ser que posee la palabra y vive en la sociedad. El hombre no logra su verdadera humanidad sin el *logos* y la sociedad. La naturaleza está dada como posibilidad. Para lograrla, falta adquirir el fin. Aristóteles cree en la esencia de la justicia (Romeyer, 2002: 134).

6. La Educación en la Familia y el Ejemplo de Los Líderes Políticos Promueven la Virtud

Aristóteles considera que la felicidad no es solo un asunto del individuo. Incluye también a los familiares, a los hijos, a la mujer, a los amigos y a todos los ciudadanos en general porque el hombre es un ser político.

De este modo, los demás forman comunidades por necesidad, pero el hombre y la mujer conviven no solo para la reproducción, sino también por todo lo que implica la vida. Conforme a esto enderezan y distribuyen sus actividades respectivas el varón y la mujer complementándose recíprocamente, tanto en lo común como en lo individual; y así, también aquí, de lo conveniente y agradable, resulta otro particular modo de amistad. *Y si ambos son dignos y ecuánimes, su relación resulta virtuosa y además agradable.* Los hijos, a su vez, son el lazo de unión. Los progenitores, a su vez, aman a sus hijos como si fueran parte de ellos mismos y los hijos a sus progenitores por proceder, a su vez, de estos. El hombre por naturaleza tiende más a vivir acompañado en pareja que a ser ciudadano, porque antecede y *es más necesario el hogar que las ciudades (Aristóteles, 2009: VIII, 12).*

Platón quiso eliminar los vínculos familiares. Aristóteles contesta:

Consideramos, pues, que la amistad es el mayor de los bienes en las ciudades, ya que con ella se reducirán al mínimo los enfrentamientos civiles. Precisamente lo que más elogia Sócrates es el que sea unitaria la ciudad […] Pero en la ciudad forzosamente resultará aguada la amistad o una comunidad semejante en la que llame solo de modo tan mínimo "mío" el hijo al padre y el padre al hijo [...] y en un régimen semejante estarían mínimamente obligados a cuidarse el padre de sus hijos o el hijo de su padre y los hermanos entre sí. Pues hay dos motivos, fundamentalmente, para que los hombres se tengan mutuo interés y afecto: la pertenencia y el amor familiar (Aristóteles, 2012: 1262b).

Los hijos reconocen el amor de sus padres hacia ellos y aprenden a amarlos. Esta amistad es un proceso que abarca la niñez y la juventud. Posteriormente podrá extenderse a sus hermanos, familiares y otros. El amor familiar se extiende hacia todos en la nación. Como dice Aristóteles "reducirán al mínimo los enfrentamientos civiles. La política necesita este apoyo emocional de personas que aprendieron el amor y los valores o virtudes. La familia es la condición previa y necesaria para lograr una buena sociedad. "No es, pues, de poca importancia contraer desde la infancia y lo más pronto posible tales o cuales hábitos; por el contrario, es éste un punto de muchísimo interés, o por mejor decir, es el todo" (Aristóteles, 2012, II,1).

Sin embargo, después de haber reconocido la primacía de la familia, Aristóteles afirma lo contrario: "La participación comunitaria en éstas funda la casa familiar y la ciudad". Es decir que, por naturaleza, la ciudad es anterior a la casa y a cada uno de nosotros. Ya que el conjunto es necesariamente anterior a la parte" (Aristóteles, 2012: I, 2).

El ideal para una vida feliz es, para Aristóteles, un ideal de vida en común y un ideal compartido por todos. El hombre tiene el deseo "por naturaleza" de formar una comunidad en la cual se cumpla su desarrollo. *"Es cosa amable hacer el bien a uno solo; pero más bella y más divina es hacerlo al pueblo y a las ciudades"* (2005: I, 1).

Efectivamente Aristóteles entiende la ciudad como el bien superior de las comunidades. Afirma que el hombre solo puede realizarse en la *polis,* participando en la política.

La política es la democracia y el fundamento de la democracia es la igualdad en la libertad. El poder es la participación activa de todos. Igualdad es autonomía, igualdad de poder. Sin embargo, la autonomía e independencia de decisión, como relación horizontal, no contradice los valores de las virtudes y dl ejemplo, como se pretende en la modernidad y posmodernidad. Aristóteles considera que el hombre solo puede realizarse por vivir en la *polis,* participando en la política pero la ética está relacionada con la ciudadanía.

Es evidente que ha de preocuparse por la virtud la que de verdad se llama ciudad y no solo de palabra. Pues, en otro caso, la comunidad se convierte en una alianza militar que solo se diferencia espacialmente de aquellas alianzas con pueblos distintos, y la ley en un pacto que, como decía el sofista Licofrón, es garante de los derechos mutuos, pero incapaz de hacer buenos ciudadanos. Si uno fuera carpintero, otro campesino otro zapatero y otro algún oficio similar, fueron unos diez mil en número, pero no se comunican para nada más que por asuntos como el comercio y la alianza militar, tampoco en ese caso hay una *ciudad* [...].La ciudad no es una comunidad de territorio "sino es una comunidad para vivir bien de casas y familias, en orden a una vida perfecta y autosuficiente. Por eso surgieron en las ciudades relaciones familiares, fratrías, fiestas y diversiones para vivir en común. Y tal cosa es fruto de la amistad. Pues la decisión de vivir en común es amistad" (Aristóteles, 2012, III, 9).

La sociedad no es una mera asociación regida por una ley acordada que protege los derechos de unos contra otros.. La autonomía e independencia de decisión, como relación horizontal, no contradice los valores de las virtudes y del ejemplo. El deseo de los legisladores es lograr buenos ciudadanos sobre la base de buenso hábitos (los hábitos son más importantes que las leyes). Las normas de la vida pública de Atenas son el horizonte superior de libertad alcanzado por la comunidad. La ética en el mundo ateniense se constituye en forma de realizar individualmente el grado de livertad proporciando por la *polis*. El fin de la comunidad no es convivencia. La sociedad política consiste en que todos deben buscar el bien.

Aristóteles relaciona la política a la ética, que se convierte en el fin y en el ideal a los que debe aspirar la sociedad. El hombre puede utilizar en sentidos muy opuestos sus capacidades, tanto para robar y matar a otros como para un buen gobierno y un orden justo en la ciudad. Es necesaria una opción por parte de los hombres entre un tipo de vida u otro. Sin la virtud el hombre es del animal más impío y más salvaje, y el peor en su sexualidad y su voracidad. La justicia es el orden de la sociedad cívica (Aristóteles, 2012, I, 2).

Aristóteles entiende la ciudad como el bien superior, pero respeta la autonomía de las familias. La política interviene en la familia, pero para apoyarla. Ambas están al servicio de la amistad. Donde los hombres son amigos, para nada hace falta la justicia. La forma más alta de justicia parece ser una forma amistosa" (Aristóteles, 2005: libro VIII, I).

¿Si la comunidad política existe para promover la buena manera de vivir, cuáles son las implicancias para las funciones?

Los candidatos para los cargos políticos deben cumplir con los requisitos de capacidad y virtud. Para ocupar un cargo de autoridad en la política se exige también capacidad de ejecución, entendimiento y don de mando. Se puede ser virtuoso, pero no apto para gobernar. El entendimiento y la sagacidad, habilidades gubernativas, no son virtudes morales en sí. Cobran su relevancia en el orden sociopolítico en función de la virtud de la prudencia, del conocimiento práctico. Sin embargo, para los cargos se requiere también un comportamiento moral. "Por eso el que manda ha de poseer perfecta la virtud ética y cada uno de los demás en el grado que convenga" (Aristóteles, 2012, I, 12),

7. Las virtudes o los fines: justicia, prudencia, fortaleza y templanza

¿Cuáles son las diferentes disposiciones del bien que definen al hombre?

Aristóteles distingue entre virtudes intelectuales y morales. Las racionales son las intelectuales, donde se encuentran la prudencia, el entendimiento teórico y el práctico. Las morales son: fortaleza, templanza, pudor, liberalidad, magnificencia, magnanimidad, dulzura, veracidad, buen humor, amistad, indignación, equidad y justicia.

La prudencia, la justicia, la fortaleza y la templanza son consideradas en la historia como las cuatro virtudes principales, llamadas cardinales. Las cuatro virtudes mencionadas serán célebres durante muchos siglos y constituirán el eje de la moral tradicional. La prudencia es una virtud intelectual y las otras tres son virtudes morales.

A. La justicia

Aristóteles dedica el mayor espacio de su libro a la virtud social que es la justicia. La justicia establece el orden y la armonía entre las partes para lograr el bien común. El bien común se expresa en la justicia porque es la virtud que ordena las relaciones con los demás. La justicia es dar a cada uno lo suyo. La justicia está en todas las virtudes porque es el fundamento del orden y de la relación con los demás. Ninguna virtud puede realizarse sin la justicia. Es la virtud por excelencia. Introduce la armonía en el conjunto de las virtudes. Una sola justicia contiene a todas las virtudes.

"La justicia así entendida es la virtud perfecta, pero no absolutamente, sino con relación a otro. Y por esto la justicia nos parece a menudo ser la mejor de las virtudes; y ni la estrella de la tarde ni el lucero del alba son tan maravillosos. Lo cual decimos en aquel proverbio: en la justicia está toda virtud en compendio" (Aristóteles, 2005: V, 1).

Aristóteles distingue entre la justicia como virtud personal y como virtud social. En la vida privada la justicia logra la armonía entre las facultades del alma y las virtudes. La justicia social logra armonizar las relaciones con los demás en la sociedad. En la justicia social se considera la relación con los demás como relaciones entre ciudadanos iguales y libres.

Sin embargo, la ley no siempre es dada completamente de acuerdo a la razón. Lo que es contrario a la igualdad es siempre contrario a la ley, pero lo que es contrario a la ley no es siempre contrario a la igualdad. Aristóteles distingue entre lo que es conforme a la naturaleza y lo que es conforme a la ley. *Summum jus, summa iniuria*: el mero atenerse a lo que prescriben las leyes puede conducir a la injusticia. El derecho natural tiene valor universal en todos los tiempos y lugares. No depende de las opiniones de los hombres. Las leyes que no coinciden con la naturaleza tienen su fundamento en los acuerdos entre los hombres y pueden diferenciarse según los pueblos o lugares. En el caso de que la ley contradiga la igualdad se recurre al principio de equidad, que permite la corrección. "Lo equitativo, en efecto, siendo mejor que cierta justicia, es justo; y por otra parte, es mejor que lo justo no porque sea de otro género. Por tanto, lo justo y lo equitativo son lo mismo; y siendo ambos buenos, es, con todo, superior lo equitativo" (Aristóteles, 2005: V, X).

Aristóteles hace también una clasificación de la justicia. En primer lugar, la justicia distributiva. Consiste en la repartición de los bienes y obligaciones entre los ciudadanos. La distribución se hace de acuerdo a los fines de las cosas o de las personas. Lo justo es algo proporcional (Aristóteles, 2005: V, III). En segundo lugar, señala la justicia contractual (de tipo comercial) y en tercer lugar la justicia correctiva. De esta última se encarga el juez que obliga a reparar la injusticia cometida (Gobry, 1995: 80).

B. La prudencia o el conocimiento práctico

La prudencia o el conocimiento práctico son más amplios que la aplicación de una teoría científica. El conocimiento práctico se refiere a la totalidad de los actos prácticos del hombre, es nuestra forma de vida.

Para Aristóteles la inteligencia tiene un aspecto teórico y un aspecto práctico. La prudencia pertenece a la parte intelectual del hombre. No es una teoría sino una actitud concreta de este. Como virtud intelectual, el conocimiento práctico es la capacidad y la sagacidad de aplicar la verdad o el bien en el terreno de la acción humana. Es la sabiduría práctica que nos indica cómo debemos actuar en las diferentes situaciones. Es una deliberación y no una reflexión. Es un conocimiento que decide sobre las acciones. Aristóteles la considera la virtud más importante. Esta virtud implica también el deseo. La concordancia entre el deseo y la razón es fundamental para la existencia del conocimiento práctico. Como virtud, el conocimiento práctico debe dar lugar a acciones porque cada virtud es una fuerza que origina los actos ya que solamente el deseo puede mover al cuerpo.

Una ética sin conocimiento práctico es una ética sin sentido o peligrosa. La buena voluntad no es una garantía, ni una buena conciencia es una excusa. El camino al infierno está plagado de buenas intenciones. En otras palabras, la virtud no solo necesita a la ética sino también a la inteligencia. El objeto del conocimiento práctico es la acción. La finalidad de la acción es fundada por la virtud moral pero el conocimiento práctico debe conocer bien el fin y la situación. La situación depende del momento histórico y el fin de la virtud. El conocimiento práctico conoce la situación y busca los caminos por donde se puede aplicar, pero el fin le es proporcionado por la virtud moral de acuerdo a la filosofía tradicional.

Sin el conocimiento práctico, ninguna virtud sabría cómo actuar. El justo ama la justicia, pero no sabría cómo aplicarla, el fuerte no sabría qué hacer con su fortaleza, etc. No es suficiente amar como padre a tus hijos. Hay que saber hacer lo mejor para ellos. El amor no te exonera del deber de saber.

El conocimiento práctico no es arte ni ciencia, según Aristóteles. "No ciencia, porque lo que es materia del obrar puede ser de otra manera; no arte, porque son de género distinto el obrar y el hacer. Y lo son porque en tanto que el hacer tiene otro fin distinto de la misma operación, el obrar no lo tiene, ya que la misma buena acción es su fin" (Aristóteles, 2005: 136).

Podríamos hoy en día añadir que el conocimiento práctico no es un cálculo pragmático porque tiene un fin de bien señalado por la virtud. El pragmático aplica cualquier medio sin tomar en cuenta el fin o el valor, o sea, la virtud. "Es patente por lo dicho que no es posible ser hombre de bien, en el sentido más propio, sin prudencia, ni prudente tampoco sin virtud moral.

"Aunque la prudencia no influyese en la conducta habríamos menester de ella por ser la virtud de una parte del alma; y lo es también porque no habrá elección recta sin prudencia ni sin virtud, porque esta propone el fin, y aquella pone por obra los medios conducentes al fin" (Aristóteles, 2005: 149).

La ética no es una parte de la prudencia y no es dictada por ella. Es una filosofía diferente. Esto está probado por el hecho de que las condiciones de validez de las definiciones no son aplicables a la mayoría de los casos si no son universales: que la felicidad en sí sea la virtud esencial del hombre es una verdad absoluta, y no solamente en la mayoría de los casos (Natali, 2002: 183).

C. La fortaleza

La fortaleza o el coraje es la virtud más admirada en la historia. Es la virtud de los héroes. ¡Quién no siente admiración por ellos! A pesar de que la fortaleza no siempre tiene un carácter moral, ninguna moral es posible sin ella. Asaltar un banco supone fortaleza, pero no es un acto ético. La fortaleza como virtud debe ser siempre una forma de servicio o de generosidad. Es, además, la condición para todas las virtudes. Sin la prudencia ninguna virtud podría saber cómo actuar, pero sin la fortaleza ninguna virtud se atrevería a actuar. El cobarde retrocede por los peligros y no actúa. Es una virtud cardinal porque sostiene a todas las virtudes. Sin coraje no podríamos resistir a lo más bajo en nosotros. La prudencia nos da el saber y el coraje hace posibles la decisión, el acto. El miedo paraliza. "Y por la manera en que nos comportemos en los peligros, según que nos habituemos a tener miedo u osadía, seremos valientes o cobardes" (Aristóteles, 2005: 32).

El deseo de la fortaleza empuja a actuar de una forma que no sea demasiado temeraria ni demasiado cobarde.

D. La templanza

La templanza enseña a gozar mejor de la vida. No se trata de tener menos placer sino de tener un mejor placer. Es una necesidad cultivada. Por la templanza controlamos nuestros placeres y gozamos de nuestra libertad. Aristóteles dice que la templanza está entre dos extremos: la insaciabilidad y la indiferencia. ¿Cómo podemos ser felices si nos sometemos a nuestros deseos que son ilimitados? La templanza es un medio para adquirir independencia, así como la independencia es un medio para adquirir felicidad.

La templanza pertenece al arte de gozar de la vida. Respetamos nuestros límites. Los deseos ilimitados son la enfermedad de la imaginación. La templanza es quizá la virtud más difícil porque se relaciona con los deseos más fuertes y necesarios para la vida del individuo: comida, bebida y procreación. Son deseos difíciles de controlar. No se trata de reprimirlos, sería un error, sino de controlarlos para lograr una armonía. Es una regulación de nuestra pasión por la vida. "De aquí que en el nombre de la templanza signifiquemos que ella salvaguarda la prudencia, porque es la templanza la que salva los juicios prácticos de la prudencia" (Aristóteles, 2005: 136).

8. La virtud está en el medio

La definición de Aristóteles indica que la virtud está en el medio, el medio entre los extremos. ¿Qué significa? La solución de Aristóteles está en buscar el justo medio. No se trata de una definición matemática. Los extremos, el máximo y el mínimo, las situaciones son diferentes de acuerdo a las personas. Aparece una serie de incógnitas: cuándo, cómo, dónde, con quién…

Debemos tomar en cuenta que la ética de la virtud no se pregunta directamente, como la ética normativa, si algo se debe o no se debe hacer. La ética de la virtud analiza las actitudes y situaciones, y las evalúa en comparación con un ideal. La acción correcta responde a la actitud correcta. Aristóteles precisará la respuesta del justo medio diciendo que este debe ser indicado por la prudencia (Tongeren, 2008: 59).

9. La amistad y el amor

Añadimos unas reflexiones de Aristóteles sobre la amistad porque dos de los diez capítulos de su libro Ética *Nicomáquea* están dedicados a ella. Al iniciarlos incluye este impresionante texto:

Después de esto trataremos de la amistad, porque la amistad es una virtud o va acompañada de virtud; y es, además, la cosa más necesaria en la vida. Sin amigos nadie escogería vivir, aunque tuviese todos los bienes restantes. Los ricos mismos, y las personas constituidas en mando y dignidad, parecen más que todos tener necesidad de amigos. ¿Cuál sería, en efecto, la utilidad de semejante prosperidad quitándole el hacer bien, lo cual principalmente y con mayor alabanza se emplea en los amigos? ¿O cómo se podría guardar y preservar dicho estado sin amigos? Porque cuanto mayor es, tanto es más inseguro. Pues en la pobreza también, y en las demás desventuras, todos piensan ser el único refugio los amigos. A los jóvenes asimismo son un auxilio los amigos para no errar; a los viejos para su cuidado y para suplir la deficiencia de su actividad, causada por la debilidad en que se encuentran; y a los que están en el vigor de la vida, para las bellas acciones (Aristóteles, 2005: VIII y IX, 181-231). La amistad es bella (Aristóteles, 2005: VIII, 1, 3-5).

La amistad tiene un lugar preponderante en la sociedad porque promueve la concordia.

Sin embargo, la palabra griega *philia* tiene un sentido más amplio que nuestra palabra amistad, que es selectiva. Con *philia* se entiende el amor universal y la traducción más exacta sería amor. Aristóteles distingue entre el amor natural, como el de la madre al hijo y el del hijo a la madre, y el amor elaborado, que es el afecto entre dos personas que se escogen, pero con la condición de establecer una armonía.

Aristóteles considera que la verdadera amistad responde a tres criterios: deseo recíproco del bien del otro, voluntad de hacer el bien y manifestación de los sentimientos. Los criterios de placer y utilidad no aseguran una amistad porque dependen de la duración de los intereses. Por lo tanto, *la amistad es para los que practican las virtudes.* La amistad dura tanto tiempo como prevalece la virtud. Los que practican la virtud encuentran el placer sin haberlo fijado como un fin. Gente virtuosa solo puede hacerse amiga de otra gente virtuosa. Amar a un amigo es amar su propio bien. Consiguiendo el bien del otro, uno consigue su propio bien. Esta reciprocidad nos permite decir que la amistad es la igualdad. Solo la amistad virtuosa es estable porque se ama al otro por el otro, y por lo tanto no puede haber decepción. La posición de Aristóteles se acerca al amor cristiano (Aristóteles, 2005: IX, I, 1-9). (Gobry, 1995: 88).

De esta manera surge la pregunta: ¿el amor apunta a mí mismo o al otro? A primera vista, el amor a uno mismo parece coincidir con el egoísmo. Sin embargo, no es así. Cuanto más amo al otro, tanto más me amo a mí mismo porque este amor me lleva hacia la perfección. El egoísta busca su interés material: los honores, los placeres, los bienes pasajeros y exteriores a su espíritu, que él quiere tener para sí mismo más que para el bien de los otros. El hombre virtuoso ama lo mejor que hay en él y quiere compartirlo con los demás. De esta manera, hay que afirmar que el hombre de bien debe amarse a sí mismo. Y es este hombre con el verdadero amor propio el que es más precioso para los demás, porque él no duda, cuando sea necesario, en sacrificarse por ellos (Gobry, 1995: 89-90). El hombre feliz no puede aceptar el gozo de sus bienes exclusivamente por él mismo. El hombre feliz se identifica en pensamiento y en sentimientos con sus iguales porque le ayudan a practicar la virtud. La virtud nunca es un bien definitivamente adquirido y la amistad invita a la imitación.

La amistad de los malos acaba por ser una amistad perversa, porque comunica tan solo las malas acciones y acaba por hacer hombres corruptos, asemejándose los unos a los otros. Por el contrario, la amistad de los buenos es buena, pues los amigos se hacen progresivamente mejores por el ejercicio de los actos amistosos y la corrección recíproca.

Aristóteles considera que el deseo de hacer el bien es cercano a la amistad, pero también se distingue de ella porque puede dirigirse a personas no conocidas. Ello no implica el afecto y puede ser pasajero. Se podría decir que este deseo precede a la amistad y ayuda a crearla. Y es más virtuoso porque no reclama reciprocidad (Aristóteles, 2005: IX, V, 216). Aristóteles analiza a la persona que hace el bien. Comprueba que esta persona ama más al beneficiado que no lo ama. Es una paradoja, porque el beneficiado tiene más razones de amar a la persona que le da beneficios. Es la actitud del egoísmo, en la cual el amor se orienta al interés mientras el benefactor actúa con desinterés. Un proverbio chino dice: "No tengo enemigos porque no ayudé a nadie". Los bienhechores sienten amistad y amor por sus beneficiados aun en el caso de que no les sean en nada útiles ni hayan de serlo en el futuro.

Evaluación

La filosofía es para Aristóteles una tarea profundamente ética. A diferencia de Socrates y Platón, Aristóteles logra una reflexión sobre el hombre como sujeto ético con autonomía frente a la naturaleza y a la sociedad *sin excluir la relación estrecha con la política.* Su teoría sobre la ética aclara lo que el hombre puede y debe hacer por su propia naturaleza y cuáles son sus posibilidades de realización. El hombre sabe elegir entre el bien y el mal. De esta manera Aristóteles rompe también con el pensamiento mítico de los espectáculos griegos donde el hombre está sometido a un destino trágico decidido por los dioses.

La ética tiene como fin la realización de la naturaleza humana, las tendencias naturales hacia el bien, pero esta realización no viene dada ni es natural. "Las virtudes, en cambio, las adquirimos ejercitándonos primero en ellas, como pasa también con las artes y los oficios" (Aristóteles, 2005: II, 1). Entre la naturaleza y su realización se filtran *la libertad, la razón, la imitación del ejemplo, las leyes y el hábito de la virtud.*

El hombre escoge los valores que son los fines de su existencia y de la sociedad. Los valores orientan las decisiones de la prudencia o conocimiento práctico. La finalidad de la acción es fundada por la virtud moral que el conocimiento debe aplicar en la variedad de las situaciones.

Aristóteles considera que la felicidad no es solo un asunto del individuo. Dedica el mayor espacio de su libro a la virtud social que es la justicia. "Aristóteles, nacido cuarentaicinco años después de la muerte de Pericles, nos ofrece la formulación más atinada de la estructura del pensamiento filosófico-político correspondiente al período democrático de Atenas" (Quesada, 2009: 241-242).

Aristóteles relaciona la política a todas las virtudes, principalmente a la justicia, las que se convierten en el fin y en el ideal a los que debe aspirar la sociedad. Los demás bienes materiales u honores que contribuyen a la felicidad son auxiliares como instrumentos.

La familia y la política son los dos lugares donde se realiza el individuo. Cada uno tiene su autonomía y su relación con el otro. Cuando en la sociedad actual se discute sobre la justicia distributiva, nos referimos a los ingresos, a la riqueza y a sus posibilidades. Aristóteles también considera primordial la justicia distributiva pero no solamente como distribución del dinero y de participación. Más importante es a quiénes se va a elegir, quiénes tienen el derecho para darnos órdenes y distribuir correctamente los bienes. La virtud personal es requisito para ser candidato.

La justicia democrática nos permite vivir como personas libres, competentes en las cosas buenas y justas. La política promueve a los hombres a ser nobles.

"Ya que vemos que cualquier ciudad es una cierta comunidad, también que toda comunidad está constituida con miras a algún bien es evidente. Así que todas las comunidades pretenden como fin algún bien; pero sobre todo pretenden el bien superior y comprenden a los demás. Esta es la que llamamos ciudad y comunidad cívica" (Aristóteles, 2012: 1252a). Las principales exigencias para constituir una sociedad son la educación y la virtud (Ricken, 2014: 65).

"Fin de la sociedad es, por tanto, el bien vivir, y todo esto está orientado hacia un fin. La ciudad es la asociación de familias y aldeas para una vida perfecta y autosuficiente. Y esta es, como decimos, la vida feliz y bella. Y tal cosa es fruto de la amistad. Pues la decisión de vivir en común es amistad" (Aristóteles, 2012: 1281a).

Aristóteles dedica un gran espacio, dos capítulos, al amor y a la amistad dentro de su libro sobre la ética, pero los considera en principio una realidad aparte entre pocas personas que logran la relación ética por excelencia cuando buscan el bien del otro.

Sin embargo, habla también del amor desinteresado para el desconocido. No hay reciprocidad. El beneficiado no solo no agradece sino piensa que el otro tuvo la suerte de reconocer su derecho y se siente superior al benefactor. Este último prefiere ser virtuoso, aunque no recibe ni recibirá agradecimiento o beneficios. Aristóteles reconoce el papel del amor en el sentido del sacrificio para el amigo si se presenta la necesidad, o del sacrificio para el desconocido. Lo podemos entender como la supremacía del amor a las otras virtudes. Como dice Aristóteles es la conducta más noble.

¿Cómo se puede explicar que hombres racionales se comporten moralmente de cierta forma sabiendo que están destruyendo cierta felicidad?

La felicidad es una realidad objetiva cuando hace referencia a los bienes. De esta manera se entiende también cómo se puede experimentar una felicidad respecto de un bien cuya realización no se refiere a mi felicidad, sino a la felicidad de otro. La característica de la felicidad es una satisfacción respecto de la vida en su conjunto. Los sacrificios inevitables y el control de ciertos deseos no pueden convertir la actitud básica de la persona en amargura frente a la vida. La felicidad no puede depender de un placer momentáneo o de una obsesión de satisfacción. Se necesita una evaluación y apreciación de la vida en su conjunto, de los deseos más elevados e importantes del proyecto fundamental de la persona. Por tanto, de esta manera, las insatisfacciones controladas no pueden llevar a la autodestrucción, depresión y angustia.

El gran cambio que introdujo Aristóteles consistió en poner el *origen* de la norma en la naturaleza, entendida ésta como la naturaleza humana, es decir, no-biológico. La norma o el entendimiento entre las personas para él, no es producto de un acuerdo, sino que está en la naturaleza humana, pero puede haber diferencias entre las leyes de cada pueblo por las diferencias en las sociedades. Él define al hombre como el ser que posee la palabra y que vive en la sociedad. El hombre no logra su verdadera humanidad sin el *logos* y la sociedad. La naturaleza, sin embargo, está dada como posibilidad. Para lograrla, falta adquirir el fin (Romeyer, 2002: 134).

La praxis de la prudencia no solamente se refiere a las acciones por realizar sino también a cómo uno hace las cosas, cómo las siente y cómo reacciona ante ellas. Las cualidades morales permiten la ejecución óptima de la práctica moral. La vida en su totalidad es también praxis y esta praxis es buena o mala. Una actividad es moral cuando forma parte de la totalidad de la vida, cumple con las reglas internas y ayuda a la realización de su fin. Cuando hablamos de una "buena persona" o de un "hombre confiable" o "de calidad" nos referimos a alguien que tiene la virtud adquirida, que siempre buscará el bien. Esta persona tiene *la excelencia de la vida*. Es la excelencia de la vida porque "es lo mismo vivir bien y obrar bien que ser feliz". La virtud nos hace felices porque llegamos a ser lo que debemos ser.

Aristóteles ha vinculado siempre la felicidad a la moralidad. Su filosofía se llamaba *eudaimonia*, felicidad. La búsqueda del bien se refiere a la totalidad de la vida. La vida virtuosa es una actitud. No se limita a una u otra actividad aislada.

Es totalmente diferente de la hoy llamada cultura de calidad que pertenece a la cultura del mercado (Giusti, 2015: 19-20).

Capítulo III

LA SOCIEDAD MEDIEVAL Y EL INICIO DE LA SOCIEDAD MODERNA

1. La cristiandad

En la época precristiana no existían restricciones al ejercicio del poder. Se asesinaba en masa o se vendía como esclavos a los habitantes de los estados vencidos. La lucha por el poder no tenía límites morales.

Los cristianos sufrieron persecuciones durante los primeros siglos por discrepancias de fe con la religión oficial del imperio romano. Todo cambia cuando el emperador Constantino (306-338) se convierte al catolicismo y lo oficializa como religión del imperio, extendiéndolo hasta sus más remotos confines. A pesar de los enormes problemas que se presentaron tanto dentro como fuera de la Iglesia, fue la edad de oro de los grandes pensadores del cristianismo conocidos como los teólogos de la patrística: San Basilio, San Juan Crisóstomo, San Gregorio Nacianceno y San Gregorio Niseno en lo que hoy es Turquía, San Ambrosio en Italia y San Agustín en la actual Algeria. El cristianismo exigía a quienes ejercían el poder una responsabilidad personal ante Dios. Se ponía un límite. La tarea moral es guardar la paz y la justicia. La comunidad estatal tiene que ser elevada al nivel de comunidad ética y no solo de dominación por la fuerza. De esta manera el cristianismo niega la pretensión del Estado de constituir el supremo fin de la sociedad y además tiene la obligación de poner el poder al servicio del derecho para asegurar la paz. Solo donde existe la justicia existe una verdadera comunidad humana. El problema central de una ética política es buscar un orden justo (buscar la justicia fue también la preocupación de Platón y de Aristóteles).

A partir del año 400 el imperio romano fue cediendo su lugar a un conjunto de pueblos invasores, en un doloroso proceso de calamidades, saqueos, hambres, epidemias, ruinas y destrucciones. Los reinos establecidos por los invasores, con su organización limitada, no pudieron reemplazar la organización extensa y complicada del imperio romano. En esta situación la Iglesia, en el siglo VI, va a extender la evangelización por toda Europa. "Por cierto, durante largo tiempo fueron una amenaza ... pero por otra parte, muchos de ellos (hunos, suevos, vándalos, burgundios) se convirtieron en fieles cristianos, y así parece que hay que alabar a Dios porque, debido a la invasión de los bárbaros, tantos pueblos conocieron la verdad" (Löwith,

2007: 212). Es importante mencionar que el Concilio de Vaison (529) ordenó a los presbíteros de todas las parroquias la creación de escuelas. Estas escuelas fueron por mucho tiempo la única realidad pedagógica a favor del pueblo en Occidente.

Se formó la Europa medieval con una sola fe y una cultura, la cristiandad, bajo la autoridad de la Iglesia de Roma. Consecuentemente, durante siglos se va cristalizando una sociedad católica que logra una compenetración entre la Iglesia y el Estado (las monarquías). El cristianismo forma parte espontánea de la vida, de la sociedad. Una persona nace dentro de la Iglesia y de la sociedad a la vez. No hay distancia entre ambas. Todos los reyes y autoridades, en todas las jerarquías gubernativas, profesaban y difundían el catolicismo como la única verdad y la única forma de vida. El Estado no tenía cultura propia y necesitaba el apoyo de la Iglesia.

En la Edad Media la sociedad era fundamentalmente agraria, con un incipiente comercio en las ciudades que aparecían al lado del sistema feudal.

Tomás de Aquino es el principal teólogo de este período. Su pensamiento ético determinará la tradición de la iglesia católica y de la sociedad. Él asume la ética de las virtudes de Aristóteles con el tema de la felicidad como el fin del hombre. El hombre tiene la inclinación natural hacia el bien. El hombre busca siempre el bien, lo que le proporciona su felicidad. La felicidad es su fin último. El bien principal es un Creador trascendente al universo que creó. Dios creó al hombre con cuerpo, voluntad e inteligencia. El hombre es dueño de sus actos.

Aquino también va a sintetizar y profundizar el pensamiento moral de los teólogos de los siglos anteriores respecto de la justicia, el bien común y la propiedad privada, la caridad con la obligación de la limosna y la beneficencia, el comercio, el justo precio y la crítica a la usura. El principio básico de la moral social es el bien común porque Dios es el único dueño. Los hombres son los administradores. Él reconoce la propiedad privada por tres motivos: mayor solicitud de lo propio, más orden en la administración y mejor conservación de la paz. Defiende la propiedad privada no tanto como un derecho absoluto sino por su utilidad. Si las personas se preocupan personalmente por las cosas, cuidarán de ellas. Tomás de Aquino pensaba que el derecho a la propiedad privada no nos permite hacer lo que se nos antoja. Poseemos cosas a nivel privado con objeto de que en última instancia puedan ser útiles para el bien común (Radcliffe, 2008: 245).

En la Edad Media se consideraba a Dios como el centro y el fin de la sociedad. La máxima preocupación del hombre era conocer a Dios y vivir de acuerdo a su mensaje dejado por Cristo. Fe y moral estaban estrechamente unidas. La moral era el comportamiento adecuado para lograr la salvación. La vida estaba en función del Dueño único de la vida y de la historia. Se trataba de una concepción teocéntrica del hombre y de la sociedad. De esta manera se entiende la preponderancia de la teología frente a todas las otras ciencias.

El Estado no tenía cultura propia. La Iglesia aportó al Estado una visión del hombre y del mundo.

El pensamiento único de dogmas y valores también penetró y modeló las instituciones más importantes: la familia, los reinos, los feudos, los gremios (*guildes* de carniceros, de tejedores, etc.) y toda la vida económica. Igualmente, a nivel internacional, existía la unidad de la cristiandad por encima de todas las fronteras de las patrias particulares. *Este pensamiento se prolongó hasta el siglo XVIII en Europa y América Latina.*

Durante más de doce siglos la Iglesia estuvo unida al sistema monárquico en Europa y por tres siglos en América Latina. El mensaje evangélico y la doctrina moral de la Iglesia definían la cultura. La cultura en todos sus aspectos tenía el sello de la Iglesia. De esta manera se entiende la larga lucha entre el liberalismo, el socialismo y la iglesia católica (Sierra Bravo, 1975; Vigo, 2006).

Esto no significa que la vida práctica de los reyes correspondía al mensaje de la Iglesia. "Los reyes y señores feudales se dejaban invadir por la fiebre de combates y el ansia de proezas. Los rasgos más importantes eran: coraje, valentía, heroísmo, búsqueda de gloria y sed de celebridad, generosidad en la guerra y en la paz, sentido de honor unido a cierta forma de dignidad altanera, mezcla de altivez y orgullo" (Flori, 2002: 19). Ricardo Corazón de León, rey de Inglaterra, pasó más tiempo en lo que ahora se llama Francia, combatiendo para defender sus territorios, que en su propio país.

Igualmente, los "católicos" Pizarro y Almagro, conquistadores del Perú, se dedicaron durante muchos años a guerras internas hasta eliminarse mutuamente.

2. Inicio de la modernidad

La cristiandad occidental se consideraba verdaderamente, bajo la dirección común del papado y del imperio, como una unidad terrenal y espiritual. El comienzo de la modernidad se anuncia por el estallido de esta gran unidad occidental, inicialmente en las grandes contiendas nacionales de Inglaterra y Francia, y más tarde también en España, en las que paulatinamente se ve implicado el resto de Europa. Hasta ese momento, para la conciencia del gobernante occidental, el más alto deber no era la realización de los intereses del poder nacional, sino la defensa de la fe cristiana, la exterminación del paganismo y la herejía, la realización de la paz y la salvaguarda del derecho. Pero la gran unidad del Occidente cristiano se desintegra en una pluralidad de estados, en el cambio del sistema monárquico por el democrático, de la economía agraria por el comercio, en la independencia de la razón frente a la Iglesia. La nueva sociedad incipiente es el liberalismo.

El sistema medieval se mostrará incapaz frente a los cambios que se presentaban. El sistema feudal paternalista será reemplazado por las ciudades y por la economía comercial y monetaria. Significará la desintegración de la sociedad medieval y su transformación de una economía agrícola de subsistencia a una economía del comercio. Surge el predominio del espíritu económico del capitalismo incipiente y la subordinación de los valores éticos al interés financiero y al lucro. La preferencia por los bienes sobrenaturales se convertirá en interés por los económicos. Un mundo sin Dios o un Dios que no interviene en el mundo (el deísmo). La Iglesia va perdiendo su influencia en la realidad social tanto pública como de pensamiento. La internacionalización por el comercio con el Oriente. La entrada de América en Europa llevó el centro de gravedad de la vida económica a España y Portugal. El comercio se dio entre Sevilla, Lisboa, Medina del Campo, Amberes, Lyon, Génova y Florencia.

Lo que nos interesa principalmente en esta realidad es que a partir de 1492 las sociedades amerindias obligaron al pensamiento ético occidental a plantearse muchas preguntas sobre el origen del hombre y de las cosas, y sobre su propia manera de ser y pensar. La existencia de una cultura fuera del ámbito geográfico del Viejo Mundo era ya de por sí una incógnita. Los derechos que se arrogaba la corona española para apropiarse de los territorios ultramarinos chocaban con los principios evangélicos. El debate sobre la condición humana o no de los indios obligó al pensamiento europeo a reconocer los derechos humanos en América Latina y de esta manera dar inicio a un nuevo pensamiento jurídico internacional del derecho de gentes.

La nueva filosofía en el Virreinato, en gran parte, fue la respuesta a los desafíos secularistas planteados por el mundo moderno. Su característica fue la primacía del humanismo teológico sobre lo epistemológico y lo ontológico. El amor o la caridad es el gran principio legado por el cristianismo. "Por amor Dios 'creó al mundo', 'creó al hombre y a la mujer a su imagen y semejanza' y envió a su Hijo para la salvación de la humanidad", y por amor se debe crear una sociedad cristiana más justa y evangélica. La filosofía virreinal novohispana renueva el discurso político y jurídico de Vitoria, Soto, Bellarmino y Suárez; defiende la libertad, los derechos naturales, los derechos humanos, el derecho de gentes y acentúa con utopías sociales la arista cristiana de salvar al mundo (Flores, 2014: 15-17).

No es casualidad que los teólogos de la Escuela de Salamanca pasaran a la avanzada del pensamiento europeo. Las figuras más representativas de esta escuela son los dominicos Francisco de Vitoria (1492-1546), Domingo de Soto (1494-1570), Martín de Azpilcueta (1492-1586), Tomás de Mercado (1525-1575) y Luis de Molina (1535-1600).

Vitoria supera el concepto limitado de la cristiandad por la idea de la humanidad como un todo, por el vínculo de la sociabilidad entre los hombres, independiente del aporte de la religión. Esta afirmación de la igualdad de naturaleza de todos los hombres lo lleva a reconocer la autonomía de la naturaleza frente a lo sobrenatural, a establecer las bases de un derecho internacional y a una de las primeras declaraciones en torno a los derechos humanos. Él supera la posición teocrática que subordina el poder civil a la Iglesia. Se reafirma la idea de Tomás de Aquino acerca del pueblo como sujeto del poder recibido de Dios.

Las circunstancias plantearon nuevos problemas y en los siglos XV y XVI empiezan a independizarse de la teología las nuevas disciplinas: la política, el derecho natural, penal, internacional, aunque fieles a los principios de la teología tradicional. Bartolomé de las Casas da a estas nuevas disciplinas un tinte concreto y profético que el lenguaje escolástico de los maestros de Salamanca ignoraba.

Los teólogos-dominicos reconocen la ley de oferta y demanda, y en el caso de no cumplirse las condiciones el precio dependerá de la justicia y de las reglas morales. Ellos fueron los fundadores del sistema mercantil, desarrollaron un pensamiento sobre comercio, precio, usura, moneda, cambio, créditos y banco que se halla en la línea del pensamiento moderno. En estos pensadores del siglo XVI encontramos el origen de las teorías propias del liberalismo (Grice-Hutchinson, 1952). Es importante mencionar que ellos tendrán una influencia en el pensamiento moderno de Locke, Spinoza, Descartes, Leibnitz, Grocio y, a través de este último, en Adam Smith.

Capítulo IV

CAMBIO DE LA CULTURA EN LA MODERNIDAD, LIBERALISMO, SOCIALISMO Y POSITIVISMO

Introducción

Se presentan los cambios históricos-políticos-económicos-filosóficos producidos en la época moderna por el liberalismo, el socialismo y el predominio de la razón científica.

La persecución de los herejes holandeses por la Inquisición española, la represión llevada a cabo por los reyes católicos de Francia y la arbitraria política religiosa de los Tudor y de los Estuardo en Inglaterra fueron la base para el movimiento del liberalismo en Europa. De aquí brotó la fuerza moral que llevaba a morir por la libertad, si ello era necesario. Sin este impulso no se hubieran podido crear las constituciones en las que el poder de los gobernantes se limitaba.

La crisis de la ética tradicional en el mundo actual puede entenderse a partir de las grandes ideologías del liberalismo y posteriormente del socialismo, que han cambiado profundamente la cultura. ¿Qué significan estos cambios de cultura?

Las primeras grandes figuras que expresan el cambio son Hobbes y Locke, bajo la influencia del francés Descartes que planteó la autonomía de la razón frente a la fe: "pienso luego existo" y "la única seguridad es la duda". Los teólogos ingleses como John Tillotson (1630-1694) y Matthew Tindal (1656-1733), que preferían la razón a la fe en la interpretación de la Biblia, llamaban a Descartes "The Unparallelled".

La lucha por un nuevo sistema económico-político llevó a un distanciamiento y a una crítica cada vez más fuertes de la Iglesia y para algunos también de la fe.

1. Ideología del liberalismo (siglos XVI, XVII y XVIII)

La Ilustración significa la afirmación de la supremacía de la razón como principio y norma del conocimiento humano. Esto implica la aceptación de la incertidumbre y, por consiguiente, de la necesidad de progresar por ensayo y error. "El fin de la historia" de Fukuyama es absurdo. El fin del comunismo no significa el fin de la historia. También en la ideología del liberalismo la historia sigue exigiendo permanentemente cambio, creatividad y renovación, porque los problemas nunca acaban. Kant decía que vivimos siempre en la "insociable sociabilidad". No existe una arcádica vida de pastores donde reina la más perfecta armonía. Somos seres imperfectos y por lo tanto vivimos en el mundo de las incertidumbres. La buena sociedad será siempre un proceso, no una utopía. Karl Popper la llamaría con gran acierto la "sociedad abierta". Sus grandes valores son las instituciones de la libertad.

El liberalismo pretendió un gobierno de la libertad. Se buscaba independizar a la sociedad y al individuo de la soberanía de la monarquía y de la autoridad de la Iglesia.

Empezará una lucha que no solo será contra los políticos tradicionales sino también contra la iglesia católica que estaba en el poder. Las luchas durante siglos de las ideologías del liberalismo y posteriormente del socialismo, en sus diferentes formas, por un nuevo sistema político y económico en contra del tradicional sistema monárquico incluyen una lucha contra la cultura tradicional católica, ligada históricamente al sistema monárquico. La cultura tradicional estaba impregnada por la doctrina evangélica católica y por la ética aristotélica-tomista. El gran problema de la Iglesia con la modernidad empieza por la discrepancia en torno al nuevo sistema económico-político-científico de la sociedad. La Iglesia se opondrá a la nueva corriente histórica del liberalismo en defensa del sistema monárquico.

John Locke (1632-1704), como anglicano, manifestaba que se debían tolerar todas las religiones, pero no el ateísmo ni el catolicismo romano porque este estaba sometido a una potencia extranjera "tiránica y enemiga de la paz" (Fraile, 2000: 786). David Hume (1711-1776) escribía: "Pues, además de las inevitables incoherencias que deben ser reconciliadas y adaptadas, se puede afirmar con seguridad que toda teología popular, especialmente la escolástica, tiene una especie de querencia por lo absurdo y la contradicción" (Hume, 2003: 105).

La Iglesia sufre un primer revés duro con la Revolución Francesa (1789-1799), producto del pensamiento de John Locke y de sus seguidores: Voltaire (1694-1778), Rousseau (1712-1778), Montesquieu (1689-1755), Diderot (1713-1784) y D'Alembert (1717-1783).

Se instaló la República en 1792 y se ejecutó al rey Luis XVI. Robespierre, el gran líder de la revolución y de la corriente de los jacobinos, será también ejecutado dos años después por otro grupo revolucionario.

La libertad en el continente europeo se expresará, a diferencia de Inglaterra, más por la promoción del sistema democrático. "La idea liberal de libertad encontró su primera expresión en las revoluciones holandesa e inglesa, y la idea democrática en la Revolución Francesa" (Ritter, 1972: 113). Termina el sistema monárquico y la Iglesia sufre grandes expropiaciones y pérdida de poder. Empieza además la llegada acelerada del socialismo, con sus pensadores Proudhon (1809-1865) y Saint-Simon (1760-1825).

El papa Pío IX (1792-1878) confundió la democracia con la "revolución" y esta con la destrucción de todos los valores cristianos tradicionales, sin comprender que históricamente era imposible lograr para la Iglesia la protección del Estado y al mismo tiempo la plena libertad; por eso fue incapaz de adaptarse a la profunda evolución política y social que caracteriza al siglo XIX. Consideró al liberalismo "el error del siglo" (Aubert, 1984: V, 17).

En Francia, las presiones combinadas de Iglesia y Estado eran hostiles a la nueva mentalidad predominante de la modernidad. Los pensadores progresistas franceses como Voltaire, Montesquieu y los enciclopedistas tuvieron que buscar las nuevas ideas en Inglaterra, expresadas por Locke, Hume, Newton y otros. Todo lo tradicional se hizo sospechoso de no ser bueno y justo, incluso corrompido. El derecho ya no recibe su fundamentación de su antiguo origen divino sino de la razón.

La libertad no está ligada por ningún precepto clerical ni estatal. Los liberales van a exigir tolerancia porque en la sociedad en la cual están, con la cultura católica, no hay espacio para ellos, no hay espacio para pensamiento o comportamiento diferentes; entonces van a exigir tolerancia para su pensamiento. Se pretende que la libertad ya no sea un privilegio que se consigue con "el dinero o la sangre, sino un derecho de todos".

Y este liberalismo en algunos sectores se va a volver cada vez más agresivo y más radical en Europa, como consecuencia de la persecución que sufrieron sus partidarios por parte de la monarquía y de la Iglesia. Voltaire tuvo que refugiarse en Inglaterra y Diderot terminó en la cárcel. Rousseau se refugió en Suiza. Las críticas contra la religión y el clero fueron un enfoque primordial en el pensamiento de Hobbes, de Hume y de los enciclopedistas franceses.

Esta nueva corriente de pensamiento tuvo acogida en el mundo universitario y político de América Latina. (Para el Perú, los libros *Liberales, protestantes y masones* de Fernando Armas y *La Ilustración, los jesuitas y la independencia americana* de Félix Álvarez Brun).

Sin embargo, habrá que esperar al papa León XIII (1878-1903), basado en la filosofía de Tomás de Aquino de que la autoridad depende del pueblo, para el inicio de un reconocimiento de la autonomía del Estado y de la sociedad civil respecto de las autoridades eclesiásticas.

A pesar de la apertura de León XIIII, Pío X (1903-1914)
[…] creía absolutamente inadmisible un punto concreto del programa liberal, muy de actualidad por los sucesos de Francia: aceptar la separación entre la Iglesia y el Estado. Estaba profundamente convencido de que hay una estrecha unión entre lo religioso, lo político y lo social, y no percibía la distinción entre la separación administrativa de las competencias del Estado y la Iglesia, y el divorcio entre la nación y el cristianismo; por eso consideraba la separación sacrílega y "gravemente injuriosa para Dios, que es fundador de las sociedades humanas lo mismo que creador de los individuos y a quien consiguientemente debe tributarse un culto no solo privado, sino también público" (Aubert, 1984: V, 57.

John Locke, como fundador del pensamiento liberal y la revolución francesa llevaron a la nueva sociedad de la democracia que se caracteriza por las lecciones libres de las autoridades, la separación de los tres poderes, la economía de mercado. La comunidad política se constituye para servir a la sociedad civil, de la cual deriva. Con un papel ponderado de los poderes públicos, es previsible una participación de la sociedad civil.

La sociedad civil es un conjunto de relaciones y de recursos, culturales y asociativos, relativamente autónomos del ámbito político y del económico. "Es imposible promover la dignidad de la persona si no se cuidan la familia, los grupos, las asociaciones, las realidades territoriales locales; en definitiva, aquellas expresiones agregativas de tipo económico (empresa, caja de ahorro etc.), social, cultural, deportivo, recreativo, profesional y político a las que las personas dan vida espontáneamente y que hacen posible su efectivo crecimiento social" (Consejo Pontificio de Justicia y Paz, 2005: 100). La ciudadanía activa es un elemento imprescindible. La ciudadanía *per se* es una institución. Es un espacio en el que están los derechos comunes a todos. Nuestras libertades están protegidas en forma natural por la sociedad civil. La sociedad civil describe las asociaciones en las cuales transcurren nuestras vidas y deben su existencia no al Estado sino a nuestras necesidades e iniciativas. La diferencia fundamental entre las estructuras monopólicas, como las del socialismo de la nomenclatura, y las estructuras liberales reside en otorgar los mismos derechos fundamentales sin excepción a seres humanos que se diferencian por la edad y por el sexo, por sus creencias y por el color de la piel, por sus intereses sociales y por sus preferencias políticas (Ralf Dahrendorf, 2006:111).

En su momento, el papa Benedicto XVI aclaró la autonomía de la fe frente a la política en un discurso ante el presidente Nicolas Sarkozy en Francia:

Por otra parte, usted, señor presidente, utilizó la expresión "laicidad positiva" para designar esta comprensión más abierta. En este momento histórico, en el que las culturas se entrecruzan cada vez más entre ellas, estoy profundamente convencido de que es cada vez más necesaria una nueva reflexión sobre el significado auténtico y sobre la importancia de la laicidad. En efecto, es fundamental, por una parte, insistir en la distinción entre el ámbito político y el religioso para tutelar tanto la libertad religiosa de los ciudadanos como la responsabilidad del Estado hacia ellos; y, por otra parte, adquirir una conciencia más clara de la función insustituible de la religión para formar las conciencias, y de la contribución que puede aportar, junto a otras instancias, para la creación de un consenso ético de fondo en la sociedad (*L'Osservatore Romano*, N° 38, 19.9.2008: 5).

En la misma publicación (p. 4), el papa agregó: "Para los cristianos ha sido siempre claro que la religión y la fe no están en la esfera política, sino en otra esfera de la vida humana […] La política, el Estado no son una religión, sino una realidad profana con una misión específica".

La distinción entre el ámbito político y religioso es la afirmación de la libertad del hombre, su autonomía, tan necesaria para la política como para la religión. Dios no reemplaza al político y tampoco obliga a los seres humanos a aceptarlo.

Sin embargo, en el mundo actual la secularización presenta la libertad como autosuficiencia. El liberalismo no quiere reconocer un espacio a la religión (Hübenthal, 2018: I, 76).

2. La masonería

Los liberales progresistas de Francia entraron en contacto con la Gran Logia Anticatólica de Inglaterra.

La masonería de Inglaterra parece haber llegado a Francia entre 1688 y 1691, con los contingentes del derrotado ejército jacobita, antiguos seguidores del monarca católico Jacob, derrotado por los reyes protestantes. El principal fundador de la masonería fue Charles Radclyffe, conde de Derwentwater. Él logró diseminar la Logia Católica por Francia. Esta logia jacobita trataba de convencer al rey de Francia de constituir un frente franco-escocés por medio de la masonería, con el fin de recuperar el trono de Inglaterra. Sin embargo, el cardenal André-Hercule de Fleury, monárquico y nacionalista, como principal consejero del rey y poseedor del verdadero poder, buscaba establecer una paz duradera con Inglaterra. El 2 de agosto de 1737 la masonería fue prohibida en Francia y se arrestó a su gran secretario. Poco después, el pontífice Clemente XII prohibió a todos los católicos convertirse en masones bajo amenaza de excomunión por medio de su bula *In eminenti apostulatus specula*. Sin embargo, el papa no consiguió nada con ello, salvo derribar a los jacobitas de su supremacía en los asuntos de la masonería francesa. Los jacobitas eran católicos. Su salida de la logia favoreció al grupo minoritario anticatólico de la Gran Logia y le permitió tomar el poder. Esta logia, que se llamaba el "Gran Oriente" y usa este nombre hasta hoy –anticatólica, anticlerical y militante atea–, surgiría como la principal depositaria de la masonería en Francia. La pérdida de influencia de los jacobitas católicos en la masonería fue más costosa para Roma de lo que hubiese sido dejar su estatus intacto (Baigent y Leigh, 2005: 200-209).

La masonería inglesa se desarrolló con la presencia de la iglesia anglicana y no es anticlerical o atea. Llegó a toda América. Apoyó la lucha independentista de América Latina y tuvo grandes precursores y líderes de la emancipación entre sus miembros.

Los primeros residentes en New England conformaban un pequeño grupo de idealistas puritanos, financiados por una compañía en la cual ellos tenían acciones. Las grandes compañías posteriores tendrán los mismos ideales puritanos con los principios de integración de Iglesia y Estado. Esta teocracia democrática, con su fuerte disciplina ética, era la fuerza creativa en el desarrollo de New England. John Paine (1735) escribía:

Lo que nosotros llamamos revoluciones no era más que un cambio de personas o un cambio de circunstancias locales. Se originaban y terminaban como cosas simples y no tenían ninguna influencia en su existencia o desarrollo, excepto en el lugar donde se desarrollaron. Sin embargo, lo que vemos ahora en el mundo, como consecuencia de las revoluciones en América y Francia, es una renovación del orden natural de las cosas, un conjunto de principios, tan universal como la verdad y la existencia humana, y donde la moral coincide con la fortuna política y el bienestar nacional.

Los elementos de esta doctrina no eran nuevos. Eran los principios antiguos del derecho natural y el contrato social promovidos por los teólogos puritanos. Se buscaba un camino propio y un aislamiento. Jefferson escribía a Monroe en 1823:

Siempre he considerado fundamental para los Estados Unidos nunca participar en los conflictos europeos. Sus intereses políticos son totalmente diferentes de los nuestros. Sus envidias internas, su equilibrio estatal, sus pactos complicados, sus formas de gobierno y sus principios nos son totalmente ajenos. Son naciones que se dedican a las guerras. Usan toda su energía para la destrucción del trabajo, la propiedad y las vidas de las personas. En cuanto a nosotros, nunca un pueblo ha tenido una oportunidad más favorable para intentar un sistema diferente de paz y fraternidad entre los hombres y de utilizar todos nuestros medios y fuerzas para la elevación en lugar de la destrucción (Dawson, 1953).

Los colonizadores de New England se declararon independientes de su rey 13 años antes que los franceses y la redacción del "Bill of Rights" fue anterior a la Declaración de los Derechos Humanos en París.

Sin embargo, los cincuenta años entre la Guerra Civil norteamericana y la Primera Guerra Mundial cuestionaron los antiguos principios por la masiva inmigración de europeos –irlandeses, alemanes, polacos, italianos–, con tradiciones políticas, religiosas y económicas diferentes, y por la aparición de magnates de las finanzas y de la industria, ajenos a los grandes ideales. América se enfrenta con los mismos problemas como Europa, aunque con un liberalismo menos amenazado por el totalitarismo.

Especialmente en Estados Unidos se aplicó el principio liberal con claridad: libertad de iniciativa privada, libertad de movimientos en los negocios, libertad para enriquecerse sin trabas burocráticas, libertad de conciencia y creencias, etc. La fundamentación ético-religiosa de la libertad es sustituida por una fundamentación humana. El Bill of Virginia señala como fin el goce de la libertad en la adquisición de propiedad. No se habla de fines más altos o sacrificios. En la excolonia desapareció la diferencia social y nacional entre todos los emigrantes frente a la habilidad en los negocios y la equitativa posibilidad de éxito. Ya no se trata de libertad de los cristianos ante Dios sino de la libertad para el bienestar humano. A diferencia de Europa el liberalismo no fue antirreligioso. Por tradición, la libertad y el cristianismo estaban tan estrechamente unidos que no se podía entender el cristianismo sin la libertad y viceversa.

No hay hostilidad contra la Iglesia como en el continente. "Ya Tocqueville señaló la gran importancia de las iglesias. Establecen una alianza curiosa con la Constitución, que permite decir en toda clase de circunstancias, contemplando con arrobo la bandera: 'Dios bendiga a América'" (Dahrendorf, 2006: 40). Sin duda el idealismo religioso ha disminuido mucho, pero estas tradiciones han sabido fijar las ligaduras dentro de las instituciones democráticas. Sin embargo, la situación actual de la aprobación del aborto y de matrimonio homosexual está procurando un distanciamiento entre las iglesias y el Estado.

La iglesia católica prohibió la pertenencia a la masonería por medio del derecho canónico hasta que este código fue anulado muy posteriormente, en el Concilio Vaticano II (1964).

3. Ideología del socialismo (siglos XIX y XX)

Posteriormente en la historia aparecería el socialismo, un planteamiento diferente pero culturalmente muy cercano al liberalismo. El surgimiento de la industria moderna en el siglo XIX provocó un cambio, en el marco del cual la relación entre capital y trabajo se convirtió en la cuestión decisiva con una masa de asalariados, sus graves problemas de salarios bajos y falta de servicios sociales. Los medios de producción y el capital en manos de pocos, privando de derechos a los obreros, traerán la reacción del socialismo en diferentes formas. Marx (1818-1883) estudió a Rousseau (1712-1778), uno de los principales pensadores de la Revolución Francesa, y decidió desarrollar el tema de "Igualdad", que quedó relegado en relación con los de "Libertad" y "Fraternidad". Muy importantes son sus críticas al capitalismo de su época.

El socialismo tiene una posición más drástica contra la cultura tradicional de la Iglesia. La fe es el opio del pueblo y su moral sirve para someter el proletariado a las clases dominantes.

Marx desarrolla en su "Materialismo histórico" una teoría materialista y mecanicista de la historia. Para él, la historia de los modos de producción y el avance de la tecnología indican la situación en la que se encuentra cada fase. Los medios son del mundo material, como la tierra, el transporte, la energía, las máquinas, los instrumentos, etc. Desde la etapa más arcaica de una piedra pulida del hombre primitivo hasta la situación actual de la tecnología sofisticada se desarrolla la historia gracias al avance de los medios. En cada fase los nuevos medios tecnológicos van reemplazando a los antiguos. Es todo lo contrario de la Modernidad donde el hombre es actor de su propia historia.

Los que antes se ganaban individualmente la vida con sus medios primitivos dependen ahora de los dueños de los medios modernos, de la tecnología que produce masivamente y que está en manos de pocos. Va cambiando el modo de producción. El avance de la tecnología ha creado la nueva relación de producción: propietarios y una masa de trabajadores.

El Estado o el poder es representante de toda la sociedad, pero en realidad representa los intereses económicos de la clase capitalista. El Estado es un reflejo de estos intereses.

El marxismo-leninismo propone la moral de la "lucha de clases" y la moral se define en función del éxito de esta lucha. Se considera que el lenguaje oficial o las autoridades prefieren siempre y automáticamente la mentira. La verdad está exclusivamente de parte de la clase de los dominados. Vista esta definición de la verdad, la lucha contra la otra clase justifica todos los medios. Esta definición extraña de la verdad se ha divulgado, consciente o inconscientemente, como una evidencia indiscutible. Para Marx la verdad depende de la clase social. Además, el término "lucha de clases" no significa la lucha por la justicia o por los derechos de los trabajadores. En el marxismo-leninismo el término significa que por medio de la lucha de clases se va a lograr un cambio político, o sea, se va a instalar la dictadura del proletariado en lugar del sistema democrático. La lucha de clases lleva a un cambio estructural de la sociedad, donde la vanguardia asume el poder dictatorial y automáticamente se resuelven todos los problemas, incluso los éticos. La libertad y las opiniones de la persona no juegan ningún papel.

La lucha de clases implica la prioridad de la infraestructura sobre la superestructura. No habrá ética tanto tiempo que no cambie la infraestructura del capitalismo. Las estructuras producen la verdad.

El término "lucha de clases" explica toda la historia y por lo tanto no deja espacio para una realidad trascendental y tampoco para la evaluación del bien y del mal.

La siguiente etapa inevitable es el comunismo. El pensamiento de Marx es determinista y no deja ningún espacio para el sujeto con sus ideas. El comunismo es un futuro que está previsto en el curso de la historia. Este futuro vendrá inevitablemente por las leyes deterministas del proceso de la naturaleza; es decir, del desarrollo de las fuerzas tecnológicas de producción. La historia está regida por leyes económicas inevitables. El socialismo tiene un carácter científico. No hay ningún espacio para la libertad o la ética. También en América Latina este pensamiento tendrá acogida en los ambientes universitarios y políticos.

En contradicción con su teoría del desarrollo inevitable de las fuerzas productivas, Marx y Engels recurren a menudo a los conceptos de la moral y la justicia. A veces critican las bajas pasiones del egoísmo y la codicia de la civilización capitalista.

Es evidente que los conceptos morales de Marx contradicen su teoría materialista del desarrollo de las fuerzas de producción.

Algunos, como André Comte-Sponville, piensan que Marx quiso moralizar la economía. "El error simpático y nefasto de Marx, a pesar de sus negaciones positivistas y cientistas, era querer convertir la moral en economía. Se manifiesta este hecho con los conceptos de alienación y explotación. Ellos están en la frontera entre moral y economía. Ellos permiten el pase de uno a otro. Él quería inventar un nuevo sistema económico sobre la base de conceptos morales" (Comte-Sponville, 2004: 83).

El problema se agrava cuando se nombra al partido como vanguardia del pueblo. El partido conoce mejor que el pueblo el curso necesario de la historia. El partido es la garantía de la constitución de una sociedad humana donde el hombre es reconocido por el hombre. La dictadura del pueblo debe educar al pueblo. En el partido están los mejores de los mejores. La filosofía de Marx considera que el "saber" y la "voluntad" del partido garantizan la verdadera comunidad humana del futuro. La vanguardia es dueña de la verdad, no puede equivocarse. "El partido era una maquina burocrática. Las personas con formación humanística no solían ser aceptadas en el partido, nunca se confió en ellas, desde la época de Lenin, el cual escribió que los intelectuales "no son cerebros, sino la mierda de la nación. Con puño de hierro conduciremos la humanidad a la felicidad (Svetlana Aleksiévich, 2013: 70 y 234). El partido comunista representó la gran iglesia del ateísmo mesiánico porque la evolución de los medios de producción llevaría inevitablemente a un estado comunista donde el hombre encontraría su felicidad absoluta.

El que pretende "saber algo" mejor o "quiere algo" diferente se pone automáticamente al margen de la verdadera historia y debe ser liquidado (Luypen, 1975). El estalinismo se consideraba dentro del legado del Iluminismo en cuanto a las confesiones obligatorias de los presos políticos, por procesos ficticios, que mandaban cartas de felicitación a Stalin por su cumpleaños y buen gobierno, porque la razón universal estaba objetivada bajo la forma de las leyes inexorables del progreso histórico que representaba el pensamiento estalinista.

El socialismo en su forma de comunismo se olvidó de una conquista importante del liberalismo: la tolerancia. "Sencillamente, se olvida con demasiada facilidad que, en relación con las actividades económicas, una cultura de tolerancia es una de las mejores virtudes que puede tener un país o una comunidad" (Friedman, 2006: 339-352).

El determinismo del comunismo se expresa también en las estructuras colectivistas que no permiten que los valores surjan de la libertad de las personas.

Lo que la historia del socialismo de Estado ha mostrado en la Unión Soviética e incluso en China (habiéndose dado en este último caso un reconocimiento por parte del régimen mismo) parece ser sobre todo esto: la conducción burocrática de la economía por parte del sistema político (y, a su vez, esto quiere decir anulación de la economía de mercado gobernada por los índices de los precios y de la competencia correspondiente) a favor de una economía de comando, resulta evidentemente incapaz de movilizar las fuerzas de los hombres (Apel y Dussel, 2004: 188).

Para Marx, cambiando el mundo material por medio del trabajo, el hombre al mismo tiempo se cambia a sí mismo. Sin embargo, no es consciente de este cambio. Los trabajadores son productores de una cultura que no conocen. La acción del hombre transforma la realidad exterior, y esta realidad transformada reacciona sobre él. Para el marxismo no importa si el cambio se realiza por hombres que viven la hermandad y solidaridad o si se hace con resentimientos y odios. De esta manera el cambio no se lleva a cabo de una manera humana. Marx quería destruir a toda la sociedad y al hombre augurando que de las ruinas saldrían hombres nuevos. El comunismo debía producir al hombre nuevo, pero cuando fracasó, sus más altas autoridades, nacidas y educadas en el sistema, miembros de la vanguardia o de la dictadura del pueblo que dirigían las empresas estatales, se nombraron a sí mismas de la noche a la mañana dueñas de las nuevas empresas capitalistas. Los más grandes críticos y opositores a la clase de los propietarios se convirtieron automáticamente en los nuevos propietarios de los medios de producción. ¡El comunismo produjo un hombre viejo! Solo el partido conocía el método revolucionario, pero fue el primero en olvidarlo.

También hoy en día los gobiernos socialistas que no aceptaron el sistema comunista y se incorporaron al sistema democrático sufren igualmente de muchos escándalos de corrupción de ministros o altos funcionarios. Surgen los nuevos millonarios porque no hubo cambio en las personas.

Su larga experiencia personal en un sistema comunista le permitió a Karol Wojtyla, posteriormente Juan Pablo II, elaborar y publicar sus profundas críticas y superación del marxismo. Su obra principal es *Persona y acto*. También la encíclica *Laborem Exercens* es una muestra de su vasta empresa filosófica. Solamente queremos mencionar su aporte en torno a la definición del "trabajo" y sus consecuencias para una sociedad diferente.

Para Juan Pablo II el hombre cambia el objeto y se cambia a sí mismo por el acto de su trabajo. Trabajando se hace mejor o peor éticamente hablando. De esta manera se realiza el encuentro con los otros trabajadores. Se hacen personas. Tanto para el liberalismo como para el marxismo la relación entre los hombres es un subproducto de la organización económica. No entienden que las relaciones entre los trabajadores pasan por la cultura; es decir, la libertad con sus implicancias éticas. Juan Pablo II supera ambas ideologías y también el juicio tradicional del trabajo como castigo o como cooperación en la creación de Dios por una decisión concisa y original: "Con su trabajo el hombre ha de procurarse el pan cotidiano, contribuir al continuo progreso de las ciencias y la técnica, y sobre todo a la incesante elevación cultural y moral de la sociedad en la que vive con sus hermanos" (encíclica *Laborem Exercens*, frase inicial). Trabajando el hombre se hace mejor o peor, éticamente hablando, en su encuentro con los otros trabajadores. Nadie puede constituirse como persona, como familia, y la nación no puede desarrollarse sino mediante el trabajo. Sin embargo, la elevación cultural y moral permite la relación justa y humana con los otros a partir de la moral interna de cada uno. Si se mantiene el trabajo como un instrumento egoísta de poder, los conflictos, las represiones y las rebeldías seguirán existiendo.

La cultura de la primacía y exclusividad del análisis del sistema o cambio de estructuras ha sufrido una severa derrota. La ex Unión Soviética se derrumbó por sí misma. Alexander Soljenitsyn reveló el horror de la visión lineal marxista de la historia. Era una ilusión estar de parte de la historia para que necesariamente se realice el bien. La política absorbía el bien o la ética. El fracaso permite entender de nuevo que la política debe estar subordinada a la ética.

No existe una ciencia de las ciencias porque el todo es siempre algo más que sus partes. El sueño de la Ilustración, de los positivistas y de Marx de integrar las diversas ciencias en una sola siempre fracasó. Las visiones parciales de la materia solo pueden ser integradas por una visión de la totalidad que únicamente la puede dar la antropología filosófica (Buttiglione, 1982: 5-69).

El sueño socialista terminó en una pesadilla. Después de varios decenios las personas dejaron la esclavitud de un sistema que debía haberlas liberado. Arrestos arbitrarios, hambre y asesinatos de millones se realizaron sobre la base de principios "sagrados". "Acuden a arrestar a la madre de la niña de cinco años. Diecisiete años hubo que esperar para que la verdadera madre volviera de los campos y de trabajo… Cuando llegó Gorbachov y los archivos se volvieron de dominio público… fue la vecina que la denunció y la mandó a la cárcel" (Sevtlana Aleksiévich, 2013: 91).

Entre tanto el socialismo en su forma de comunismo tuvo una caída estrepitosa después de haber efectuado "limpiezas" internas y exportado "revoluciones", dejando muertos y pobres (Rayfield, 2004). Lo que se presentó como una ilusión atractiva y generosa, la sociedad sin clases empezó con la exterminación de los *koulaks* y de las élites por Lenin, y después con los campos de concentración inventados por Stalin (Ferry, 2011: 120). "El socialismo no logró ser otra cosa que "socialismo realmente existente", estalinismo bajo cualquier de sus variantes locales" (Quijano, 88: 54).

4. El positivismo

Los importantes descubrimientos científicos realizados en China, India y el mundo árabe llegaron a Europa a finales del primer milenio, pero no fueron desarrollados en sus países de origen (Sen, 2007: 87-90). Occidente merece el crédito por los principales logros que ocurrieron en su ámbito durante el Renacimiento, la Ilustración y la Revolución Industrial, transformando la naturaleza de la civilización mundial. Europa y Estados Unidos lograron el colosal desarrollo de las ciencias y de la tecnología.

La primera fase de la globalización se inicia con los grandes descubrimientos científicos de Copérnico (1473-1543), Kepler (1571-1630), Galileo (1564-1642) y sobre todo de Newton (1642-1727). Inventaron los principios racionales de entendimiento del universo que acabaron con los conceptos antiguos míticos de animismo y de alquimia de la Edad Media. Gracias a ellos aparece por primera vez el discurso de la razón experimental en la historia humana. Estos principios valen para toda la humanidad. Están por encima de la diversidad de las culturas. Las leyes y tecnologías científicas valen para ricos y pobres, para asiáticos, africanos, americanos y europeos. Surge un nuevo proyecto de civilización, tarea que la Ilustración hizo suya con las grandes figuras de Locke, Hume, Kant, Voltaire, Diderot y Rousseau. No se trata solamente de entender el universo y dominarlo, sino también de construir un nuevo mundo moral y político que engendrará la Revolución Francesa, en el cual los hombres serán más libres y felices. La idea de una Europa nueva.

Generalmente se entiende el positivismo como el método que usan las ciencias naturales (física, química y biología) y que consiste en la observación de la materia por medio de instrumentos, así como en la comprobación de las relaciones entre los objetos materiales por medio de la experimentación, para poder establecer las relaciones necesarias o las leyes. Las teorías científicas son un conjunto de leyes. Este procedimiento no es totalmente aplicable en el caso de las ciencias humanas y menos en la filosofía, por el factor de la libertad del hombre que no es observable desde un punto vista material. Sin embargo, la mentalidad materialista del socialismo y del liberalismo ha llevado a querer imponer este método materialista al estudio del hombre. El socialismo cree en las leyes inevitables de la historia humana impuestas por la evolución de los medios de producción y el liberalismo cree en las leyes del mercado como si fueran ajenas a la libertad.

Este nuevo lenguaje científico surge por observar la realidad material que es cuantitativa y por lo tanto con un lenguaje cuantitativo o matemático. Adquirió un enorme poder por la aplicación de sus leyes en las tecnologías que reemplazaron la producción manual por la producción masiva. Se llegó a llamarlo el conocimiento objetivo y a considerarlo el único verdadero. Es el conocimiento positivo. Todos los otros conocimientos: la ideología, la filosofía, la utopía, la mitología, la religión, el arte y también la ética eran subjetivos y arbitrarios.

La revolución científica de la modernidad se aleja de los valores. Un conocimiento científico no quiere dejarse influenciar por el "subjetivismo" de los valores. Es un conocimiento objetivo que describe la realidad, pero no puede decir lo que debemos hacer. El biólogo puede demostrar que fumar hace daño a la salud, pero no puede prohibir que se fume porque los valores no son científicos. Este concepto de la ciencia se llama "positivismo". En la modernidad, la ciencia no se preguntaba sobre sus límites. Se consideraba a sí misma como el único tipo verdadero de conocimiento.

Las ciencias naturales, empezando por la biología, pretendían demostrar que todo es producto del funcionamiento material de nuestro cerebro. La democracia y los derechos humanos no son conquistados por una elección desinteresada intelectual sino por la necesidad de supervivencia de la especie.

El método científico tuvo asimismo influencia en las ciencias sociales, que prosiguieron el trabajo de deconstrucción iniciado por las ciencias naturales. La sociología se preocupó en demostrar que el hombre no es libre, sino que el ambiente familiar y social determina sus elecciones éticas.

La penetración del positivismo en las ciencias humanas se dará en primer lugar en la sociología. Los principales representantes del positivismo sociológico son Comte (1798-1857), Lévy-Bruhl (1857-1939) y Durkheim (1859-1917). Para ellos los valores difieren de sociedad en sociedad. El único criterio del valor moral es el uso. La moral no se prueba sino se comprueba. La ciencia estudia los comportamientos de los hombres que serán diferentes de sociedad en sociedad y tienen valor de ley en cada tipo de sociedad. Las buenas costumbres son las habituales y las malas las no habituales.

De esta manera el bien y el mal dependen de las órdenes de la sociedad. Durkheim escribe: "No hay que decir que un acto hiere la conciencia porque es criminal, sino que es criminal porque hiere la conciencia común. No lo reprobamos porque sea un crimen, sino que es un crimen porque lo reprobamos". El valor es un producto del medio social. No hay que recurrir a teorías para justificarlo. Basta cambiar el medio para que los argumentos de las teorías pierdan su peso. Los valores nacen del contacto con nuestros semejantes. La idea de valor brota de la sociedad (Leclercq, 1977: 52-62).

La poderosa corriente del positivismo niega también la pertenencia de la justicia a la naturaleza de la persona (la ley natural), idea que estaba presente en la filosofía tradicional.

En el siglo XIX los juristas abrigaban en general la convicción de que lo justo y el derecho positivo eran idénticos; por lo tanto, podemos decir de ese siglo que fue la era del positivismo jurídico. Resulta evidente que un punto de vista positivista del derecho y de la ley no deja margen para una filosofía del derecho. La teoría del derecho positivo debe ser "pura", lo que entraña su rigurosa abstención de formular cualquier juicio de valor. La "teoría pura del derecho" –Hans Kelsen– no se ocupa de la justicia. Recurrir al derecho natural y a la justicia pertinente equivaldría a recurrir a una ideología política y, por tanto, a la búsqueda del control del poder. Se niega que exista un derecho superior a la ley, un derecho natural, un derecho de la razón, y la injusticia sigue siendo injusticia a los ojos de ese derecho, aunque adopte la forma de una ley. El derecho no se fundamenta sobre juicios de valor. No existe una dignidad humana. No existe un fin.

El orden jurídico fue simplemente expresión de la política de poder. Maquiavelo y Hobbes seguían vigentes (Luypen, 1968).

El bioderecho se encuentra en todas las ramas del derecho positivo que, manteniendo sus respectivas áreas, atienden los desafíos de la biología, pero no puede estar subordinado a la moral, sino que debe valorar la conducta desde un punto de vista relativo en cuanto al alcance que tenga para los demás y para la sociedad, y debe ser razonable [entiéndase, razón tecnológica], pues es un instrumento que permite tratar las consecuencias sociales de los avances tecnológicos (Rueda, 2011: 320).

De esta manera surge una mentalidad que llegará a conformarse con el naturalismo de las ciencias y la inmanencia de un positivismo raso.

En esta concepción ya no hay que apelar a los valores o a las virtudes para organizar la sociedad. La utopía de una sociedad racional consiste en el fundamento científico de dos estructuras impersonales, el mercado y el derecho, mecanismos que la hacen caminar en armonía. Adam Smith: la liberación integral de los intercambios económicos pone a la sociedad bajo la protección de la oferta y de la demanda, un proceso mecánico que procurará la sociedad pacífica y solidaria. La nueva ciencia newtoniana es la Buena Noticia. El liberalismo político encuentra su solución en el liberalismo económico, llamado la mano invisible (Michéa, 2010: 93). Un proceso sin sujeto. Religión, moral, cultura y preocupación social están marginadas. Ellas pertenecen a la vida privada. La clave para entender la historia está en el proceso histórico necesario de la economía, condicionado por el avance de las tecnologías.

A pesar de la diferencia entre economía y derecho, las dos estructuras se encuentran en la realidad. La metodología escéptica del derecho halla su verdad en el dogmatismo arrogante de la economía. El derecho es solo gestión pragmática. El derecho pasa de un modelo dogmático-finalista a un modelo pragmático-gestionario.

Los cambios permanentes de las tecnologías y de las ciencias hacen que la época actual se diferencie de toda la historia anterior. El movimiento es todo. Existe una sola frase: acelerar los procesos.

Evaluación

El siglo XX se va a caracterizar por el enfrentamiento entre liberalismo y comunismo. En la reunión de la ONU en Helsinki los países comunistas y capitalistas parecían concordar en el tema de los derechos humanos porque firmaron el acuerdo.

Sin embargo, seguían las acusaciones mutuas sobre infracciones a los derechos humanos: falta de libertad de opinión; falta de libertades políticas, culturales y económicas en el socialismo; así como falta de derecho al trabajo y falta de intervención del Estado en la economía del liberalismo.

No obstante, la discrepancia es más profunda. Cada uno entendía los derechos humanos a su manera. Los marxistas critican el derecho humano tal como lo entienden los liberales: un apoyo al propietario. Según ellos los modernos medios de producción han perdido su finalidad social, y la justicia y el derecho natural no son más que la expresión de una relación económica a favor de la clase gobernante.

Para los marxistas los derechos humanos no se definen a partir de la persona, como en el liberalismo, sino a partir del Estado. A pesar de la importante crítica de Marx en torno a las injusticias del liberalismo, el fracaso del sistema comunista se debe a la eliminación de la libertad de la persona, fuente de iniciativa, creatividad y responsabilidad. Las sociedades funcionan por las decisiones de las personas libres y no solo por órdenes y leyes que solo sirven para apoyar, proteger y controlar. En el socialismo el hombre tiene únicamente el derecho al uso de las cosas definidas por el gobierno.

La crítica fundamental contra el concepto socialista de la propiedad es cómo se puede garantizar este "uso del derecho" como fundamento de la libertad, si la producción y la distribución están totalmente en manos del Estado y de las estructuras colectivistas. Después de la experiencia histórica del comunismo a nadie se le ocurriría defender la estatización de toda la vida económica y la propiedad colectiva de los bienes de producción. Según Locke la propiedad privada es un derecho intocable y para Marx es todo lo contrario de un derecho natural. Estas dos convicciones absolutistas han bloqueado la discusión entre liberalismo y socialismo (Scheltens, 1981). Les interesaba solamente la propiedad privada o estatal y la libertad de los medios de comunicación bajo control del gobierno o del sector privado. En ambas ideologías la política o la economía absorbían a la ética. Estas dos ideologías son expresión del pensamiento moderno que afirma la autonomía absoluta del hombre, actor de su propia historia, independiente de una supuesta realidad sobrenatural. A pesar de los diferentes enfoques económico-políticos las dos coinciden en una moral diferente de la tradicional-evangélica.

La sociedad moderna está caracterizada por la ausencia de modelos sociales generales, plausibles y obligatorios para la persistencia de las experiencias humanas universales de trascendencia. La estructura social ha cesado de mediar en la vida moderna entre la conciencia subjetiva y sus experiencias de trascendencia. El proceso puede ser descrito como una privatización de la religión, no como una secularización. La privatización es parte de la privatización general de la vida individual de las modernas sociedades (Luckmann, 1989: 107).

Con la modernidad empieza una cultura opuesta a los valores de la cultura tradicional. Las ideologías del liberalismo y del socialismo lograron tomar el poder en la modernidad y reemplazaron la doctrina de la iglesia católica. Tanto el liberalismo economicista como el marxismo no entendían la política y la economía en función de la justicia. Las sociedades cerradas elevan las ligaduras a categoría de dogma y, por ende, de instrumento de poder. La política y la economía deben coordinar con la ética, pero en el socialismo la política absorbe a la ética y en el neoliberalismo el poder económico absorbe a la ética. Se pierde el origen de la ética que está en el cambio de la persona, en la decisión libre para buscar el bien. Ambas ideologías solamente soñaban en producir riquezas y armas sin ningún control sobre las ciencias y las tecnologías. No hubo siempre un buen uso de la tecnología. Ambas contribuyeron a la severa problemática actual del deterioro global. Ambas explotaron la riqueza con el riego de destruirla.

En América Latina el impacto por la caída del comunismo fue lento. En términos generales no ha habido una voluntad autocrítica entre los sobrevivientes del marxismo latinoamericano. Marta Harnecker es una intelectual muy conocida en América Latina, cuyo libro sobre los conceptos del materialismo histórico fue un *best seller*, con decenas de ediciones y leído por la juventud comprometida de nuestro continente que ya se esfumó hace veinte años. En su libro *La izquierda en el umbral del siglo XXI* de 1999, ella reconoce la crisis teórica, programática y orgánica de la izquierda, pero no cuestiona la naturaleza mesiánica del marxismo (Methol Ferré, 2015: 44-45).

Históricamente en Europa surgió un socialismo diferente del comunismo. Un socialismo que acepta las bases del sistema democrático, pero con una propuesta de mayor intervención en el mercado para asegurar una buena distribución de la riqueza.

Cuál es el ideal del Liberalismo sino entender por "libertad" la independencia con respecto a los demás y cuál es el ideal del marxismo sino una estructura colectivista donde la conciencia no juega ningún papel. Por lo tanto, no se construye un encuentro entre personas. La característica de ambas ideologías y principalmente de la marxista es la paranoia. Su permanente divisionismo originando separaciones de grupos no es solo producto de luchas por el poder entre líderes sino principalmente la falta de una conciencia personal formada en base de valores.

Capítulo V

LA ÉTICA EN LA MODERNIDAD

El inicio con Hobbes, Locke y Hume y KANT, filósofo del humanismo del deber

El liberalismo surge como la exigencia de un gobierno de libertad para proteger al sujeto político y moral contra la monarquía y la Iglesia, lo que le obliga a buscar una norma nueva, puesto que se ha eliminado la obediencia ciega a las autoridades existentes. La encontrará en la ley en lugar de la obediencia al rey y al Papa. La ley garantiza la universalidad, es igual para todos y es una protección contra la arbitrariedad. El vínculo entre sujeto y ley, raíz de la obligación, asegura el gobierno de la libertad. En segundo lugar, si la ley ya no depende de la voluntad de un soberano, ¿quién la hace? La ley debe ser sometida a la libertad de la crítica. Los pueblos tienen capacidad legislativa. La razón solo puede aceptar lo que ha sido sometido a un examen público. Esta corriente, principalmente promovida por Locke y Kant, tiene una gran diferencia con el pensamiento de Hobbes o de Maquiavelo. Las relaciones libres entre los hombres suponen confianza para los primeros y desconfianza para los segundos. El pensamiento moderno conocerá varias corrientes, incluso contradictorias.

Si la época de la modernidad es el tiempo de la razón, a diferencia de la época de la fe en la Edad Media, ello no fue óbice para tener pensadores que cuestionaban la razón, como Hobbes, Hume y Bentham del utilitarismo. Para Hume la justicia nos es un valor que orienta a dar a cada uno lo suyo sino es un cálculo de los intereses económicos.

El pensamiento ético dominante de la modernidad será representado por la gran figura de John Locke y, sobre todo, por Emmanuel Kant durante varios siglos.

1. Thomas Hobbes

Para Thomas Hobbes (1588-1679) el hombre es un lobo para su prójimo, todos están en constante guerra unos contra otros.

Para que la sociedad sea posible es necesario firmar un contrato entre todos sus miembros y tener un rey absoluto (llamado Leviathan) que controle su cumplimiento. Un gobierno solo puede funcionar sobre la base de un control externo al hombre y de una represión porque el hombre busca solamente su propio interés y trata de utilizar a los demás. La relación básica es la desconfianza entre todos, incluyendo al gobierno. Los hombres se dejan guiar por la lucha permanente de adquisición de poder, bienes y gloria. La agresividad entre los hombres es su característica fundamental. Estos deseos solo pueden llevar a caos y muerte. Los líderes políticos ofrecen la justicia para ganar votos, pero no tienen la intención de aplicarla. Referencias a la justicia y a la dignidad son utilizadas por ellos para esconder sus verdaderos motivos a los débiles. Platón ya mencionó este uso exclusivo de la ética en los discursos de los políticos en sus campañas electorales. Tanto Hobbes como Kant reclaman un estado de derecho, pero para el primero cualquier Estado eficaz es bueno y para el segundo el Estado debe tener como fundamento la justicia. Para Hobbes prima el orden y para Kant la ética.

2. John Locke

John Locke (1632-1704) es, sin duda, la figura principal en el inicio de la historia moderna. En sus *Lettres Philosophiques ou Lettres Anglaises* de 1737, Voltaire (1694-1778) lo considera como el único filósofo de importancia en comparación con Descartes y Malebranche. En *Le Siècle de Luis XIV* (1751) escribirá: "De Platón a Locke no hay nada [...] solo Locke ha explicado la inteligencia humana en un libro donde se encuentran solo verdades; y lo que da la perfección a este libro es que todas las verdades son claras".

Locke es el fundador del pensamiento liberal. Una de las preocupaciones del liberalismo es fundamentar el Estado sobre la satisfacción ciudadana, conciliando los fines universales que persigue con los fines particulares del individuo (intereses económicos, familiares y creencias). Es el fin del modelo anterior de una sociedad donde se obedecía simplemente las órdenes dadas por la autoridad.

A. Ley natural y conciencia

Locke le da mucha importancia a la persona. La persona tiene la capacidad de reflexionar sobre sí misma y de consultarse a sí misma. La persona es conciencia de sí misma. Esta identidad personal no se separa de un interés por sí mismo, el placer que va acompañado de la capacidad para la regla, la cual precisamente va a calificar sus actos como buenos o malos. Hay un interés por la felicidad que está ligado a la conciencia. Mediante la responsabilidad, la conciencia responde de sus actos ante los hombres, constituyendo una persona moral. La conciencia es fuente de los actos y asume su responsabilidad por ellos. La vida moral reside en la persona misma, en el "interior" de su conciencia. Esta teoría de la persona es el gran aporte de Locke a la ética (Jaume, 2010: 140-148).

Locke, al contrario de Hobbes, parte de la idea de una ley natural presente en los hombres, que expresa la igualdad y el consenso entre todos. Dios ha puesto en nosotros las normas de la humanidad que constituyen la llamada ley natural. Dios ha creado al hombre a su imagen.

Existen tres tipos de leyes diferentes: la ley natural, la ley positiva y la "ley" de la presión social. La ley inscrita en nuestro ser por Dios es la ley natural, la ley del legislador es la ley civil y la "ley" de la regla moral es la ley de opinión o costumbre. Solo Dios es soberano. El Estado y el individuo poseen únicamente una relativa autonomía.

La razón no fundamenta la ley y tampoco obliga a cumplirla. Dios ordena, y la razón y la libertad entienden y ejecutan. Este reconocimiento por medio de la razón guía al hombre por el camino del bien. Locke insiste en que el bien produce en nosotros un placer. La ley de Dios es un bien para el hombre. El hombre solo puede realizarse cumpliéndola. Nuestra verdadera felicidad o placer consiste en el cumplimiento de la ley de Dios porque representa nuestro verdadero interés. Sin embargo, debe haber motivaciones que hagan al hombre cumplir con la ley. Los motivos son la recompensa o el castigo. El que cumple la ley de Dios tendrá una recompensa en la otra vida.

En el hombre no solamente hay razón sino también una gran variedad individual de placeres. La vida sensitiva también nos motiva a los placeres. Esta problemática llevó a Locke a reflexionar sobre las motivaciones psicológicas del comportamiento. La inquietud que siente el hombre por la ausencia de algo la llamamos deseo, es el principal estimulante que impulsa su accionar. Resulta entonces que el deseo de las pasiones compite (y puede desplazar) con la motivación principal, la voluntad, que busca el bien más grande. Locke intenta coordinar la obligación de la ley y las motivaciones del placer sensitivo, la presión de las costumbres y de las opiniones. En este caso, la rectitud –es decir, la conducta conforme a ley– ya no basta. Se necesita también el placer. La falta de placer puede desviar la voluntad hacia goces que contradigan el verdadero bien. Se debe buscar que coincidan la razón y el deseo, el bien y el placer.

El hombre puede también precipitarse y equivocarse en su elección del bien y del mal. La moda, las opiniones, la educación y las costumbres pueden hacerle perder el verdadero sentido de las cosas y corromper su gusto. No obstante, Locke reconoce el carácter absoluto de la ley natural y la relatividad de los gustos. Él considera que la ley de Dios debería estar presente en todos los órdenes de la vida para poder normar el comportamiento. Siempre se debe buscar el bien máximo y subordinar los otros. Existe una tensión entre fundamentación metafísica de la moral y realidad sociológica. Opiniones equivocadas, educación sin normas, costumbres y malos hábitos pueden corromper. Locke se da cuenta de un pluralismo en la moral, reconoce los límites de la razón. Él comprueba la prioridad del conocimiento práctico sobre el teórico porque no podemos conocer todas las cosas, pero sí necesitamos orientar nuestro comportamiento. El escepticismo nos amenaza cuando descubrimos que la razón no conoce todo.

Locke observa que nuestra libertad debe suspender nuestros deseos antes de que la voluntad sea determinada. Depende de nosotros desear el bien y excitar nuestros deseos en función del bien principal. El que no compara el bien futuro duradero con el bien momentáneo no será capaz de desear el bien, y cederá ante la menor incomodidad que se presente. Un cambio puede ser necesario. La búsqueda de la felicidad debe ser un trabajo de la voluntad, que muchos desconocen porque la inquietud influye en su voluntad (Jaume, 2010: 160).

B. Las instituciones del Estado

El aporte de Locke sobre la importancia de las instituciones en la ética es de suma actualidad.

Según Ralf Dahrendorf, Roma venció a Grecia y se desarrolló una cultura greco-latina. Él sostiene que el resto de Europa ha heredado nuestra civilización de Roma, no de Atenas. Virgilio, no Homero, es el padre de Occidente. Encontramos algo nuevo e importante en la filosofía pública de Cicerón, y seis siglos después en los juristas del emperador Justiniano. El título de una de sus contribuciones a la teoría del derecho resume el obsequio de Roma a Occidente: *Instituciones*.

Las instituciones de la libertad son: economía de mercado, sistema político democrático con elecciones libres y pluralidad de partidos políticos, separación de los tres poderes del Estado con el imperio de las leyes y, principalmente, la sociedad civil.

Los individuos no pueden vivir en una situación de naturaleza pura, están obligados a vivir en un Estado. El estado primitivo o natural es anárquico y por eso tiene pocas ventajas. De ahí que se necesite un contrato social. Esto implica la existencia de una ley natural o derecho natural. Dios le ha dado esta ley a cada uno de nosotros. La posibilidad de los vínculos entre las personas presupone que tienen algo en común: la naturaleza humana. La ley natural o el derecho natural es el presupuesto para poder formular leyes que dirijan la sociedad. Son principios inherentes a las personas. La ley natural existe antes de su reconocimiento por el hombre. Su tarea es descubrirla y explicarla. Existe una ley divina escrita en el hombre. La ley divina no es un efecto del deseo, sino que está dada por una revelación. La libertad de la naturaleza está limitada por la ley natural.

Se debe construir un Estado sobre la base de la ley natural. La ley natural autoriza al "consenso de todos" para elaborar las estructuras de la sociedad. La mayoría de las personas decide que existe una sociedad y este es el único contrato. La mayoría elige un gobierno y un poder legislativo. Se delega el poder con una misión y se le da confianza. La única manera de justificar la autoridad es por el consenso de todos.

Las libertades deben ser limitadas por las leyes y por la autoridad. Una actividad es solamente humana cuando obedece a una norma que la califica. Locke señala la necesidad de una relación entre el imperio de la ley y el sujeto interior. Dios ordena al hombre realizar su propiedad en un sentido amplio: propiedad de los bienes, de sí mismo, de su vida, de su libertad... pero también el poder de juzgar y sancionar a los que actúan contra la ley. Esta personalidad es previa al Estado civil. El Estado no crea las obligaciones ni será su salvador, como piensa Rousseau. Pertenecemos a la sociedad como personas, pero no como miembros. Rousseau ve a la persona como portadora exclusiva de intereses y al ciudadano como consciente del interés de la sociedad. Habrá un conflicto entre los dos en el sujeto. El Estado formaría al ciudadano. Para Locke, al contrario, la persona incluye todo, de modo previo a su situación de ciudadano por la ley natural. La persona incluye tanto el interés personal como la obligación ciudadana. La persona es origen de todo y anterior al Estado. Este solamente puede apoyar las obligaciones que vienen de la ley natural, en su llamada tarea de subvención.

La misión del Estado es hacer cumplir las leyes, garantizar la libertad y los derechos de los individuos. Se establece el principio democrático: el pueblo delega el poder. La sociedad nos protege y nos da una brújula para el camino; y lo hace por medio de las instituciones. "Las instituciones son, en primer lugar, las sanciones vinculadas con ellas y las formas de organización en las que aparecen dos cosas: las instituciones se encargan de que podamos apelar a una *ley común y judicatura*". Locke añade con razón que en este sentido las instituciones necesitan "autoridades". El pacto social es un pacto fraterno, pero también es un pacto de dominio. Se trata de reglas que puedan fundamentarse y de autoridades que se responsabilicen. La ausencia de normas y de autoridades eficaces se convierte en una amenaza para la libertad. La libertad no es un estadio originario de la humanidad al que deberíamos retornar, ni un vacío posmoderno en el que todo es posible.

La libertad es una fuerza civilizada y civilizadora. Por eso solo prospera sí logramos crear y mantener instituciones que le confieran estabilidad y duración. Las instituciones garantizan nuestros derechos y, con ello, la justicia social. Si queremos más oportunidades para más gente, tenemos que operar por medio de instituciones y jamás debemos cesar de refinarlas y mejorarlas. En todas partes es el propio contrato social el que está en juego, y con él los fundamentos de la libertad (Dahrendorf, 2006: 61, 62).

De esta manera cada uno se obedece a sí mismo. De acuerdo con Locke el pueblo conserva el poder para cambiar las leyes, y si es necesario también para deponer a la autoridad cuando esta exceda sus fines. El individuo, como portador de la particularidad y de la universalidad, será siempre juez de las leyes promulgadas por el legislador. Esta es la gran novedad del sujeto político. El sujeto controla la misión del legislador. No existe autoridad por nacimiento. La libertad y la igualdad son proclamadas como principios inherentes a la persona, pertenecen a la ley natural. La práctica de la pluralidad y el valor de la tolerancia se entiende, así como grandes características del liberalismo.

El liberalismo según Locke consiste en un sujeto político que no está identificado con el poder y le da su consentimiento a este y a las leyes, en la medida en que cumplan con los fines particulares y universales de la sociedad civil. El consentimiento es una obligación que brota del interior de la persona. No es por obediencia como ciudadano al Estado porque el hombre es previo al gobierno y obedece a Dios. El Estado solo ayuda a cumplir.

Sin embargo, en el caso de la ley civil y sobre todo en el caso de las opiniones, la ley es susceptible a la relatividad de las costumbres. El orden social no tiene la bondad y la sabiduría de Dios. Existe un mecanismo de sometimiento a la opinión pública. ¿Quién resiste a las presiones sociales? El interés personal promueve el conformismo. Frente a esta situación, Locke ilustra el espíritu del liberalismo crítico y prescriptivo. A pesar de su resignación ante la opinión pública, los hombres mantienen siempre la posibilidad de pensar bien o mal, de aprobar o desaprobar los actos de sus contemporáneos. La libertad del pueblo nunca se pierde (Jaume, 2010: 179).

La influencia de las determinaciones sociales, mencionada por Locke, será asumida y radicalizada por otros autores como Montesquieu y Hume, y llevará a un pluralismo moral fundamentado principalmente en las pasiones, que terminará en un escepticismo.

3. David Hume

David Hume (1711-1776) omite la ley natural para dar paso al hedonismo, posibilidad ya señalada por Locke, abriendo el camino hacia un empirismo moral, político y económico. El empirismo entiende la relación del hombre con el ambiente por medio de las pasiones. La razón es solo un reflejo de estas. El hombre está sometido a las pasiones y por lo tanto el motivo de su ser es la utilidad. La ley no puede ser fuente de obligación porque la obligación presupone la utilidad. Reducir al hombre a una "experiencia" de pasiones y utilidad es el método experimental. Él descubre las reglas o leyes por una reflexión sobre los límites útiles de sus pasiones con los demás. Las leyes son un reflejo artificial de las pasiones.

La libertad ya no es intelectual y moral sino la felicidad individual como resultado del juego de las interacciones humanas y económicas. Con esta definición, Hume se distancia de las corrientes de Locke y Kant, y surge un análisis del liberalismo económico paralelo al político. Las fuerzas económicas constituyen un espacio donde la praxis humana busca la felicidad y el lujo, donde nacen los "derechos". El hombre de negocios es el vehículo de la libertad. Hume describe el funcionamiento del mercado. La libertad se realiza en el mercado, al servicio de las pasiones. El gozo no está en primer lugar en acumular dinero sino en la actividad económica. El sujeto del liberalismo económico existe como pasión de emprender y como pasión de la pasión. Su filosofía es la precursora de la economía liberal. Los derechos y las reglas tienen su origen en los intereses dentro de la sociedad.

La moralidad es, por lo tanto, el resultado de un sentimiento y no de una norma (Jaume, 2010: 215). En este punto encontramos la debilidad del empirismo. ¿Cómo justificar una norma o ley genérica? La razón puede observar los hechos, pero no puede calificarlos. La definición de virtud o de vicio depende de la subjetividad de los sentimientos. De acuerdo con Hume, ley y hecho social son una sola identidad, expresada por la coincidencia de las simpatías mutuas entre las personas. Lo social depende de lo subjetivo. La aprobación o desaprobación no es competencia de la razón sino el resultado de las interacciones subjetivas de los individuos. Hume lo llama simpatía, concepto fundamental de su pensamiento. La cualidad más llamativa de la naturaleza humana es nuestra tendencia a simpatizar con los demás y a recibir sus sentimientos. Es difícil entender el "yo" fuera de esta simpatía. Hume dice: "El odio, el resentimiento, la estima, la seguridad, el coraje, la alegría y la melancolía son conocidos por comunicación y no por mí mismo". Hume no separa la conciencia moral de uno de la aprobación por el otro.

Para él, más importante que la ley es la institución. La ley es limitación, pero la institución es organización del dinamismo de los individuos. La institución se expresa en la regla, y la más importante es la "justicia". De las impresiones en la historia va surgiendo una solución que es la "justicia", madre y modelo de todas las virtudes artificiales. La primera seguridad, la propiedad, se refuerza por la "justicia". El egoísmo y la generosidad necesitan reglas para garantizar el comercio. Hume no entiende la justicia como el valor que orienta a dar el bien a cada uno. La justicia es artificial y es el resultado natural de errores y conflictos. Lo artificial y lo natural no se oponen mutuamente. El conjunto de las pasiones necesita reflexión. La sociedad y sus reglas controlan, pero no prohíben las pasiones. Estas son sometidas a un *cálculo de intereses*. La "justicia" aparece como un cálculo de intereses de los que manejan la economía. Una vez establecida la propiedad, la simpatía se encarga de las correcciones. Los hombres aman la "justicia" porque de esta manera se aman a sí mismos. Esta regla es de interés surge de la sociedad económica y no de la política (Jaume, 2010: 224-225).

Se comprende que esta regla es muy frágil porque depende del egoísmo de cada uno. Existe una "confianza", pero es aparente porque es utilitaria. El sistema de la sociedad se origina en el interés de cada uno. El mercado reemplaza las relaciones personales.

Esta identidad es muy frágil. De esta manera también el ser humano es una ficción porque se constituye como una sucesión de percepciones. Según Hume, el origen de una ficción del yo proviene de confundir una percepción subjetiva con la existencia. Las personas son solo un paquete de diferentes percepciones que van cambiando rápidamente. El pensamiento acompaña a las percepciones y como tal es una imaginación. La identidad que atribuimos al espíritu del hombre es igual a la que atribuimos a la planta o al animal. La imaginación acompaña a la máquina de la economía de mercado.

4. Emmanuel Kant: El humanismo del deber

Introducción: Una nueva concepción del hombre

Presentamos en este capítulo la ética según Emmanuel Kant (1724-1804). Muchos filósofos actuales, defensores de la modernidad, consideran que Kant es el pensador más representativo de la Ilustración o del liberalismo tradicional, especialmente en lo que respecta a la ética. La filósofa francesa Monique Canto-Sperber opina que Kant sigue siendo una referencia para muchos filósofos actuales porque es el que ha dado la interpretación más profunda en la modernidad sobre los fines humanos orientados hacia la moralidad (Canto-Sperber, 2004).

Según Luc Ferry los antiguos filósofos veían el cosmos como un universo armónico en donde estaba inscrito el comportamiento humano. (Ferry desconoce la originalidad de la filosofía de Aristóteles que introdujo la "naturaleza humana" como producto de la razón y el deseo del bien y no como una naturaleza determinista como la de los animales Cfr. Capítulo II, 3). Ferry, como todos los filósofos en la tradición de la modernidad, se refieren a un gran terremoto ocurrido en Lisboa donde murieron muchas personas y se perdieron grandes riquezas artísticas que el imperio portugués había coleccionado. La naturaleza no era tan armoniosa. Para los modernos, la libertad es una lucha contra la naturaleza porque es una realidad ciega, sin rumbo, llena de violencia y egoísmo. La paz, la solidaridad, la república no son dones naturales sino conquistas que exigen un gran esfuerzo de los hombres. Kant rompe con la idea de un cosmos armonioso que el hombre buscaba conocer e imitar en la praxis. El cosmos es para él una fuente de problemas. Hoy en día comprobamos que esta falta de respeto por la naturaleza está a origen de la gran amenaza del calentamiento de la tierra.

En la antigüedad se veía al trabajo como una actividad de los esclavos. Los modernos lo ven, al contrario, como una manifestación esencial del hombre o de la libertad, por medio de la cual se transforma a sí mismo y a la sociedad. Los valores no están dados por la naturaleza sino surgen del "deber-ser". Los posmodernos no reconocen el trabajo como un medio para realizarse porque se sienten utilizados.

El orden preestablecido –es decir, una sociedad con una jerarquía de guerreros, sacerdotes y magistrados por un lado y esclavos por el otro lado– estalla en pedazos tras la aparición de un nuevo concepto de un universo neutral. Nadie vale más que el otro. Surge la posibilidad de la igualdad y el individualismo. El cristianismo romperá con el esquema de la esclavitud al aportar la idea de que los hombres son todos iguales y tienen la misma dignidad.

"En el plano moral, el cristianismo realiza una verdadera revolución en la historia del pensamiento, que se hará sentir hasta en la gran declaración de los derechos del hombre de 1789, en la cual la herencia del cristianismo es indudable" (Ferry, 2006b: 91).

El humanismo moderno acogerá esta idea y la interpretará dentro de un esquema no-religioso en la democracia actual. La diferencia de talentos o de cuna no tiene ninguna importancia desde el punto de vista de la moral. La moralidad de los talentos depende de la elección libre. Somos todos "hermanos" y como criaturas de Dios tenemos la misma capacidad para elegir libremente el sentido de nuestras acciones.

Antiguamente la fe explicaba los límites del hombre, sus debilidades y pecados. Desde el punto de vista moral y metafísico, Dios antecedía al hombre y por ello la teología era el fundamento de la moral. Kant rompe también con esta metafísica que pensaba al hombre a partir de Dios y cuestiona esta jerarquía. La moral no tiene su raíz en una religión revelada. Su visión de la moral la define como dada al hombre en su condición de ser libre, sin dependencia de un Creador previo.

Kant y otros filósofos creyentes de la Ilustración mantienen su fe, pero declaran que el contenido de la teología no viene antes y no es fundamento de la ética. La fe es posterior. El hombre ya no necesita a Dios para comprender que debe respetar al otro o que debe considerarlo como un fin en sí.

Kant introduce en el pensamiento el concepto de "autonomía", concepto que será considerado como una de las expresiones más características del hombre moderno. El hombre es autónomo y agente de su propia historia.

Luc Ferry considera que Kant va a construir su ética sobre la nueva concepción moderna del hombre, tal como la presentó el filósofo francés J. J. Rousseau (1712-1778). Se trata de tres conceptos claves: la libertad, la virtud como intención desinteresada y la universalidad, que definen la moralidad moderna del deber porque nos obligan a luchar contra el egoísmo natural o animal en nosotros (Ferry, 2006b: 102). Sin embargo, Kant le da también un lugar al "ejemplo". En cuanto a la dimensión política de la ética, se limita a señalar unos principios.

A. La libertad

La antropología del hombre, según Rousseau, se define a partir de su diferencia con el animal. Este no se distingue del hombre solo por una falta de sensibilidad y comunicación. La diferencia está más bien en la libertad –es decir, en la capacidad del hombre de perfeccionarse durante toda su vida–, mientras que el animal está hecho por la naturaleza desde el primer momento de su existencia. El instinto lo guía. El programa natural no le deja espacio para escapar. No tiene libertad.

El hombre no está programado por la naturaleza. Tiene una naturaleza biológica, pero puede crear una cultura que hasta se opone a la naturaleza, como por ejemplo el sistema democrático, que ofrece una protección a los más débiles por encima de la lógica de la selección natural. El hombre puede ir en contra de la naturaleza para realizar lo peor o mostrar la generosidad más espléndida.

La libertad trae tres consecuencias: en primer lugar, una doble historicidad. El individuo cambia por la educación y la sociedad cambia por la cultura y la política. El animal no conoce ninguna de ellas. El hombre se transforma a sí mismo desde un niño totalmente necesitado hasta alcanzar el desarrollo de su vida por su propio esfuerzo, y tiene una historia. El animal no tiene historia.

En segundo lugar, no existe una naturaleza humana. A diferencia de los animales, el hombre no conoce el determinismo. Este ser antinatural del hombre le permite distinguir entre el bien y el mal; conociendo el bien puede optar por el mal. Su naturaleza está en no tener naturaleza. La libertad no tiene definición. La modernidad, por lo tanto, no reconoce una ley natural inscrita en la naturaleza de la persona.

El problema de la ruptura empezó con J. Locke, quien reconoció la ley natural inscrita por Dios en el hombre como su imagen, pero opinó que *"reason must be our last judge in everything"* (Locke, 1988). Él acepta la revelación, pero considera que solo la razón puede indicar lo que se debe creer. El antiguo concepto de su religión, el protestantismo, sobre la asistencia del Espíritu Santo en el entendimiento de la Biblia, es negado porque no permite el control de la razón y por lo tanto este entendimiento es subjetivo. Kant sacará las conclusiones de la creciente influencia de la razón en la revelación durante la Ilustración. En su libro *Religion innerhalb der grenzen der bloszen Vernunft* sostiene que la razón tiene la absoluta prioridad sobre la revelación. La problemática ya no es entonces la relación entre revelación y razón sino entre fe y razón. La revelación ya no aporta conocimientos y se reduce a un asunto de la razón práctica de la ética. Es el Dios del deísmo.

En tercer lugar, no existe ninguna norma o regla natural o histórica determinista. Al hombre no se le respeta por su pertenencia a un grupo nacional, religioso, étnico, lingüístico, nacional, etc., como si estas categorías fueran fuentes de una ética, sino solamente por su libertad, tal como lo dirá la Declaración de los Derechos Humanos.

A pesar de las innumerables diferencias físicas o biológicas del hombre con los animales, la capacidad de oposición a la naturaleza es la diferencia principal porque gracias a ella el hombre puede criticar e inventar ideales y por lo tanto distinguir entre el bien y el mal. Es una diferencia ética y cultural. El hombre puede reconocer el derecho del otro. Esto no es posible en el caso del animal porque él no es capaz de esta reciprocidad (Ferry, 2006b: 107).

La libertad es la posibilidad de la voluntad racional de definirse a sí misma. Ley moral y libertad se implican mutuamente.

B. La conciencia del deber en la voluntad o la virtud desinteresada

Ni los intereses ni los talentos pueden definir la virtud. Ni la riqueza, ni la salud, ni el poder, ni la inteligencia, ni el coraje, ni las decisiones definen la ética. Solo la voluntad puede ser un criterio para la ética, porque la virtud depende del uso que se hace de las cosas. Se puede usar los talentos o poderes para el bien o para el mal. Solo la voluntad puede dirigirlos hacia los fines correctos. La moral o lo bueno está en la intención de la voluntad. Lo ético viene del sujeto. No existe ningún objeto que sea bueno en sí o que sea capaz de promover lo ético.

Para poder entender la ética hay que partir de la libertad, de la posibilidad de escoger, de la posibilidad del hombre de deshacerse de la lógica natural de los egoísmos. Para Kant, la virtud se consigue por una lucha contra la naturaleza. Hasta el hombre que busca solo el placer sabe que también debe controlar su naturaleza contra los excesos. Somos por naturaleza egoístas y necesitamos ir en contra de una libertad desenfrenada para poder convivir pacíficamente con los demás.

La auténtica ética, el verdadero acto humano, es la acción desinteresada, es la posibilidad de escapar al determinismo para poder actuar de una manera desinteresada. Sin la hipótesis de la libertad, el acto desinteresado no tendrá sentido. Sin esta idea, la moral del hombre no sería más que una descripción de las costumbres de los animales en el zoológico.

¿Cuáles son las razones para hacer algo o no hacerlo? Para elegir necesitamos una razón, un argumento. Vamos a calificar como buenos o malos los fines o los hechos. ¿Cómo lo podemos saber? Según Kant no lo podemos saber a partir de la realidad porque sería hablar de intereses y además el conocimiento sensitivo no aporta un saber verdadero.

Cada ser racional tiene una conciencia del deber. En nosotros hay una experiencia de un hecho que es la conciencia, que nos da órdenes. La novedad de esta conciencia está en que para Kant este deber de la ética es un imperativo categórico. Él considera que no puede ser hipotético porque en este caso dependería de los objetos circunstanciales y perdería su carácter de norma. Supone por lo tanto que la conciencia moral se impone a nosotros con un carácter absoluto de obligación o deber. La voluntad va unida al deber. Así como la voluntad desinteresada es una evidencia, igualmente lo es el deber.

Kant es consciente de que no se puede fundamentar racionalmente esta conciencia del deber que se presenta en la voluntad. Él comenta lo siguiente:

La ley moral determina inmediatamente la voluntad [...] Pues cómo una ley por sí e inmediatamente pueda ser fundamento de determinación de la voluntad (lo cual es lo esencial de toda moralidad) es un problema insoluble para la razón humana y es idéntico a este otro: cómo una voluntad libre es posible. Así, pues, tendríamos que señalar *a priori* no el fundamento por el cual la ley moral en sí proporciona un motor, sino qué es lo que ella, siendo motor, efectúa en el espíritu (o mejor dicho, debe efectuar) (Kant, 1994: 96).

Las entidades metafísicas como la existencia de Dios, la totalidad del mundo, la libertad y la inmortalidad del alma exceden nuestras condiciones de conocimiento. No las podemos afirmar ni negar. Kant da por aceptada la obligación de la ética en la razón práctica. Para él, la idea del deber es la idea central de la moralidad.

Siempre existió la noción del deber, pero Kant le da un sentido nuevo. No es la sociedad ni las autoridades, ni el miedo al castigo, ni el reconocimiento los que lo imponen. Su validez no depende de las circunstancias que están en mí o fuera de mí. El deber no viene por el deseo o el interés o por una experiencia social, psicológica o religiosa. La decisión del deber no puede venir por las costumbres ni por los deseos, porque le toca solo al deber indicar lo que debo hacer. Se siente más la obligación cuando se presenta la resistencia de los deseos naturales contra la razón.

La condición para poder señalar el valor de la persona se constituye entonces por el cumplimiento de la ley, aunque incluye la anulación de nuestros sentimientos (Kant, 2002: 104). Para explicarlo mejor, Kant hace la diferencia entre "legalidad" y "moralidad". El acto es legal, pero carece de valor moral, pues no está inspirado por la preocupación moral. Un acto puede ser conforme a la moral, sin que se realice por deber. En este caso no tiene valor moral. Si doy una limosna por compasión o por temor a ser criticado no obro moralmente. Para obrar moralmente "no basta hacer su deber; es preciso además hacerlo por deber" (Leclercq, 1977: 133). El comportamiento solo es ético cuando la voluntad decide realizar el acto por respeto a la ley.

C. La universalidad

A diferencia de lo particular de nuestros sentimientos, inclinaciones y preferencias, la razón es la exigencia de universalidad. La norma moral necesita, por lo tanto, la forma de una ley universal. El carácter general es el criterio, pero no el fundamento de la ética. La norma trasciende lo particular y da obligatoriedad al contenido o a la materia.

El nuevo orden que buscamos está constituido sobre el hombre. La persona humana es siempre un fin en sí. Kant llama a este nuevo orden el "reino de los fines". Nunca podremos instrumentalizar a los demás. La razón práctica demuestra el valor absoluto de la persona. Definición importante para legitimar los derechos humanos: son derechos que tienen su origen en la persona. La persona es el origen de la ley universal.

Kant ofrece diversas fórmulas del imperativo categórico: "Obra siempre de tal manera que la máxima de tu voluntad pueda valer como principio de legislación universal". También puede formularse de la siguiente manera: "Obra de tal modo que trates siempre a la humanidad, en ti y en los otros, como un fin y nunca como un medio". En tercer lugar, Kant lo formula así: "Cuida que tus máximas quepan en un conjunto sistemático por medio de leyes comunes entre los seres racionales".

Los fines de nuestras acciones morales se expresan como una ley universal, válidos para todos y siempre, en cualquier lugar o tiempo. La universalidad expresa los fines de la moralidad.

Esta filosofía de universalidad de Kant es formalista porque la norma ética es solo la forma. Puesto que un interés particular o concreto no puede intervenir, ya que se volvería un imperativo hipotético, la norma moral es solo imperativa en su forma. La norma viene de la razón y no de la experiencia. La norma moral debe ser formal para poder formular una ley universal. Solo la buena voluntad tiene un valor absoluto. La ética no puede venir desde afuera, sea la naturaleza, sea Dios, sean las necesidades. La razón práctica es autónoma y libre, los dos grandes conceptos básicos de Kant, pero es una autonomía formal.

La razón práctica se fundamenta a sí misma. No se toman en cuenta las consecuencias del hacer u obrar humano. El único criterio correcto de la ética, la categoría imperativa, son las razones que podemos compartir con otros y que tienen su fundamento en la conciencia del deber. La única causa ética de nuestro obrar humano son las leyes, las máximas que nos imponemos a nosotros mismos por la voluntad a partir de nuestra conciencia del deber. Autonomía no se refiere, para Kant, a las acciones de la persona sino a la voluntad que cumple las leyes universales.

Kant tiene la razón en cuanto la necesidad de las ideas o principios para poder fundamentar la ética, pero su explicación de la ética formal no satisface.

D. EL respeto

A pesar de rechazar el papel de los sentimientos en la moral, Kant considera importante la presencia del respeto, pero lo conceptúa como el único sentimiento no empírico sino conocido *a priori*.

Deber y respeto van juntos para fundamentar un acto ético. La voluntad libre está determinada por la ley y excluye todos los impulsos sensibles o de intereses. De esta manera se entiende que la ley moral debe producir un sentimiento de dolor porque causa perjuicio o daño a todas nuestras inclinaciones y satisfacciones que constituyen el egoísmo. Todas las inclinaciones o sentimientos del amor propio deben ser eliminados como negativos por la ley moral, para reemplazarlos por lo positivo de la razón pura práctica.

Un sentimiento nunca puede ser base de la moral. El amor propio reducido a la ley moral se llama el amor propio racional. Como ya se ha dicho, la condición para poder señalar el valor de la persona se constituye entonces por el cumplimiento de la ley, aunque incluye la anulación de nuestros sentimientos. Un hombre preocupado por la dignidad de su vida vive solo por deber, no encuentra el menor gusto en la vida (Kant, 2002: 112). La humillación de los sentimientos trae la estimación moral o sea la práctica de la ley. Kant rechaza el "bien" y la "felicidad" como objetivos de la moral porque nunca nadie se pone de acuerdo sobre su contenido. No tienen valor universal. Cumplir con la ley puede ser por un interés o por miedo. En estos casos cumplir con la ley no es virtuoso ni meritorio. Solo hay mérito cuando se actúa con voluntad desinteresada.

La ley moral humilla a todo aquel que considera a su amor propio como el fundamento de la ética y despierta en la persona lo positivo que es el respeto. Más bien el sentimiento sensible, que está en la base de todas nuestras inclinaciones, es desde luego la condición de aquella sensación que llamamos respeto; pero la causa de la determinación de este sentimiento está en la razón pura práctica. (Kant, 2002: 99). Este sentimiento (bajo el nombre de sentimiento moral) es, pues, producido solo por la razón. La razón pura práctica, al echar por tierra todas las pretensiones del amor a sí mismo en oposición a ella, proporciona autoridad a la ley, que solo ahora tiene influjo en los hombres. Un hombre puede ser para mí un objeto de amor, admiración, etc. y, sin embargo, no por eso ser un objeto de respeto.

El respeto es un atributo que no podemos negar al mérito. Puedo inclinarme ante un hombre por su fuerza, inteligencia, etc., pero mi espíritu solo se inclina ante un hombre con rectitud de carácter. El respeto está lejos de ser un sentimiento de placer. La envidia nos induce a faltarle el respeto al otro. La ley moral, la forma de nuestra libertad, fundamenta racionalmente el sentimiento del respeto, el único sentimiento no empírico sino conocido *a priori*. La ley moral tiene entonces un influjo sobre la sensibilidad produciendo el respeto, que a su vez fomenta el influjo de la ley sobre la voluntad (Kant, 2002: 99, 100, 112).

E. EL ejemplo

Si no se puede probar la ética porque es un imperativo incondicional, surge la pregunta de cómo podemos adquirirla o enseñarla.

Kant señala que el camino es por medio del ejemplo de los que tienen un comportamiento moral y están dispuestos a dar su vida por ello. Ver a tales personas no solamente crea respeto sino también el deseo de imitarlas y, de esta manera, respetarnos a nosotros mismos. Sin embargo, una vida moral no puede ser impuesta a la persona desde afuera. Solo se logra el respeto con el ejemplo de una vida desinteresada. Su fundamento es colocar la dignidad por encima de la vida.

Pero si quieren presentar a alguien como ejemplo por seguir, debe absolutamente usarse como motor el respeto del deber (como único sentimiento moral verdadero), precepto serio y sagrado, que no deja al vano amor propio jugar con impulsos patológicos (en cuanto son análogos a la moralidad) ni vanagloriarse de un valor meritorio. Si investigamos bien, encontraremos ya para todas las acciones que son dignas de alabanza una ley del deber que ordena y no deja depender de nuestro capricho lo que pudiera ser agradable a nuestra inclinación. Ese es el único modo de representación que forma el alma, porque solo él es capaz de principios firmes y exactamente determinados (Kant, 2002: 109).

Kant da el ejemplo del rey que quiere condenar a un inocente. Para ello necesita que alguien lo acuse con un testimonio falso. Si ese alguien se niega a hacerlo, el rey lo hará ejecutar. Todos sabemos, dice Kant, lo que debemos hacer y también que podemos hacerlo: negar el testimonio falso. En ese momento crucial podremos conocer nuestra libertad. No es el placer sino la justicia la que impele a realizar acciones que trascienden al instinto más fuerte de vida que posee el hombre. Por eso Kant pone a los héroes como ejemplos que nos enseñan el porqué del deber moral. Ellos prefieren sacrificar su vida a aceptar la injusticia.

Por el ejemplo del héroe podremos entender la dignidad humana, que sobrepasa todo placer sensitivo. Solo las situaciones de vida o muerte nos revelan la posibilidad de actuar por motivos morales. Kant nos enseña que la buena vida existe parcialmente en varios placeres, pero hay algo más: un sentimiento de dignidad que nos permite rechazar el placer cuando entra en conflicto con un valor superior. Estudios han demostrado que los candidatos para Al Qaeda no surgen de los pobres y marginados sino de buenas familias de clase media y alta, y con formación universitaria. Ellos escogen a Al Qaeda o al Estado Islámico por dignidad (Neiman, 2008: 84-108). Sin embargo, la diferencia con el héroe mencionado por Kant está en que estos últimos sacrifican a otros seres humanos. Se consideran dueños de la vida. Uno puede también equivocarse con los ideales.

La dignidad es el gran valor buscado por innumerables personas en la sociedad: periodistas, militares, policías que arriesgan sus vidas; hombres y mujeres que desean tener hijos para poder vivir, a pesar de las estrecheces, la dignidad de ser padres y madres; estudiantes que sacrifican horas de placer para lograr sus aspiraciones; científicos que se alejan de la sociedad de consumo para dedicarse a la investigación; profesionales que trabajan más allá del horario legal para poder servir mejor al país; sacerdotes y miembros de oenegés viviendo en pueblos pobres alejados o en barrios marginales, etc. Para Kant, la vida virtuosa no está en buscar ganancia material. La ética ayuda a superar la experiencia cruda de la vida para lograr la dignidad y la propia humanidad. "El hombre no solo vive de pan".

El hombre debe limitar sus intereses personales para poder entrar en comunicación con los demás. Si la moral lo exige, el sacrificio libremente aceptado no puede ser excluido de la ética moderna; incluso uno debería tener la disposición de poner en peligro su salud y su vida... como lo muestra el ejemplo del héroe que se sacrifica hasta la muerte. La corrupción solo se podrá combatir con gente que esté dispuesta a dar su vida.

Los ejemplos desempeñan un papel en los juicios reflexionantes cada vez que nos ocupamos de cosas particulares, pero el juicio debe estar acompañado por la conciencia del deber.

En la *Crítica del juicio* encontramos algo análogo al "esquema": el ejemplo. En los juicios Kant atribuye a los ejemplos la misma función que las intuiciones llamadas esquemas tienen para la experiencia y el conocimiento. Los ejemplos se definen como las andaderas del juicio. Los ejemplos guían y conducen y, por tanto, el juicio adquiere "validez ejemplar". El ejemplo es lo particular que contiene en sí, o se supone que contiene, un concepto o una regla general. El juicio tiene validez ejemplar en la medida en que sea correcto en el ejemplo escogido. Casi todos los conceptos de las ciencias históricas y políticas son de naturaleza restrictiva: tienen su origen en un acontecimiento histórico particular, al que se confiere carácter "ejemplar". Si decimos que alguien es bueno tenemos en el fondo de nuestras mentes el ejemplo de Francisco de Asís o de Jesús de Nazaret. El juicio tiene validez ejemplar en la medida en que sea correcto el ejemplo escogido (Hannah Arendt, 2003: 152).

F. LA ética y la política

Kant no escribió una obra completa sobre teoría política. Él rechaza el utilitarismo como fundamento del Estado. La utilidad nunca puede ser el fundamento de la justicia porque hay una gran diversidad de opiniones sobre lo que es útil.

Afirmar que las tradiciones y costumbres definen el conocimiento es para Kant aceptar que la sociedad tal como existe está bien. Lo considera una política conservadora. Kant y otros filósofos proponen cambios en la sociedad, introduciendo los conceptos de igualdad, autonomía, democracia, república, tolerancia, libertad individual y libertad de prensa que contradicen las ideas tradicionales de autoridad, tradición y privilegios.

Kant no niega la importancia de las costumbres y de las tradiciones, pero observa que el mundo existe tal como nosotros lo hemos hecho por coerción injusta. La realidad se puede enfocar de diferentes maneras. ¿Cómo se puede por ejemplo juzgar el sistema de esclavitud a partir de las costumbres? Kant quiere cambiar la sociedad.

Kant consideraba su filosofía como un fracaso si no lograba defender los derechos del hombre. Él decía: ¿si el hombre sigue preguntando por medio de la ciencia sobre el avance de la tecnología cómo podrá abandonar la obligación ética para encontrar la justicia? Mantener los ideales es más difícil que abandonarlos. La dignidad exige mantenerlos. Es una exigencia al mundo. Kant entendía muy bien el abismo entre las cosas tal como son y cómo deben ser.

Sin embargo, Kant establece una diferencia radical entre principios y realidad.

Para Kant la pertenencia al Estado es un fin en sí mismo. Es una obligación. Tenemos que tratar al otro como un fin en sí. De esta manera el convenio social adquiere un significado ético y el derecho del hombre se vuelve el fundamento del Estado y del derecho. Sin embargo, Kant entra en contradicción con su principio del "hombre como un fin en sí" cuando recurre a la idea del contrato social, pero distanciándose de las ideas de Locke y de Rousseau al respecto. Según estos, el contrato social tuvo su origen en las personas o ciudadanos que algún día decidieron ponerse de acuerdo sobre los principios para regular la vida en comunidad de acuerdo a la naturaleza o a la dignidad del hombre. Para Kant, el contrato social es una mera idea (categoría trascendental) porque principios morales no se pueden deducir de hechos empíricos. Así como la ley moral no puede fundamentarse sobre los intereses y deseos de las personas, igualmente los principios jurídicos no pueden fundamentarse en los deseos de una comunidad. Kant vacía la idea del contenido (las personas que se ponen de acuerdo), lo que para Locke y Rousseau es la base de todo sistema social. El contrato social, una de las características más importantes de la modernidad a diferencia del poder absoluto de la monarquía, se convierte para Kant en una idea de la razón. El derecho depende de la idea de la libertad individual. La libertad es el único derecho fundamental que le corresponde a la naturaleza humana. Todos los demás derechos tienen su fundamento en aquella. "El derecho es la limitación de la libertad individual para lograr el acuerdo con la libertad de otro, en la medida en que una ley general lo permite" (Scheltens, 1981: 69). El Estado puede solamente intervenir en la vida privada de los individuos cuando haya un obstáculo para la libertad común.

Kant establece una diferencia grande entre el principio de igualdad y los derechos de todos. El pueblo no puede ser legislador. En su libro *Metafísica de las costumbres* escribe lo siguiente: "Una mera idea de la razón que tiene, sin embargo, su indudable realidad (práctica), la de obligar a todo legislador a que dicte sus leyes como si estas pudieran haber emanado de la voluntad unida de todo un pueblo, y a que considere a cada súbdito, en la medida en que este quiera ser ciudadano, como si hubiera expresado su acuerdo con una voluntad tal. Pues ahí se halla la piedra de toque de la legitimidad de toda ley pública" (Quesada, 2009: 256).

El jefe del gobierno es el único autorizado a legislar bajo el imperativo categórico de que lo haga como si el pueblo lo quisiese, pero sin que haya control real alguno. Se pierde la propuesta moderna del individuo, de su autonomía, autor de su propia historia, la reciprocidad entre los hombres, y se abre paso a una situación de verdadera subordinación de los ciudadanos con respecto al jefe de gobierno.

A pesar del gran principio de igualdad, característico de la emancipación, Kant afirma que no todos están cualificados con igual derecho para votar, presentarse a cargos públicos u organizarse por falta de independencia económica, como las mujeres, los trabajadores dependientes, etc. Ellos no tienen autonomía para poder elegir porque no tienen una propiedad. Carecen de personalidad civil porque no son propietarios y no tienen poder económico. El Estado debe proteger la propiedad privada. El Estado, según Kant, está al servicio de la propiedad privada. Solo los propietarios pueden elegir y ser gobernantes. Kant distingue entre dos tipos de ciudadanos: los activos y los pasivos.

Por un lado, Kant declara la libertad de todos como la norma más importante, pero, por otro lado, quita la solidaridad en la vida económica. El respeto para la libertad de cada uno es el principio básico del derecho, pero el derecho queda sometido a la propiedad.

Esta problemática sigue vigente. Los principios de Kant continúan actuales. F. A. Hayek (Premio Nobel de Economía, 1974) escribe lo siguiente: "igualdad para la ley y para la igualdad material no solamente son dos cosas diferentes, sino que se excluyen también mutuamente. Nunca podemos alcanzar las dos juntas, sino o bien la una o bien la otra" (Scheltens, 1981: 77).

Evaluación

Hobbes considera que todos están en guerra permanente entre sí. Todos deben ponerse de acuerdo y someterse a una autoridad, llamado Leviathan, que ponga orden por medio de represión.

John Locke es el gran defensor de la libertad. Él es el fundador del pensamiento liberal. Locke sostiene, contrariamente a Hobbes, que el hombre no tiene un derecho natural ilimitado, sino que es limitado por su propia naturaleza y por el derecho natural de los demás. La sociedad no es una "lucha de unos contra otros" o una autoridad que impone exteriormente las obligaciones, como pensaba Hobbes, sino el lugar indispensable donde las libertades limitadas pueden realizarse por su capacidad de entender la ley. A diferencia de lo planteado por Hobbes, la persona es dueña de sus actos, los reconoce como suyos y juzga sobre su rectitud o su error. El control está al interior de la persona y no en el exterior por un Leviathan. Para unos, como Locke y Kant, las relaciones libres entre los hombres suponen la confianza; para otros, como Hobbes, la desconfianza.

La persona es dueña de sus actos y juzga sobre su rectitud o error. Por medio de la conciencia se constituye la persona moral. La vida moral reside en la persona misma. El deseo incluye también las pasiones. Se debe buscar el verdadero placer que consiste en la coordinación o coincidencia entre pasiones y razón. El hombre mantiene su libertad a pesar de las presiones sociales. Sin embargo, las determinaciones sociales, señaladas por Locke, serán radicalizadas por Hume y llevarán a un pluralismo de la moral.

Locke insiste en que la libertad necesita de las instituciones del Estado. Todos somos iguales y libres. Nadie tiene derecho de dar órdenes a otro. La mayoría elige un gobierno. Se delega el poder. Puesto que se ha eliminado la obediencia ciega al rey y a la Iglesia, la ley es la nueva autoridad que garantizará la libertad de todos. Las instituciones son en primer lugar normas y las sanciones vinculadas con ellas se encargan de defender la libertad. El hombre solo puede realizarse cumpliendo las leyes. Dios ha puesto en nosotros la ley natural, que pertenece por lo tanto a nuestra naturaleza. Esta ley es la base para formular las leyes de la sociedad.

David Hume omite la ley natural y da paso al hedonismo, abriendo el camino hacia un empirismo moral, político y económico. El empirismo entiende la relación del hombre con el ambiente por medio de las pasiones. La razón es solo un reflejo de ellas. La moral es el resultado, por lo tanto, de un sentimiento y no de una norma. Para Locke la ley califica la moralidad, para Hume la califica como el interés de la pasión. Se comprende que esta regla es muy frágil porque depende del egoísmo de cada uno. Para Locke la ley es constitutiva de la identidad de la persona, la ley califica la moralidad; para Hume se excluye la ley y solo las pasiones aseguran, por una reflexión, el vínculo entre los placeres del pasado y del futuro.

Con Hume surge una corriente del liberalismo que se distancia de Locke y de Kant. Aparece un liberalismo económico paralelo al político y al ético. La diferencia con Kant está en que este piensa en el estado de derecho y Hume piensa en el estado del mercado. El conflicto entre ambos se manifiesta hasta nuestros días. Esta visión del "individuo", "esclavo de las pasiones", con la única libertad de insertarse en la mecánica del mercado de la economía, corresponde a la autonomía absoluta de la economía, un escepticismo frente a los valores. La motivación está en los intereses excluyendo los principios éticos. El hombre no es un ser social o político sino un egoísta en guerra con todos, como decía Hobbes.

Surge la sociedad económica en lugar de la política. Hume promueve el método individual que Hobbes eliminaba por el Leviathan. La libertad ya no es moral ni intelectual sino el resultado del juego de las interacciones económicas. En el transcurso de la historia el pensamiento de Locke sobre la ley natural y la conciencia personal de las normas puestas por Dios será desplazado por el empirismo moral de Hume; es decir, la moral es el resultado de la relación entre las pasiones y el ambiente. Como ilustración de la línea de pensamiento de Hume, a diferencia de la tradición de Locke o de Kant, citamos la información de un contemporáneo del Siglo de las Luces: Adam Smith (1723-1790). Raquel Lázaro Cantero comenta al respecto:

En el plano económico, el sistema mercantilista de comercio ha sido la fuente de innumerables injusticias al impedir la búsqueda libre del propio interés según la virtud de la prudencia y de la justicia, y durante el último siglo, ni la caprichosa ambición de los reyes y ministros ha sido tan devastadora para la paz de Europa como el recelo impertinente de los comerciantes y los fabricantes. Opina Smith que el mercantilismo suscita un espíritu monopolista en comerciantes e industriales; ese espíritu ha impulsado a los países a que vean la prosperidad y beneficios de las naciones vecinas con envidia, y como peligrosos rivales para el interés del propio país; por ello el comercio que debía ser, entre las naciones como entre los individuos, un lazo de unión y de amistad, se ha vuelto un campo fértil para el desacuerdo y la animosidad (Lázaro Cantero, 2002: 228).

Concluimos que, en lugar de la ley protectora de la libertad, Hume plantea el juego libre de los intereses. Su filosofía, como señaló Kant, es la crítica de la causalidad. La necesidad de las cosas se explica por la inteligencia que establece la conexión causal, pero Hume considera que la causalidad no es más que una costumbre. Él desecha la teoría de la causalidad, pero por llamarla costumbre reconoce algo parecido. Trata de esclarecerlo diciendo que no se puede explicar la conexión entre las percepciones. Por este mismo motivo llama a su pensamiento una filosofía escéptica (Jaume, 2010: 235-236).

En este tema de la causalidad y la universalidad de los conceptos encontramos una reacción de Kant contra el filósofo inglés Hume, quien consideraba que el único conocimiento es el sensitivo. Para probarlo planteaba preguntas engañosas del tipo: ¿cómo sabe usted que el sol saldrá mañana? Según él, vivimos exclusivamente basados en las costumbres y en la tradición que transmiten las experiencias sensitivas anteriores. La experiencia previa dirige nuestra vida. La razón no aporta nada. No se observan causas en la naturaleza, tampoco principios éticos.

Kant le contestó que los grandes principios de la vida son cosas que no encontramos en el mundo, sino que nosotros mismos producimos. Los principios no se fundamentan en costumbres y tradiciones sino en la razón y en las ideas. La razón descubre las causas y plantea los ideales para cambiar la sociedad. La experiencia sensitiva no puede plantear una pregunta acerca del "porqué" de las cosas. Esta pregunta solo es posible a partir de una capacidad que trasciende la experiencia. Es el inicio de partida de todo conocimiento. La experiencia solamente puede apoyar la investigación, pero no explicarla (Kant, 2002: 71-78).

Kant dio inicio a la nueva moral republicana de la modernidad. La libertad, la igualdad y la autonomía son las claves y fundamentos de esta moral moderna que Kant intenta fundar, porque nos permite oponernos a las tendencias egoístas y caóticas de la naturaleza, la gran diferencia con la filosofía griega que veía una armonía en la naturaleza. Kant consideraba que se debería hacer una distinción entre la naturaleza y las personas. Sin embargo, la actual conciencia ecológica nos ha enseñado que la naturaleza no es tan caótica como los modernos pensaban. La naturaleza es una base fundamental para que el hombre pueda vivir, pero es el hombre el que la está convirtiendo en caos. No se puede definir la naturaleza por el solo hecho de los terremotos. La sociedad insociable, como la llama Kant, es producto de la ignorancia del hombre. Tampoco se puede echar la culpa a la creación del hombre como un ser libre que domina el mundo porque "Dios de los padres y Señor de la misericordia, que con tu palabra hiciste todas las cosas, y en su sabiduría formaste al hombre, para que dominase sobre tus creaturas, *y para que rigiese el mundo con santidad y justicia y los gobernase con la rectitud de corazón"* (Sabiduría 9, 1-6, 9-11).

Es la buena voluntad o la virtud desinteresada la que constituye la moralidad de un acto. La voluntad nos obliga a cumplir con las normas. Kant deja también un espacio para la función del ejemplo.

Kant defiende una ética normativa que se aleja del relativismo, del escepticismo, del dogmatismo o del convencionalismo de las costumbres. En la primera página de su libro *Critica de la razón práctica* leemos:

[…] este concepto de lo incondicionado, empero, no pudo la razón establecerlo más que de un modo problemático, como no imposible de pensar, sin asegurarle su realidad objetiva, sino solamente para no ser precipitada en lo profundo del escepticismo y atacada en su propia esencia por la pretendida imposibilidad de aquello que, al menos como pensable, tiene ella que dejar valer. El concepto de la libertad, en cuanto su realidad queda demostrada por medio de una ley apodíctica de la razón práctica, constituye la piedra angular de todo el edificio de un sistema de la razón pura, incluso la especulativa, y todos los demás conceptos […] (Kant, 2002).

La Ilustración que representa Kant es una defensa del mundo moderno que no se limita a los valores de la tolerancia y honestidad, sino que realza la razón, el respeto y la esperanza.

La conciencia moral es un hecho. Somos conscientes del deber de las normas éticas, pero no podemos demostrar o probar la existencia de estas. La universalidad de las ideas protege a todos los hombres contra la casualidad de la naturaleza. La razón es la forma de luchar contra todas las contingencias, desde la injusticia hasta la enfermedad. Hoy en día ya no es tan evidente que la conciencia moral sea un hecho. El positivismo de la ciencia logró marginar la conciencia moral. Existen filósofos que buscan justificar el caos.

Se respeta al hombre independientemente de su *etnos*, religión, lengua, nación, cultura, etc. Por ser libre, el hombre merece la protección de los derechos proclamados en la gran declaración de 1789.

A pesar del aporte extraordinario de Kant a la ética tenemos que señalar algunas observaciones respecto de su fundamentación.

A. la metafísica ontológica y la metafísica ética

Surgen las preguntas: ¿Cómo encontrar una nueva norma o ética? ¿Por qué la libertad otorga una dignidad al hombre de ser un fin en sí y por qué esta libertad implica la virtud desinteresada? ¿Si el cosmos es violento, ciego y sin destino, cómo se van a fundamentar las normas éticas?

La pregunta por la posibilidad de una metafísica ontológica fue formulada inicialmente por Kant. Su respuesta negativa tendrá consecuencias en toda la filosofía moderna posterior. Él plantea que el conocimiento sensitivo es primero, pero nos limita a una observación de los hechos y no nos da un saber acerca de ellos. La razón teórica ofrece las ideas o formas universales, pero estas no tienen contenido. Se llaman juicios puros *a priori* y juicios puros sintéticos. Por lo tanto, no existe una metafísica o conocimiento verdadero de la realidad.

Kant está obligado a formular la misma pregunta por la fundamentación de la razón práctica. También para ella, como lo hizo para la teórica, plantea la interrogante sobre su posibilidad y responde sin mayor fundamento que las obligaciones éticas nos vienen impuestas. Las normas éticas deben ser admitidas sin más por nuestra voluntad. Kant llama a esta imposición el "imperativo categórico". Esta fuerza obligatoria, indiscutible, no se origina en un concepto de felicidad o bondad, sino que brota de su propia legalidad. Este imperativo universal tampoco es consecuencia de una experiencia, sino que está definido por un principio universal que suena como sigue: "Actúa de tal forma que el motivo de tu voluntad en cualquier momento también pueda fungir como principio de una legislación universal".

De esta manera, la libertad de la voluntad es un presupuesto necesario del imperativo kantiano, sino este último no tendrá sentido. El imperativo necesita de la voluntad o de la libertad para que pueda ser cumplido o respondido. Podemos concluir que la vigencia de la razón práctica, o la libertad, no se puede demostrar o probar sino solamente debe ser aceptada; de lo contrario la ley moral –y su aplicación– se vuelve un sinsentido. ¡No habría ética! En otras palabras, Kant acepta una metafísica del conocimiento práctico, lo que negó para el conocimiento teórico. ¡Esta última metafísica que impone las normas de la ética no es un objeto del conocimiento, sino una fe en un principio cuyo valor universal y necesario de obligatoriedad, según Kant, no se puede discutir! Él quiere distinguir la razón práctica de la razón teórica. Sin embargo, las normas de la razón práctica tienen las características de universalidad y necesidad, como las normas del conocimiento teórico.

La insistencia de Kant sobre la voluntad para cumplir las normas lo orienta hacia una ética de la interioridad, una moral de actividades internas en la persona. ¡La libertad se realiza por ser actuante, pero no por conocimiento de los valores! Kant mismo señala la problemática de su propuesta: "El bien moral es algo suprasensible, según el objeto, y para él, por lo tanto, no puede encontrarse en ninguna intuición sensible algo correspondiente, y el juicio, bajo leyes de la razón pura práctica, parece por eso estar sometido a dificultades particulares, que descansan en que una ley de la libertad debe ser aplicada a acciones, como acontecimientos que ocurren en el mundo de los sentidos, y en ese respecto pertenecen, pues, a la naturaleza" (Kant, 1970: 91).

Las normas de la razón práctica se manifiestan en el acto de la libertad. A diferencia de las normas condicionales de la actividad técnica, en la ética las normas tienen un carácter absoluto llamado imperativo categórico de la "buena voluntad". Kant nunca dudó del carácter universal de las normas de la ética, como nunca dudó de la universalidad de las leyes de Newton. La ley moral se justifica por sí misma porque no brota de algo objetivo como la felicidad o la bondad.

Por lo tanto, ¿en qué puede Kant fundar las normas éticas del *a priori*, o sea la obligatoriedad para el comportamiento ético, puesto que no pueden ser deducidas *a posteriori* de la experiencia? Esta explicación trae serios problemas.

B. EL imperativo categórico no puede hacerse valer sin relación con la experiencia

Luc Ferry señala la problemática de la teoría de Kant que separa radicalmente conocimiento intelectual de conocimiento sensitivo. "A partir de estos principios, las consecuencias son innombrables, lo que introduce en la doctrina de la virtud una importante parte de indeterminación. Generalmente definida por la fuerza de resistir a las inclinaciones, la virtud representa a la vez su más grande indeterminación como un asalto en la objetividad práctica" (Ferry, 2006b: 218).

Karl Jaspers escribe al respecto:

El obrar legal no puede ser desligado del material de nuestra existencia en el mundo. El imperativo categórico no deriva su incondicionalidad de la experiencia, mas no puede hacerla valer sino en la experiencia, que es examinada por él. La ley no puede ser aplicada sino con vistas al mundo. Las consecuencias –no el éxito en el sentido de ventaja y provecho– forman parte del material en el cual el imperativo categórico ayuda a buscar lo justo. Confundir la maravillosa inexorabilidad de aquel fundamento de la razón moral con el rigor racional de preceptos y prohibiciones susceptibles de formulación exacta, equivale a arruinar aquel mismo fundamento, traído a la luz de la conciencia por Kant. A él se refiere cuando –acaso incurriendo en error– habla, particularizando, de ciertas leyes morales (Jaspers, 1995: 285).

Es evidentemente absurdo querer encontrar todo el contenido del conocimiento exclusivamente en el conocimiento sensitivo (con todos sus límites) y negar esta posibilidad al conocimiento teórico, a pesar de que ambos están en relación, y reduciendo el último a una función sintética formal. (Por eso se llama "el formalismo de Kant").

De esta manera queda claro que la metafísica práctica de Kant tampoco tiene ningún asidero. Él creó el dualismo entre el conocimiento sensitivo y el racional. Para superar la tensión entre razón y realidad separó ambas. Sin embargo, el dualismo de Kant tampoco resiste ningún análisis antropológico. La actividad del conocimiento forma parte de la existencia humana y debe ser evaluada dentro de esta amplia realidad. El intento de Kant de querer encontrar la totalidad del contenido del conocimiento en el conocimiento sensitivo y, consecuentemente, negar a la razón cualquier entendimiento, reduciéndola a una función formal sintética sin contenido– es irreal.

Kant niega la posibilidad de una metafísica ontológica pero acepta la metafísica de la praxis que existe gracias a la libertad normada, porque la libertad es acción no por un conocimiento de las cosas, sino por el puro acto. ¿Cómo se van a formular normas para actuar si no hay conocimiento de la realidad? Kant hizo un daño irreparable a la ética. Fundó la ética estrictamente autoritaria. Intentó conjugar racionalismo y empirismo, pero no respetó la realidad compleja del conocimiento humano. ¿En qué se fundamentan las normas absolutas, puesto que las ideas *a priori* no pueden llegar a ninguna realidad?

Su filosofía entra en una contradicción fundamental al decir que el conocimiento viene por la realidad, pero que no podemos conocer esta. La pregunta es dónde la razón encuentra el *a priori* y las normas absolutas del actuar humano ético. Además, no se puede establecer un puente entre razón *a priori* pura y razón práctica porque no se pueden formar esquemas de la moralidad, como en el caso de la razón pura *a priori* o sintética. ¿En qué *a priori* se fundamentan las normas éticas puesto que el *a priori* no tiene ninguna aplicación en el mundo de la experiencia? El puente que se debería construir entre la crítica de la razón pura y la razón práctica es muy frágil.

Al final de su vida Kant plantea como criterio de la ética la "buena voluntad". Muy conocida es su frase: "No hay nada posible en el mundo, ni fuera de él, que pueda ser tenido como bueno sin limitación, a no ser una buena voluntad". Sin embargo, la voluntad de por sí no puede definir lo "bueno" o lo "malo" sin referencia hacia un objeto. La "voluntad" no es suficiente como criterio de la ética.

C. EL respeto y la imposibilidad de la virtud desinteresada

Kant parece sentir la necesidad de la presencia de alguna referencia al bien porque a pesar de no incorporar los deseos en su moral, él hace una excepción para el "respeto". Sin embargo, define este sentimiento de una manera diferente. Es un sentimiento producido por la razón. El respeto hacia la ley moral es para Kant, pues, el único y al mismo tiempo indudable motor moral.

El respeto no constituye, en opinión de Ricoeur, más que uno de los móviles susceptibles de inclinar a un sujeto moral a "cumplir su deber". Existe una gama completa de sentimientos morales. Ricoeur menciona la vergüenza, el pudor, la admiración, el valor, la abnegación, el entusiasmo, la veneración y la indignación.

El deber kantiano no puede prescribir un contenido porque, en este caso, la decisión dependería del objeto o de la voluntad del otro, etc. La obligación dependería de condiciones y por lo tanto no sería ética sino interés. Kant no toma en cuenta los deseos y motivaciones o talentos de la persona. La única motivación es la idea del deber. La pregunta es: ¿cómo se va a formular o exigir cumplimiento si no hay conocimiento de la realidad? No existe para él otra motivación que la conciencia del deber. Lograr un cambio es como una especie de nuevo nacimiento o una reforma instantánea del corazón o una creación nueva (Quesada, 2009: 252). Kant sueña con una ética desinteresada porque no se puede fundamentar nada con contenido. Solo podemos fundamentar que la exigencia moral no puede ser una cuestión de cálculo, pero nunca podríamos decir en qué consiste según Kant. Es un deber ciego. ¿Si no existe el fin del bien cómo podríamos cuestionar al mundo actual pragmatista y utilitarista?

Sin embargo, se necesita decir en qué consiste la ética y de esta manera es inevitable hablar de los intereses. Solo se puede hablar de desinterés cuando se trata de sacrificio, cuando el hombre sacrifica un interés por un motivo superior: por ejemplo, el almirante Miguel Grau dio su vida para servir a su patria, los padres sacrifican muchas cosas personales para la educación de sus hijos, etc. En este caso el interés tiene el carácter de dignidad y no de cálculo utilitario.

Heinrich Heine consideró a Robespierre y a Kant como las dos figuras centrales de la Ilustración. Ambos terminaron con la monarquía, uno en la práctica y el otro en la teoría (Neiman, 2008: 130). Las ideas de justicia universal de la filosofía de Kant traían cambios grandes porque implicaban obligaciones tanto para el ciudadano como para el rey. Se buscaba un mundo dirigido por los méritos de las personas y no por la herencia de los hijos de los reyes o nobles o por la compra del poder.

Emmanuel Kant (1724-1804) es el gran representante del liberalismo tradicional que entiende a la ética como el fundamento de las relaciones humanas.

Podemos concluir que la ética propuesta por Kant es de gran profundidad y obliga al hombre a actos grandes de entrega al servicio de la verdad y la sociedad. Supera ampliamente los planteamientos de Hobbes, Locke, Bentham y Nietzsche. Tuvo una influencia enorme en Europa durante siglos, incluso dentro del pensamiento y pastoral de la iglesia católica. Sin embargo, es una ética que reduce el sentido de la vida a cumplir "deberes formales" que no pertenecen al mundo del hombre como ser también sensible. Él afirma que existe el objeto, pero no se sabe en qué consiste. Cada individuo pone las normas concretas con "*su* conciencia de deber o buena voluntad", pero es solo el gobierno el que conoce el imperativo categórico. Por eso llamamos a su ética autoritaria y legalista porque convierte a las personas con autoridad en autoritarias y proclives a ser legalistas.

Kant ve la ética sobre todo como fruto de la libertad que lucha contra el egoísmo de la naturaleza. Por este motivo introduce en el pensamiento moderno una noción radical de "autonomía". *Kant se distancia de la ética del bien de Aristóteles y de la tradición de la ética fundada en la naturaleza humana de Tomás de Aquino.*

La filosofía de la ética de Kant va a prevalecer durante siglos y va a imprimir una fuerte presencia de la moral en la época de la modernidad en Europa. También la mayoría de los autores actuales –que tratan de recuperar la ética después del nihilismo de lo posmoderno– buscará su inspiración en el pensamiento de Kant.

La modernidad tenía un proyecto valioso de igualdad, libertad, emancipación, civilización, progreso, humanismo, tolerancia, utilidad, optimismo, liberalismo, socialismo y revolución. En una palabra, se denominaba la Época de las Luces, la Ilustración. Era la época del humanismo de la razón y de la libertad.

Capítulo VI
COMPARACIÓN ENTRE LAS ÉTICAS DE ARISTÓTELES Y KANT

Introducción

Presentamos una comparación entre el pensamiento de Aristóteles y el de Kant porque las respuestas actuales al relativismo o al antihumanismo de la posmodernidad buscan su inspiración en estos dos gigantes de la historia de la ética. La historia de la filosofía no se puede comparar con la historia de la ciencia. Nadie tiene hoy en día interés en la biología y la física de Aristóteles, pero su filosofía de la ética mantiene vigencia. Los conocimientos adquiridos de la filosofía no pasan al olvido, sino que se conservan. Las aproximaciones éticas de antes mantienen un significado actual, al igual que las grandes obras de los artistas famosos.

La primera pregunta es: ¿cómo debo vivir? No se trata tanto de actos sino de un proyecto de vida en su conjunto, no tanto de reglas sino de ideales o de una postura frente a la vida (Aristóteles). El hombre busca, por la libertad, lograr el bien, la felicidad de acuerdo a las virtudes o valores. En el modelo de Aristóteles, el teleológico, se halla la visión de la buena vida que prevalece y el bien o la justicia como fin del hombre.

La segunda pregunta se vincula a la Ilustración, con su afirmación de la autonomía y la libertad del hombre. Su máximo representante es Emmanuel Kant. Él formula la pregunta: ¿qué debo hacer?; es decir, se interroga por las normas. La ética de Kant es deontológica (el griego *deon* significa deber) porque en la ética se trata de cumplir las normas, la decisión correcta de la voluntad. El actuar consiste solamente en concretar la decisión de la voluntad, la conciencia del deber.

Llamamos filosofía del deber a la filosofía de Kant y filosofía del bien a la de Aristóteles.

1. La decisión por el bien o el deber de cumplir normas

La repetición mecánica con la que Aristóteles justificaba la esclavitud lleva a rechazar con facilidad toda su filosofía. Sin embargo, su opinión era un error aislado que contradice su propia filosofía (Sandel, 2010: 236). Para formar un juicio sobre la esclavitud es importante tomar en cuenta la larga historia del reconocimiento de esta práctica. La opinión de Aristóteles no es un pronunciamiento solitario. Recién en el siglo XIX los gobiernos de Estados Unidos y del Perú prohibieron la esclavitud. Más grave aún es el hecho de que la esclavitud sigue existiendo hoy en día en la llamada *trata de personas*. Su negocio es más lucrativo que el narcotráfico. ¿Qué hacen las sociedades en contra de esta lacra?

La justicia se encuentra entre dos antropologías diferentes. En el primer modelo de Aristóteles, el teleológico, está la visión de la buena vida que prevalece y el bien o la justicia como fin del hombre. En el segundo modelo de Kant, el deontológico, se trata modestamente de evitar el mal. No se ve la justicia como un fin sino como un medio. La ética es una elaboración de normas para evitar conflictos en la sociedad. Este último enfoque se expresa en el contrato, tal como lo encontramos en Rousseau, Kant y posteriormente en Rawls y Habermas (Dosse, 2012: 190).

En primer lugar, antes de poder hablar de normas debemos saber lo que es la vida. Para Aristóteles el hombre tiene el deseo del bien; es decir, trata de realizarse a sí mismo y a la sociedad. Este deseo fundamental lo llama también las tendencias de desarrollarse. Esta ética precede a las normas. Lo "bueno" no se refiere primero a las normas sino pertenece a un orden más fundamental: el deseo. La tarea de ser hombre es una actitud esencial de bondad que influye en todas sus actividades y actitudes particulares. Sin embargo, más importante que el deseo de la buena vida es que el hombre tiene la capacidad de distinguir entre el bien y el mal. Aristóteles, a diferencia de Socrates y Platón, indica que el hombre puede escoger entre el bien y el mal por medio de su inteligencia y voluntad.

Recién en segunda instancia se van a formular y cumplir las normas que apoyarán al hombre para realizar o desarrollar su vida. La ética de la virtud (los valores) explica en qué consiste la buena vida. Un joven que quiere ser futbolista escoge un proyecto de vida, sobre la base del cual elige las normas que le van a permitir su realización: entrenamientos diarios, evitar el licor, dieta apropiada, etc. El joven no las siente como normas frías impuestas de manera arbitraria, sino como valores que le hacen mucho bien. Después se comprende por qué se deben aplicar las normas. La norma ayuda a conseguir la buena vida.

En la tercera etapa de la vida virtuosa, el hombre va a definir las normas concretas por medio de su conocimiento práctico o prudencia.

Para Kant las normas tienen un carácter objetivo, en el sentido de ajeno a las disponibilidades de la persona. Nos gusten o no uno está obligado a cumplirlas, sobre todo cuando están expresadas en leyes, contratos, etc. En general, para Kant, las normas son negativas o tienen el carácter de prohibición. Se dedican a prohibir vicios. Indican unas fronteras que no se pueden sobrepasar, pero no indican cómo debe uno comportarse dentro de esas fronteras. Sin embargo, es imposible formular normas para todas las situaciones y mucho menos conseguir su cumplimiento cuando no hay voluntad de realizar el bien.

2. La experiencia moral es positiva o negativa

Hay diversos modos de vivir la experiencia moral. Hay personas que ven en la moral el sentido de realizar su vida (filosofía de Aristóteles). La moral no es incómoda.

Otros ven la moral como una obligación, la entienden como un límite a su libertad. Se cumple la norma en contra de la voluntad. Para Kant la moral debe ser incómoda. Para Aristóteles la ética es la pregunta por el tipo de vida o lo que es mejor para el hombre. Para Kant la ética se limita a la norma, la ley y la libertad o la conciencia moral. La norma es exterior y la libertad pasiva.

A diferencia de Kant, para Aristóteles la razón y la voluntad no son motivaciones suficientes para lograr la aplicación de las normas. Aristóteles señala la importancia de las pasiones o sentimientos. A una moral estrictamente racional le falta la motivación. Solamente cuando sentimos amor, ira o rechazo entramos en acción. A pesar de la prioridad indiscutible de la razón y de la voluntad, se necesita –como manifiesta Aristóteles– la unión de la razón con el deseo del bien de las pasiones. No podemos separar la razón de las pasiones. Las pasiones dan una fuerte motivación. El amor entre padres e hijos, el amor entre hombre y mujer, las amistades, etc. La presencia de los deseos emocionales es indispensable para que las razones lleguen a la acción, porque los deseos pueden movilizar fácilmente al cuerpo. Los deseos son los motores de nuestra vida. Las pasiones forman la base de la construcción de la persona y de las relaciones entre las personas. "La realización de la vida da felicidad. Aristóteles no entiende la felicidad como buscar el máximo de placer y el mínimo de dolor, como lo entiende el utilitarismo. Nos alegramos por las cosas nobles y no por las cosas indignas. La felicidad es una actividad del alma que concuerda con la virtud" (Sandel, 2010: 232).

Para Kant, al contrario, la felicidad no debe incluir la satisfacción. La razón práctica de la virtud tiene más mérito cuando contradice los deseos naturales. Para él, la libertad no puede ir unida a las costumbres o sentimientos porque en este caso la ética perdería su carácter o mérito de norma. La conciencia del deber es categórica y suficiente. Kant aventaja a

Aristóteles en señalar el aspecto del deber, que es insuficiente pero inevitable en la ética.

3. Dignidad del hombre por ley natural o por decisión de la razón

Aristóteles considera un hecho la diferencia entre la ley natural inscrita en el hombre frente a la ley positiva hecha por el hombre. Por negar la existencia de una ley natural en el hombre, Kant busca fundamentar su dignidad a partir de la razón. Para él los seres racionales tienen un fin en sí mismos *porque son racionales*. El único argumento que Kant ofrece para fundamentar el valor objetivo es la universalidad del valor. Él piensa que cada ser racional necesariamente se considera a sí mismo como un fin en sí. Sin embargo, el reconocimiento del ser racional como un fin en sí mismo es por lo tanto no solo un principio subjetivo, sino también un principio objetivo. Kant comete el error lógico de deducir el "valor objetivo" de la confirmación de que todos los seres racionales deben considerarse como seres de valor (Loobuyck, 2005: 300). Kant necesita el valor objetivo del hombre para poder fundar su moral categórica. Sin embargo, lo plantea como un presupuesto necesario. Considera que los hombres tienen derechos porque disponen de cualidades intrínsecas de valor. Sin embargo, no demuestra que en el hombre existen derechos o cualidades de valor intrínseco.

Al limitar la actividad de la razón al conocimiento categorial, vacío de contenido, Kant niega la posibilidad del conocimiento del ser-en-sí y reduce el contacto con la realidad por medio de la razón práctica. Esta reducción lleva al conocimiento empírico de la ciencia: el pragmatismo.

Para Aristóteles el conocimiento es uno con dos dimensiones, lo teórico y lo práctico. Kant separaba el conocimiento teórico del práctico porque no pudo entender que ambos se necesitan mutuamente.

4. Hábitos del bien o una voluntad netamente espiritual

La ética de la norma de Kant se fundamenta en una voluntad netamente espiritual, sin apoyo de los hábitos. En la moral de Kant solo pueden ser consideradas obligatorias las máximas de acción que satisfagan un test de universalización. El concepto debe tener la posibilidad de una aplicación universal de prohibido o permitido. La universalización es el criterio de evaluación. La universalización se fundamenta en la conciencia del deber o la voluntad sin ninguna relación con el mundo sensitivo.

Si la regla me obliga a escoger algo que no me gusta, tendré muy poca motivación para cumplirla. Aparece la tentación del relativismo. Además, no tendré tiempo en general para definir mi comportamiento en base a una regla porque no tengo la predisposición de la virtud o la costumbre de buscar el bien. Las virtudes son las excelencias de la acción. Se pasa fácilmente de la preferencia razonable a la idea de virtud mediante los hábitos. Para Kant solo pueden ser consideradas obligatorias las máximas de acción que satisfagan un test de universalización, pero el imperativo categórico ("obra únicamente según la máxima de actuación que puedas querer al mismo tiempo que se convierta en ley universal") no indica cómo se forman estas máximas. Amithi Etzioni, sociólogo, Estados Unidos, afirma que es necesario combinar ciertos principios universales con otras particulares para constituir una justificación normativa comunitaria completa. Se une una posición individual con una comunitaria (A. Etzioni, 1999: 287).

Cuando se trata de emociones como amor sexual, odio o resentimiento, la "pura fuerza de voluntad" puede hacer poco. Necesitamos orientarnos de nuevo, necesitamos nuevos objetos de atención y nuevas formas de energía. Nos ayuda fijarnos en personas virtuosas, arte excelso, etc. No se resuelven los problemas pensando solamente en autenticidad y libertad, marginando la riqueza de la variedad de las virtudes. Según los filósofos de la autonomía pura, la voluntad reemplaza las motivaciones y las virtudes. ¿Acaso la llamada autonomía de la voluntad podrá sola imponerse a las presiones de las ciencias sociales, sociología y psicología? Necesitamos la costumbre o el hábito de pensar y actuar de acuerdo al bien. La costumbre se adquiere por ejercicio. Conseguimos las virtudes por medio de la práctica. Las relaciones de amistad, de amor, de justicia, etc. no pueden ser auténticas si se basan en un cálculo de utilidad o en el cumplimiento racional de una norma.

La autenticidad depende de la voluntad de querer el bien de la otra persona. una persona solamente es justa cuando quiere, por decisión propia, actuar con justicia, y no cuando solamente sabe que debe cumplir la norma. no se puede confiar en una persona que actúa solo por el deber porque no tiene convicción y fácilmente puede cambiar de opinión. en una relación de amor o de amistad no se espera que la otra persona busque cumplir algunas normas con uno mismo, sino que lo ame, que lo haga por amor (Tongeren, 2008: 37).

5. La educación y el ejemplo

Muchos consideran que la ética de las virtudes es el mejor método de educación. Se puede imponer las normas y los derechos, pero a menudo no tienen aceptación porque no forman parte de la enseñanza y la educación. Uno puede obligar a cumplir las normas y sancionar si no se cumplen, pero esto no es suficiente. Uno puede recomendar valores, pero queda en palabras. No existe la voluntad de cumplirlos. La ética kantiana no considera el aspecto de educación porque el deber se cumple o no se cumple. no hay deber a medias.

Las virtudes, al contrario, deben ser aprendidas y practicadas. La ética de la virtud no solamente indica cómo debe uno vivir, sino que ayuda a aprender a vivir. Son productos de formación y ejercicio. Se reflexiona sobre el bien de cada uno y cómo adquirirlo. Adquirimos las virtudes ejercitándonos primero en ellas, como pasa también en las artes y en los oficios. Todo lo que hemos de hacer después de haberlo aprendido lo aprendemos haciéndolo; como, por ejemplo, llegamos a ser arquitectos construyendo, y citaristas tañendo la cítara (Aristóteles, 2005: II, I). El requisito está en desarrollar en la persona las buenas costumbres.

La educación moral no es tanto la publicación de normas o leyes sino enseñar costumbres que forman el carácter. Michael Sandel cita a Aristóteles: "Cuando aprendemos una buena costumbre desde nuestra primera juventud, cualquiera que sea, no hace una pequeña diferencia: hace una gran diferencia; aún más: hace toda la diferencia" (Sandel, 2010: 233). La educación moral no consiste en aplicar normas porque a veces no se sabe aplicarlas. Se trata de educar el conocimiento práctico, aprender a evaluar todos los elementos de las situaciones para poder tomar la decisión más adecuada. No se trata de un cálculo sino de una evaluación para lograr el mejor bien para el hombre.

Los dos filósofos coinciden en considerar el ejemplo como el camino preferencial para adquirir la ética. Las leyes coaccionan a los ciudadanos, pero los ejemplos entran en el corazón y lo reforman. Ver personas que muestran la dignidad por sus respetos a los valores y por sus logros y sacrificios crea respeto y el deseo de imitarlos y de esta manera respetar a nosotros mismos.

La educación moral no es tanto promulgar normas sino promover costumbres y formar el carácter. La educación con virtudes es indispensable en la educación en general y en la vida moral. Las virtudes llegan a formar parte de la vida interior de las personas. Debe haber una educación en la cual se aprende a distinguir entre los diferentes elementos de una situación y cómo se debe aplicar la regla. La virtud requiere de un conocimiento práctico que se sirve de los ideales para dirigir las acciones del hombre, a diferencia de la ciencia, que es una conocimiento necesario y universal. Ya no tienen dificultades en realizar sus deberes. Más bien, los hacen con mucho gusto. Aristóteles logró entender y enseñar que el *hacer* es lo mejor para el *ser* de la persona. Un buen hombre tiene en equilibrio el deseo y el pensamiento.

La persona virtuosa sabe cómo debe actuar en las circunstancias concretas. Aristóteles insiste en que solo mediante una educación correcta el hombre puede desarrollar esta experiencia, llamada la sabiduría práctica. La persona aprende a fijar el sentido de su vida y aprende a tomar decisiones sobre situaciones prácticas a partir de los fines o valores. Esta experiencia incluye el acto, la emoción, el deseo y la esperanza justos.

6. El Estado

Kant ubica la justicia bajo la égida de la ley. La ética es el principio para una elaboración de procedimientos que eviten conflictos en la sociedad. No se ve la justicia como un fin sino como un medio. Cada uno escoge sus derechos. Unos reclamarían sus derechos de educación, salud, trabajo, etc. y otros reclamarían sus derechos de libertad de mercado, y el gobierno no podría obligarlos a ayudar a otros. Hoy en día consideramos que la política tiene los muchos fines que proponen los ciudadanos. El contrato social, sistema de organización de la sociedad desde Hobbes, se distingue de este y de la idea de Locke; es una metáfora porque los principios jurídicos no pueden fundamentarse en los deseos o intereses de una comunidad, ya que en esta situación cada uno querrá imponer sus ideas. La idea fundamental del contrato es la igualdad. El reino de los fines de Kant significa la igualdad para todos. Kant fue un gran defensor de los derechos humanos.

Para Aristóteles el discurso sobre la justicia depende de la definición previa del bien o la finalidad. No podemos organizar al Estado de una manera justa si no sabemos previamente cuál es la mejor manera de vivir, qué vida o qué Estado queremos. Aristóteles ve la justicia como una adecuación entre personas y los fines o valores de su naturaleza. Se pregunta por el sentido o la finalidad de la política.

En el liberalismo el trabajo es justo cuando el trabajador libremente lo acepta a cambio de un salario y en condiciones honestas. Para Aristóteles esta decisión libre no es suficiente. La justicia exige que el trabajo no contradiga la naturaleza del hombre; es decir, que no sea peligroso, monótono o embrutecedor (Sandel, 2010: 239). Se debe preguntar por la adecuación de una persona a una actividad. La pregunta es si la persona verdaderamente se va a sentir realizada en este trabajo.

Para Aristóteles, el hombre era también miembro de una familia y de la *polis* (la sociedad). Todos deben participar en la sociedad. El hombre se realiza por decisión propia y por su participación en la sociedad o en la política. Solo viviendo en la "sociedad" y participando en la política podemos realizarnos. La vida en la sociedad nos permite buscar el bien en coordinación con los demás. La política en Grecia significaba garantizar la igualdad y la libertad. La política es la buena manera de vivir. La comunidad no es solo vivir en común sino lograr las buenas acciones.

Aristóteles, señala también una dialéctica entre la política y la ética. Se necesitan todas las virtudes para alcanzar lo bueno y lo mejor. La familia da la educación en valores. Se aprende los valores en la familia. Es la condición previa para que los políticos sean hombres virtuosos. La política organiza todos los saberes y virtudes. La política debe ser el mejor bien (Aristóteles, 2005: I, 2). El fin principal de la política es la realización del bien para todos y la formación de buenos ciudadanos.

Sin embargo, la virtud siendo necesaria en el ejercicio de la política, no basta para regir un pueblo. La política exige de los individuos y especialmente de los que gobiernan también capacidad de gobierno. La importancia del poder exige líderes que destaquen por sus conocimientos, vida virtuosa, juicio justo y fuerza de carácter. Solo ellos pueden cumplir con el fin de la sociedad: el bien para todos. La prudencia o conocimiento práctico unifica todas las virtudes, el conocimiento de la realidad y la sagacidad. La política no es un mal necesario, producto de la corrupción y del resultado de presión de intereses de *lobbies*.

"El pensamiento aristotélico sigue siendo, entre los que hemos heredado de la antigüedad, el más adecuado para estatuir el nivel de reflexión y la institución de sentido social que supuso el primer imaginario político en sus momentos más activos" (Quesada, 2009: 243).

7. La vida de la felicidad o el deber de la normas

La filosofía de Aristóteles ponía en el centro de la vida la felicidad por el bien adquirido, fruto de la virtud. La felicidad no es una emoción sino un trabajo activo de realización de nosotros mismos. Kant, al contrario, ponía al centro de la vida el deber de las normas, ajeno y en contra de la virtud del bien y de la felicidad, porque somos por naturaleza egoístas y necesitamos ir en contra de una libertad desenfrenada para poder convivir pacíficamente con los demás. El primero tiene un mensaje positivo de la vida y el segundo reduce la vida a menospreciar el bien y la felicidad. El primer mensaje es del bien y el segundo de miedo a no cumplir las normas. La vida moral no es solamente evitar el mal sino hacer el bien. No se trata de ver solo lo prohibido, el espíritu del miedo a equivocarse, una moral de pecados, sino buscar el ideal del bien, progresar en la perfección del amor.

La ética de la virtud es atractiva porque proporciona la felicidad a quien busca su bien, su fin principal. La persona, como decía Aristóteles, es un animal social, irreductiblemente social y comparte fines con otras personas. La buena vida implica fines o valores y experiencias compartidas. No necesitamos ganar el respeto de los demás por lo que producimos sino por la dignidad inherente a la persona humana. Los bienes son fines y no medios. La productividad es necesaria y buena pero no es la finalidad principal. La dignidad humana es una vida constituida por los derechos. Queremos vivir en un mundo moralmente decente, un mundo en el que todos los seres humanos tengan lo que necesitan para vivir de modo acorde con la dignidad humana (Nussbaum, 2007: 274). Lo que somos, o lo que deseamos ser, se realiza mejor por la virtud, o sea por la buena relación con los demás (amigos, ámbitos profesional o deportivo, vecindario, compañeros de vida y de por vida; un mundo donde existen la solidaridad, la comprensión, la ayuda mutua y la compasión ayuda a resistir los embates del mercado que quiere convertir a sus integrantes en meros consumidores).

La virtud es la cualidad que le permite a uno vivir de una manera excelente (Aristóteles, 2005: I, 7). La búsqueda del bien se refiere a la totalidad de la vida. La felicidad no puede depender de un placer momentáneo o de una obsesión de satisfacción. Se necesita una evaluación y apreciación de la vida en su conjunto, de los deseos más elevados e importantes del proyecto fundamental de la persona.

Capítulo VII

CAMBIO DE CULTURA EN LA POSMODERNIDAD: LA CULTURA DE LA RAZÓN TECNOLÓGICA O LA CAUSALIDAD MECÁNICA

Introducción

En el siglo XIX aparecen autores de la modernidad que sospechan que detrás de la razón y de la libertad hay otras fuerzas. Marx, Nietzsche y Freud dudaban de la razón y fueron llamados *los filósofos de la sospecha*. Para Marx el desarrollo de las fuerzas productivas definía la vida del hombre y para Freud lo hacía la subconsciencia. Ellos cuestionan la libertad, la razón y los grandes valores de la modernidad. Los tres coinciden en que todo es interpretación y la interpretación es infinita.

La modernidad siempre ha proclamado que no es la revelación sino la razón la que organiza la sociedad promueve la ciencia, satisface por sus aplicaciones las necesidades de los individuos y evita la violencia por el derecho. Las leyes descubiertas por la razón llevan al hombre a la libertad y a la felicidad.

Sin embargo, el desarrollo de la gran industria la vuelve cada vez más independiente de la intervención humana y transforma al hombre en un ente netamente social e histórico, perdiendo la interacción libre con la sociedad. Ha surgido la crítica del proyecto histórico racional. La razón objetiva se ha convertido en la razón técnica al servicio de las necesidades de la industria. Surge en el siglo XX una ruptura con la sociedad moderna. Este movimiento se llama posmodernismo porque ya no se encuentra identificado con el gran proyecto de la modernidad.

El paso de la ciencia a la tecnología representa la muerte de los grandes ideales o la desaparición de los fines a favor de los medios. En primer lugar, la ciencia se vuelve pragmática. Consecuentemente se trata del predominio de la mentalidad de "producción-consumo" promovida por las empresas transnacionales, el dinero ficticio en los bancos y la bolsa, el multiculturalismo o la anulación de las normas universales, los programas antivalores en los medios de comunicación, la crisis de las autoridades y la democracia entendida como vulgaridad. Presentamos la opinión de algunos autores sobre los factores que contribuyeron con la desaparición de la ética o los valores.

La misma modernidad del liberalismo y del socialismo llevó a la destrucción de la unidad entre el sistema y los actores.

En el presente capítulo presentaremos el pensamiento de Friedrich Nietzsche como precursor del escepticismo del siglo XX.

1. El hombre tecnócrata y competitivo

El filósofo francés Luc Ferry piensa que el origen de la problemática está principalmente en el imperio de la competencia de la tecnología (2009). Las técnicas se hacen dueñas de la realidad. El poder que maneja toda la economía mundial es el resultado de la competitividad. A diferencia de la finalidad de un proyecto de civilización que tenía la modernidad, estamos ahora en un mundo sin finalidad. El mar se está llenando con los desechos de plástico. Nadie sabe a dónde irá este mundo regido por la competitividad y no por la voluntad de los hombres. Un ejemplo: las computadoras y los celulares cambian a cada rato. Es una ley de la competitividad que se impone, ajena a la voluntad de los hombres. Empresa que no compite, desaparece. Crece el mercado de los excluidos. La historia se ha reducido a ser el resultado mecánico de la libre competitividad. Muchos hombres admiran el progreso sorprendente de su nuevo celular, pero no se dan cuenta de que están sometidos a una historia automática y ciega que atenta contra el sentido de su propia vida y de la sociedad.

La expresión *res publica* ha perdido su sentido. Ya no se trata de dominar la naturaleza o la sociedad para ser más libres y felices, como pretendía la modernidad, sino de dominar por dominar. ¿Por qué? Porque no hay otro camino. Los políticos han perdido todo control sobre el curso de la historia. El problema del mundo actual ya no es entre derecha e izquierda, sino uno más profundo que debe preocupar a ambas. La competitividad generalizada entre empresas transnacionales, con sus laboratorios de investigación científica, ha impuesto la ley de competitividad de producción y consumo, eliminando todo sentido, valor o finalidad. Los resultados prácticos de la ciencia y de la tecnología prescriben el orden político, ético y jurídico. Ya no se busca un consenso sobre lo verdadero, lo justo y lo bello sino el principio más eficiente. La ciencia se vuelve pragmática.

El sociólogo Max Weber expresa con claridad la consecuencia lógica de una sociedad masiva administrada por la ciencia y la tecnología. Según él la racionalización, característica genial del mundo occidental, significa la cancelación del carisma o aura que da a la vida humana su sentido –su dignidad, su misticismo, su heroísmo– y la correlativa exasperación del principio colectivista, burocrático y científico. En la modernidad se encuentra la semilla del nihilismo contemporáneo. Para Weber, la desaparición de la cultura de los valores humanos y más sublimes es "el destino de nuestro tiempo". Él considera que la evolución observada desde el encantamiento del mundo hasta la racionalidad nihilista era inevitable. Solo Occidente desarrolló una cultura con valor universal. Las complejas sociedades de masas modernas demandan una específica racionalidad que sea capaz de administrarlas, aun al precio de una burocratización total de la vida y de la eliminación en ella "de los valores últimos y más sublimes". Dicho en otros términos modernidad y nihilismo van de la mano y mutuamente se reclaman (Gomá, 2009).

2. La globalización o el fin del orden liberal y la ética

El sociólogo alemán Ralf Dahrendorf estima que actualmente los valores comunes están sujetos a las estructuras socioestructurales o a las culturas dominantes de las élites (Dahrendorf, 2006: 273).

Hoy sabemos que la democracia en el sentido del gobierno representativo estaba estrechamente vinculada con lo que John Stuart Mill llamaba "nacionalidad". "No hay ningún ejemplo de instituciones democráticas eficaces más allá del Estado nacional. Tanto la democracia como la economía de mercado presuponen el imperio de la ley. En el orden liberal la primacía de la política es imprescindible" (Dahrendorf, Ibíd.: 86). El liberalismo está ligado a la autoridad de los gobiernos y a las leyes en las naciones. "El liberalismo reivindica, como la ciencia y la religión, principios universales (todos los hombres son creados iguales, todos deben disfrutar de los derechos del hombre)" (Schell, 2005: 321). Estos principios son válidos y protegidos en todas las naciones por las instituciones del orden de la libertad. Dahrendorf hace referencia al liberalismo tradicional que tiene sus máximas expresiones en John Locke y Emmanuel Kant.

Sin embargo, hoy el concepto de país o nación ha perdido buena parte de su significado económico. Fue el resultado del surgimiento de formaciones transnacionales que combinaron necesidades locales con planificación y administración de carácter internacional. A ello se agregan las revoluciones de la tecnología informativa y los mercados financieros. De esta manera las fronteras nacionales pierden relevancia en cuanto a los movimientos de dinero, servicios y producción. Ha surgido un nuevo espacio económico –el mercado global– que ninguna empresa o estado puede ignorar sin pagar un alto precio. Ningún pueblo puede mantenerse al margen de la nueva dinámica del capitalismo globalizado sin correr el riesgo de la marginación total (Dahrendorf, 2006: 107).

El nuevo espacio global ha creado un problema de autoridad:

El asunto tiene considerable importancia en una época en la que no faltan las tentaciones autoritarias. Casi siempre la internacionalización de las decisiones y de las actividades en general significa una pérdida de democracia. Las decisiones del Consejo de la OTAN sobre la guerra y la paz, las decisiones del Fondo Monetario Internacional sobre Rusia, incluso los actos legislativos del Consejo de Ministros de la Unión Europea no están sujetos a controles democráticos suficientes; y menos aún lo está el ámbito "privado" de las transacciones financieras internacionales (Dahrendorf, Ibíd.: 195-196).

Estamos ante una traición a los principios republicanos. Dahrendorf piensa que hemos llegado a una situación problemática, en la cual la gran época del orden liberal parece haber terminado en Occidente (Dahrendorf, Ibíd.: 105). Todas las economías nacionales están vinculadas en un solo mercado de la competencia, y en todas partes la economía entera participa de los crueles juegos que se desarrollan en ese escenario. (El "chuponeo" también es industrial y no solo político). Los efectos de la globalización se hacen sentir en todos los ámbitos de la vida social. Para seguir siendo competitivos en los mercados mundiales se debe tomar medidas que destruirán la cohesión de sus sociedades civiles (la educación y la salud gratuitas).

La competitividad entre las empresas transnacionales o multinacionales las ha llevado a buscar países con un régimen político de estabilidad y bajos salarios, como por ejemplo China y otros países asiáticos, con precios bajos de sus productos, salarios bajos y ausencia de partidos, sin libertad de prensa, sindicatos y política social. (Ferry, 2012: 149).

Ralf Dahrendorf señala las consecuencias para Europa. La competitividad de las empresas transnacionales no nos pondrá en condiciones de producir ni por aproximación la cuadratura del círculo de bienestar económico, cohesión social y libertad política en la era de la globalización. Se refiere a la enseñanza universal y a la salud gratuita, a trabajo y salarios para los desocupados. Están amenazados el bienestar laboral, la salud y la educación. Ya no hay confianza en el poder político, que ya no representa al pueblo porque ha perdido el poder.

Hoy estamos ante una situación nueva porque las decisiones económicas escapan cada vez más a todo control democrático de las naciones. No hablamos solamente de la independencia de los grandes organismos de control económico, sino principalmente del sistema globalizado del mercado controlado por las empresas transnacionales. Es una situación diferente a la anterior del imperialismo de un país. La lucha de los pobres tenía una dimensión internacional. El proletariado era la señal del provenir. Este modo de pensar se desmoronó. En el interior de los países serán la ley y el derecho, y en el plano internacional el terrorismo. El ancho mundo del globo es un lugar solitario en el cual los hombres se desorientan y buscan refugio en unidades pequeñas que reclaman el corazón y la cabeza de la gente. Para resolver esta problemática, Dahrendorf no ve en los nacionalismos (por ejemplo: el chavismo) una solución. "Los nuevos conflictos serán en esencia más de carácter moral que económico; se centrarán en los valores que dan cohesión a las sociedades más que en la prosperidad y en su distribución" (Dahrendorf, 2006: 232).

Las características de la situación actual son el relativismo y la anomia. Para que triunfe el consumo inacabable en provecho de las empresas transnacionales es necesario –para ellas– eliminar y combatir los valores tradicionales porque entienden la vida y la sociedad de otra manera. La competitividad y el consumo deben ser la primera y la única norma. El capitalismo globalizado logró la deconstrucción de todos los valores. La clase global defiende celosamente su propia libertad y hace pleno uso de las nuevas fuerzas económicas y sociales que conforman la base de su existencia. No le interesa la constitución de la libertad o la ética. Es la élite la que da el tono mundial del relativismo. Estamos hablando de la destrucción del espacio público y a la vez de los valores correspondientes a servir (Dahrendorf, Ibíd.: 114).

Nos quedan solamente las instituciones de la libertad (sistema democrático de las elecciones, los tres poderes del Estado y la economía de mercado), que son como estructuras funcionales de vidrio y hormigón a las que nos hemos acostumbrado, pero en las que no es fácil encontrar un sitio familiar y acogedor. No ofrecen un sentimiento de pertenencia moral. Faltan estructuras y ligaduras más profundas.

Andrés Oppenheimer (2005: 22-30) informa lo siguiente sobre América Latina:

El aumento de la pobreza está llevando a una situación cada vez más violenta. Es la región más violenta del mundo. Según la Organización de la Salud de Ginebra, la tasa de homicidios es de 27,5 víctimas por cada 100 mil habitantes, comparada con 22 víctimas en África, 15 en Europa del Este y una en los países industrializados. Los jóvenes excluidos empiezan a consumir droga a los ocho o diez años, y a delinquir poco después. Todos estos chicos que no van a la escuela, que no conocen al padre, que no pertenecen a una iglesia o a un club, y que viven en la calle y consumen drogas, son mano de obra para la criminalidad. El marero o el pandillero es el delincuente del siglo XXI. Va a haber grandes barrios marginales sin presencia de la ley, ocupados por el crimen organizado, con conexiones internacionales. En Río de Janeiro los delincuentes matan hasta 133 policías por año.

El análisis de la realidad nos ha hecho ver que vivimos en un mundo de relativismo y anomia, un mundo de amoralidad. La ausencia de normas y de autoridades eficaces se convierte en una amenaza para la libertad. No hay pertenencia porque nadie se siente obligado con nadie. "Líbreme Dios de mis amigos, yo me encargaré de mis enemigos". Faltan los valores o la ética que son los verdaderos lazos que unen a las personas.

El nuevo conflicto significa que la gente no tiene sentimientos de pertenencia, no tiene compromisos y por eso tampoco tiene razones para obedecer la ley y los valores que representa. Si la vida no tiene sentido y no hay puestos de trabajo, ¿por qué no fumar *cannabis*, ir a fiestas locas, robar autos para dar unas vueltas, arrebatar la cartera a las ancianas, dar una golpiza a los grupos rivales y matar si es necesario? [...] Prácticamente ninguna ocupación crece con tanta celeridad como los servicios de seguridad privada (Dahrendorf, 2006: 155).

¿Cómo recuperar el control? La competitividad debería ser puesta al servicio de un proyecto de ideales comunes que la trasciendan. En ese sentido, las ligaduras de la ética son un elemento imprescindible de las oportunidades de vida.

Las instituciones democráticas deben estar constituidas y además sostenidas por la confianza básica de la gente. Cuando esa confianza comienza a desmoronarse, la libertad lleva pronto a situaciones arcaicas, a la guerra de todos contra todos.

Dahrendorf considera que la postura básica del hombre posmoderno es el relativismo. Una ola de relativismo se ha apoderado del mundo, sobre todo del Viejo Mundo desarrollado. La libertad degenera cada vez más en la pesadilla existencialista en la que todo es posible y ya nada es importante.

3. El casino de las finanzas

El filósofo alemán Peter Sloterdijk (2010a) opina también que dentro de la turbulencia financiera actual no aparecen figuras que representen o encarnen la crisis, pero hay responsables. Esta crisis económica, la más violenta de la historia, es la más mediocre. Se desarrolla a escondidas, las personas han sido marginadas de las decisiones por un sistema que asume la locura. Delante de las ventanillas de los bancos miles de millones circulan permanentemente gracias a la velocidad electrónica, que ha sobrepasado a la civilización humana. El hombre no está preparado para estas velocidades ultrarrápidas. Es un sistema ajeno, externo a él. Al inaugurar un edificio en el Management Department of the London School of Economics, instituto de prestigio mundial, la reina Isabel II le preguntó al director de la famosa escuela de investigación sobre economía cómo era posible que nadie hubiera podido prever esta crisis. La reina tiene cientos de millones de libras esterlinas invertidos en acciones. La bolsa perdió en ese momento 25%. El director contestó que cada uno confiaba en el trabajo del otro, pero nadie tenía una visión del conjunto de la economía. Todos trabajaban en algún sector de la economía a corto plazo y nadie sabía a dónde iba esta.

Sloterdijk señala, en contra de una opinión divulgada, que el origen de la crisis no fue la codicia sino los créditos baratos. Los bancos centrales de los países escupían el dinero barato. ¿Quién no solicitaba un préstamo en Estados Unidos o Europa si el interés era solo de uno por ciento? En cada europeo vive un inflacionista. Por nuestra estructura psíquica y cultural somos buscadores de un tesoro. Si no lo pensamos encontrar en la otra vida, queremos hallarlo en esta tierra. Cuando se trata de riqueza tenemos la tendencia de creer en milagros; en comparación con nosotros, la gente de la Edad Media era racionalista. Los procesos de especulación con el dinero no tienen vínculos con el capitalismo, que se entiende como la relación entre dinero como consecuencia de la producción. En los últimos decenios la especulación es con el dinero independiente de la producción. El dinero produce dinero. La economía financiera se hinchó hasta representar diez veces más la economía real. Ni siquiera se sabe exactamente lo que representa. Todos los valores dependen de esta desmesura.

Los bancos y los fondos son círculos cerrados que manejan entre ellos una oficina para el juego del azar. Ellos pretenden ser la economía. En este sistema, el banco central tiene el papel principal, por su política de dinero barato que seduce a todos para especular. Los bancos centrales han obligado a los bancos de negocios a drogarse con el dinero barato. Se pretendía relanzar la economía con el dinero fácil, o sea, promover la especulación. La especulación, dice Sloterdijk, es el placer de obtener dinero sin costos. ¿Quién no cree en una empresa que debe ganar solo uno por ciento? Ninguna persona inteligente deja pasar estos regalos de los que fabrican dinero. No es un problema de codicia. Es un acto racional. Un acto racional pero dentro de una política financiera equivocada. La crisis del banco Lehman ha sido el regreso a la "economía real", o sea, al dinero cambiado por productos.

Sloterdijk concluye que la crisis actual ha sido dirigida por gente incompetente desde tiempos anteriores. Esta vez no es consecuencia de un emperador corrupto sino de viejos burócratas que piensan que se puede estimular la pérdida de confianza por emitir dinero ficticio. Se pretende combatir la inflación con una inflación encubierta.

El norteamericano Paul Krugman (2012), Premio Nobel de Economía 2008, personifica el inicio de la crisis en la figura de Alan Greenspan, quien al frente de la Reserva Federal decidió abrir los mercados de manera global desde el poder económico norteamericano. Con Greenspan comenzó el proceso de desregulación, cuya principal consecuencia negativa fue la liquidez monetaria sin límites que originó créditos impagables. La moneda y los títulos de crédito aumentaron mucho más rápido que la producción. Se derivó en la formación de bolsas excesivas de liquidez y burbujas especulativas. Las dos burbujas financieras: la tecnológica que explotó en 2000-2001 y la hipotecaria que reventó en el 2008. La cuestión es que Greenspan no estaba solo en sus ilusiones. En la víspera de la crisis económica, el análisis del sistema financiero, tanto en Estados Unidos como en Europa, estaba marcado por la autocomplacencia. El origen del problema radica en el desmantelamiento de las normas y regulaciones a partir de los años ochenta, durante los gobiernos respectivos de Carter, Clinton y Reagan. Se permitió que la banca creciera sin vigilancia. Las aseguradoras no disponían ni de lejos del dinero suficiente para cumplir con sus promesas (Krugman, 2012: 64-75).

Las experiencias de la Segunda Guerra Mundial contribuyeron a defender la libertad de las personas contra los gobiernos dictatoriales. Los autoritarismos implicaban una visión indigna del hombre. Somos conscientes del valor que tiene la libertad para la persona. Lamentablemente la crisis actual demuestra que las políticas contemporáneas ya no están al servicio de la justicia y de la libertad. Vivimos una nueva hegemonía, pero de la libertad exclusiva, esta vez, de unos cuantos poderes financieros.

Aparte de la crisis originada en los bancos centrales, Paul Krugman menciona el problema de los Hedge Funds, instituciones financieras que pueden asumir temporalmente el control de activos muy superiores a la riqueza de sus propietarios. Damos el ejemplo del fondo de Soros.

Soros, que había fundado Quantum Fund en 1969, uno de los más grandes Hedge Funds en el presente, aprovechó la recesión de la economía inglesa para enriquecerse como nunca antes alguien lo había hecho y menos a costa de la crisis económica de un estado. Compró libras esterlinas en grandes cantidades, que luego transformó en dólares. (Esto no se tenía que hacer públicamente porque hubiese llevado a elevar el valor de la libra en el mercado). Luego anunció por los medios de comunicación que la libra se devaluaría y vendió libras abiertamente, generando con esto el pánico necesario para que los inversionistas cuidaran sus intereses y vendieran las suyas (lo que hizo que el valor de la libra cayera en el mercado de divisas). El Estado inglés llegó a gastar 50 mil millones de dólares, dinero que tomó de su tesoro, para comprar libras y así fortalecer su moneda, e incluso elevó los tipos de interés, pero el pánico financiero se había instalado y no pudo levantar el valor de la libra en el mercado. Inglaterra salió del Mecanismo de Tasas de Cambio (ERM por sus siglas en inglés) y devaluó la libra dejándola flotar (se acogió a la libre convertibilidad que no es otra cosa que tener un valor fluctuante de acuerdo al movimiento del mercado de divisas). Una vez a precio bajo, un especulador tiene todo servido para volver a comprar libras y ganar mucho dinero en la transacción. Se estima que Soros en pocos días se hizo con más de mil millones de dólares (Krugman, 2012: 125-135). El pueblo británico fue víctima.

Al desarrollar la política de recortes fiscales por los cuales prácticamente se exoneraba de impuestos a las ganancias de capital obtenidas por la especulación financiera, se invitó de modo masivo a ingresar en dicho terreno, generándose un modo de vida basado en el crédito, y no teniendo los bancos muchos escrúpulos en otorgarlos, sin hacer mayores evaluaciones de riesgo, pues aparentemente se vivía bajo la exuberancia del orden que el propio mercado daría a quienes jugaban a la ruleta dentro de él. La desregulación de los mercados financieros ha sido aumentada por un aumento de la evasión fiscal con la ayuda de los paraísos fiscales.

En la ortodoxia del FMI se puso como frontera la estabilidad del mercado, estabilidad que no se puede dar si la oferta y la demanda no están en perfecto equilibrio. Así, en situaciones económicamente críticas, la racionalidad de los economistas del FMI obedecería simplemente a generar la "confianza" suficiente como para que la demanda no se contraiga, sin importar las consecuencias que pudiera traer la elevación de los tipos de interés, la reducción del gasto público y el aumento de impuestos (Stiglitz, 2002: 145).

Sloterdijk dice que el verdadero héroe del neoliberalismo es Harry Potter. El neoliberalismo es el pensamiento mágico que cree poder resolver la crisis por medio del mercado. Cuando cada uno piensa en sí mismo se piensa en todo el mundo. La moral estará inmanente en el sistema. Ya no se necesitarían normas e interdicciones. Sloterdijk critica esta visión que reemplaza la moral por la autorregulación del sistema del mercado como una tentativa de la modernidad para liberarse de la ética religiosa. Sería la mano invisible de la ética cibernética en lugar de la ley de Dios. Es el fin de la ética.

4. La igualdad mal entendida

Javier Gomá, filósofo español, piensa que la época de la posmodernidad surge a partir de dos experiencias esenciales, una metafísica y otra moral: la finitud y la igualdad. La finitud significa la aceptación de la ausencia de un fundamento metafísico y teológico para la cultura, cuya consecuencia es la contingencia de nuestra condición humana. Por la igualdad todos los hombres se consideran con la misma dignidad y estiman injusta toda forma de elitismo, aristocracia, monarquía, autoridad, castas, educación, prestigio intelectual y moral, clases sociales, etc. Hoy en día estas diferencias se juzgan accidentales, lo que significa la aparición de una vulgaridad.

De la unión entre finitud e igualdad ha nacido la democracia, una experiencia sin precedentes en la historia y cuyas características son el subjetivismo y la vulgaridad. La vulgaridad se ha convertido en la norma suprema de comportamiento. Quienes presentan los programas vulgares con verbo procaz en la televisión, radio o prensa escrita no inventaron la cultura de la vulgaridad. Son parte de ella, pero la usan como negocio.

En consecuencia, toda meditación profunda sobre la democracia y su tarea moral debe empezar por situar a la vulgaridad en el centro de su reflexión. La autonomía subjetiva de todos por igual, sin ninguna coacción, lleva a este fenómeno. Existe una conexión esencial entre espontaneidad estético-instintiva del yo y vulgaridad.

El yo se ha descubierto como una totalidad subjetiva y ya no se deja asimilar, como antes, a una función social. Surge un concepto de subjetividad que se identifica con la extravagancia: libertad sin límites, originalidad, espontaneidad, rebeldía y exaltación de la diferencia. Y se ha generalizado en nuestra época como norma única de la autoconciencia subjetiva. El subjetivismo se arregló una moral que se atribuía a sí misma una autonomía inviolable de toda interferencia. Y ha desembocado en la notoria ausencia contemporánea de cualquier intento de moral privada prescriptiva.

El nihilismo antisocial, marginal en sus comienzos, ha sido popularizado en tendencia dominante de los movimientos contraculturales del siglo XX. Surgió el escepticismo frente a las instituciones del Estado. La subjetividad no se integra en el Estado. La crisis de las grandes instituciones estatales representa el fin de la libertad de las personas, porque las autoridades y las leyes ya no responden por la paz, la confianza, el orden y la justicia.

Respetable por la justicia igualitaria que la hace posible, la vulgaridad puede ser también, desde la perspectiva de la libertad, una forma no cívica de ejercitarla, una forma –en fin– de barbarie. Imposible edificar una cultura sobre las arenas movedizas de la vulgaridad, ningún proyecto ético colectivo es sostenible si está basado en la barbarie de ciudadanos liberados, pero no emancipados, personalidades incompletas, no evolucionadas, instintivamente autoafirmadas y desinhibidas del deber.

Abusamos, con sobrado énfasis, del lenguaje de la liberación cuando lo que urge es preparar las condiciones culturales y éticas para la emancipación personal. Al pretenderse diferentes, se confirman pertenecientes al "montón" de la medianía sin virtud (Gomá, 2009: 11-20).

5. El multiculturalismo

"El modernismo afirmaba que el progreso de la racionalidad y de la técnica no tenía solo efectos críticos de liquidación de las creencias, las costumbres y los privilegios heredados del pasado, sino que también creaba contenidos culturales nuevos" (Touraine, 1995: 184). El sociólogo francés Alain Touraine considera que esta imagen se ha quebrantado. La misma modernidad del liberalismo y del socialismo llevó a la destrucción de la unidad entre el sistema y sus actores. El flujo permanente de cambios y las competencias en el mercado salvan a los que logran responder y excluyen a los que no se ubican. Los gobiernos liberales y socialistas son vistos como administradores de la voluntad de los liberales de la gran industria y del mercado. Los políticos ya no pueden modificar la vida. El poder ejecutivo es un administrador y sobre todo un banco. Los parlamentos pierden su rol de representación. Existe una separación completa entre la instrumentalidad y el sentido. El sentido se ha hecho privado.

Surge en la segunda parte del siglo XX una ruptura con la sociedad moderna. Este movimiento reclama el posmodernismo porque ya no se encuentra identificado con el gran proyecto de la modernidad. Para ellos, esta ha terminado. ¿Dónde está el equivalente en el siglo XX del movimiento obrero de fines del siglo XIX y comienzos del siglo XX? (Machuca, 2006). Ya no se trata de una lucha de la clase explotada en el trabajo sino de un grupo marginado sin trabajo o del trabajo informal. Los que están excluidos del mercado ya no se definen por lo que hacen sino por lo que no hacen. La única identidad de los últimos es el desempleo.

El liberalismo y el socialismo entendían siempre las nuevas culturas, el progreso y la nueva sociedad en oposición a la sociedad y cultura tradicionales. La posmodernidad desplaza la oposición hacia una separación de la cultura y de la sociedad. La cultura ya no depende de la ideología y de su proceso histórico. La gran diversidad de culturas regionales reemplazará al universalismo de la cultura moderna y a los movimientos sociales sindicales y políticos. Surge el multiculturalismo que acaba con la unidad racional de la sociedad y separa consecuentemente las conductas y el consumo del mercado y de la política. El hombre ya no se encuentra frente a una naturaleza que transforma con sus máquinas, sino que está incorporado en un mundo cultural, en un conjunto de signos y lenguajes que ya no tienen puntos históricos de referencia. El grupo de la frustración se va polarizando, en Europa y Estados Unidos, en nuevas minorías por la identidad étnica, pandillas, grupos musicales, sectas, ropa tradicional y bandas agresivas. En el Tercer Mundo son un grupo numeroso. Coexisten en un mismo país comunidades abiertas a la economía mundial y comunidades cerradas ajenas a la participación. La persona humana busca en sí misma su identidad en forma narcisista, desaparece como sujeto que interviene en la sociedad y en la historia. El hombre posmoderno ya no cree en las ideologías modernas del liberalismo y del socialismo como soluciones para el desarrollo. No han cumplido con sus promesas. El hombre posmoderno ya no cree en una visión global de la realidad. Ya no existen explicaciones de la vida y de la historia. Tampoco puede creer en los grandes relatos de las religiones como los de la Biblia, que es una gran historia de la salvación, o en la filosofía de la historia del marxismo que postula un desarrollo histórico irreversible desde el capitalismo al comunismo. El hombre actual está amenazado por el relativismo. Cada uno se arregla como puede. Cada uno se encierra en su subjetividad y se olvida de los demás. Cada uno vive su vida, su momento. No hay espacio para la justicia y la libertad. Predominan el interés y la fuerza. "Esta diferenciación absoluta, este multiculturalismo sin límites, tal como se ve en vastas partes del mundo y que a veces toma la forma de una presión ideológica que proclama e impone este multiculturalismo absoluto, lleva consigo el racismo y la guerra religiosa. Los conflictos sociales de los siglos pasados han sido reemplazados por guerras culturales" (Touraine, 1995: 192).

"Sexualidad, consumo, empresa, nación constituyen cada vez más universos separados que se chocan entre sí o se ignoran en lugar de combinarse". El espacio público es un vago terreno en el que se enfrentan bandas rivales, en el que se desencadena la violencia. No hay lugar para justicia y libertad. Predominan el interés y la fuerza. "Vemos alzarse, una contra otra, la lógica del mercado mundial y la lógica de los poderes que hablan en nombre de una identidad cultural" (Touraine, 1995: 197).

Evaluación

Los valores económicos prevalecen sobre la política y la ética. Los políticos han perdido todo control sobre la historia. En su libro *Face a la crise*, Ferry considera que el problema del mundo actual ya no es entre derecha e izquierda sino uno más profundo que debe preocupar a ambas. El desarrollo de la gran industria la vuelve cada vez más independiente de la intervención humana y transforma al hombre en un instrumento de producción y consumo. El consumo debe ocupar el sitio preferencial en la vida personal y estructural. Se reemplaza la moral por la bolsa y el mercado. El patrón de la empresa conoce con seguridad una sola cosa: ¡si no produce en un plazo de tres meses un smartphone mejor y más bonito, su empresa se cierra! No es un proyecto, es una coacción. Esta lógica es totalmente diferente del humanismo de la modernidad. La historia ya no va hacia un fin, sino que se renueva permanentemente por la presión de la innovación. (Ferry, 2011: 291). Sin embargo, Ferry considera que la mundialización es inevitable. *No se trata de combatirla sino de regularla.*

El sociólogo Ralf Dahrendorf afirma que los valores dependen de las estructuras socioeconómicas del nuevo mercado global de competencia o de la cultura dominante de las élites. La clase global o la élite no tiene interés en la ética o la libertad. Ellas imponen el tono del relativismo. No es la conciencia la que determina la vida, sino es la vida económica la que determina la conciencia de producción y consumo. Dahrendorf hace referencia a la élite de las empresas transnacionales. Sin embargo, se debe también mencionar el estado-continente donde las empresas transnacionales se refugian por conveniencias, como los Estados Unidos, China y países con salarios bajos.

Dahrendorf, como tantos otros, nunca se interesó por la ética, hasta la menospreciaba. Decía que era un tema para un sermón en la iglesia. Consideraba a la ética un tema de los predicadores o de los filósofos y pensaba que la moral no puede intervenir en la política. No obstante, en los últimos años de su vida, el más destacado pensador del liberalismo en Europa cambia radicalmente de opinión y concluye que los valores comunes son necesarios. Comprueba que ya no existe el espíritu de las leyes como lo describió Montesquieu. "El cambio moral interior en mentes y corazones que lleva del temor al consentimiento es un rasgo específico de la democracia liberal, que permite que sus ciudadanos sigan siendo libres, aunque estén obedeciendo los mandatos de la ley" (Schell, 2005: 286).

Luego descubre la gran problemática del relativismo y clama por los valores comunes. Considera que un debilitamiento del control social es el mayor problema del mundo actual. Los conceptos claves del liberalismo son la tolerancia y la confianza. La libertad y la confianza van juntas. Confianza que surge por el respeto del gobierno a las leyes y normas establecidas, y por el control de las reglas y leyes ejercido por el poder judicial. Las instituciones democráticas deben estar sostenidas por la confianza de la gente. Los liberales actuales no se dan cuenta de que el interés para realizar una actividad económica y firmar un contrato presupone un cierto grado de confianza y una disposición psicológica y cultural de lealtad. Ningún cálculo de interés puede llevar a la confianza. Confianza construida sobre cálculo es una contradicción. Dahrendorf reconoce que empezó a dudar de su propio rechazo a la importancia de la ética y pasó a defender la importancia de los valores comunes.

"La regla es que cuando los valores económicos determinan la política, la libertad suele estar en peligro" (Dahrendorf, 2006: 98). Dahrendorf y Ferry coinciden en que la economía de empresas transnacionales es inevitable, pero *se necesita la prioridad de la política –no de la burocracia– para regularla.* Dahrendorf señala que el camino es por medio de la ética.

Finalmente, el autor enfatiza que existe un carácter absoluto de ciertos valores fundamentales (Dahrendorf, Ibíd.: 58). De esta manera, afirma, se hacen necesarias la discusión y la búsqueda de la escala de valores porque lo peor es la indiferencia o anomia. "Pocas cosas son peores que la indiferencia del mundo desbocado, porque el camino desde la anomia a la tiranía es corto" (Ibíd.: 281-282).

Los derechos y la oferta carecen de sentido si no están inscritos en determinados vínculos o ligaduras. En el páramo de la anomia, hasta los derechos pierden su contenido porque en un mundo en el que todo es indiferente la misma palabra "vigencia" es irrelevante. En ese sentido, las ligaduras son un elemento imprescindible de las oportunidades de vida (Ibíd.: 276).

No todo lo que económicamente parece racional conduce al bien general. El mercado y la competencia son medios e instrumentos. No deben convertirse en valores supremos y objetivos máximos de la economía. Esa condición debe seguir correspondiendo al bien general [...] Lo que a menudo los expertos nos presentan como "leyes propias insoslayables" o "imposiciones objetivas" económicas naturales no tienen por qué aceptarlo de antemano los representantes políticos democráticamente elegidos (y mucho menos los éticos), ni por qué legitimarlo *a posteriori* [...] La economía no debe funcionar únicamente al servicio de una autoafirmación estratégica supuestamente racional del *Homo oeconomicus*. Debe estar antes bien al servicio de unos fines ético-políticos supraordenados (Küng y Kuschel, 2006: 26-27).

La especulación, dice Sloterdijk, es el placer de obtener dinero sin costos. Se pretendía relanzar la economía con el dinero fácil, o sea, promover la especulación. El dinero produce dinero. La economía financiera se hinchó hasta representar diez veces más la economía real. El capitalismo, al contrario, entendía el dinero como consecuencia de la producción. Ahora se piensa que se puede estimular la pérdida de confianza por emitir dinero ficticio. Se pretende combatir la inflación con una inflación encubierta. La autorregulación del mercado reemplaza la moral. Es el fin de la ética. La regla actual es: debes desear lo que tienen los demás y si no lo puedes conseguir legalmente debes robarlo. "De hecho, la reciente crisis financiera internacional, que ha hecho tambalear a todo Occidente, tiene como origen la codicia desenfrenada de banqueros, inversores y financistas que, cegados por la sed de multiplicar sus ingresos, violentaron las reglas de juego del mercado, engañaron, estafaron y precipitaron un cataclismo económico que ha arruinado a millones de gentes en el mundo" (Vargas Llosa, 2013: 180). Ha surgido una nueva mentalidad de relativismo que penetra a toda la sociedad: a los medios de comunicación, a las autoridades públicas y al pueblo.

Alain Touraine considera que por perder la injerencia en las decisiones sobre la sociedad el hombre se refugia en la informalidad y en el pluralismo de las regiones y de las culturas. Surge el multiculturalismo que reemplaza a la cultura de la modernidad, que acaba con la unidad racional de la sociedad y, consecuentemente, con las normas morales universales. El político está sometido a la economía mundial y ya no representa al pueblo. El pueblo ya no cree en él. Se pierde la democracia. El poder se concentra y grupos limitados controlan el dinero, la influencia y la información. Los grupos excluidos del mercado ya no creen en las ideologías ni en la política. Se encierran en su propio mundo, amenazados por el relativismo. El mundo global es un lugar solitario. Después del colectivismo, el individualismo; después de la revolución, el derecho; después de la planificación, el mercado.

Javier Gomá no busca el origen de la falta de ética en el poder económico actual sino en el cambio del sistema político. Como ya se ha dicho, las características de la democracia son el subjetivismo y la vulgaridad, producto de una lucha por la liberación de las monarquías, el despotismo ideológico y las normas tradicionales inherentes a la cultura anterior. Como consecuencia ha surgido un sujeto sin límites. El subjetivismo se atribuye a sí mismo una autonomía inviolable, eliminando cualquier intento de moral prescriptiva.

Podemos concluir con un pensamiento del filósofo alemán Jürgen Habermas. La posmodernidad cuestionó las ideologías de los grandes relatos o explicaciones de la sociedad, menos la ideología del positivismo de la ciencia y de la tecnología. Los conceptos éticos quedarían reemplazados por la normalidad de la biología, sociología, psicología, economía, administración y tecnología. Las leyes sustituyen a las normas éticas. La cultura se reduce al multiculturalismo de las regiones. El discurso sobre la fe y la ética desaparece. Prevalece el discurso cuantitativo del dinero, pero las ciencias y la tecnología verifican los "datos" y no el "valor".

La ciencia y la tecnología son indispensables para el desarrollo material del hombre. Han logrado un servicio importante para una gran parte de la humanidad, pero construyeron una sociedad sin ética. ¿Quién prospera en un estado de anarquía? El jefe de una banda de *gangsters*, el impostor, el especulador, tal vez el bufón si encuentra un señor que lo proteja, pero no el ciudadano, porque este ya no existe (Dahrendorf, 2006: 105-125). El narcotráfico y la trata de personas están entre los negocios más lucrativos en el mundo. La vulgaridad da valor cultural al hombre estético-instintivo. Se han perdido las ligaduras de la ética que son un elemento imprescindible de las oportunidades de vida y paz.

Capítulo VIII

LA ÉTICA EN EL SIGLO XX, ESCEPTICISMO Y POSMODERNIDAD

Introducción

"Augusto Comte fallaba tanto como Saint-Simon, que veían cómo su sueño de un siglo XIX de alegría y armonía se realizó en una lucha mortal entre capitalismo y trabajo, la guerra civil americana, la guerra franco-alemana de 1870, la comuna, los *pogroms* de Rusia, el genocidio de Armenia y finalmente la catástrofe mundial de 1914" (J. Bury; citado en Neiman, 2008: 275).

Durante el siglo XX muchas naciones seguían en la pobreza y otros medían su éxito por el aumento del PBI y grandes sistemas de salud y educación. La producción es importante porque proporciona la base material para la felicidad, pero es solo un medio y no el fin. En países en vía de desarrollo se suicida cada año una de cada 100.000 personas mientras que en países ricos se quitan la vida 25 de cada 100.00 personas.

El cuestionamiento de la razón por Nietzsche, fundamento de la modernidad, dará inicio en el siglo XX al escepticismo y a la posmodernidad. Los principales filósofos del siglo XX que hasta ahora tienen una influencia importante son Heidegger (1889-1976), Foucault (1926-1984). Los dos no veían posible una ética. Muchos filósofos actuales borraron la palabra "bien" del diccionario. Por ejemplo, Odo Marquard plantea el escepticismo como criterio básico de la filosofía y no la búsqueda del bien. Todos son escépticos; es decir, afirman que no se pueden conocer ni la verdad, ni el bien, ni el mal.

El pensamiento de la modernidad entró en el Perú por medio de Manuel González Prada. Se concluye el presente capítulo con la exposición del pensamiento de dos filósofos franceses, Lyotard y Lipovetski, de fines del siglo XX que se autotitulaban posmodernos. Se escoge a Lyotard por su explicación de la influencia excesiva de la ciencia y la tecnología en la cultura y a Lipovetski por su defensa posmoderna del hedonismo.

Nadie sabe a dónde va este mundo. Se necesitan ideas. Ferry toma distancia de Heidegger planteando la necesidad de proponer nuevos ideales para recuperar el poder sobre el mundo. Heidegger llamó a Nietzsche el "pensador de la era tecnológica", pero él tampoco aportó las ideas requeridas. Como Kant él creía que no se puede conocer la realidad. La razón es subjetiva. El enemigo por vencer es la tradición filosófica anterior a Kant. Podríamos conocer la realidad solo por explorar los sentimientos, especialmente las ansiedades y temor. El conflicto y la contradicción son la única verdad segura.

Heidegger se entregó al nazismo, pensando que solo un régimen autoritario podría enfrentar el dominio de la técnica (Ferry, 2006a: 254). Para Heidegger el sistema democrático estaba íntimamente ligado a la economía liberal y a la estructura de la técnica. En su obra posterior él se abstuvo de cualquier intento de transformar el mundo. Se refugió en la meditación, buscando serenidad. Ferry lo considera imperdonable y absurdo. "Una gran parte de la obra de Heidegger es por lo tanto terriblemente decepcionante, a veces insoportable, aunque el corazón de su análisis de la técnica es verdaderamente deslumbrante" (Ferry, 2006a: 255; Feinmann, 2008: 374-399)

En el mundo de la filosofía en Francia tenemos principalmente a Foucault que sigue con la tarea de deconstrucción de la razón. Foucault, seguidor de Nietzsche y Heidegger, es un ejemplo del autor que se dedica a destruir todo, volviéndose en el fondo un reaccionario porque nada puede cambiar o progresar, todo es casualidad y caos (Neiman, 2008: 286). Foucault era el pensador más grande de la modernidad sobre el tema del poder, pero nunca sacaba conclusiones. Fue el especialista de los dobleces. A pesar de que criticaba lo más positivo en el marxismo, lo consideraba al mismo tiempo como inevitable y apoyaba la lucha por la liberación que este promovía. Defendía la subversión para todo, servía para la derecha y para la izquierda. La justicia era para él un instrumento de llegada al poder. No hay diferencia entre culpa e inocencia. No se puede premiar ni sancionar a nadie. Rorty decía de la filosofía de Foucault: no hay nada más ventajoso para la inercia como el cinismo (Neiman, 2008: 70). Además, Foucault hizo la extraña afirmación de ver la revolución en Irán como un ejemplo para nuestra sociedad (Ferry, 2011: 207). "Decir, como Foucault, que 'la razón es una tortura y el sujeto su agente', me parecía simplemente una estupidez" (Ferry, 2012: 53). Foucault asumió el antihumanismo de Nietzsche (Ferry, 1988: 129).

1. Friedrich Nietzsche: La deconstrucción de la razón y de la ética o el antihumanismo

A. Precursor de la posmodernidad

El filósofo alemán Friedrich Nietzsche (1844-1900) es considerado el precursor de la posmodernidad. Para la presentación de su pensamiento seguimos el texto de Luc Ferry (2006a: 182-228).

¿Por qué Nietzsche emprende una crítica radical contra el racionalismo y el humanismo de la Ilustración?

La filosofía moderna había eliminado el cosmos y criticado a la autoridad religiosa para reemplazarlos por la razón y la libertad, con valores construidos sobre la humanidad. Sin embargo, la base de este pensamiento era la duda radical planteada por Descartes. La duda radical elimina toda tradición y hasta la misma ciencia se inspira en este principio de crítica permanente. Descartes puso en movimiento un espíritu crítico que nadie podrá detener. Para Nietzsche los modernos siguen siendo "creyentes" aunque ya no creen en Dios sino en ideales superiores a la vida, como los derechos del hombre, la ciencia, la razón, la democracia, el socialismo, la sociedad sin clases, el progreso, la igualdad, etc. Nietzsche la llama una religiosidad sin Dios, ídolos que él va a destruir. Entiende que el ideal es la mentira que pesa sobre la humanidad. Los grandes horrores, las destrucciones masivas de las guerras racionalmente planificadas, el armamento sofisticado, el patrimonio genético hacen dudar de los gobiernos constitucionales y de sus legitimaciones.

La lucha por el individualismo surge como reacción contra los sistemas políticos-económicos-sociales del liberalismo y del socialismo, impuestos por la razón de la modernidad, que eliminan la participación verdadera del individuo en la sociedad (multiculturalismo). Son organizaciones fracasadas en la era tecnológica, mentiras según Nietzsche.

Ya no se trata, como quería Kant, de construir un mundo humano, un reino de los fines donde los hombres serían iguales en dignidad. La democracia es una nueva ilusión religiosa, y una de las peores porque se esconde bajo la apariencia de ruptura con el mundo, llamándose "laica"; es una forma degenerada de la organización política, una decadencia de la humanidad que lleva a la mediocridad. Nietzsche era todo lo contrario de un demócrata. No es casualidad que los nazis se inspiraran en su pensamiento.

Todos los ideales o valores, de derecha o de izquierda, tienen para Nietzsche una estructura teológica; es decir, buscan algo superior o trascendental a la vida. No quieren ayudar a la humanidad sino condenar a la vida misma en lugar de asumirla tal como es. Hoy en día entendemos como nihilista a alguien que no cree en nada. Por el contrario, de acuerdo con Nietzsche, el nihilista es el hombre con ideales espirituales o materialistas para dar un sentido a la vida –es decir, para negarla tal como es–; o sea, es nihilista porque niega la realidad de la vida, inventando valores trascendentales (Ferry, 2006a: 270).

Para Nietzsche la vida son los instintos porque la fe y la razón fracasaron. Cada juicio pertenece a la vida y no puede situarse fuera de ella. La tarea consiste en liberarse de las creencias y de las lógicas sociales.

Los modernos inventaron el espíritu crítico pero este espíritu se vuelve ahora contra ellos mismos. La razón cuestiona todo. Por este motivo, Nietzsche, Marx y Freud serán considerados los filósofos de la sospecha, porque quieren desenmascarar las ilusiones de la Ilustración o del humanismo clásico. Ellos buscan, detrás de los valores o de la nobleza de sentimientos, los intereses o las verdades escondidas, inconscientes, que pertenecen a los instintos. Nietzsche los llama genealogía. El siglo XIX cuestiona la fe en la razón y en la libertad de la modernidad. Nietzsche quiere hacer tabla rasa del pasado.

B. La "teoría" de Nietzsche o las fuerzas vitales

Los filósofos griegos entendían que el sentido más profundo de la realidad era un cosmos bien ordenado, armonioso, bello y justo. El conocimiento consiste en contemplarlo. Para la filosofía cristiana el sentido más profundo es un Dios personal.

Los modernos ya habían abandonado la idea del cosmos de los griegos, sujeto de contemplación. Ellos buscaban el orden y la unidad en el mundo por medio de la razón. Para los modernos la realidad ya no es un cosmos sino un conjunto de fuerzas cuyas leyes se descubren por medio de la razón. Para Nietzsche no existe una teoría porque no existe un cosmos, ni leyes, ni Dios. No hay contemplación ni conocimiento. El sentido más profundo de la realidad es el caos. La objetividad de las leyes científicas es una falsedad radical.

El mundo es un campo de energías donde la multiplicidad infinita es caótica e irreductible a una unidad. Es un monstruo de fuerzas sin inicio o fin, un mar de ímpetus en una tempestad permanente. La racionalidad científica de conocimiento y poder sobre la realidad de los modernos no es más que una proyección humana que toma sus deseos por realidad. El arte posmoderno, la pintura, la música y la novela acompañan a Nietzsche. Ellos presentan también un mundo desestructurado, caótico, roto, ilógico, sin unidad o belleza. Los cuadros de Picasso lo expresan. Nietzsche no busca una nueva teoría porque es imposible y llamará a esta realidad la Vida.

No existe ningún juicio sobre la existencia en general, sino solo ilusiones. Todas las ideas generales deben ser reducidas a las fuerzas vitales. El valor de la vida no puede ser evaluado. No existe un juicio desinteresado, independiente de los intereses vitales que lo sostienen. Es la ruina de los conceptos clásicos del derecho y de la moral. No existe un sujeto libre, autónomo, que trascienda la realidad en la cual vivimos. Todos nuestros conocimientos e ideas son expresión de nuestros estados vitales, de nuestra vida instintiva y sensitiva. "No existen hechos sino interpretaciones". Alguien que roba lo interpreta como un bien para él y la víctima lo interpreta como un mal. No existe el robo sino las diferentes interpretaciones. Los hechos no son más que el producto de la casualidad de las fuerzas históricas. Nietzsche lo llama el eterno retorno. Detrás de las evaluaciones hay un abismo. Vamos de abismo en abismo. Cada filosofía disimula otra filosofía (Ferry, 2006a: 186).

Su método es negativo como el de Sócrates. Él nunca propone ni expone, sino cuestiona. Hace entrar a su interlocutor en contradicción, pero a diferencia de Sócrates, es para descubrir que no se encuentra la verdad. Para Nietzsche la búsqueda de la verdad no solo es contra el error, sino una lucha de la razón contra el mundo sensible. Esta afirmación es esencial para entender su filosofía. Él reprocha a todas las grandes tradiciones religiosas y científicas haber menospreciado el cuerpo y la sensibilidad a favor de la razón. Todas ellas buscan verdades ideales que no se relacionan con el universo corporal porque lo consideran un mundo de mentira e ilusión. La sospecha de Nietzsche está en que detrás de estos conocimientos racionales hay una dimensión de intereses vitales diferentes a la preocupación por la verdad. Vemos que él se está adelantando al planteamiento de la subconsciencia de Sigmund Freud. Hay fuerzas ocultas en la vida sensitiva que condicionan el comportamiento del hombre. Son las fuerzas de la vida las que hacen aterrizar a la razón en la realidad terrestre.

C. La moral de Nietzsche: La voluntad de poder, más allá del bien y del mal

Nietzsche rechaza cualquier proyecto que pretenda mejorar el mundo. Detesta ideales. No acepta la caridad, la compasión ni el altruismo, sea cristiano o no. Se alegraba cuando la gente moría en terremotos.

Si la vida no es más que un tejido de fuerzas ciegas, si nuestros juicios de valor no son más que expresiones de nuestros estados vitales, ¿cómo se podría definir una ética nietzscheana?

Nietzsche considera que la "voluntad de poder" es el sentido central o profundo de todo ser. Esta voluntad de poder no tiene nada que ver con el deseo de poder en el sentido de ocupar un sitial importante para poder mandar a los demás o tener dinero. Se trata de la voluntad intensa de vivir, que supera las posibles divisiones internas porque pueden disminuir las fuerzas vitales. Un ejemplo es el sentimiento de culpabilidad. Es una división interna que nos paraliza y nos quita la alegría de vivir. La cultura actual tiene una falsa tabla de valores que llevarán a la decadencia de Occidente. Por el contrario, la voluntad se quiere a sí misma y no quiere ser reducida por conflictos internos. No permite miedos, remordimientos, añoranzas, penas, tristezas, disgustos. Nietzsche lo llama el gran estilo de vivir. El superhombre es aquel en quien la voluntad de vivir se revela con toda su fuerza, es el que está situado más allá de la moral. Es la moral del señor frente a la moral del rebaño. La nueva tabla de valores está constituida por la personalidad creadora. Se trata de lograr una vida lo más intensa posible. El conocimiento debe estar subordinado a las necesidades vitales, el establecimiento de un criterio es el sentimiento de dominio. Estamos hablando de la inversión de los valores: los naturales en lugar de los morales. La ética de Nietzsche es la armonía de las fuerzas vitales, la voluntad de poder: el gran estilo de vida. Al final, propone también un ideal.

El valor supremo en la "ética" de Nietzsche es la voluntad de poder que supera a cualquier otra consideración. Es la grandeza de la vida. La buena vida es la vida intensa porque es armoniosa. Buscar la salvación en un Dios o en cualquier otra figura de trascendencia es declarar la guerra a la vida, a la voluntad de vivir. No existe ninguna trascendencia y tampoco ningún ideal. En esta Tierra hay que aprender a distinguir lo que vale la pena vivir y lo que debe desaparecer. Utopías como la humanidad, la república, la revolución, la patria, el socialismo… son de las vidas fracasadas, mediocres, debilitadas. No existe filosofía con ideales superiores a la voluntad de poder. Nietzsche nos invita a vivir de tal manera que los remordimientos y las tristezas no tengan sitio en nuestra vida.

Se trata de vivir con amor el presente, *amor fati*. No preocuparse del pasado o del futuro. Hay que escoger lo que queremos vivir y seguir viviéndolo. El pasado y el presente no pueden echarnos la culpa de no haber actuado como debía ser o de hacerlo de otra manera. Hay que vivir el momento. De esta manera conoceremos la serenidad. No hay que distinguir entre acontecimientos malos o buenos.

Sin embargo, finalmente falta hacer referencia al espacio que Nietzsche a veces da a la importancia de la razón y afirma que no se considera anarquista y tampoco defensor de la libertad sexual. Él condena con palabras muy duras la vida pasional sin control. Las fuerzas que constituyen el cuerpo deben estar en armonía y respetar una jerarquía. El artista debe practicar la castidad porque es la condición para la creatividad.

2. El anarquismo de Manuel González Prada

El filósofo peruano Manuel González Prada (1844-1914) es considerado el iniciador de la modernidad en el Perú. Su situación de hacendado adinerado de Mala le permitió radicarse en Francia desde 1891 hasta 1897, y en España en 1898, para conocer los avances de la ciencia, la literatura y la poesía en la modernidad de Europa. Dos corrientes europeas de pensamiento lo influenciaron fuertemente: el pensamiento positivista de Augusto Comte (1798-1857) y el pensamiento anarquista de Joseph Proudhon (1809-1865) y Pedro Kropotkin (1842-1921). "Además su estadía de un año en Barcelona, donde las fronteras entre republicanismo popular, anarquismo, librepensamiento, inmanentismo, masonería, feminismo, antimilitarismo, teosofía, anticlericalismo y otros varios ismos de corte radical fueron un buen caldo de cultivo para fortalecer al anarquista González Prada" (Suárez Cortina, 2006: 98). González Prada asumió también la interpretación de un Jesucristo humano según Ernest Renan (1823-1892).

González Prada no era solamente un pensador filosófico sino también un hombre de letras. Él trajo la novedad de las letras europeas para que sirvieran como punto de partida en la creación peruana de índole anticolonial. Renueva las formas literarias. Introduce nuevos géneros poéticos, junto con una teoría sobre la versificación que no tiene antecedentes en la literatura peruana (Portocarrero, 2006: 133).

A. La influencia del positivismo de Comte

El pensamiento de González Prada se caracteriza en primer lugar por la fe en la ciencia como clave del progreso de la humanidad; vale decir, el pensamiento positivista del sociólogo francés Auguste Comte. El poder de las ciencias no tiene límites. Sus luces harán retroceder la irracionalidad de los dogmas religiosos. De hecho, la crítica de la cultura hispano-clerical constituye una parte de la obra de González Prada. Él se apropia de la crítica a la religión, que era la contraparte de la modernidad en Francia. Allí encontró muchas obras y escritores anticlericales y antirreligiosos que defendían a la modernidad contra la cultura monárquico-eclesiástica. Se supone que Voltaire y Diderot fueron sus autores preferidos.

Sin embargo, él considera que, más que el sacerdote, el periodista ejerce la dirección espiritual de las muchedumbres. De acuerdo a su pensamiento satírico el periodismo no deja de producir enormes daños (González Prada, 2006: 95-98).

La meta última que fija Comte es la reforma moral de la sociedad. Se trata de aplicar el método científico y el desarrollo de las ciencias al análisis del universo político y social. En "Instrucción católica" González Prada afirma: "Conviene advertir que no cabe diferenciación entre ciencia y moral, desde que las reglas de la moralidad se derivan de los principios sentados por la ciencia. Con razón, Augusto Comte colocaba la verdadera moral, la moral sin teología ni metafísica, en la parte más encumbrada del saber, como foco luminoso en la punta del faro".

Sin embargo, González Prada se distancia de la propuesta política de Comte en cuanto a que la élite debía dirigir la sociedad. Bajo la influencia de la corriente del anarquismo de Proudhon y Kropotkin, el escritor peruano piensa que el cambio debe venir de la mayoría ignorada; en el caso del Perú, de los indios. La moral es inherente a todas las personas.

Tampoco está de acuerdo con Comte en cuanto a que la evolución de la ciencia inevitablemente llevaría a un cambio de la sociedad. Para González Prada no existe una evolución pacífica. En ese mismo sentido rechazaba la teoría darwinista de la lucha de las razas o de los individuos para sobrevivir. Para él, el darwinismo es una regresión científica y por lo tanto moral. "Riamos de los desalentados sociólogos que nos quieren abrumar con sus decadencias y sus razas inferiores, cómodos hallazgos para resolver cuestiones irresolubles y justificar las iniquidades de los europeos en Asia y África" ("Los partidos y la Unión Nacional", conferencia 21.8.1898). Los anarquistas destacaron la no identidad entre naturaleza y sociedad (Abramson, 2006: 47-55).

B. La influencia de Nietzsche

Friedrich Nietzsche, el autor más leído en su época, tuvo también influencia en González Prada. Nietzsche hizo una crítica del cristianismo, calificándolo de "religión que considera la vida en la Tierra como un tránsito a la vida futura, una habitación definitiva, dejando el mundo a los audaces" (González Prada, 2005: 95). Las religiones proclaman la inferioridad natural del creyente por proponer la imposibilidad de levantarse en la naturaleza sin ayuda divina. La voluntad de Dios siempre debe predominar sobre la voluntad humana. La pasividad cristiana que resulta de creer en la voluntad de Dios es una de las críticas más básicas de González Prada. Para él la voluntad nada tiene que ver con Dios, sino con la ciencia. Esta idea viene de Comte, cuando habla de los sectores "morales" de la ciencia. "La voluntad, firme y guiada por la ciencia, logra modificar el mundo externo, variar lentamente la condición moral de las sociedades y convertir al hombre en la verdadera Providencia de la Humanidad". La ciencia no es absoluta y por lo tanto está siempre en un proceso de transformación. Para los anarquistas la moral es individual. La moral emana de la energía del individuo. La moral es interior. No es exterior, como las leyes. Se desprende de la persona, quien la crea de acuerdo con su naturaleza y con su circunstancia. En esto González Prada se distingue del superhombre de Nietzsche y de las normas dadas por la Iglesia. González Prada sintetiza la creencia cristiana sobre el bien y el mal con el concepto nietzscheano de la voluntad (Ward, 2001: 182).

González Prada se diferencia de Nietzsche, que rechaza la moral, porque distingue entre el bien y el mal, y por ver la voluntad de realización como inherente a cada persona y no solo a la aristocracia del superhombre. Los individuos y las naciones no valen sino por su elevación moral.

Donde no hay justicia, misericordia ni benevolencia, no hay civilización; donde se proclama ley social la *struggle of life*, reina la barbarie. ¿Qué vale adquirir el conocimiento de un Aristóteles cuando se guarda el corazón de un tigre? ¿Qué importa poseer el don artístico de un Miguel Ángel cuando se lleva el alma de un cerdo? Más que pasar por el mundo derramando la luz del arte o de la ciencia, vale ir destilando la miel de la bondad. Sociedades altamente civilizadas merecerían llamarse aquellas donde practicar el bien ha pasado de obligación a costumbre, donde el acto bondadoso se ha convertido en arranque instintivo (González Prada, 2006: 216).

C. Manuel González Prada. El anarquismo

González Prada hace una sátira radical de la falta de ética e ignorancia del gobierno y de los partidos políticos, de la religión de la iglesia católica, del Congreso de la República, del poder judicial y del periodismo. Destruir todo porque nada vale la pena. "Donde se aplica el dedo brota la pus" (González Prada, 2005: 120).

Para González Prada, toda religión naciente es revolucionaria, así en el orden moral como en el político y social, mientras que la religión triunfante se vuelve conservadora y opresora. Lo mismo ocurre con los revolucionarios triunfantes que se convierten en gobiernos *de facto*. El poder corrompe. También el socialismo es opresor y reglamentario, a diferencia del anarquismo que es libre y rechaza el sometimiento del individuo a las leyes. Para lograr la eliminación de la desigualdad, los comunistas o socialistas introducían la autoridad o el gobierno dictatorial. Para el anarquista la autoridad elimina la libertad. Para lograr la libertad hay que echar por la borda al Estado. González Prada propone una verdadera revolución que concede la completa emancipación del individuo. Él discrepa con los socialistas que quieren subyugar a los burgueses y con los aristócratas por querer hacer lo propio con las clases humildes. (Por el desacuerdo con los postulados del marxismo la corriente anarquista fue expulsada de la Primera Internacional Socialista en 1872, en La Haya).

González Prada invirtió su energía en la prensa obrera y se adaptó al lector popular para predicar la violencia revolucionaria como única vía de redención de la humanidad oprimida. De acuerdo al pensamiento del anarquismo hay que distinguir la reforma social (para el pueblo) de la reforma política (para los propios políticos). "Reconocida la insuficiencia de la política para realizar el bien mayor del individuo, las controversias y luchas sobre formas de gobierno y gobernantes quedan relegadas a segundo término, mejor dicho, desaparecen. Subsiste la cuestión social, la magna cuestión que los proletarios resolverán por el único medio eficaz: la revolución" (González Prada, 2006: 60). Él recomienda alejar a los hombres de la política, enfermedad endémica de las sociedades modernas. "Dada la inclinación general de los hombres al abuso del poder, todo gobierno es malo y toda autoridad quiere decir tiranía". Las leyes de los políticos van en contra de la ley natural interior de los individuos porque las primeras suprimen la libertad. Los congresos, ya apartados del pueblo por ser antinaturales y por responder a *lobbies*, no representan un gran avance sobre el derecho divino de los reyes. La política carece de ética y de ideología. "¿Merecen llamarse revoluciones nuestras guerras civiles?" (González Prada refiere a la guerra entre Piérola y Cáceres).

González Prada intenta unir el positivismo con el anarquismo. La ciencia nos comunica la ley natural. La ciencia es la clave para el progreso material y espiritual. El anarquista reclama la plena libertad para el individuo. Por los conocimientos científicos y por su propia libertad los hombres buscarán el apoyo mutuo y cambiarán la sociedad. El cambio tenía que ser natural, derivado del acuerdo mutuo entre todos los habitantes. La necesidad de fortalecer los ingredientes solidarios que desde la teoría del "apoyo mutuo" de Kropotkin se impuso de un modo dominante entre los anarquistas de principios del siglo.

La energía de la moral permite luchar contra la opresión. El pensamiento libre y científico estimula a la mente para formar una verdadera conciencia. Sin embargo, la conciencia se armoniza por medio de la tolerancia. El mecanismo voluntad-tolerancia es el elemento integral en su sistema moral. Su búsqueda de la tolerancia conduce a la justicia, a la misericordia y a la benevolencia. La civilización no existe sin la moral.

Veamos ¿qué se entiende por civilización? Sobre la industria y el arte, sobre la erudición y la ciencia, brilla la moral como punto luminoso en el vértice de una gran pirámide. No la moral teológica fundada en una sanción póstuma, sino la moral humana, que no busca sanción ni la buscará lejos de la Tierra. El súmmum de la moralidad, tanto para los individuos como para las sociedades, consiste en haber transformado la lucha de hombre contra hombre en el acuerdo mutuo para la vida (González Prada, 2006: 216).

Este acuerdo mutuo para la vida, idea muy de Kropotkin, no se logra sin la mansedumbre, la tolerancia e incluso el sacrificio. La moral de González Prada es anarquista y tolerante. Es un poder interior, atributo de todos los hombres. Lo sintetiza en la frase: "Más arriba del vientre se halla el corazón y más arriba del corazón está la cabeza" (Suárez Cortina, 2006: 83).

3. Lyotard y Lipovetsky

A. Lyotard: La tecnología tiene la razón. La búsqueda de resultados

El filósofo francés Jean-François Lyotard (1924-1998) se preocupa por la legitimación del conocimiento.

La ciencia en la modernidad siempre fue considerada como el único verdadero conocimiento y los otros tipos de conocimiento como fábulas. En la época postindustrial, la idea de emancipación o de un progreso continuo del hombre, tal como la modernidad lo entendía, ha perdido credibilidad. Se cometió el error de recurrir a la filosofía para legitimar la ciencia. Se usaban los relatos de la dialéctica del espíritu (Hegel), la emancipación del hombre racional (Ilustración), el desarrollo de la riqueza (liberalismo) y el materialismo histórico (marxismo), etc. para garantizar la legitimidad de la ciencia.

Lyotard considera que nuestro concepto del conocimiento cambió en la época postindustrial. Él distingue entre el conocimiento narrativo y el conocimiento científico. El primero pertenece a una cultura y como tal tiene aceptación dentro de ella. No busca mayor fundamentación para legitimarse.

El conocimiento científico, que durante la modernidad tenía un carácter de certeza por la experimentación, es hoy en día cuestionado por la pregunta permanente de la falsificación. El conocimiento adquirido podrá siempre ser superado por otro que demuestre lo contrario. Los inventos científicos tienen poca duración. La ciencia no puede fundamentarse a sí misma. Las condiciones de la verdad —es decir, las reglas del juego de la ciencia— son inmanentes al juego mismo. Son establecidas dentro del propio debate científico y van cambiando de acuerdo a los avances.

La Ilustración justificaba la ciencia también por la autonomía de los actores históricos en su compromiso ético, político y social. Esta justificación tampoco procede hoy en día. Ciencia y praxis tienen su propio discurso, con sus propias reglas. La ciencia no puede justificar las reglas de otros lenguajes. Pensamiento teórico y pensamiento práctico-ético son realidades diferentes. La ciencia no puede prescribir porque describir un hecho no implica dar a conocer a la vez la norma.

¿Cuál es el origen de esta problemática? Hoy podemos afirmar que la ciencia positiva no es un saber. Puesto que la ciencia no puede legitimarse a sí misma, ella se vuelve un instrumento de poder. Las reglas de las ciencias son aceptadas, pero no probadas. La crisis del saber científico viene por la imposibilidad de esta legitimación, debido a que las fronteras de investigación se desplazan permanentemente (Lyotard, 1979: 65). El nihilismo surge por esta exigencia de autolegitimación de la ciencia. Las nuevas tecnologías se preocupan de los medios y no de los fines.

Esta situación de la posmodernidad demuestra un pesimismo. No existe un lenguaje universal que abarque una emancipación de los sujetos en un sistema. Los sabios son meramente científicos que ejercen tareas parciales. Estamos en un positivismo de ciencias particulares. El conocimiento es parcial y ya no es posible una filosofía que dé una visión global o universal, que indique fines o valores para lograr la emancipación de la humanidad. Se trata, de ahora en adelante, de intentar ejecutar las tareas sobre la base de conceptos utilitarios. Las ciencias deben su estatuto a lenguajes de reglas que son el resultado de un consenso, no de una demostración. Esto significa que la razón se entiende ahora como una multiplicidad plural de sistemas y axiomas. Ya no existe la razón universal. Los científicos ya no buscan un consenso sobre lo verdadero, lo justo o lo bello sino el principio más eficiente. La ciencia se volvió pragmática (Lyotard, 1979: 69-78 y 86).

Este trabajo científico supone financiamiento. La ciencia se vuelve un privilegio de los ricos y el más rico tendrá la razón. Riqueza, eficiencia y verdad se juntan. Las técnicas se hacen dueñas de la realidad. Los resultados prácticos de la ciencia y de la tecnología prescriben el orden de la sociedad. Las técnicas tienen la razón. Los centros de investigación están en las empresas transnacionales y sirven al crecimiento del poder. También los centros educativos dependen del nuevo poder. El saber ya no tiene sentido en sí mismo para la emancipación de la persona, como era antes. La preocupación del profesor y del estudiante ya no es por la verdad sino por su utilidad: ¿para qué sirve? En otras palabras: ¿se puede vender? Entramos en un mercado de competitividad.

La conquista del saber ya no es la de crecer en la vida del espíritu o alcanzar la meta de la emancipación de la humanidad. Se trata de utilizar los conceptos y tecnologías para beneficiarse de los logros prácticos. Ya no existe un lenguaje que formule los fines y el buen uso, sino una razón en búsqueda de resultados.

El conocimiento hoy en día es y será la apuesta más importante en la competencia mundial por el poder. Los estados lucharán por el poder de la información. Sin embargo, estos han perdido estabilidad por las nuevas formas de circulación de los capitales de las empresas multinacionales. La pregunta es si el conocimiento sirve para el desarrollo de la sociedad o para la fuerza productiva. El manejo de las decisiones ya no depende de los políticos, de las profesiones, de las instituciones, sino de los expertos, altos funcionarios de los organismos y directorios de empresas. Estamos en el capitalismo informático. El saber, la ciencia, son poderes que alimentan la fuerza de producción. La primera frase del libro de Lyotard dice que le interesa solamente estudiar el saber en los países desarrollados. Los "países en desarrollo" no lo tienen. Su atraso es siempre más grande. El capitalismo en la sociedad posmoderna es transparente, es el presente y el futuro. La historia terminó porque nunca existió un sentido de esta. Cada uno significa poco en este contexto y el fin de la vida es solo una tarea individual. Al ser humano lo van a entretener con el cine, la televisión e Internet. Con la desaparición de la nación, de las grandes ideologías del liberalismo y del socialismo, del materialismo histórico, de los notables relatos como la Biblia y de la ciencia de la historia, los vínculos sociales se disuelven en una masa de átomos individuales.

B. Lipovetsky: El individualismo y el hedonismo

El filósofo francés Gilles Lipovetsky (1944) encuentra un individualismo contradictorio en la sociedad actual. Quienes se aprovechan del sistema están identificados por interés individual y los otros se encierran en su vida personal, ajena al sistema político-económico. La preponderancia de la especulación financiera, el creciente número de marginados de la vida económica, el aumento de la criminalidad, la debilidad de los gobiernos, la reducción de la protección social, la competencia económica en el mercado sin control jurídico, el hundimiento de la educación, etc. Estamos en el reino del individualismo irresponsable. El neoliberalismo ha perdido los valores de la Ilustración.

Los derechos individuales prevalecen sobre los deberes colectivos. El crecimiento de los deseos y derechos de autonomía eliminó el sentido de la moral interindividual y promovió la indiferencia por el interés público y la "'democratización' de la corrupción".

Sin embargo, el autor considera que la opinión pública rechaza la violencia que amenaza la seguridad individual y colectiva. Asistir a las elecciones nacionales no le parece obligatorio a la gente, pero se rechaza la violencia política. Se apoyan valores de la moral individual como la honestidad, la no-violencia, pero no las obligaciones con la sociedad. Hay un gran rechazo a la política del Estado. El fraude fiscal del ciudadano que perjudica al Estado no se considera grave. Se da prioridad a los derechos humanos e instituciones autónomas como defensa contra el Estado. Se organizan y muestran interés a escalas menores como la familia, los amigos y el barrio. Se ha perdido el sentido del sacrificio, la lucha por los grandes ideales de la democracia, la patria, el sindicalismo, el heroísmo, etc. Se trata de una ética nueva, sin sanciones ni obligaciones. Todo está permitido. La culpa no existe. Esta idea les gusta mucho a los que pueden aprovecharse del sistema.

La familia es la única institución por la cual están los posmodernos dispuestos a sacrificarse. Sin embargo, se la entiende en un sentido diferente de la moral tradicional: derecho a convivir, derecho a divorcio o separación, derecho a relaciones extra-pareja, derecho a los métodos anticonceptivos, pocos hijos, recurrir a bancos de semen, vientres alquilados, inseminación artificial. El concepto de familia ha cambiado. Ya no es un fin en sí misma sino una institución en función de los derechos y deseos individualistas. La familia se puede construir y reconstruir. Los padres cumplen con sus deberes frente a los hijos, pero no van a sacrificar su vida personal. Solo se educa para que los hijos sean *autónomos*. Los deseos y derechos prevalecen sobre las obligaciones (Lipovetsky, 1992: 167).

Durante una tradición de siglos la moral formaba parte del culto a Dios. Para los modernos la moral se independiza de la religión. Los ideales de soberanía individual e igualdad constituyen entonces los principios de una moral democrático-universal. Están en el derecho natural de las personas, son verdades evidentes por sí mismas. El hombre busca su felicidad terrenal.

Lipovetsky propone, al contrario, una ética mínima sin obligación ni sanción (Lipovetsky, Ibíd.: 60). Él señala que después de la Ilustración el pensamiento de la economía liberal promoverá el derecho de solo pensar en uno mismo. Los derechos del individuo van a prevalecer en la vida económica, política, social y moral. La moral se convierte en un derecho y no en un deber. Las pasiones del egoísmo y los vicios son instrumentos para lograr la felicidad. Vivimos una cultura narcisista de la higiene, del deporte, de la estética y de la dieta, del relajo, del bronceado, de la delgadez, etc. (Ibíd.: 57). Nadie quiere hacer algo grande en la historia. No vamos a ningún lado. Solo existen pequeñas historias. Desaparecieron los grandes sistemas y los partidos autoritarios.

El filósofo Lipovetsky no era nihilista sino una especie de hedonista de la posmodernidad, a la que describe tal como él quiere vivirla (Feinmann, 2008: 722).

Evaluación

A pesar de los ingentes aportes científicos y tecnológicos de la modernidad, que permitían un gran avance para la humanidad, en el siglo XIX se produce su cuestionamiento. Sus máximos exponentes fueron Marx, Nietzsche y Freud que cuestionaban la razón. Ellos están al inicio del escepticismo, característica de la filosofía del siglo XX, y de la época que se llamará posteriormente la posmodernidad. Freud descubre la existencia de la subconsciencia que influye en las decisiones y comportamientos del hombre, independientemente de la razón. ¿Cómo pueden entenderse los conceptos de "sujeto", "razón" y "autonomía" tras el psicoanálisis?

El pensamiento de Marx es determinista por su teoría mecanicista del desarrollo de las fuerzas de producción y no deja ningún espacio para el sujeto con sus ideas. El comunismo es un futuro que está previsto en el curso de la historia. La ética vendrá en el futuro. El método marxista-leninista de la lucha de clases busca instalar la dictadura del proletariado que resolverá todos los problemas, incluso los éticos.

Para Nietzsche ya no se trata de construir un mundo humano, un reino de los fines donde los hombres sean iguales en dignidad. No existe un reino de los fines o ideales. Humanidad, ideología, patria, república, revolución, democracia, socialismo, emancipación, progreso e igualdad son un engaño, son quimeras de las vidas fracasadas y mediocres. Todos los ideales o valores, de derecha o de izquierda, tienen una estructura teológica; es decir, buscan algo superior o trascendental a la vida. No quieren ayudar a la humanidad sino condenar la vida misma en lugar de asumirla tal como es, porque los instintos de poder son la única verdad. Cada juicio pertenece a la vida y no puede situarse fuera de ella. La razón es solo el reflejo de intereses. La libertad es la voluntad de poder.

Ya no estamos en la cultura de la razón y de los valores sino en la de las pasiones e instintos. Los intereses en lugar de los derechos. Para Baudrillard la vida progresa por la inmoralidad.

Ya no hay leyes de la historia, ya no hay clases, no hay diferencia entre socialismo y capitalismo. Cuando se pierden los fines se pierde la autoridad para exigir deberes. Estamos con un sujeto abstracto en un mundo caótico. Los valores morales ya no satisfacen las exigencias funcionales del aparato productivo y no hay obediencia al Estado. Se trata de vivir con amor al presente, *amor fati*. No preocuparse del pasado o del futuro. Hay que escoger lo que queremos vivir y seguir viviéndolo. El pasado y el presente no pueden echarnos la culpa de no haber actuado como debía ser o de hacerlo de otra manera. Hay que vivir el momento. No hay que distinguir entre acontecimientos malos o buenos.

Nietzsche ha definido la nueva cultura. El señala que la búsqueda de Ulises ha llegado a su término cuando se ha descubierto que no hay nada por buscar. El bien y el mal son valores relativos. Uno no vale más que otro. Es el fin de la cultura y de las aspiraciones humanas. Los valores ya no existen. Es la catástrofe final. Él es uno de los primeros que señala con claridad que la desaparición de Dios significa también el fin de la moral. No es el grito triunfal de la ilustración o de Marx sobre la caída del tirano sino del terror ante un ser humano despojado del sentido de su existencia y toda protección. Nietzsche cambió un ateísmo contento de sí mismo en una ateísmo angustiado y sufrido. La felicidad del hombre es nauseabunda (Allan Bloom, 1987: 222-225).

El fin de la fe en Dios es al mismo tiempo el fin de los valores tradicionales porque ya no tienen el fundamento de la autoridad divina. La separación entre ética y religión ha llevado a una desintegración de la ética porque el universo es indiferente. ¿Dónde está la autoridad que obliga a cumplir con las normas? Nosotros decidimos lo que es el bien y el mal. El Estado necesita una gran fuerza para proteger a los unos de los otros.

El filósofo ateo Jean-Paul Sartre y el existencialismo critican a los filósofos de la modernidad que aceptaron la muerte de Dios con mucha ligereza. No se habían dado cuenta de las consecuencias de la negación de la existencia de Dios para poder construir una ética de la autonomía absoluta del hombre. Los valores se habían quedado sin ningún fundamento. No se dieron cuenta de que los valores tradicionales tienen su fundamento exclusivamente en Dios. Puesto que Dios no existe, afirma Sartre, el hombre está condenado a la libertad, una libertad sin normas. Si la historia no tiene una finalidad tampoco puede existir una moral que obliga. La felicidad de este hombre es nauseabunda.

Luc Ferry cuestiona el amor del presente (*amor fati*) que propone Nietzsche de la siguiente manera: amar lo que conviene es fácil, pero ¿cómo podemos amar a los verdugos? Él cita a Theodor Adorno, quien se pregunta si se puede amar al mundo tal como es después de Auschwitz. ¿El amor del momento no puede volverse obsceno en algunos casos? Si debemos aceptar todo tal como está, ¿no nos estamos haciendo cómplices del mal? ¿Qué significado tienen rebeliones y críticas si están inscritas desde la eternidad en la realidad con el mismo valor que lo que ellas combaten? Sé que el argumento es trivial. Sin embargo, nunca he visto un materialista, antiguo o moderno, que haya podido aclarar el problema (Ferry, 2006a: 264). Si este amor es imposible, ¿Nietzsche no estaría planteando un nuevo ideal? Si el amor al mundo tal como es no es practicable, ¿Nietzsche no estaría presentando una nueva forma de nihilismo? ¿Por qué acabar con los ideales de Occidente si él mismo termina planteando un ideal? ¿No está proponiendo un amor trascendental, un objetivo inaccesible? Los actuales seguidores de Nietzsche no se dan cuenta de que son kantianos porque pasan el tiempo juzgando a los demás. Para opinar y juzgar hay que creer en valores. Ellos se contradicen porque niegan en teoría los valores, pero en la práctica los usan para criticar a todos (Ferry, 2006a: 118).

Ferry considera que la filosofía de Nietzsche es un antihumanismo, una destrucción de los grandes ideales de la Ilustración, como el progreso, la democracia, los derechos humanos, la república, etc. De modo que no fue casualidad que Hitler le regalara a Mussolini una edición de las obras completas de Nietzsche. También se puede ver a este como precursor de un nuevo mundo en el cual los ideales serán reemplazados por la lógica de la voluntad del poder. Nietzsche destruye la noción de "finalidad", la búsqueda de objetivos, la posibilidad de encontrar un sentido y realizar un objetivo en esta vida, para reemplazarla por "el poder por el poder" y por el cinismo de las leyes ciegas del mercado y de la competitividad mundial (Ferry, Ibíd.: 228-232).

Según Ferry la gran tarea urgente está en crear ideas nuevas para poder encontrar *un mínimo de poder sobre el curso de la historia*. Ya no es el poder el que molesta sino la falta de este.

Manuel González Prada insiste en la necesidad de la moral que solo existe a nivel de las decisiones prácticas del pueblo. Rechaza a las autoridades de las instituciones estatales porque son ignorantes y corruptas. Él no tiene un modelo para reemplazar los poderes existentes políticos, económicos y religiosos. ¿Cómo se puede garantizar una sociedad igualitaria sin leyes? Es difícil creer que todos los individuos buscarán espontáneamente el bien común. Hay una contradicción en su pensamiento cuando declara que, por un lado, la moral es producto de la ciencia, y por otro lado sostiene que la moral del mutuo acuerdo es inherente a la naturaleza humana. También hay una contradicción cuando se opone a la sanción porque hay que respetar la libertad y, por otro lado, exige dicha sanción (González Prada, 2006: 196, 197).

Gonzalo Portocarrero (2006: 131, 132) considera que:

[…] el rechazo total o ruptura con la tradición criolla de parte de González Prada es imposible porque confirma la vigencia de una de las actitudes más características del mundo criollo: la (auto) crítica despiadada. Sea como fuere, la actitud sarcástica es la continuidad con el mundo criollo que González Prada no puede controlar. Se trata de una actitud que le produce intenso goce. Es la burla despiadada en la que el objeto de escarnio pasa a convertirse en un pretexto para hacer gala de un genio decididamente agresivo y tanático. El desborde de lo satírico impide la recepción de lo novedoso y lo revolucionario que ella contiene. El sarcasmo se sitúa en el orden del exceso […] La negación categórica de la tradición en que uno se ha socializado se nutre del deseo de una imposible automutilación.

La lectura de *Horas de lucha* no aportará un cambio positivo en las personas y en la sociedad porque no propone caminos de solución. Al contrario, promueve la falta de autoestima en los individuos.

Lyotard y Lipoversky expresan la posmodernidad a su manera. Para Lyotard la ciencia no puede fundamentarse a sí misma. Los científicos ya no buscan un consenso sobre lo verdadero, lo justo o lo bello sino el principio más eficiente. Ya no existe un lenguaje que formule fines y el buen uso sino una razón en búsqueda de resultados técnicos para producir mejor. La técnica tiene la razón. Los resultados de la tecnología definen el orden político, jurídico, ético. Los otros conocimientos como el ético son relativos y solo tienen valor dentro de cada cultura.

Sin embargo, es un error pensar que los expertos pueden liberarnos de las decisiones que todos nosotros hemos de tomar. La función especializada del hombre en el trabajo no lo es todo en nuestra existencia personal y social. Nuestra función no es solo la aplicación de las ciencias en la técnica, sino más bien consiste en fijar fines comunes o valores y realizarnos por medio de una reflexión práctica a lo que hay que hacer en cada situación.

Lipovetsky es el más superficial de los posmodernos. Como señaló el filósofo argentino Feinmann, es un hedonista que busca defender su propio estilo de vida. Lipovetski afirma la prevalencia de los derechos individuales sobre los deberes colectivos. La moral se convierte en un derecho y no en un deber. De la misma manera la educación de los hijos consiste en respetar su autonomía, lo que no implica necesariamente su educación y su realización. Los padres no se preocupan por los hijos. El hijo es autónomo. (La máxima aspiración del hombre moderno es la autonomía). Hay un gran rechazo al Estado y el hombre construye o se reconstruye en función de sus "derechos" individualistas.

El filósofo uruguayo Alberto Methol Ferré concluye que el individualismo y el *escepticismo* desembocan en un libertinaje. En una sociedad sin ideal o moral el consumo promueve el *hedonismo*, el consumismo sexista, la multiplicación descontrolada de la pornografía, el erotismo y el placer inmediato. El eterno círculo del placer del poder y del poder del placer.

La verdad en (lo que él llama) el ateísmo libertino es la percepción de que la vida misma está hecha para gozar. Efectivamente, sin esta satisfacción fundamental nadie soportaría los sufrimientos. El núcleo profundo es una necesidad recóndita de belleza.

Sin embargo, el dolor del libertinaje radica en una satisfacción insuficiente porque pervierte la belleza del amor por romper su unidad con la verdad, el bien y la justicia.

El ateísmo libertino no cree en la justicia, no tiene causas que perseguir, defender, promover, excepto la búsqueda del gozo y de la imagen de la belleza que se ha formado. Lo bello, sin embargo, tal y como se concibe en el ateísmo libertino, sufre una tergiversación, porque la esencia de lo bello es su nexo con la verdad y el bien; es inseparable de la primera y del segundo. Algo bello separado, arrancado, se vuelve esteticismo; vitalidad pura que afirma el placer a toda costa. Al final se vuelve cómplice de la injusticia (Methol Ferré, 2006: 115).

Ya no existe una relación personal. Se elimina el tú. Se cae en un subjetivismo que goza sin ley y los únicos límites son los establecidos por la propia voluntad.

Para la pornografía no hay nadie detrás del cuerpo. No interesa saber quién es el otro. No hay diálogo. Se trata de un cuerpo sin un tú, al servicio del eros. El sexo sin el bien y la justicia se vuele violento, rompe toda relación humana, destruye al otro y reclama violencia tras violencia.

El ateísmo libertino no cuestiona la sociedad, sino que usa la democracia para una reivindicación del placer de cada uno, desentendiéndose de los demás. La droga se vuelve algo normal para los que ya no encuentran la satisfacción de una verdadera relación personal o familiar, y en los sectores empobrecidos para los que ven el bienestar en la televisión, pero no en la realidad. La droga es un sustituto.

La forma más característica de difusión del consumo es la publicidad, que a su vez está en función de un mayor lucro por parte de quien detenta el poder económico. En un mundo sin valores, el único valor que permanece es el del más fuerte: el poder. El agnosticismo libertino se transforma en el principal cómplice del poder establecido; de hecho, la forma más característica de difundirse es la propaganda, que a su vez está en función de un mayor lucro para quien detenta más poder (Alberto Methol Ferré, 2015: 53).

La idea del "individuo" surgida en la historia europea como núcleo de la construcción de la sociedad y profundizada de manera casi dogmática en el Siglo de las Luces ocupa un lugar central en la filosofía moderna. El individuo se siente realizado cuando no es coherente consigo mismo ni con los demás porque se siente libre, que es la norma máxima en la modernidad. Él decide. Él es el centro desde el cual surgen los cambios. El desarrollo de una vida autónoma lo aleja de las dimensiones sociales de la sociedad.

Podemos concluir este capítulo con las "tareas" que Nietzsche dejó para el mundo actual. De acuerdo a sus deseos, ningún ideal dirige el curso del mundo. Con justa razón Heidegger lo llamó el "pensador de la técnica", el que acompaña el desencantamiento de la sociedad, la desaparición del sentido y de los ideales a favor de la lógica de la voluntad de poder. Nietzsche definió la nueva cultura del antihumanismo. No hay diferencia entre el bien y el mal. Uno no vale más que el otro. Es el fin de la cultura y de las aspiraciones humanas. Nosotros no descubrimos o estimamos el bien por el bien, sino que decidimos lo que es el bien y el mal. Los valores ya no existen. En esta situación el Estado necesita una fuerza policial cada vez más grande para protegernos los unos de los otros. La destrucción del "yo", de la sociedad, de la historia y de la religión, proclamada por Nietzsche, ha llegado a su plena realización en la posmodernidad. Cuando se pierden los fines se pierde la autoridad para exigir deberes. Estamos con un sujeto abstracto en un mundo caótico. La modernidad buscó la cultura de las luces y terminó en la cultura de la obscenidad, de acuerdo a las palabras de Baudrillard (1983: 71-72). Hay gente que considera que la filosofía de Nietzsche es la correcta definición del hombre. Los valores no existen y no deben existir. *Toda la enorme vulgaridad de la sociedad actual es normal.*

El liberalismo económico seguirá su propio camino, iniciado por Hume, cuya filosofía afirma que la razón no tiene injerencia en la moral. Después del colapso del comunismo seguirá la socialdemocracia, heredera del socialismo. Tenemos hoy en día una sociedad tecnócrata o una socialdemocracia sometidos a los grandes poderes económicos.

El positivismo ha impuesto el lenguaje de las ciencias y las tecnologías. No hay sitio para juicios morales porque no tienen relación con los hechos materiales o con la verdad científica. El nuevo lenguaje científico surge por observar la realidad material que es cuantitativa y por lo tanto su lenguaje es cuantitativo o matemático. El único criterio de valor es el uso.

El liberalismo político encuentra su solución en el liberalismo económico. La clave para entender la historia está en el proceso necesario de la economía.

El derecho, por lo tanto, no se fundamenta sobre los juicios de valor. Ya no hay que apelar a las virtudes o valores como la justicia para organizar la sociedad. No existe un derecho superior a la ley positiva. El derecho o la ley es expresión del proceso histórico necesario de la economía. El derecho pasa de un modelo dogmático-finalista a un modelo pragmático-gestionario. El derecho es solo gestión pragmática. Los valores son subjetivos y difieren de sociedad en sociedad. La virtud es hipocresía.

En los próximos capítulos vamos a presentar los pensamientos que tienen una presencia preponderante en el mundo actual. Intentan reconstruir un nuevo humanismo.

Se trata en primer lugar de un esfuerzo global por recuperar el tema de los derechos humanos de la Declaración de Independencia de los Estados Unidos y de la Revolución Francesa para superar la crisis de la pérdida total del valor del individuo y de las relaciones entre los pueblos, señalada principalmente por Nietzsche. Los derechos humanos son generalmente aceptados por todos, pero pueden discrepar en algunas interpretaciones diferentes, en acuerdo a la respectiva filosofía.

En segundo lugar, está el pensamiento que postula que la ciencia y la tecnología definen el destino de los hombres, llamada filosofía analítica o naturalista, predominante en Estados Unidos donde tiene también su desarrollo principal.

En tercer lugar, expondremos la filosofía del consenso del filósofo Jürgen Habermas, quien considera que el positivismo de las ciencias naturales deshumaniza a la sociedad y propone una teoría de la comunicación.

Si los hombres no tienen la capacidad de entender argumentos morales, no podríamos pensar en la construcción de una democracia justa y estable. También en una sociedad multicultural es necesario que todos coincidan sobre cuestiones esenciales.

En una sociedad relativista de la posmodernidad la juventud difícilmente puede entender un mensaje de valores porque no concuerda con lo que se escucha y vive.

Capítulo IX

LOS DERECHOS HUMANOS

Introducción

El filósofo ateo A. Comte-Sponville se pregunta: ¿qué queda de una comunidad cuando ya no se la puede fundar sobre una comunión religiosa? Una comunidad no es un conglomerado de individuos aislados unos de otros. Es la comunión la que hace la sociedad y no al revés. Actualmente solo nos queda cultivar nuestro pequeño círculo individual privado, llamado individualismo por los sociólogos. Es la expresión del actual sistema económico. Los domingos se llenan los supermercados en lugar de las iglesias. Una sociedad que solo puede ofrecer supermercados a sus jóvenes ya no tiene futuro.

¿Cómo se puede escapar a la guerra de todos contra todos, si la virtud no es más que la máscara del amor propio, si nadie puede confiar en el otro y si uno solo puede confiar en sí mismo? Esta es, en definitiva, la cuestión lanzada por la modernidad, esta civilización extraña que, la primera en la historia ha fundado su progreso sobre la desconfianza metódica, el miedo a la muerte y la convicción de que el amor y el darse son actos imposibles (Michéa, 2010: 191).

La revolución estudiantil de 1968 pretendía un cambio político-económico-social, apoyado por filósofos como Heidegger, Sartre, Althusser y otros que evitaban hablar de la moral. Se quería vivir, como decía Nietzsche, por "encima del bien y del mal". La moda era la amoralidad. Predominaba la ideología de la política. Todo era político. La política era la moral. Sin embargo, no se logró el pretendido cambio de la sociedad como lo proclamaban los grandes filósofos de esa época: Sartre, Foucault y Derrida. Solo se consiguió cuestionar el principio de autoridad en todos los niveles y ridiculizar las normas éticas.

"Democratización no significaba reformar los procedimientos con vistas a una mayor responsabilidad, sino eliminar a todas las autoridades en nombre del 'discurso libre de dominio'; es decir, de la permanente discusión de todo por todos. Este es el lugar en el que Jürgen Habermas corrió el peligro de ser malentendido, hasta que se diferenció claramente de aquellos a los que llamó 'fascistas de izquierda'" (Dahrendorf, 2006: 60).

Sin embargo, desde los años ochenta estalló un gran debate sobre los valores morales y su papel en la economía, en la política y en la vida diaria. A diferencia de la revolución estudiantil de mayo de 1968, cuando la juventud se rebelaba contra la autoridad, "prohibir lo prohibido", el papa Juan Pablo II convocó a un millón de jóvenes en París (1998), aunque su discurso no era demagógico, porque la juventud reclamó un sentido para su vida. (Comte-Sponville, 2004). Una especie de comunidad de valores es condición necesaria de las oportunidades de vida. Los jóvenes buscando un sentido.

Ralf Dahrendorf llama estructuras de vidrio y hormigón a las instituciones de la libertad, a los partidos políticos, a la democracia, al mercado y a los tres poderes del Estado. No ofrecen un sentimiento de pertenencia. Faltan estructuras y ligaduras más profundas. Ni siquiera la sociedad civil brinda un ambiente donde se vivan las normas éticas. Carecemos de indicaciones que nos permitan distinguir entre lo correcto y lo incorrecto, entre vías de acción deseables y no deseables. Los valores o la ética son los verdaderos lazos imprescindibles para unir a las personas y dar sentido a su existencia: amor, solidaridad, confianza, justicia, etc.

Todas las filosofías modernas tienen la dificultad de defender la dignidad intrínseca de la persona. El hombre ya no es un ser creado por Dios con un destino, y por lo tanto con dignidad, sino es una casualidad en la indiferencia inmensa del universo. En el universo nadie manda, nadie obedece y nadie es culpable. El hombre es tal como aparece empíricamente. Se distingue del animal por sus productos culturales, pero no hay nada que fundamente su dignidad moral. Es imposible fundamentar la igualdad sobre cualidades y capacidades empíricas porque ellas son desiguales. Al comienzo del siglo XXI siguen las guerras tal como al inicio de la historia humana. La matanza de niños es un simple daño colateral, y la muerte por hambre se debe a las leyes (derechos) del mercado.

Muchos líderes intelectuales, filósofos, sociólogos y psicólogos del siglo XX, y preferentemente los sociólogos de la posmodernidad, parten siempre del prejuicio de que la ética no existe o no debe existir. El mismo problema lo encontramos en los líderes políticos.

No obstante, a partir de la segunda mitad del siglo XX muchos defienden la necesidad de la ética. Con esta tendencia colaboró significativamente la recuperación del aporte histórico de la revolución de París: "los derechos humanos". Esta afirmación incluye inevitablemente la universalidad de los conceptos. Un multiculturalismo absoluto imposibilita el entendimiento entre personas y culturas.

Estos filósofos sostienen que las normas éticas no tienen una existencia ontológica y no tienen un carácter absoluto, pero *se reconocen los valores y los derechos independientemente de su fundamentación porque el hombre es capaz de las cosas más atroces.*

Ellos sostienen actualmente que los derechos humanos son *el producto de un proceso histórico* en una lucha contra abusos, violencias y represiones. El descubrimiento de las culturas latinoamericanas (¿son hombres?), la independencia de la colonia norteamericana, la filosofía de Locke y la Revolución Francesa contribuyeron a la formación de la idea de la dignidad humana. Ellos son el *producto de una larga historia* y hacen la sociedad posible en un universo sin sentido. No se puede negar la idea de valores y los derechos humanos *sin entrar a cuestionar la posibilidad de vivir con otros. Necesitamos* creer *en los derechos*. (Nietzsche dijo que la modernidad creía en la razón). Se considera la idea de la *dignidad humana como evidente* y es un deber moral obligatorio para todos. La justicia no permite lesionar los derechos de los demás.

Para resolver toda esta problemática de la fundamentación Paul Ricoeur sugirió la reformulación de la metafísica en términos de la función *meta* (Ricoeur, 2008: 58-63). Tanto el pensamiento teórico como el práctico necesitan un *principio* o una *idea reguladora* que los justifique para evitar perderse en el caos del universo sin rumbo. ¿Si todo es caótico, cómo podemos hablar de pensamientos y actitudes racionales? Este principio es llamado hoy en día la función *meta* para los que no aceptan la metafísica. Se llama meta-ética. Paul Ricoeur considera que este planteamiento no tiene nada de revolucionario. Se sitúa en la línea de las especulaciones sobre los trascendentales de la Edad Media, su distinción y su convertibilidad mutua. En la Edad Media fueron: *ens, unum, verum, bonum* y *aliquid* (Ricoeur, 2008: 61).

1. Los derechos humanos

Al término de la Segunda Guerra Mundial se comprendió que el orden jurídico había sido corrompido por la arbitrariedad de los poderosos, nazismo, dictaduras y se decidió retomar una de las ideas principales de la Ilustración: los derechos humanos en defensa del individuo contra cualquier forma de represión. Europa conoció dos guerras mundiales con setenta millones de muertos. Fue así que se firmó en 1948 la Declaración de los Derechos Humanos en las Naciones Unidas porque se quería acabar con un mundo corrupto y violento.

Posteriormente, también después del fracaso del cambio de estructuras, pasando de la propiedad privada de los medios de producción a la propiedad estatal de estos en la ex Unión Soviética, se busca revertir la situación por medio de la recuperación de esta idea importante de la revolución de París; es decir, los derechos humanos.

La formulación de la Declaración de los Derechos Humanos tiene su origen en el siglo XVII y su plasmación en la Declaración de Independencia de Estados Unidos (1776) y en la Declaración de la Revolución Francesa (1789). Los derechos humanos son producto del pensamiento filosófico de la Ilustración y del liberalismo, ideas de Locke, Rousseau y Kant. La declaración de 1789 expresa la emancipación civil de cada ciudadano y, por tanto, la disminución del poder estatal. El modelo del contrato aprobado indica que los ciudadanos tienen el poder y lo delegan a autoridades del Estado. Son los individuos los que constituyen la sociedad y, por lo tanto, hay un reclamo de derechos individuales como propiedad, seguridad jurídica, libertad de conciencia, libertad de asociación, libertad de religión, libertad política, libertad de opinión pública, derecho a la vida, etc.

Las grandes religiones tradicionales, la Biblia, Rabbi Hillel, Confucio y la epopeya *Mahabharata* coinciden en declarar la dignidad intrínseca y la igualdad de todos los hombres.

La tradición judeo-cristiana ha dado dignidad a todos, independientemente de sus talentos, estatus social o juicios humanos. Todos los hombres tienen valor intrínseco porque Dios los ha creado. El hombre está hecho a la imagen de Dios (Mateo, 5: 43-48; Lucas, 6: 27-36; Génesis, 1: 26). Para Savater y Ferry los derechos humanos provienen de la cultura cristiana pero su formación y promulgación son una realización laica de la razón ilustrada (Savater, 2004: 143; Ferry, 2006a: 91).

En el hermoso documento de 1948 se declara que el fundamento de los derechos está en el reconocimiento de la dignidad *inherente* a cada persona humana. La diferencia con las anteriores declaraciones está en el énfasis sobre el adjetivo "inherente". Se trata de una dignidad que es propia del hombre, que impone una norma indiscutible. Es por lo tanto una decisión ética y es, además, la decisión central de la ética porque se trata del fundamento de todo, de la norma para el derecho y la política. Juan Pablo II ha calificado a esta declaración como "una piedra miliar en el camino del progreso moral de la humanidad" y "continúa siendo en nuestro tiempo una de las más altas expresiones de la conciencia humana" (Asamblea de las Naciones Unidas, 5.10.1995). Específicamente se mencionan los derechos de libertad de conciencia, prensa, opinión y asociación, participación, el voto electoral y los derechos sociales, de educación y de domicilio.

Reunir los derechos de libertad y los derechos sociales llevó a debates. Todos los países firmantes asumieron en sus constituciones a la persona como fin y fundamento de la sociedad. Sin embargo, de los 58 miembros, 48 votaron a favor, ocho se abstuvieron y dos estaban ausentes. Las abstenciones eran del futuro bloque de la Unión Soviética, Arabia Saudí y Sudáfrica. (Los países firmantes de Europa occidental eran, en ese momento, dueños de colonias). Los países árabes no aprueban los derechos elementales de la mujer y la libertad de culto.

También en la Conferencia Mundial sobre Derechos Humanos en Viena (1993), el ministro de Relaciones Exteriores de Singapur advirtió que "el reconocimiento universal de derechos humanos puede ser dañino si el universalismo es utilizado para negar o enmascarar la diversidad". Los pueblos asiáticos argumentan que mientras Europa puede haber sido la cuna de la libertad y de los derechos individuales, los "valores asiáticos" atesoran la disciplina y el orden, y esto, se supone, "es una prioridad maravillosa" (Sen, 2007: 132, 133). Por influencia de la mayoría de los países presentes, los asiáticos, "La declaración de Viena no contenía ninguna ratificación explícita de los derechos a la libertad de expresión, de prensa, de reunión y de religión, y de ese modo era en muchos aspectos más débil que la declaración de los Derechos Humanos que la ONU había adoptado en 1948". Este cambio ponía de manifiesto la decadencia del poder de Occidente. "El régimen internacional de derechos humanos ya no existe. La hegemonía estadounidense se ha desgastado. Europa, aun con los acontecimientos de 1992, es poco más que una península. (Samuel Huttington, 2013, 262). También es importante tomar nota de la función de Occidente en el socavamiento de "los derechos y las libertades individuales" por la colonización en otros países, entre ellos los africanos (Sen, Ibíd.: 138).

El segundo paso internacional fue el Estatuto de Roma (1998) donde los países acuerdan formar una corte penal internacional con autoridad en torno a tres temas: genocidio, crímenes de lesa humanidad y crímenes de guerra. No todos los países suscribieron la totalidad de los artículos.

Las conquistas de los derechos humanos se realizaron gradualmente en tres "generaciones": civiles y políticas; económicas, sociales y culturales; y derechos de los pueblos entre 1985 y 2005 (Álvarez Vita, 2006: 41).

A. Individualismo de los derechos humanos

El debilitamiento y la deconstrucción de la razón, explicitados por Hume, Marx, Freud, Nietzsche y la posmodernidad, llevarían al reconocimiento del multiculturalismo de los pueblos, regiones, costumbres y, sobre todo, de los derechos de los individuos. La posmodernidad tiene el mérito de haber recuperado la importancia del individuo, de la persona frente a las estructuras racionales de la sociedad en la modernidad. Los derechos humanos han ocupado un lugar importante en la sociedad actual como iniciativa contra todas las formas de opresión. Los derechos humanos, como libertad de pensamiento, de religión, de tiempo libre, etc., son una protección contra coerción externa o violencia y permiten a los individuos usarlos como cada uno lo desee

Sin embargo, la posmodernidad daría prioridad absoluta a la libertad del individuo en relación con la sociedad y será también la característica de los actuales "derechos humanos". Si Locke y los filósofos del liberalismo tradicional intentaron siempre dar prioridad a la universalidad de la ley, hoy en día, se defiende, por la crisis de la razón y consecuentemente del carácter universal de la ley, el poder del ciudadano, lo particular contra lo universal. El filósofo estadounidense Ronald Dworkin desarrolla la idea de los derechos contra el Estado (que sin duda puede justificarse en ciertos casos). El autor llega a escribir: "Este deber general de obedecer a una ley promulgada es casi incoherente en una sociedad que reconoce los derechos"; vale decir, lo inverso a la fórmula de Montesquieu: "En un Estado; es decir, en una sociedad donde hay leyes, la ley no permite hacer lo que a uno le da la gana" (Lucien Jaume, 2010: 317). El poder se desplaza desde el gobierno y el Parlamento al juez y sobre todo al ciudadano. Si antes se buscaba adecuar por medio de la *epikeia* el individuo a la ley, hoy en día la ley debe adecuarse a cada uno y todos reclaman su propia visión de la ley. Surge el derecho a no cumplirla. Si para el liberalismo tradicional el cumplimiento de la ley, expresión de la igualdad, era la regla de oro para salvaguardar la libertad de todos, ahora se cuestiona la generalidad y el carácter obligatorio de la ley. Después de independizarse de la autoridad de la monarquía, la gran tarea del liberalismo era conciliar la universalidad de la ley con la particularidad del individuo. El liberalismo hoy en día, al contrario, declara el principio de cuestionar la ley para adaptarla a las exigencias del individuo. Es el fin de la ley positiva. A diferencia de la Edad Media los derechos ya no son algo que corresponde a la persona sino son un atributo de la persona. Cada uno puede disponer libremente. De esta manera surge un conflicto entre derecho y justicia.

La justicia reclama la parte obligatoria. Por ejemplo, la propiedad privada tiene una obligación social y la opinión del periodista tiene una obligación con la verdad.

Para Kant el cumplimiento de la ley era parte de la dignidad humana. Hoy en día su incumplimiento es parte de la dignidad humana. Se considera que la gran diferencia de identidades no permite una ley universal. Algunos filósofos se preguntan si estamos regresando a la teoría de Hobbes: *todos contra todos*. ¡En algunos países el Tribunal Constitucional da trámite a las quejas de un estudiante que fue desaprobado en un examen! La práctica constitucional de Estados Unidos busca un pluralismo que cambió la filosofía de los derechos humanos (Contreras, 2013: 85-99). Su influencia se extiende en la Corte de San José y en América Latina. Los individuos logran su cometido en contra de los gobiernos y de las instituciones, aunque estas sean las más respetadas, como podemos observar hoy en día. La Corte de Costa Rica se preocupa más por un pago desorbitado a un terrorista que por su inmensa deuda con toda la sociedad.

En todos los países del mundo la gente piensa en sus derechos y reclamos al Estado, y por lo tanto nadie piensa en cumplir con los derechos de los demás. Si el principio de la prioridad del gobierno prevalece, como postula Hobbes, existe el peligro del totalitarismo o dictadura, pero si prevalece el individualismo existe el peligro del libertinaje. El individuo y sus grandes mercados son más importantes que la sociedad y, por lo tanto, son también más importantes que los gobiernos. Se ha perdido la relación equilibrada entre persona y sociedad. La informalidad de la economía predomina en muchas sociedades y va creciendo. Los gobiernos ya no tienen el poder para controlar a las empresas transnacionales, al narcotráfico, a la economía informal o pirata, a la trata de personas, etc. Hasta tienen miedo de tomar medidas y buscan solamente sobrevivir en acuerdo a la opinión de las corrientes mayoritarias de poder y de opinión. Por lo tanto, no sorprende que la Declaración Universal de los Derechos Humanos tenga solo una referencia a los deberes del hombre. Es el inciso 1 del artículo 29: "Toda persona humana tiene deberes respecto a la comunidad puesto que solo en ella puede desarrollar libre y plenamente su personalidad" (Álvarez Vita, 2006: 320).

Los derechos individuales, desvinculados de un conjunto de deberes que les dé un sentido profundo, se desquician y dan lugar a una espiral de exigencias prácticamente ilimitada y carente de criterios. Los gobiernos y los organismos internacionales pueden olvidar entonces la objetividad y la cualidad de "no disponible" de los derechos. Cuando esto sucede, se pone en peligro el verdadero desarrollo de los pueblos. Comportamientos como estos comprometen la autoridad moral de los organismos internacionales, sobre todo a los ojos de los países más necesitados de desarrollo (Benedicto XVI, 2009: 62).

Al igual que la Declaración de los Derechos Humanos, también la declaración de las obligaciones humanas es un llamamiento moral que carece de toda obligatoriedad en el derecho internacional. Aspira a una auto-obligación voluntaria... Sin embargo, no hay que ignorar que una declaración de obligaciones supone un reto en la época del capitalismo discrecional y del *anything goes*. Hay que dar forma a los cuatro imperativos elementales del humanitarismo (no matar, no robar, no mentir, no cometer abusos deshonestos) que se hallan en todas las grandes religiones de la humanidad.

B. Impunidad e incumplimiento internacional

Las denuncias contra las autoridades no toman en cuenta que la "impunidad" es un tema profundo que necesita más análisis.

Puede que ningún Estado, de los 186 presentes hoy en la ONU, se manifieste en contra de la Declaración Universal de los Derechos Humanos, y que, incluso todos expresamente hayan declarado su compromiso con tales derechos; pero lo cierto es que, en su inmensa mayoría y en todos los continentes, la violación de los derechos es continua. Incluso en Europa y Norteamérica, el desempleo, pobreza, marginación, racismo, violencia, alcanzan niveles intolerables [...] Asia y África están presentes en los medios de comunicación casi exclusivamente para mostrar la dramática violación de los derechos humanos, con guerras, matanzas étnicas, torturas y extrema pobreza (García, 1999: 134 y 136).

El gran tema de la "impunidad" no es exclusivo del gobierno o del poder judicial respectivo. La "impunidad" es una de las principales características de la sociedad moderna y es inherente a todos sus miembros. Las transgresiones en el ámbito de los dos poderes mencionados llaman más la atención porque sus integrantes son autoridades del más alto nivel, pero se no les puede echar toda la culpa porque la "impunidad" es una mentalidad común de todos en la sociedad.

"La manera más común de justificar éticamente lo intolerable es colocándolo como inevitable, como si fuera también contingente. Esta confusión de planos – intencionalmente creada– es el meollo del argumento de la impunidad [...] Colocar lo contingente como necesario es el argumento de la impunidad" (Tubino, 2007: 83).

También una evolución del derecho, por su insistencia en los derechos del individuo en contra de los poderes "salvajes" del Estado, ha llevado a desarrollar el "garantismo" en la vida judicial, con la finalidad de defender al más débil, pero con la consecuencia de favorecer también al delincuente. Así vemos cómo un enfoque individualista tradicional de los derechos humanos colabora a la impunidad del individuo.

Por otro lado, Álvarez Vita nos recuerda que: "En la conciencia de la comunidad internacional ha ido tomando fuerza el criterio de que una concepción de los derechos humanos que ignore los problemas del subdesarrollo corre el riesgo de verlos siempre más violados" (2006: 46). Es así que los países ricos condicionan su colaboración en base a incumplimientos que ellos mismos han promovido y además sin mayores distinciones. ¿Acaso los derechos humanos de los tres mil millones de pobres en el mundo pueden ser supeditados al cumplimiento de comodidades en las cárceles para los violadores y asesinos de niñas?

"El punto débil de los derechos humanos no reside en su propio concepto, sino en la falta de voluntad política (y yo añadiría moral) de los actores responsables" (V. Deile; citado por Küng y Kuschel, 2006: 30).

C. La moral es más que el derecho de cada uno

Los derechos humanos no coinciden con la moral porque la moral es mucho más que el respeto de los derechos de cada uno. Los derechos humanos se limitan a la protección de un espacio propio o del grupo para vivir su concepto de una buena vida y se expresan en leyes, *pero no hay la educación ni la intención de cumplirlas*. La moral implica obligaciones, virtudes, solidaridad, ideales, bienestar general y *principalmente la educación de la intención de hacer el bien, la voluntad de hacer el bien. Falta la educación de aprender a cumplir con los deberes. Es tarea del gobierno, de las familias y de las instituciones educativas.*

Además, la falta de consenso sobre derechos fundamentales y la proliferación incesante de nuevos derechos han creado el pluralismo que reclama en primera instancia la tolerancia, pero unos derechos perjudican a otros; lo que lleva a conflictos de interpretación entre la variedad de filosofías sobre, por ejemplo, eutanasia, aborto y matrimonio homosexual. Se acuerdan también derechos utópicos. En la Gran Conferencia Internacional de las Naciones Unidas realizada en Estambul se acordó que el Estado debe procurar a cada uno una vivienda suficientemente grande, luminosa, con calefacción, con carácter de intimidad, seguridad de vida, seguridad de ocupación, una estructura estable con fundamentos, adecuada desde el punto de vista ecológico y sanitario, ubicada a una distancia racional del trabajo y de los servicios básicos. Todo a un precio accesible. Solo Estados Unidos votó en contra. Nadie podrá cumplir (Giovannini, 1998: 379). Entretanto hay derechos fundamentales y elementales que se ignoran y violan en gran parte de la humanidad.

Para resolver esta problemática se necesita una reflexión ética más profunda que promueva el diálogo como más importante que aferrarse a derechos y promover los conflictos. (Raymaekers, 2007: 167).

El eminente filósofo y sociólogo francés Marcel Gauchet (conocido por sus libros que intentan demostrar la originalidad de la democracia occidental como producto de su salida de la religión) nos ayuda a profundizar la reflexión sobre esta problemática. Según él los derechos humanos han llegado a ser el hecho ideológico y político más importante de los últimos treinta años. Constituyen el foco del sentido activo de las democracias, pero también el mecanismo que dificulta ser político. Después del fracaso de la Unión Soviética la izquierda asumió los derechos humanos como la referencia central de las sociedades actuales, en lugar de la socialización de los medios de producción. Se consideraba a los derechos humanos como la defensa de los individuos contra la arbitrariedad de los poderes. Sin embargo, esto no llevaría a una fuerza común. Convertir los derechos humanos en una política es comprometerse en la incapacidad colectiva. Los derechos humanos ocupan toda la política con las consecuencias negativas del caso. La consagración de los principios se paga en contradicciones prácticas. Sobre la base de sus derechos la democracia pierde el poder de gobernar y provoca una crisis en el sistema democrático que la puede llevar a la desmoralización y situación de delito (Gauchet, 2002: 335-385).

La "cultura de la modernidad actual" es la cultura tecnológica sin valores, sin diferencia entre el bien y el mal, un mal manejo económico-financiero que siembra pobreza, no ofrece trabajo a la juventud, corrupción a todo nivel y peor a los altos niveles, estatales y privados (p. e. Petrobras y Odebrecht), consumismo, el celular es más importante que el prójimo, extorsión, migraciones masivas, indiferencia de las grandes potencias por el calentamiento de la Tierra, películas y programas en televisión que promueven la promiscuidad, etc. (En el primer capítulo ofrecemos una descripción de la cultura moderna actual).

Además, Nietzsche anunció la muerte de Dios, del hombre y de la cultura moderna. Ya hemos explicado ampliamente que para él todos los valores e instituciones de la modernidad son mentiras. El sociólogo Max Weber fue el primero en hablar de la sociedad desencantada. Heidegger y Foucault, los grandes filósofos del siglo XX, no quieren hablar de la ética porque lo consideran no recomendable.

Cuando se pierden los fines se pierde la autoridad para exigir los deberes. Estamos con un sujeto en un mundo caótico. Los ideales son reemplazados por la lógica del poder tecnológico que somete el hombre a las leyes de la competitividad mundial. La consagración del *individuo* se presta a las más diferentes y contradictorias interpretaciones y derechos. *La cultura moderna actual es la cultura del individualismo.*

La Declaración de los Derechos del Hombre de la ONU presupone una base pre-jurídica. No se puede mantener una sociedad con sanciones y legislaciones. La burocracia legalista es el anuncio de la anarquía. Cuando se derrumban los valores, la familia, la autoridad y no existe respeto mutuo se pierde la cultura. No es la ley la que sostiene a la moral sino al revés, la moral sostiene a la ley. ¿Qué define el comportamiento: el miedo del asesino por la policía que lo puede atrapar o el hombre que rechaza el asalto porque busca el bien del otro?

Encontramos una diferencia importante entre la filosofía tradicional moral y la filosofía moderna de los derechos humanos en un texto de Benedicto XVI. Vista la dificultad de encontrar una base común entre la gran variedad de culturas, sugiere que para facilitar el diálogo sería conveniente completar la doctrina de los derechos humanos con una reflexión sobre los deberes humanos que son parte o, mejor dicho, deberían ser parte de dicha doctrina.

Es importante urgir una nueva reflexión sobre *los deberes que los derechos presuponen, y sin los cuales estos se convierten en algo arbitrario.* Hoy se da una profunda contradicción. Mientras, por un lado, se reivindican presuntos derechos, de carácter arbitrario y voluptuoso, con la pretensión de que las estructuras públicas los reconozcan y promuevan, por otro, hay derechos elementales y fundamentales, que se ignoran y violan en gran parte de la humanidad. Se aprecia con frecuencia una relación entre la reivindicación del derecho a lo superfluo, e incluso a la transgresión y al vicio, en las sociedades opulentas, y la carencia de comida, agua potable, instrucción básica o cuidados sanitarios elementales en ciertas regiones del mundo subdesarrollado y también en las periferias de las grandes ciudades (Benedicto XVI, 2009: 61).

2. La universalidad de los conceptos de los derechos humanos

Savater no quiere aceptar el relativismo, que él mismo llama "ideología muy frecuente hoy en día". Se lamenta de que puedan globalizarse los intereses pecuniarios de los especuladores, las tarjetas de crédito o el tráfico de armas, pero no los códigos éticos. El relativismo veta cualquier forma de legislación internacional que pueda ser aceptable por el común de los ciudadanos cosmopolitas (Savater, 2007: 208-209).

Igual que Dahrendorf, Savater manifiesta que tenemos que seguir buscando la solución. La búsqueda de la verdad es la tarea más civilizada. "No conviene esperar novedades esenciales que modifiquen las bases de la reflexión ética". Los principios no cambian (Savater, Ibíd.: 182). La ética no puede esperar a la política y tampoco desentenderse de ella (Ibíd.: 156).

Hans Küng considera que la nueva constelación política global no permite prescindir de ciertas categorías éticas. Para poder funcionar, el mundo no puede fundarse en un pluralismo arbitrario posmoderno. Más bien presupone un consenso social con respecto a determinados valores, derechos y deberes fundamentales. Este consenso debe ser compartido por todos los grupos sociales, por creyentes y no creyentes, por los miembros de las diferentes naciones, religiones, filosofías y concepciones del mundo. Los filósofos actuales que hemos presentado comparten esta idea.

Los seguidores de Kant y los utilitaristas, las dos filosofías más representativas según Luc Ferry, sostienen el carácter universal de los derechos humanos. Es una afirmación discutible porque el utilitarismo pretende fundamentar los derechos en los placeres.

La naturaleza humana común, dice Amartya Sen, permite evitar la radicalización negativa del grupo propio. "En la epopeya india *Mahabharata*, que data de hace unos dos mil años, Bharadwaja, un interlocutor contestatario, rechaza la defensa del sistema de castas de Bhrigu (pilar del *establishment*) preguntando: 'A todos parece afectarnos el deseo, la ira, el miedo, el pesar, la preocupación, el hambre y el trabajo; entonces ¿cómo hay diferencias de castas?'" (Sen, 2007: 31). Del mismo autor, Premio Nobel de Economía 1998: "La pertenencia a grupos desde luego debe ser importante (ninguna teoría seria sobre las personas puede descuidar estas relaciones sociales), pero el empequeñecimiento de los seres humanos derivado de considerar solo una categoría de pertenencia para cada persona (y de descuidar las otras) suprime de golpe la importancia trascendental de nuestras afinidades y compromisos" (Sen, 2007: 234).

Peter Ulrich opina: "Solo si los derechos humanos encuentran su fundamento en una concepción ética racional de derechos fundamentales morales de carácter universal, que establezca la idea de los derechos humanos como algo previo a toda caracterización propia de una cultura específica, podrían hacerse fuertes frente al espíritu relativista de la época" (Küng y Kuschel, 2006: 38-39).

Según Alain Touraine: "No se puede aceptar la desintegración absoluta, posmoderna. Aunque sea inevitable, aceptar este resultado sería como abandonar el mundo a la violencia del poder y del dinero. No se puede concebir la reconstrucción del mundo si se afirma una ausencia total de vínculo entre los diferentes sectores de la experiencia humana" (Touraine, 2010: 195).

De acuerdo con Edgar Morin (2010: 85-86):

La dominación más cruel que jamás ha existido en la historia del planeta ha sido la llevada a cabo por Europa sobre el resto del mundo (colonización y esclavitud). Ahora bien, resulta que este centro de dominación que era Occidente generó valores potencialmente universales que utilizaron los dominados para liberarse. Esta difusión de los derechos occidentales es tan grande que solo se puede lamentar hoy en día la insuficiente universalización de los derechos humanos.

Según Hélé Béji (2010: 266-273):

Ya no existe la jerarquía cultural, ya no existen más culturas superiores o inferiores [...] No hay que creer que la pertenencia cultural sea una garantía suficiente de buena administración política. Compartir una misma tradición no nos protege contra la incuria, la iniquidad o la injusticia de nuestros compatriotas. La fraternidad cultural no basta para gobernar humanamente a sus conciudadanos. Nuestras simpatías culturales no se confunden en absoluto con nuestras virtudes políticas. El vínculo político no es de naturaleza cultural, es civil. Es la civilidad y no la culturalidad la que cimienta la humanidad del político [...] La cultura no siempre es elegancia del espíritu y tolerancia del corazón. Puede estar impregnada de odio y brutalidad. Así pues, un discurso cultural también puede alimentar toda clase de tentaciones despóticas y promesas de lealtad [...] Los derechos del hombre y los derechos culturales son precisamente contradictorios. Los derechos del hombre se definen como naturales, en oposición a los derechos culturales. Los derechos culturales valoran el origen cultural mientras que los derechos del hombre suspenden el criterio cultural en consideración a la persona [...] En otros términos, uno no puede prevalerse de su cultura para liquidar la cuestión moral [...] Un contrato que no fuera en efecto más que cultural podría estar viciado en principio y ser incoherente en su contenido puesto que le faltaría alguna cosa esencial: la preocupación ética. Pero no es insensato que las reivindicaciones culturales se subleven contra el carácter implacable de la modernidad, en el momento en que recogen el presentimiento trágico de la ausencia de patria del hombre moderno. Ni ausencia ni exceso de patria. Somos seres humanos por cultura y por naturaleza. El fanatismo, por un lado, el desarraigo, por otro: ahí están de alguna manera las dos figuras inmorales que un contrato humano entre culturas debe evitar si no quiere eludir la cuestión ética, entre el error de las pasiones culturales y el suplicio uniforme de su despersonificación.

Para Martha Nussbaum (1999: 250-265): "Los derechos de los hombres se fundamentan en necesidades y capacidades fundamentales de estos. Hay experiencias transculturales de la condición humana que constituyen características de esa condición y que, por eso mismo, no pueden ser cuestionadas por tradiciones jurídicas particulares como valores asiáticos o culturas tribales africanas".

Las costumbres pueden desaparecer si no hay una convicción que las acompañe. Los principios éticos me pueden prohibir negociar con personas, grupos o países que viven en corrupción. Estos principios tienen un carácter universal. Son totalmente diferentes de los que definen sus actos a partir de la distinción entre amigos y enemigos. A pesar de la importancia de la igualdad de oportunidades para la mujer, del antirracismo o de la identidad nacional, características del mundo actual, son expresiones de la política del amigo-enemigo. La ética trasciende estos espacios locales en un universalismo de los principios que vale para todos los casos como justicia general.

Parafraseando el epigrama con el que Tolstoi abre su novela, cabría decir que cada subjetividad es estética de una manera distinta, pero ética siempre de la misma, porque lo ético se vincula a la experiencia normal, común y general de vivir y envejecer, que se verifica en el ámbito comunitario de la *polis* [...] Pues la ejemplaridad no brota nunca en las experiencias exóticas, inusitadas o personalísimas del yo, sino solo en el suelo de las compartidas por todos, ya que solo estas, y no aquellas, son susceptibles de generalización. En ello reside también su mayor persuasión, en que la subjetividad es ejemplar allí donde *todos* los demás podrían serlo también y precisamente en lo que *todo el mundo* hace o deja de hacer (Gomá, 2009: 237).

Luc Ferry señala que podemos emitir juicios de valor por el camino de la trascendencia. Encontramos valores en nosotros mismos y fuera de nosotros. El hombre no puede ser preso voluntario de su propia cultura o grupo social. Sería el fin del bien común. El fundamento de la universalidad de los derechos humanos está en la idea del hombre abstracto, independientemente de cultura, raza, religión, nacionalidad, etc., y en la capacidad de una visión moral del mundo, lo que debe ser y lo que no debe ser (Ferry, 2011: 106). En el hombre hay una estructura de conciencia común a todos que evalúa sobre la base de los valores. En una república nadie puede imponer o prohibir sin dar un argumento que valga para todos.

Según Ferry, los derechos del hombre, los de 1789 y los de 1848, solamente tenían sentido dentro de una nación particular. Se trataba del ciudadano. Sin embargo, la transformación del ideal de los derechos humanos ha conocido una evolución. El humanismo de Kant y los republicanos se apoyaba sobre una secularización de las palabras de la Biblia: "No hagas a otro lo que no quieras que te hagan a ti".

El humanismo actual señala que no se debe evitar el mal, sino que uno, para cumplir con la moral, no debe permitir que se haga daño al otro. La nueva divisa es: "No permitas que otro haga lo que tú mismo no quisieras que te hagan". De esta manera aparece un nuevo enemigo que el humanismo no tomó en cuenta: la indiferencia. Ferry pone como ejemplos la esclavitud, el colonialismo, el genocidio de los armenios, de los judíos, etc. En nombre del amor, de la simpatía, y no solo de los derechos y de la razón, el actual humanismo critica la indiferencia. Un genocidio, donde sea, como todos los crímenes contra la humanidad, ya no es solo un asunto interno, nacional, sino tiene que ver con la humanidad en su totalidad.

Gracias a la deconstrucción se descubrió la importancia de la afectividad. Para poder emanciparse de la tiranía de lo particular no es suficiente lograr un acceso a lo universal que da sentido a la moralidad, sino también es necesario tener acceso al amor. La intervención de los sentimientos en la vida colectiva no se refiere al sentimentalismo como norma, sino que constituye una indicación de que la preocupación por el otro no se fundamenta solamente en las exigencias del derecho y de la razón (que no se descartan). (Ferry, 2010: 304-316). El humanismo que propone Ferry se separa del humanismo de la modernidad por la ubicación de los sentimientos privados, del amor y de la simpatía en el espacio público.

3. La tolerancia y La Interculturalidad.

Existe en la modernidad una convicción de la pluralidad de ideas y de comportamientos en las sociedades occidentales. Si todas las culturas y civilizaciones valen por igual surge inmediatamente el problema de los límites de la tolerancia, ya que uno no puede causar un mal a otro.

Los intereses de unos van a veces en contra de los intereses de otros. Sobre todo, ¿cómo los intereses de minorías pueden ser permitidos cuando dañan los intereses de la mayoría y al revés?

En una sociedad pluralista aparece cada vez más la pregunta de cómo se va a escoger entre la variedad de opiniones éticas. Slavoj Zizek tiene una crítica violenta respecto de la tendencia actual por la tolerancia. La tolerancia, gran conquista de la modernidad sobre el pensamiento dogmático de la Edad Media, entra en cuestionamiento por el problema del multiculturalismo. En la actualidad se defiende la soberanía del individuo con el término de autonomía (Zizek, 2008: 56).

Uno de los mejores ejemplos de la falsedad de la tolerancia multicultural de hoy es McDonald's. En India hubo un movimiento amplio contra la preparación de la comida McDonald's porque estaba importando patatas fritas de Europa, donde se las preparaba con grasa de vaca. McDonald's reconoció la queja y prometió que nunca más utilizaría grasa de vaca. Pues bien, algunos de mis amigos multiculturalistas lo celebraron como si fuera una victoria política, es decir, diciendo que se había logrado que la tolerancia se incremente, que la diferencia cultural sea tenida en cuenta, que la Otredad sea respetada, etc. Zizek observa que la posición del respeto al Otro nos enreda en un complejo ideológico que nos obliga a respetar no solo que las vacas son sagradas, sino también otras ideas y rituales mucho más desagradables. Por ejemplo, el ritual de quemar a la mujer después de la muerte de su marido, que se practica en ciertas zonas de la India. Así que esta lógica del respeto al Otro no puede ser el horizonte último del compromiso ético (Zizek, 2006: 117-119).

Los autores de la Ilustración, como Kant, no se limitaban a la conquista de la tolerancia y la autenticidad. Ellos defendían los valores éticos. Sin valores e ideales la tolerancia llevará a la destrucción de la propia cultura. Tolerancia y escepticismo pueden nacer de la decepción. Son valores cautelosos que no promueven la realización de los grandes valores que necesita la dignidad humana de la sociedad. Cada uno tiene el derecho de reivindicar su propia identidad, pero no de poner ese derecho en la Constitución.

Podemos concluir que un multiculturalismo absoluto imposibilita una ética. Sin duda, muchas personas siguen cultivando los valores, mayormente dentro de las familias y amistades, pero la pregunta es qué se puede hacer con las virtudes, en una época donde existen tantas opiniones diferentes sobre lo que uno debe hacer. El peligro es la publicidad y las presiones de la sociedad que nos pueden hacer perder nuestra libertad.

A autores como Zygmunt Bauman les encanta afirmar que ya nadie practica los valores, el llamado "amor líquido". Otros, como Javier Gomá, opinan que: "Basta abrir los ojos para contemplar el espectáculo de una liberación masiva de individualidades no emancipadas. El mundo se compone ahora de millones y millones de estetas excéntricos satisfechos de serlo".

Monique Canto-Sperber observa que se puede sin duda constatar estadísticamente la pluralidad, pero esto no significa que sea una doctrina moral. Hay mucha diferencia entre una observación sociológica y una doctrina moral. Aristóteles no piensa en dos formas de vida con igual valor, como algunos modernos quieren interpretar. Existe un fin excelente en la vida que vale para todos: la virtud moral no puede florecer en diferentes áreas de la vida social. No existen diferentes formas de vida moral (Canto-Sperber, 2002: 386-389).

El concepto tradicional de tolerancia indica el respeto por las ideas diferentes y también la búsqueda entre todos de los valores universales. El respeto por la variedad de culturas, opiniones y el respeto de las normas universales serán una tarea permanente de la ética y de la política. La cultura y la política no pueden ser la única y última norma porque pueden irse contra la dignidad humana como hemos demostrado.

Ratzinger señala que una sociedad que lleva el pluralismo de los valores a una categoría radical no puede seguir siendo a lo largo una sociedad de derecho. Queda abierta a la anarquía (Benedicto XVI, Ratzinger XVI, 2012, 170). Pero una cultura utilitarista induce a caer en un relativismo, homologar los comportamientos y reducir al hombre a sometimiento y manipulación (Id., 2009). No se trata de reducir el creyente a un creyente tibio.

"Todas las culturas -incluso la liberal ilustrada, es decir, la que enarbola el respeto a la autonomía como valor supremo- albergan costumbres y hábitos que atentan contra la dignidad humana" (Fidel Tubino, 2015,38).

Una sociedad abierta solo superará sus conflictos si todos se obligan a respetar la dignidad humana. Es importante determinar la relación entre autonomía y dignidad humana. Ambas exigen un reconocimiento de un límite dado por la virtud de la justicia, establecido por todos. *Esto nos lleva a la pregunta por una definición del contenido de la dignidad humana.*

Capítulo X

FICCIONALISMO, FIOLOSIA DE LA LIBERACIÓN, UTILITARISMO, FILOSOFÍA ANALÍTICA Y TEORÍA DE LA COMUNICACIÓN. PROPUESTAS PARA UNA ÉTICA POSTERIOR A LA POSMODERNIDAD. CAMINOS HACIA UN NUEVO HUMANISMO

Introducción

Aristóteles y Kant reflexionaron sobre el bien, la disciplina, el deber, el imperativo, el sacrificio, el altruismo, el menosprecio por el dinero como lo único que tiene sentido. Por el contrario, la ética deconstructiva de la posmodernidad ha pretendido demoler esta tradición y producir al hombre bohemio, individualista y hedonista, desconfiado y fingido, evitando el trabajo serio, irrespetuoso con los valores de la nación y de la autoridad. Estamos en la sociedad del "amor líquido" (Zygmunt Bauman). Los posmodernos afirman que la modernidad ha muerto; es decir, las ideologías, la emancipación, la revolución, la historia, la utopía, la igualdad, las grandes filosofías, los derechos humanos, los relatos notables como la Biblia, la nación y la democracia.

El positivismo de la ciencia y la tecnología irá dominando. La nueva y única *finalidad* es la producción y la competitividad mundial para lograr el mejor y más barato producto. También los gobiernos están sometidos a esta nueva dominación. Heidegger hizo entender que la tecnocracia traiciona una de las promesas más fundamentales del sistema democrático: "Los hombres podrán decidir sobre su propia historia". La historia no tiene rumbo ni sentido. Si se entendía la ciencia como una ayuda para poner el mundo al servicio de los ideales del progreso, de la libertad y de la felicidad del hombre, hoy en día, al contrario, el movimiento de la sociedad se ha reducido al resultado mecánico de la libre competencia, un proceso ciego que escapa a la voluntad de los hombres. Estamos en un sistema de competitividad.

En Estados Unidos el gobierno decidió eliminar los cursos de humanidades en las universidades porque no aportan a la producción. La gran exigencia de los organismos de acreditación para los planes de estudio es la competitividad. En América Latina también están obligando a la enseñanza de la competitividad en nombre del progreso. El progreso es inventar el mejor producto al mejor precio.

El cientificismo reserva para la teoría y para el conocimiento científico toda posible racionalidad y objetividad, dejando las decisiones morales para el ámbito subjetivo; las valoraciones son posiciones subjetivas e irracionales. El hombre posmoderno es un yo vacío porque no tiene tradición ni mensaje, está disponible para fingir cualquier cosa. En la posmodernidad predominan el individualismo, el emotivismo, el escepticismo, el hedonismo y el antihumanismo.

En el siglo XX se han presentado diferentes enfoques filosóficos sobre la ética que tratan de superar la crítica a la modernidad por parte de la posmodernidad. En los siguientes capítulos expondremos las siguientes corrientes: el ficcionalismo, la filosofía de la liberación, la filosofía del utilitarismo, la filosofía analítica y la filosofía del consenso.

1. Ficcionalismo

Patrick Loobuyck está de acuerdo con Nietzsche en cuanto a la idea de que el cambio de la visión del mundo y la muerte de Dios han transformado nuestras ideas sobre la moral, aunque seguimos pensando con esquemas, normas y obligaciones en nuestra conciencia, por el peso de los siglos pasados. Y es que la humanidad recién está entendiendo que la moral ya no existe. El rechazo de la moral tradicional por parte del ateísmo trae como consecuencia la acusación de nihilismo o relativismo. El autor trata de defender al ateísmo de esta acusación, proponiendo mantener el discurso normativo de la moral tradicional, pero dentro de la teoría del ficcionalismo.

Loobuyck plantea solucionar el problema de la autoridad que puede exigir la obediencia a las normas y el problema de la supremacía del sacrificio de uno para el bien de los demás con la teoría del ficcionalismo, filosofía presentada por primera vez en forma sistemática por el neokantiano Hans Vaihinger (1852-1933). La teoría del ficcionalismo recién está cobrando interés en los últimos veinte años. Vaihinger defiende la idea de la existencia de juicios que no son válidos pero sí útiles y deseables.

Scruton indica que estamos obligados como seres racionales a trabajar con conceptos que no caben en la concepción científica del mundo: persona, responsabilidad, libertad y sujeto. Sin estos conceptos el mundo pierde amor, obligación y deseo. Si fuéramos solo buscadores de la verdad, tendríamos que deshacernos de todo lo que no es verdadero. Los seres humanos, sin embargo, no solo son racionales, sino también morales y psicológicos. En este sentido el ficcionalismo es una manera interesante para superar el abismo por un lado de la filosofía, la teoría y el conocimiento, y por otro lado de la vida humana y la práctica (Loobuyck, 2005: 381).

¿Si un acto inmoral me conviene, por qué voy entonces a cumplir con la moralidad? ¿Qué autoridad existe para obligarme en toda circunstancia, aunque sea en contra de mis propios intereses?

Para resolver el problema de la autoridad y del sacrificio, Loobuyck plantea a priori la necesidad de usar la idea del imperativo categórico de la filosofía de Kant (Kant postula que el hombre tiene en su conocimiento práctico la conciencia de las normas morales que debe cumplir), a pesar de que la moral ya no existe. La intuición nos dice que debemos mantener el imperativo categórico de Kant para garantizar la obediencia a los conceptos morales. Una moral sin imperativo perdería su significado conceptual.

Loobuyck considera que un cambio radical, eliminando el discurso tradicional, traería grandes problemas a pesar de que estos términos ya no tienen sentido. Es sobre todo importante para la educación de los niños. Además, el discurso moral ayuda mucho a resolver conflictos interpersonales y el pensamiento categórico (la ética de Kant) contribuye a constituir una sociedad más justa. Las convicciones categóricas se vuelven buenas cuando están unidas a convicciones sociales. El ser humano necesita de los demás para poder vivir. Por eso es importante la confianza entre ellos, la seguridad de que el otro va a cumplir con lo ofrecido.

El ficcionalismo puede funcionar o cumplir con cualquier teoría tradicional, con la moral utilitaria, la kantiana o la griega de las virtudes. En todas las teorías morales es necesaria la obediencia a la norma. El ficcionalismo permite mantener el discurso moral sin creer en su verdad. El ficcionalista sabe que sentimos una obligación moral pero al mismo tiempo sabe que la moral no existe. Mantenemos el "deber moral" aunque nadie sabe lo que significa. En el frío universo sin ningún rumbo ya no tiene sentido hablar de ética, pero esta es necesaria para la sociedad. Lo sabemos por nuestras intuiciones.

Sabemos también que el discurso es falso y que el contenido no existe pero que la moral es inevitable. La gente puede asumir una actitud ficcionalista porque sabe que la moral trae muchas ventajas. En caso contrario, esta teoría no tendría interés. El discurso moral es un discurso útil porque permite la convivencia y busca un mundo mejor. Los juicios morales pueden ser muy útiles pero sabemos que son ficciones. Así como un escéptico se aferra a la vida aunque duda de la existencia de la realidad, así el ficcionalista cumple con las normas morales aunque no tiene explicación de este pensamiento práctico.

Las razones más fuertes para asumir una posición ficcionalista son las intuitivas. El nivel intuitivo es más importante que las posibles razones para asumir el ficcionalismo. Los hombres sienten que ciertas cosas deben hacerse y otras no. El filósofo ateo Patrick Loobuyck dice que el hombre no tiene valor intrínseco y por lo tanto nuestro discurso humanista debe ser discreto, pero es indispensable porque el hombre es capaz de las cosas más atroces. Existe una intuición fuerte de la necesidad de los derechos (2005: 296-309). Aunque el discurso moral está equivocado, no desaparece este sentimiento. El ficcionalista condena la tortura del niño pero sabe que su discurso es falso porque no existe la moral. ¡Sin embargo, según el autor, la intuición le dice que es un mal objetivo! (Loobuyck, 2005: 410).

Evaluación

El Ficionalismo reconoce que no existen razones objetivas para defender la moralidad por la sencilla razón de que la moral no existe. El ficcionalista acepta la moral por razones prácticas o por intuición. Sin embargo, el ficcionalismo no es pragmatismo. El pragmatismo busca criterios para declarar la verdad o falsedad de algo pero el ficcionalismo es un intento de mantener la falsedad de algo porque es útil. El ficcionalista vive como si la vida tuviera sentido, actúa como si se tratara de la verdad sabiendo que no es verdadera. Él respeta las verdades pero dentro del ambiente del discurso porque el discurso mismo es una ficción. Tenemos que preguntarnos: si la moral no existe es difícil hablar de una intuición del imperativo categórico de Kant. Si todo es una fantasía, la intuición también debería ser una fantasía. Aceptar una intuición de la filosofía del deber de Kant es reconocer la existencia de su filosofía. Puesto que el ficcionalista no cree en la razón y en la moral, ¿cómo podrá discurrir sobre la moral? Es importante señalar que para Loobuyck la moral es una necesidad para poder convivir. Una intuición nos obliga aceptar las normas.

2. Filosofía de la Liberación

La Filosofía de la Liberación nació en América Latina con un aporte propio a la reflexión sobre la problemática social de la pobreza y la explotación.

El contexto económico-político era la expansión competitiva de los Estados Unidos y la Unión soviética. Frente a la deuda externa, la baja de los precios de la materia prima y la creciente dependencia económica, social y cultural surgen movimientos nacionalistas populistas y marxistas para conseguir la liberación.

Se decide analizar la propia situación y usar la filosofía para lograr una praxis de liberación.

Leopoldo Zea nació en México en 1912. Estudió derecho y filosofía. Gracias a su profesor de filosofía, J. Gaos, y a su brillante desempeño logró una beca para realizar estudios de posgrado en Estados Unidos, lo que le permitió recorrer toda América Latina para recabar investigaciones y establecer contactos con los filósofos. Asumiendo la filosofía europea y americana, Zea trata de crear una filosofía desde la problemática latinoamericana. La crisis de la Segunda Guerra Mundial en Europa y la relativización de los valores obligan a buscar nuevos valores. Zea parte del análisis de lo mexicano. Se miraba siempre a Europa como referencia, pero esto ya no sirve. Los estudios indican además que el Occidente actuaba como un imperio y reducía a los demás a la marginalidad. El conquistador es considerado como el hombre auténtico, mientras que se le niega la humanidad al indio. A través del análisis de esta situación se toma conciencia de la liberación. Los pueblos marginales solo son reconocidos como pueblos de segunda categoría. Ser hombre es ser libre, y, si se niega a alguien la libertad, se le está negando la humanidad. Se trata de la libertad de todos los hombres. La libertad está ligada a la igualdad. La desigualdad rompe la libertad. Se necesita una nueva concepción de la historia. Todos los pueblos deben ser sujetos de la historia, en un nuevo modo de las relaciones entre las naciones. Se debe suprimir la dominación y la dependencia. Leopoldo Zea asumió la teoría de la dependencia de Lenin. Él entiende que lo que ha producido la muerte de la civilización es el afán económico de unas naciones sobre otras (Beorlegui, 2006: 586-596).

Zea logra organizar un grupo de filósofos de Argentina, Brasil, Perú, Ecuador, Bolivia, Venezuela y Uruguay que intentan construir una filosofía sobre la base de la comprobación de la situación de dependencia como característica de América Latina. Al mismo tiempo se dedicó a estudiar la historia de la filosofía latinoamericana como apoyo en la elaboración de una filosofía propia.

Leopoldo Zea y Arturo Roig se preocuparon sobre todo por la relación entre la Filosofía de la Liberación con sus antecedentes históricos. Trataban de mostrar la génesis, novedad y adecuación a la tradición filosófica latinoamericana. Zea es considerado el auténtico precursor de la Filosofía de la Liberación (sus obras de 1956, Dependencia y liberación en la cultura latinoamericana, y de 1975, La cultura clásica y el hombre de nuestros días).

Antes de que los sociólogos y economistas comenzaran a hablar de una cultura de dominación, Leopoldo Zea en 1956 había planteado su dominio no solo a través de la violencia directa o de la presión económica, sino a través de la violencia cultural. Nadie le quita a Leopoldo Zea el mérito de haber sido el primero en hablar de Filosofía de la Liberación, ni tampoco de haber sido el factor de aglutinación más importante en nuestra América de un movimiento en torno a esta filosofía (Francisco Miró Quesada Cantuarias, 2010: 331).

A pesar de las diferentes tendencias entre los filósofos de la liberación, ellos difundieron un documento que define los rasgos principales de su filosofía y donde reconocen su pertenencia al movimiento. Se conoce como el Documento de Morelia (México), donde se realizó el primer Congreso Nacional de Filosofía en 1976. Fue redactado por los más distinguidos pensadores de América Latina: Leopoldo Zea (México), Arturo Roig (Argentina), Francisco Miró Quesada (Perú), Abelardo Villegas (Argentina) y Enrique Dussel (Argentina). Todos ellos coinciden en la función liberadora que debe desempeñar la filosofía frente a la opresión que grupos y naciones dominantes ejercen sobre otras naciones y otros grupos a través de la historia. La Filosofía de la Liberación exige la liberación de todos los pueblos y para todos los hombres.

La Filosofía de la Liberación es una filosofía, pero no es una filosofía intelectualista. Pretende una praxis liberadora, social y nacional. Este nuevo discurso busca una superación de la civilización occidental y el comienzo de una nueva civilización. Es una filosofía revolucionaria porque propone el cambio de una situación de dominio por una situación de libertad (Francisco Miró Quesada Cantuarias, 2010: 312-313-314). Francisco Miró Quesada distingue dos grupos en la Filosofía de la Liberación: los marxistas y los que proponen una filosofía de la cultura.

A. Los marxistas

Se ha tomado conciencia de la relación de dependencia frente a este o aquel dominio extranjero y como correlato sobre el necesario cambio de esta situación, planteándose la necesidad de la independencia, más ampliamente la necesidad de la liberación. El autor de la teoría de la dependencia internacional fue Lenin. Leopoldo Zea escribe: "El marxismo corre, con otras filosofías historicistas, por las venas de este filosofar que quiere ser de la liberación. Marxismo al que a veces se quiere rechazar o rebasar pero que, asimilado, como lo ha de ser toda filosofía, ofrece a la Filosofía de la Liberación un buen instrumental metodológico e ideológico" (Cerutti, 1992: 15). El historicismo de Zea y Roig evoluciona hacia una dialéctica hegeliana y marxista (Carlos Beorlegui, 2006: 694). La interpretación en "boga" obviamente es la interpretación marxista o neomarxista de la ideología (Horacio Cerutti, 1992: 278). Hugo Assman escribe:

Se pide una mayor precisión sobre el concepto de marxismo como instrumento de análisis de la realidad. Concretamente, se centra el diálogo sobre la posibilidad de utilizar las aportaciones del materialismo histórico, rechazando al mismo tiempo la visión materialista dialéctica del marxismo. A esta cuestión se responde que no parece posible, al menos en el plano de la teoría histórica rechazando al mismo tiempo el materialismo dialéctico (Horacio Cerutti, 1992: 139).

"Casi todos están de acuerdo en que el marxismo es una doctrina fundamental que, bien aplicada o reajustada en partes no esenciales, puede construir una guía para la acción y para la interpretación de la historia" (Francisco Miró Quesada Cantuarias, 2010: 338).

Los marxistas o neomarxistas, el primer grupo, son conscientes de que un cambio de la sociedad solo puede constituirse mediante una crítica de la ideología que revela las diferentes formas de dependencia cultural. La crítica de la ideología solo puede hacerse a partir de un conocimiento de la realidad histórica. Por eso, la Filosofía de la Liberación debe usar los resultados de las ciencias humanas, especialmente la sociología y la economía, cuyo enfoque principal es la teoría de la dependencia. Por "ciencias sociales" se entendía las de inspiración marxista que tenían una gran vigencia en ese entonces. Se hizo el análisis desde la perspectiva marxista del capitalismo internacional. El subdesarrollo no es natural sino la consecuencia de la dependencia.

Arturo Roig (Mendoza, Argentina, 1922) considera que las filosofías que podríamos llamar de denuncia, entre ellas principalmente el marxismo y el freudismo, han sentado las bases para una nueva forma de crítica y para una nueva investigación de supuestos, elementos sin los cuales aquel compromiso con el saber en cuanto función social correría una vez más el riesgo de quedar en actitudes nuevamente enmascaradas. "Roig recoge de la tradición marxista la condición histórica de la realidad, la primacía de lo social sobre lo individual, la primacía de los modos concretos de ser sobre la conciencia y el pensamiento, y la primacía también de una filosofía de la 'liberación' sobre las filosofías centradas en la libertad" (Beorlegui, 2006: 647). La "liberación e integración" no son ya obra exclusiva de la inteligencia. Si la "integración" es entendida como "condición" de la "liberación", en ella se "juega nuestra filosofía". Frente al "formalismo" o presidencia de la "sustancia" la filosofía latinoamericana debe afirmarse como saber para la praxis, para una praxis de transformación.

Los marxistas reconocen que hay que tomar en cuenta la praxis de la lucha de clases. Todos los firmantes de Morelia se refieren a la contraposición de clases como una realidad histórica que debe superarse. Porque en una sociedad en que existen clases, existen diferencias de oportunidades entre los hombres. Por eso, para que una sociedad sea verdaderamente justa, para que todos los hombres pueden realizar en ella plenamente sus posibilidades, las jerarquías no deben fundarse en condiciones de clase. El tema principal es la liberación de la dependencia de las naciones de Europa y Norteamérica, pero sin excluir el tema de la diferencia de clases. La meta de la liberación solo puede cumplirse si se llega a una sociedad sin clases. Por eso, todo auténtico humanista es socialista. Como se ve nítidamente, todos son socialistas a fondo; y todos coinciden en la tesis de que el socialismo consiste en el manejo de la propiedad productiva por el pueblo y no por cúpulas de prepotencia económica (países capitalistas) o de prepotencia partidaria (países socialistas). Cuando la Filosofía de la Liberación comienza a constituirse, el lenguaje marxista domina los discursos revolucionarios. Además, debido al radicalismo humanista que orienta todo el movimiento, los filósofos de la liberación ven con inevitable simpatía el socialismo soviético y, sobre todo, el cubano. Y se sienten halagados cuando las cúpulas partidarias reconocen la importancia de su obra, los invitan a dar conferencias o a integrar el jurado de algún concurso literario o cinematográfico. Casi todos están de acuerdo en que el marxismo es una doctrina fundamental que, bien aplicada o reajustada en partes no esenciales, puede constituir una guía para la acción y para la interpretación de la historia (Francisco Miró Quesada Cantuarias, 2010: 338).

A Arturo Roig le parece incuestionable que solo a partir de una fuerte preeminencia de la realidad social y política podremos organizar un pensamiento dialéctico abierto. Lo nuevo, el otro es el oprimido. El oprimido, el hombre que sufre dolor, miseria, hambre, tortura, persecución y muerte, es el que se nos presenta como el "otro" respecto de nosotros mismos y el que toma a su cargo la misión humanizadora de imponer la alteridad como condición esencial del hombre. "Calibán es sin duda el símbolo de esa fuerza latente o manifiesta, que expresa lo nuevo dentro del proceso histórico" (Horacio Cerutti, 1992: 64). Se trata de desenmascarar un discurso filosófico que funciona en un plano "puramente" teórico o contemplativo. La liberación que propone esta filosofía con su discurso pretende ser un modo concreto de sumarse a la praxis liberadora social y nacional, con el objeto de participar, desde el plano del pensamiento, en la tarea de la transformación del mundo con un sentido verdaderamente universal (Arturo Roig, 1981: 99).

B. Los filósofos de la cultura

Los principales representantes de la filosofía de la cultura son Juan Carlos. Scanonne (Buenos Aires, Argentina, 1931) y Enrique Dussel (Mendoza, Argentina, 1934). Bajo la influencia del filósofo francés Emmanuel Lévinas, criticaron la concepción individualista del hombre en la filosofía moderna e insistieron en la definición de la persona por su relación con el otro. Buscan una filosofía ética-política. Juan Carlos Scannone quiere hacer un análisis crítico de la situación latinoamericana y proponer un camino teórico-práctico de cambio. Frente a la ontología de la totalidad de Heidegger Juan Carlos Scannone propone una metafísica de la alteridad. En este sentido toman una distancia radical del marxismo. (Enrique Dussel asumiría parcialmente el marxismo en años posteriores). El sujeto de la filosofía es el pueblo y no la clase social. La dialéctica marxista piensa en la lucha de clases como una dialéctica económica, en la relación sujeto-objeto. Este reduccionismo economicista excluye la posibilidad de la construcción de algo nuevo. Por eso, en lugar de la dialéctica, Juan Carlos Scannone plantea el método de la analéctica, que es una dialéctica abierta y que no queda encerrada en una estructura prefijada cuyo futuro está de antemano marcado, como la lucha económica de clases. Esta relación analéctica es de total respeto al otro, especialmente al otro marginado, el "pobre". En el rostro del pueblo latinoamericano oprimido vemos un nuevo sentido de la historia. ¿Cómo romper la relación de dominación entre el poderoso y el pobre? Para romper la relación opresora se necesita un tercero. Plantea la relación sujeto-sujeto que es una relación cultural. Se trata de concientizar al oprimido de su situación de opresión y al opresor acerca de su situación y se pone de parte del oprimido. Juntos van a construir un "nosotros", un futuro distinto. La relación fundamental del hombre no es de relación hombre-naturaleza (marxismo) sino lo determinante es el ámbito social y político, una nueva relación ética-política de igualdad y respeto.

Como consecuencia de este proceso de liberación "irá surgiendo del pueblo mismo el auténtico proyecto nacional…El tercero será sólo un mediador" (Beorlegui, 2006: 717).

Juan Carlos Scannone discrepa con Lévinas por la fundamentación de la autonomía del individuo y por tanto su libertad y responsabilidad ética.

Emmanuel Lévinas parte de un concepto radicalizado de la alteridad y de la transcendencia, tomada de Dios como infinito, que se traslada al ser humano.

Juan Carlos Scannone plantea la autonomía del individuo, su libertad y responsabilidad ética como exigida por la relación con el Otro (Dios) sin aclarar la posibilidad del hablar del Otro. Él se acerca a la teoría de la estructura comunicativa de Jürgen Habermas y Karl Otto Apel pero sostiene que la comunicación entre individuos y colectivos libres tiene un estructura de gratuidad, es decir un nosotros ético-histórico. Y esto abre la transcendentalidad ética a la teológica y a Dios.

Finalmente, sin instituciones sociales la libertad resulta imposible de realizarse. Con la aparición de relaciones entre terceros nace la necesidad de la justicia, la democracia y de las instituciones. "Para romper la lógica de la dominación debe implantarse instituciones con la lógica de la gratuidad. Para que se logre este propósito se necesita comenzar por las micro-instituciones como la familia, y continuarse en ámbitos religiosos, hasta alcanzar todo el ámbito de lo social y lo político" (Beorlegui, 2006:730).

El proceso analéctico, dice Enrique Dussel, parte también de los entes, pero no para subsumirlos en la violencia sino para descubrir que entre ellos hay uno que es irreductible a una deducción, a partir del rostro óntico del otro que se presenta como "metafísico" y ético. El asume la metafísica del "nosotros" que el filósofo francés Emmanuel Lévinas había formulado en contra de toda la filosofía moderna que negaba una metafísica. La filosofía se afirma, desde ahí, como ética y no como ontológica. La filosofía es en primer lugar ética, mi obligación con el otro, que me trasciende.

Los filósofos de la cultura discrepan en segundo lugar con la sumisión de la filosofía a la sociología y a la economía como lo entendían los promarxistas. Hugo Assman escribía:

La filosofía se confronta, además, en este terreno, con limitaciones específicas; ella no posee, en sus instrumentos de reflexión tradicionales, aquellos que se necesita para definir su propia misión en el contexto de la lucha liberadora. Ya se está comprendiendo que, con ello, cortamos de raíz la pretensión de hacer de la filosofía el supremo tribunal de todos los discursos de las ciencias. La filosofía es, en definitiva, un momento más al interior de la ciencia social (Horacio Cerutti, 1992: 292).

Para Enrique Dussel, al contrario, la filosofía es ética-política y como tal fundamento de las ciencias y de la práctica social, y no una reflexión sobre las ciencias como lo entiende la tendencia marxista. La comprensión del mundo es de un ser que expresa en sus comportamientos un sentido ético de su existencia. La filosofía es en primer lugar ética y no ontología. El trata de construir una "metafísica de la alteridad", la alteridad del otro, el pobre como alternativa a la ontología de la totalidad. La filosofía es un saber autosuficiente que puede prescindir de las ciencias. En el pensamiento dominador nor-atlántico el sujeto no es cuestionado y, por lo tanto, considera su ética como la norma normal. El filósofo de la cultura, al contrario, denuncia a los opresores y ayuda a los oprimidos. Ellos están convencidos de iniciar una etapa totalmente nueva en la historia de la filosofía. Se oponen radicalmente a Augusto Salazar Bondy, quien niega la posibilidad de la originalidad de una filosofía latinoamericana. Nuestra filosofía debe partir de la sabiduría de nuestro pueblo. La filosofía de la cultura afirma que la filosofía debe romper con su academicismo (repetir a los filósofos europeos) y partir de la tradición sapiencial del pueblo. También dieron el nombre de "populismo" a esta corriente, por considerar a lo popular como sujeto y objeto de su filosofía y de la liberación. La corriente marxista, hegeliana y neomarxista no respetará la cultura popular ni la religiosidad popular.

En tercer lugar, a diferencia de Zea, Roig y otros, los filósofos de la cultura consideran que la filosofía tradicional latinoamericana es mera copia de la filosofía de la modernidad europea. Esta última es expresión del egocentrismo e individualismo del sistema liberal de los opresores.

En 1975, Enrique Dussel debe salir de su país para salvar su vida y la de su familia, perseguido por la dictadura militar. Se radica como docente en la Universidad Autónoma de México. Es el autor que más libros ha publicado y también el único que lanzó un libro de debate con un autor europeo, Karl Otto Apel, sobre la filosofía de la liberación y el discurso de la comunicación.

Al llegar a México, el empezó a realizar estudios sobre Marx. Se da cuenta de que necesita sus categorías económicas para poder construir una economía y una política. Considera ahora que la elaboración de la filosofía a partir de la sabiduría popular necesita incluir la asunción de la dimensión económica y política. La economía es un momento fundamental mediador en el ámbito de las relaciones interhumanas. Pero se trata de una dimensión económica que no se halla separada de la dimensión comunicativa o interpersonal. Por lo tanto, la dimensión social y la económica se conjugan recíprocamente. Si Dussel ha recorrido a Marx por el "obrar", para el "hablar" recorre a los filósofos alemanes Jürgen Habermas y Karl Otto Apel. El hombre está en el mundo por las relaciones interpersonales que entabla por medio del lenguaje y por la relación con la naturaleza que se realiza por el obrar. Enrique Dussel lo llama lingüisticidad e instrumentalidad. Sin embargo, marca su diferencia con los dos autores alemanes señalando que las dos dimensiones del hombre dependen de un nivel previo. La filosofía no es una pregunta por el ser sino por la ética, responsabilidad por el otro. Es la situación ética originaria. La responsabilidad surge por el encuentro con el otro. La trascendencia me saca de mi egocentrismo. Recién en un segundo nivel aparece el intento, deficiente, de hablar del otro y un obrar hacia el otro.

Además, Dussel piensa que hay una diferencia entre una sociedad del norte-rico que no necesita un cambio radical y una sociedad del sur-pobre donde el pobre no tiene acceso al diálogo. No hay liberación sin racionalidad, pero no hay racionalidad sin acoger la palabra del excluido, sino sería racionalidad de dominación. Critica también el formalismo procedimental (Habermas, Rawls y otros) de las éticas de la comunicación. Falta el principio material. De esta manera el regresa a las éticas antiguas como la de la felicidad, el utilitarismo y la axiológica.

Para salvaguardar la universalidad de la ética Dussel siempre recorre al principio de Lévinas, el encuentro cara a cara con el Otro. Es el momento trascendental previo a la racionalidad (Horacio Cerutti, 1992: 230-240; Carlos Beorlegui, 2006: 718-754).

Evaluación

La Filosofía de la liberación se origina en la proclama por el socialismo que el filósofo mexicano Leopoldo Zea lanzó en Morelos, acompañado de otros filósofos de América latina. El tema de la proclama era el concepto de Lenin sobre la dependencia como explicación del subdesarrollo. Posteriormente se añadiría el concepto de "dominación". Zea insistía en el aspecto cultura, pero mayormente la corriente asumía el marxismo y era una reflexión netamente político y liberador de las estructuras económicas opresoras. Surgieron muchas guerrillas, terrorismo, dictaduras militares y muchas muertes en América Latina. La Filosofía de la Liberación de inspiración marxista perdió muchos seguidores por la caída de la Unión Soviética y los cambios en China después de Mao.

Francisco Miró Quesada Cantuarias (2010: 331-341) considera que la filosofía de la Liberación marxista no ha abordado algunos temas. El primero y más importante es la dificultad de conciliar la justicia con la libertad. Los filósofos de la liberación coinciden en considerar al socialismo como el único sistema que permita la plena liberación del hombre. La experiencia histórica ha demostrado que existen grandes dificultades para conciliar la libertad con el socialismo. Si la Filosofía de la Liberación ha de merecer su nombre, su meta debe ser la liberación total del hombre, en cualquier tipo de sociedad. Reducirla a una crítica del dominio occidental y de la explotación capitalista es dejarla a mitad de camino. Cree Miró Quesada que los acontecimientos de los últimos años, especialmente el derrumbe de los regímenes marxista-leninistas en Europa del Este, obligan a los filósofos de la liberación marxista a hacer un inevitable ajuste de categorías ideológicas, especialmente del socialismo. El socialismo ha sido barrido por el viento de la historia. Todo el gigantesco aparato de dominación construido por la Unión Soviética se ha derrumbado como un castillo de naipes. Malouf explica que "el doloroso fracaso del modelo soviético que había tenido muy en cuenta el carácter "científico" del socialismo suponía que sólo los poderes públicos podían racionalizar el proceso de producción y distribución. Pero demostró lo contrario, a saber, que cuanto más centralizada era una economía, más absurdo era su funcionamiento; cuanto más pretendía gestionar los recursos, más penurias causaba" (Malouf, 2019: 207).

La liberación de la opresión es una idea humanista y el humanismo viene de la filosofía occidental. La Filosofía de la Liberación es un rechazo al dominio económico, político e ideológico del Occidente, pero no significa, como piensan algunos, que como tendencia cultural tenga conceptos inéditos, adicionales a los de la filosofía occidental. Si fuera así sería imposible que se hubiera formado una tradición filosófica en Occidente o en cualquier otro lugar del planeta. También en Occidente existían filosofías de la liberación con Platón, Kant, Locke, Marx, Hegel, Rusell, Sartre etc. Los políticos europeos las usaron mal o los filósofos limitaron sus análisis a su propia realidad, sin ver por ejemplo el problema del colonialismo.

Se usa mucho el término praxis, pero de forma diferente. Para unos en el sentido marxista leninista de la lucha de clases y para otros como luchas a favor de la justicia.

La situación de subdesarrollo no se ha debido sólo a la situación internacional de dependencia, sino también a factores internos de los mismos pueblos. La historia reciente ha puesto de manifiesto que los países que se han marginado han experimentado un estacamiento y retroceso; en cambio, han experimentado un desarrollo los países que han logrado introducirse en la interrelación general de las actividades económicas a nivel internacional. Parece, pues, que el mayor problema está en conseguir un acceso equitativo al mercado internacional, fundado no sobre el principio unilateral de la explotación de los recursos naturales, sino sobre la valoración de los recursos humanos (PabloVI, 1967: 33-42).

Importante es la crítica de J.C. Scannone a la visión marxista del hombre como relación exclusiva con la materia en la teoría de la lucha de clases. Existe también la relación sujeto-sujeto. Scannone propone la analéctica en lugar de la dialéctica. Igualmente son importantes las observaciones que hace Scannone al concepto de transcendencia individualista de cara a cara de Lévinas y sugiere como alternativa, la categoría nosotros-ético-histórico y la afirmación de un concepto diferente de Lévinas sobre la transcendencia. Scannone parte de una tradición cristiana y Lévinas de una judía. El hombre tiene una experiencia libre y responsabilidad ética en diferencia de Lévinas que entiende la transcendencia casi impuesta al hombre.

Podemos concluir que la Filosofía de la Liberación, hace un aporte original e importante como concientización de la problemática de la pobreza en América Latina y su relación con la economía y la cultura internacional. Para fundamentar la dignidad humana y sus consecuentes derechos los filósofos de la cultura afirman que la filosofía es primer lugar ética, la relación con el otro que me transciende.

3. El utilitarismo

El utilitarismo es una corriente filosófica que apareció en Inglaterra a fines del siglo XVIII. Sin embargo, cobra una gran importancia en la cultura actual por asumir el concepto de utilidad, perteneciente a la ciencia económica, como concepto básico de su filosofía de la ética. El predominio del conocimiento científico-tecnológico en el mundo actual tiene un lenguaje matemático, estadístico y mecánico. Este lenguaje se manifiesta sobre todo en la economía. El dinero es el factor cuantitativo. Todo está sometido a cálculo en la economía del mercado. Los seres humanos son individuos, átomos cuya utilidad, costo-beneficio, es calculada para la economía.

La Época de las Luces dio inicio a una nueva antropología y a una nueva relación con el mundo. El texto de referencia para este tema es de George Gusdorf (1971: 428-444). El mundo ya no tiene un significado simbólico, cuyas actividades están sometidas a la otra vida escatológica. En lugar de quejarnos por la maldad y la brevedad de la vida, debemos felicitarnos por su bien y felicidad. Voltaire escribía contra Pascal: "Mirar al universo como una cárcel y a todos los hombres como criminales que van a ser ejecutados es la idea de un fanático". El hombre de la época teológica, el hombre de Pascal, oscilaba entre el infinito negativo de la perdición y el infinito positivo de la salvación, lo que le impedía dar mucha importancia a las realidades terrestres. La noción de bienestar reemplazaba la exigencia de la salvación. Ella propone un orden de valores nuevos para sustituir los valores ascéticos y contemplativos de la tradición. La ciencia se volvía operativa y técnica. Ella debía ser útil para el hombre. El empirismo y el utilitarismo proponen organizar el mundo en función de la vida del hombre.

En lugar de la preocupación por la salvación eterna, el bien con todos es la nueva conciencia moral. La virtud se refiere a la relación con la sociedad. Para ser feliz también hay que hacer felices a los demás. Existe una armonía entre el bienestar de uno y el de los demás, y viceversa. Se impone a la conciencia el carácter social de la existencia, el bienestar de cada uno; el requisito de la nueva moral pasa por el bienestar de todos.

El filósofo inglés Francis Bacon (1561-1626) y sus seguidores ven al hombre como el creador del mundo, la eficacidad es el signo de la verdad. En lugar de contemplar el mundo de las verdades eternas de la filosofía griega y de la escolástica, el hombre se dedica a forjar su propio destino. No se duda de la verdad divina pero el hombre tiene su propio rol en el mundo. A diferencia de los filósofos ingleses, los filósofos franceses Descartes, Spinoza y Malebranche no se habían preocupado por la novedad de la flamante ciencia de la economía.

Los mejores pensadores ingleses del siglo XVIII se apasionaron por la tecnología, la revolución del agro, la revolución industrial, las finanzas, el orden fiscal, por la existencia material de los pobres y de los ricos. Locke – médico, psicólogo, pedagogo, químico y consejero político– considera que solo los conocimientos que aportan una novedad útil son dignos de ese nombre, mientras que los conocimientos que se dedican a abstracciones son vanidosos y perezosos. Entre las obras de Locke encontramos su libro sobre la cultura de la viña, los olivos, la producción de la seda, la conservación de la fruta, como resultado de su viaje por Francia en 1679, a pedido de su jefe el conde de Shaftesbury. Locke presenta una lista de 41 especies de uvas y 13 especies de olivos que alimentaban los lagares, cuyo mecanismo analiza con cuidado. Redacta en 1690 sus "Consideraciones sobre las consecuencias de la tasa de interés y la elevación del valor de la moneda", demostrando que las manipulaciones monetarias no darán los resultados previstos. Si por ejemplo la moneda sube 5% los precios subirán igualmente y el resultado será nada. La economía tiene sus leyes, como la naturaleza. Locke se preocupaba siempre por la utilidad, inquietud común a todos los hombres de la Época de las Luces.

Los grandes nombres de la economía política serán británicos: Adam Smith (1723-1790), Thomas Malthus (1766-1834) y David Ricardo (1772-1823). También Marx expresó su pensamiento sobre la economía en Inglaterra. Hume (1711-1777) escribía mucho sobre economía y él fue el vínculo entre Locke (1632-1704) y su amigo Adam Smith.

La categoría de la utilidad, característica de la economía, iba también a influir y a definir la moral y toda la vida del hombre. La educación tiene como fin la formación de los niños para una vida útil, feliz y patriótica. La actividad económica, principio de una nueva antropología, permite la conciliación entre la búsqueda de la felicidad y la utilidad. La actividad económica aparece como un estilo de vida. Según Hume el deseo más profundo del hombre es estar ocupado. Privar al hombre de toda actividad es lanzarlo a la búsqueda insaciable y destructiva de placer. Si la actividad económica es lucrativa, la perspectiva de ganancia se vuelve una pasión. No existe un placer más grande que trabajar y ver crecer diariamente su fortuna. El hombre buscará beneficios y evitará el gasto. Se va formando en Europa una clase industrial, para cuyos integrantes la producción económica es una colaboración con la creación de Dios. El liberalismo económico rinde honor a la virtud creadora.

Jeremy Bentham (1748-1832) es el fundador del utilitarismo como doctrina y como movimiento político. Él no es un hedonista porque propone que tenemos que buscar la felicidad para la mayoría de la gente posible.

Considera que las leyes no pueden encontrar un fundamento en la ley natural, la revelación divina y la ley del más fuerte. Para él el valor supremo es la utilidad. *La utilidad es la felicidad.* La utilidad como noción central de la economía también pasará a definir la moral. La economía busca la utilidad y de esta manera colabora con la moral para definir y conseguir el bien. El hombre moderno es por excelencia un *Homo oeconomicus*. Un hombre es bueno o malo en función de las consecuencias de sus actos. Esta corriente sigue hasta hoy con mucha vigencia.

Bentham formula una nueva antropología. En su perspectiva de empirista ve el placer y el dolor como las características de la experiencia sensitiva del hombre. Quiere reformar toda la sociedad y toda la vida del hombre a partir de los principios del deseo de felicidad o placer y de la voluntad de evitar el dolor. Por abandonar la moral fundada sobre el cosmos o sobre Dios, Bentham eliminará la diferencia entre el ser humano y el animal porque ambos tienen la posibilidad del placer y del sufrimiento. La pregunta fundamental en relación con el animal y el hombre no es si pueden pensar y hablar sino si pueden sufrir y gozar.

El principio de utilidad afirma que debemos promover el placer, la felicidad y evitar el dolor y el mal. Este principio debe también valer para toda la sociedad y se expresa en la frase: "la mayor felicidad para el mayor número". Un acto es bueno cuando busca realizar el máximo de bien en el universo para el máximo posible de seres. El desarrollo ilimitado del individuo favorece a la sociedad. La autoridad debe solo ocuparse de la seguridad y de la igualdad.

Los utilitaristas no consideran correcto otorgar tanta dignidad y respeto al hombre si no hay mayor diferencia con el animal. Hoy en día hay autores que hablan de los derechos de los animales. La moralidad se define, por lo tanto, exclusivamente por la capacidad de poder tener placer o sufrimiento. La moral es la defensa de los intereses. La dignidad moral consiste en la capacidad de sufrimiento y placer.

En la misma línea de pensamiento está la teoría económica de otro gran pensador del utilitarismo, Adam Smith (1723-1790), fundador de la economía libre de mercado.

4. La filosofía analítica. Los valores están dentro de la vida natural

Muchos filósofos de Estados Unidos se consideran de la corriente naturalista. También existen otras denominaciones de esta corriente, como empirismo, pragmatismo, materialismo y sobre todo filosofía analítica, por ser una filosofía que da preferencia al estudio del lenguaje. Los más conocidos representantes son C. S. Peirce, W. James, J. Dewey, G. H. Mead, Ernest Hagel, W. V. Quine, C. I. Lewis, R. J. Bernstein y Richard Rorty.

No se trata de defender una filosofía netamente norteamericana sino una manera de entender el mundo moderno occidental.

Ellos consideran que el desarrollo y la modernización se han dado por la introducción universal de las ciencias y las técnicas que tuvieron su origen en el mundo occidental. Pero la modernización implica también transformaciones políticas, culturales, morales, espirituales e intelectuales. Según ellos, los tres únicos sistemas de Occidente que tuvieron alguna difusión son el cristianismo, el liberalismo y el marxismo; pero el misionario cristiano, el economista del *laissez-faire* y el revolucionario marxista son tres mitos. El primero sigue creyendo en la autoridad, el segundo cree que ya todo está resuelto y el tercero salta encima de la modernidad sin haberla entendido.

Sin embargo, los pueblos no podrán adquirir la ciencia y la tecnología si no asumen sus presupuestos metafísicos. Esto significa la desestructuración de las sociedades tradicionales como, por ejemplo, la familia. No es posible un equilibrio entre la tradición cultural ancestral y el complejo científico-tecnológico que es la llave de la modernidad. El desarrollo exige transformaciones mentales radicales de los símbolos culturales tradicionales. Se refiere al cambio de toda una cultura (Vacher, 1990: 31).

A. El sentido común y el método pragmático de la ciencia y la tecnología

Los materialistas comparten la defensa del sentido común. La buena metafísica, como la misma ciencia, debe partir del sentido común. Están convencidos de que el pensamiento común de la gente ordinaria tiene grandes posibilidades de ser más verdadero que falso. Se encargan de defender el "sentido común" con el recurso más sofisticado y técnico de todos: las partes del lenguaje. La característica de la filosofía americana es la del sentido común, pero existe un vínculo entre este y las ciencias. La estructura de investigación es la misma en ambos conocimientos. Existe progreso, existen innovaciones, pero ninguna ruptura. No se permite una crítica radical del sentido común. No se puede denigrar la visión natural como *naif* o equivocada. El descubrimiento de los hechos importantes se debe a la reflexión crítica pero su resultado es la prolongación y no el rebasamiento de la visión natural. De esta manera ellos afirman que el único modelo de conocimiento es el científico.

El desafío para el hombre es tratar de conocer el mundo que lo rodea para poder vivir en él. No existe otro mundo que el universo objetivo de mi experiencia, formado por objetos y eventos situados en el espacio-tiempo. Todos, incluida la vida inteligente del hombre, son parte de los procesos naturales. Los hechos están dados independientemente de mi opinión. Necesito conocer estos hechos para poder vivir y evitar los problemas. Tenemos, por lo tanto, que aceptar nuestra experiencia biológica, práctica para poder entender la realidad. El método adecuado para conocer esta experiencia que nos viene desde afuera es el científico. El conocimiento es el proceso de aprendizaje de una realidad dada y objetiva que nos rodea. No tenemos que embarcarnos en intuiciones, especulaciones y representaciones intelectuales. Observamos directamente el mundo sensible. Pierce llega a escribir: "Todo saber se basa en la experiencia y la ciencia progresa solamente por el control experimental de las teorías, pero, al mismo tiempo, todo conocimiento humano, incluido el más alto científico, no es otro que el desarrollo de nuestros instintos innatos". La ciencia y la tecnología son la base de un nuevo orden social.

El naturalismo americano es una filosofía pragmática, un pensamiento de la práctica y una forma de "cientismo". En primer lugar, pragmatismo porque el hombre necesita actuar para poder vivir, ya que la inseguridad le acompaña siempre. Los naturalistas defienden el método de las ciencias empíricas modernas porque es el más seguro para conseguir conocimiento. No existe otra ontología que la de la ciencia. La pregunta por lo que existe se resuelve dentro del sistema de nuestro mundo (empírico y científico) y no afuera de él, en alguna filosofía primera antes de la ciencia. No hay verdad previa.

Debido al menosprecio, en la filosofía occidental, por la vida diaria o común, los objetos de acción, la afección y la vida social, se ha perdido también la capacidad para descubrir los valores que la inteligencia puede encontrar dentro de la experiencia común. Las consecuencias son el cinismo, la indiferencia y el pesimismo en Europa. Tener una experiencia no es otra cosa que diferentes modos de interacción, de correlación con los objetos naturales que se presenten. Todos los conceptos tradicionales del hombre y el mundo, del interior y el exterior, del sujeto y el objeto, de lo individual y social, de lo privado y público no son otra cosa que partes de las interacciones biológicas. (Vacher, 1990: 47).

Se parte del hecho de que todo lo que existe es un componente de la naturaleza (el animal humano es y está dentro de la naturaleza). La realidad conocida existe con independencia de la idea del sujeto. Para el naturalista o pragmatista, nosotros tenemos la experiencia directa de la realidad. La realidad no está tapada por "imágenes mentales" o "modelos conceptuales". No hacemos la experiencia a partir de la experiencia sino por la naturaleza: las piedras, los animales, las enfermedades, la salud, la temperatura, la electricidad, etc. (Vacher, 1990: 53). La experiencia es un mundo objetivo que entra en las acciones y sufrimientos de los hombres, y que conoce transformaciones por el efecto de sus reacciones. La experiencia nos presenta la mayoría de las cosas en forma temporal anterior a la experiencia que vamos a tener. Jamás se pone en duda la existencia del mundo del cual formamos parte, pero tenemos también un conocimiento válido y suficiente de él. Tanto en la percepción sensorial como en el saber científico, la realidad misma es objeto del conocimiento humano. El mecanismo de percepción se explica en términos de la física y de la biología.

La experiencia no se opone al pensamiento, sino que lo incluye como una de sus partes. Se trata del sentido común desarrollado por los conocimientos científicos. La experiencia no es solo concebida en términos biológicos y psicofisiológicos, sino en términos de acción, de modificación del ambiente, probados por la práctica, de verificación empírica y de previsión. De esta manera se entiende la diferencia entre un pragmatismo que no sale de la esfera subjetiva de las imágenes y la realista que se entiende como un cuerpo en interacción activa. Los datos en referencia al mundo exterior llegan a nosotros por el estímulo sensorial, los rayos luminosos y las moléculas. La prioridad de los sentidos coincide con la teoría clásica *"nihil est in intelecto quod non prius en sensu"*, pero como una relación netamente física entre dos cuerpos y no como una percepción interior. El mundo es un sistema al cual tenemos acceso en la experiencia, y la evidencia sensorial es la única evidencia concebible por la ciencia. Ambas se complementan. La filosofía analítica no se encierra en sí misma sino el universo de la experiencia es la precondición del universo del discurso (Vacher, 1990: 59).

La cadena epistemológica sensación / experiencia / sentido común no deja espacio para otros discursos. Siempre nos encontramos con el mundo extralingüístico.

La modernidad de las ciencias y de la tecnología se basa en la filosofía de la ciencia y la tecnología. Un círculo vicioso indiscutible. Sin embargo, estos filósofos creen que es el mejor método comparado con otros por sus resultados y porque evalúan siempre la validez de sus pensamientos, sometiendo sus ideas a la verificación de las pruebas, como el pensamiento científico, porque no se consideran infalibles.

Ellos rechazan el método de la autoridad y de la tradición que se refuerzan el uno al otro. También rechazan el método llamado *a priori*; es decir, la inteligencia humana pretende llegar a evidencias o principios por medio de la abstracción. El hombre tendría una intuición intelectual o una especie de instinto lógico que lo llevaría al saber. Observan que la diversidad y la incompatibilidad de estas *verdades a priori* señalan el dogmatismo de este pensamiento; ni hablar de las lecciones que da la experiencia.

Los pragmatistas manifiestan también que su método proporciona una libertad de pensamiento y un sentido de relatividad histórico y cultural que se deben a las transformaciones consecuenciales de las ciencias; al reconocimiento de la independencia de lo real, sobre la cual no se puede legislar; al sometimiento del pensamiento a la experiencia, único tribunal de la verdad; a la valoración de la investigación abierta y libre; a consensos libres y duraderos y a convergencia entre realidad y pensamiento (Vacher, 1990: 65).

Este método expresa el espíritu o la visión del mundo de la época actual tecno-científica. Lo que constituye la ciencia no es un conjunto de conclusiones correctas sino un método correcto. El espíritu de hipótesis es más importante que el de certeza. Para los filósofos norteamericanos ha surgido una nueva civilización: la civilización del método experimental, una civilización sin credo, sin dogmas, sin contenidos, excepto los del método. Desde esta opción el término positivismo recibe un contenido más amplio. Se refiere a toda una cultura.

El pragmatismo se dirige hacia lo concreto, la acción y la capacidad de hacer. Rechaza la abstracción, soluciones verbales, principios, sistemas cerrados. Sin embargo, no se inscribe en una perspectiva sociohistórica como el marxismo. El hombre ha de lograr vivir gracias a su espíritu, pero no el espíritu como inteligencia que adapta los medios a los fines. Para los pragmatistas existe una relación íntima entre sentido y acción. La naturaleza del sentido se esclarece solo por la práctica. El pragmatismo considera que el sentido del concepto depende de su influencia sobre la conducta de la vida. La regla es observar cuáles efectos, susceptibles de práctica, son considerados como inherentes al objeto de nuestro pensamiento. Nuestra concepción de efectos constituye la totalidad de nuestra concepción del objeto. Nuestras aserciones deben ser interpretadas en términos de comportamiento y praxis. El sentido es una propiedad del comportamiento.

No hay significaciones fuera del comportamiento. El lenguaje es simplemente una de las cosas que hacen las personas para enfrentarse a su entorno. Toda la cadena de conductos lingüísticos está ligada a la experiencia sensible por un contacto directo. Para la filosofía norteamericana el conocimiento reside en su rol de guía para la acción. Saber es poder y el conocimiento es un instrumento para enfrentar la realidad. El conocimiento es poder transformar el mundo. La verdad de las ideas depende de su utilidad para la acción. La verdad es relativa al logro de los seres humanos en cada situación problemática. La verdad es solución de un problema. Para el pragmatismo y el naturalismo, la verdad no está en la idea sino se hace una idea en los acontecimientos. La verdad es un proceso en el cual se verifica su validez a sí misma. En este sentido concreto la verificación reside en las consecuencias y los resultados. La verdad o la falsedad son el éxito o el fracaso de saber si el mundo coincide con lo que decimos. Por esta razón tenemos que reconocer que el pragmatismo no sería lo que nos gusta, nos satisface o nos es útil. Ellos sostienen una teoría de correspondencia de la verdad. Para entender bien esta correspondencia, no se trata de un reflejo especulativo, sino de un campo pragmático de interacción. No se trata de la unidad o coherencia en el pensamiento. El criterio práctico supera la coherencia interna. Cada hombre recibe un bagaje científico y tiene estímulos sensoriales. La investigación experimental y la libre discusión son el lugar y el instrumento para este trabajo jamás terminado. La posibilidad de la práctica posibilita el regreso infinito de interpretaciones. Sin embargo, no se trata de un arreglo ciego del mundo, sino que para el pragmatismo existe una sabiduría, es una teoría y práctica para lograr el crecimiento de la libertad humana en un mundo precario y trágico. Las ciencias aplicadas como la ingeniería, la medicina y el trabajo social tienen un conocimiento más adecuado que la teoría física y las matemáticas.

B. La materia y la moralidad

Según ellos el materialismo no es un materialismo metafísico sino una especulación de orden químico y fisiológico. La realidad es material. La materia es la base de una ontología, es autoexistente, autoactiva y autoevolutiva. Las cualidades nunca han estado dentro del organismo; siempre han sido las cualidades de interacción, los objetos extraorgánicos y orgánicos. Solo las partículas son reales y existen. Las cosas de la naturaleza se comportan de una manera regular y las leyes naturales describen estas regularidades. Las leyes no dominan en virtud de una necesidad; ellas solamente describen. Las leyes son probables. El mundo está siempre en formación.

Todo lo que existe en el mundo son partículas físicas y también sus propiedades y relaciones. La distinción entre lo físico, lo psico-fisiológico y lo mental es una distinción entre niveles de complejidad creciente. *Un espíritu es solamente un nombre diferente para un cuerpo orgánico en acción, a cierto nivel de desarrollo.* El pensamiento es una función vital. El organismo complejo es responsable, el resultado de miles de millones de años de evolución química, biológica y neuro-fisiológica. ¿Cómo solucionan ellos el tema de los términos?

Ellos consideran la vida mental como una vida de comportamiento. El espíritu significa un conjunto de funciones, aptitudes y actividades, y no una entidad. La causalidad va desde el comportamiento a la conciencia: somos tristes porque lloramos, tenemos cólera porque nos pegan, nos asustamos y temblamos...

En forma paralela a esta tendencia *behavior*, la mayoría piensa que los procesos mentales son procesos cerebrales, estados del órgano físico. Todo lo que se refiere a nuestra vida mental, todos nuestros pensamientos y todos nuestros sentimientos son causados por procesos internos en el cerebro. De esta manera ya no se presenta ningún misterio de la subjetividad. La vida mental como fenómeno material no elimina el reconocimiento de las dimensiones culturales y sociales. Con la afirmación de que la esencia de uno mismo es primeramente cognoscitiva, la psicología social pragmática indica que su núcleo consiste en la conversación interna de gestos, lo que lleva a concluir que el origen de mí mismo, como del pensamiento, es social. El individualismo no existe porque el yo solamente puede concebirse a partir de las relaciones sociales. El lenguaje es un producto social. El yo necesita socializar para poder realizarse. *La dignidad humana no puede fundamentarse sobre una dignidad interna del individuo, como decía la modernidad, porque la persona no es un individuo sino un producto del entorno. El lenguaje es la clave de esta producción social.* El yo humano es creado por el vocabulario. Se busca explicaciones causales de la psicología en la fisiología, de la fisiología en la biología, de la biología en la química y de esta última en la física (Vacher, 1990: 95). Los fenómenos sociales están en relación con el resto de la naturaleza. La vida mental del hombre es una función biológica por medio del cerebro, pero su contenido y sentido son sociales.

Para los filósofos norteamericanos la ontología y la epistemología están al servicio de la moral. No se puede entender los problemas éticos, sociales y políticos sin una teoría de conjunto. Puesto que la práctica y la acción tienen un lugar privilegiado en el pensamiento pragmático, el pragmatismo es por esencia un pensamiento moral, porque la ética es el estudio del comportamiento humano para buscar los criterios que deben orientar o prohibir.

El problema más profundo de la vida para ellos es restaurar la integración entre las opiniones sobre el mundo y los valores por seguir. Los que afirman la continuidad dinámica entre el ideal y lo real han salvado al mundo. El vínculo real entre estos dos órdenes es el naturalismo porque de acuerdo con su principio nada existe fuera de la naturaleza. La razón práctica debe insertarse en lo real, el ideal en lo concreto. Los ideales y los fines que nos hacen actuar son producto de la imaginación, pero esto no significa que son sueños: ellos son más bien cortados en la materia sólida del mundo de la experiencia física y social. La tarea principal del pensador pragmático es establecer este vínculo íntimo. Las ideas están en continuidad con los fenómenos naturales y transmiten el camino para la conducta. La ética no es otra cosa que el resultado de nuestras experiencias de la vida. En la lógica misma de la experiencia vivida se encuentran la fuente y el fin de toda moral (Vacher, 1990: 99). El enfoque pragmatista afirma la relevancia de los componentes *no epistémicos* que son *determinantes* para la ética.

La fuente son los deseos, necesidades, intereses o aspiraciones. *La esencia del bien está en dar satisfacción a una expectativa* (Vacher, 1990: 99*)*. Cada acción o programa de una vida se dirige a satisfacer las necesidades complejas del ser humano, que es la norma para la validez de todo ideal o norma moral. Los valores están dentro del ambiente de la vida natural. Cada objeto de interés tiene un valor. Conocemos los valores por la interpretación de la relación o sentido del objeto para nuestras vidas, deseos y sentimientos. *El interés es la fuente del valor y no al revés*. Una cualidad cuya existencia depende de sus relaciones con las otras cosas también es un componente de la naturaleza. La ética debe fundamentarse sobre la psicología y sobre las otras ciencias particulares que le proporcionan los datos de los deseos, las emociones y las necesidades humanas. Si las normas éticas deben imponerse a la vida, ellas deben ser sacadas de la vida. Las normas tienen también un carácter teórico; es decir, un contenido cognitivo e intelectual, portadoras de un sentido, pero empíricamente verificables como cualquier hipótesis empírica. Cada expresión ética debe ser verificada, corregida o invalidada por sus consecuencias o resultados. No se podrá definir una tabla fija de valores para resolver los problemas porque cada situación nos obliga a evaluar sus condiciones concretas. Se trata de la observación de las situaciones particulares y no tanto de la adhesión a principios *a priori*. Es el método democrático, la tolerancia para la diversidad de opiniones. Se trata de un método científico que investiga los hechos y verifica la prueba de las ideas. Es una ética de consecuencias (Vacher, 1990: 101). Las normas éticas se comportan como hipótesis científicas.

El concepto del bien se refiere al establecimiento de consecuencias previsibles, como resultado de una prueba experimental de condiciones o imaginaciones que resuelven conflictos o dan satisfacciones. De esta manera se evita el escepticismo porque cada ciencia empírica da resultados probables.

El objetivo último del humanismo es el bienestar terrenal completo, gracias a los métodos de la razón y del pensamiento científico, de la democracia y del amor fraterno. Esta idea no es nueva. Es el utilitarismo que tiene el mérito de haber impuesto que el bien moral, como cualquier otro bien, consiste en la satisfacción de las tendencias propias de la naturaleza humana; es decir al bienestar y a la felicidad (Vacher, 1990: 103).

La moralidad es el medio para encontrar el fin; es decir, la alegría de vivir. El bien y el mal se definirían en función del fin. Por eso, el carácter moral o inmoral de un comportamiento será definido en términos sociales: un comportamiento social que beneficia o un comportamiento social que hace daño a la sociedad. El mal deja de ser un problema metafísico o teológico. Se le considera como un problema práctico que se debe eliminar, resolver o disminuir.

Todos los seres humanos pertenecen a la misma especie de animales; es decir, todos los individuos, grupos y estados tienen el mismo fin: la fraternidad mundial. La moral naturalista no difiere de las morales tradicionales por su contenido sino por su espíritu. Sabemos también de la obligación de ayudar a los pobres y enfermos, amar al prójimo como a nosotros mismos, ser virtuosos, francos y honestos. Pero nosotros tratamos de hacer el bien a la manera empírica y racional y no por la tradición o por una autoridad. La moral naturalista no puede negar la influencia de las condiciones materiales sobre el comportamiento y elección de las personas. Las posibilidades y valores de vida de los hombres están determinados por las *condiciones económicas*. Un sistema ético no tiene sentido si desconoce las condiciones económicas. La experiencia experimental de ventajas y desventajas es la base sólida para la evaluación libre por el sentido común con el propósito de descubrir los valores De esta manera entendemos que el espíritu o método científico está en continuación con el arte y la ética. Además, nos hace entender la prioridad de la libre investigación en el pensamiento norteamericano con la idea que debemos considerar verdad, y estimar como bien lo que resulta de la libre discusión. El bien no se puede fijar en una tabla de valores porque es solo el resultado momentáneo que se descubre en cada situación concreta de nuestra experiencia dinámica o evolutiva. Gracias a la libertad política se descubren la verdad y el bien. La vida como investigación está estrechamente unida con la moral.

Anteriormente la corriente del positivismo consideraba que el conocimiento se limitaba al científico, quedando vedado el conocimiento de los valores. Cada individuo elige su moralidad. La filosofía analítica, al contrario, considera que las ciencias indican los valores.

5. La ética del consenso. La teoría de la comunicación (Habermas)

El sociólogo y filósofo alemán Jürgen Habermas (1929) es considerado como la figura cuyo pensamiento tiene actualmente más influencia. Muchos lo califican como un neomarxista. En efecto, él asumió el "materialismo histórico" de Marx, pero se distancia de él en temas fundamentales. "Una relevancia especial cobra la relación de Habermas con el filósofo norteamericano John Rawls. Aunque con variantes importantes, tanto Rawls como Habermas comparten perspectivas teóricas similares: la común reivindicación de la filosofía práctica kantiana es una de las mayores coincidencias, así como la común oposición hacia los presupuestos utilitaristas" (Velasco, 2003: 153).

Habermas hace la importante observación de que *la posmodernidad cuestionó las ideologías de los grandes relatos o explicaciones de la sociedad, menos la ideología del positivismo de la ciencia y de la tecnología. La deconstrucción no afectó a la ciencia. Los conceptos éticos ser*ían reemplazados por la normalidad de la física, biología, sociología, psicología, economía, administración y tecnología. Las ciencias sociales verifican los "datos", no el "valor".

A. El positivismo de las ciencias naturales deshumaniza a la sociedad

Habermas fue discípulo de la Escuela de Frankfurt (Adorno, Horkheimer y Marcuse) que reaccionó contra la irracionalidad y la barbarie de la sociedad en los años treinta del siglo XX. Ellos criticaron el cientismo moderno que absolutiza la actitud positivista de las ciencias naturales como único método científico. Las ciencias naturales se consideran las únicas objetivas para captar la verdadera realidad. Solo lo que puede ser objeto de observación científica es realidad y las investigaciones dependen de las reglas metodológicas.

La metodología de las ciencias de la naturaleza pasa a ser el modelo ideal que han de seguir también las ciencias sociales. El método seguro y exacto de las ciencias es absolutizado como el único que capta la realidad y como el único conocimiento que lleva a la verdad objetiva. Habermas considera que hasta hoy esto es parte de una mentalidad común. Comte (1798-1857) fue el primero que intentó aplicar este método a la sociología. *La metodología experimental-cuantitativa de las ciencias naturales, asumida por las ciencias sociales, no permite tomar en cuenta los valores humanos de libertad, justicia y felicidad, pues estos son conceptos netamente filosóficos.* Horkheimer lo expresó de la siguiente manera: "El propósito de la ciencia de no hacer ninguna distinción esencial entre la conjuración de poderes brutales contra toda aspiración humana a la felicidad y a la libertad y, por otro lado, la lucha contra dichos poderes –toda esa filosofía que reduce ambas partes al concepto de lo dado– les es muy bienvenido a los poderes más antihumanos" (Ureña, 1998: 24).

Esta actitud cientista se encontraba en la economía política de la época que se ponía al servicio de la realidad económica. El economista inglés David Ricardo (1772-1823) no hacía ninguna distinción entre seres humanos, bestias y cosas.

Ni Kant, ni Hegel, ni Marx, lograron esclarecer la relación entre ciencia y filosofía, perdida después definitivamente con el positivismo. Se rompió la unidad entre ciencia y filosofía. Las ciencias naturales vinieron a arrogarse la exclusiva de ser fundamento de todos los saberes.

Hegel pretendía establecer la filosofía como ciencia universal, Marx sacrificó la filosofía en aras de la ciencia y ambos "abrieron con ello de par en par las puertas a la marcha triunfal del positivismo", lo que empezó con el presupuesto de un concepto normativo de ciencia formulado por Kant. Marx siempre querría subrayar el carácter científico de su teoría en comparación con las ciencias de la naturaleza.

El monopolio ejercido por el positivismo ha llegado hasta tal grado en los últimos años que Habermas cree que no es posible una crítica de este mediante una renovación directa de la teoría del conocimiento iniciada en Kant. *Para Habermas, el positivismo solo podrá ser superado obligándolo a reflexionar sobre sí mismo.* Él intentará restablecer la relación entre filosofía y ciencia a partir de una crítica del positivismo y de su propia teoría de los intereses del conocimiento.

Habermas compara el objetivismo de las ciencias naturales con el objetivismo equivocado de la metafísica tradicional anterior a Kant. Sin darse cuenta las ciencias han caído en el mismo error. Ambos presuponen que existe un mundo objetivo estructurado, independiente del sujeto cognoscente.

B. El positivismo del materialismo histórico de Marx y de la ideología del capitalismo avanzado

El punto central de la crítica de Habermas a Marx, tema medular de toda su obra, se refiere a la relación que establece este entre el desarrollo de las fuerzas productivas y la esfera de las relaciones humanas como dos dimensiones interrelacionadas, pero irreductibles la una a la otra. Para Marx, ambas aparecen como dos caras de un mismo proceso de producción. Marx emprendió una relectura materialista de la fenomenología de Hegel. Características fundamentales de esa relectura son, para Habermas, la sustitución de la prioridad hegeliana del espíritu por la de la naturaleza y la sustitución del sujeto trascendental y a histórico de Kant por los hombres concretos que van reproduciendo su vida mediante el trabajo.

El hombre es el animal productor de instrumentos de trabajo. El trabajo viene posibilitado por la constitución física del hombre (postura erecta, manos, cerebro...), que es un producto de la naturaleza. La síntesis entre sujeto y objeto es sustituida por la materialista: naturaleza externa e interna en el proceso del trabajo. El nivel de desarrollo de las fuerzas productivas nos define así el nivel histórico. Marx reduce la praxis social o las relaciones humanas a la dimensión de las fuerzas de producción o del trabajo.

La relectura que hizo Habermas del materialismo histórico, aclarando la distinción fundamental entre trabajo y acción comunicativa, ha superado el reduccionismo de la dimensión de las relaciones de producción a la dimensión de las fuerzas productivas. La acción comunicativa se rige por normas reconocidas por los sujetos actuantes, mientras la acción técnica exige el aprendizaje de las ciencias y las habilidades para aplicar las técnicas. La configuración de las estructuras de la personalidad nos dota con motivaciones que nos permiten aceptar las normas morales y actuar en conformidad con ellas.

Marx fue incapaz de construir un modelo teórico que aclarara la interdependencia de ambas dimensiones. Más grave aún, convirtió la relación entre ambas en mecanicista. El desarrollo de las fuerzas productivas puede ayudar a la liberación moral del hombre, pero ni la causa por sí mismo, ni siempre la ayuda. La definición de la vida buena, de la realización moral del hombre, de la felicidad y de la desgracia... no puede hacerse desde la racionalidad técnica, sino desde la comunicación o moral (Ureña, 1998: 73).

Habermas fue el primer marxista que entendió la palabra "justicia". Opina también que el concepto de lucha de clases ha de ser sustancialmente revisado en el capitalismo avanzado. Con el fin de evitar crisis intolerables que puedan poner en peligro la estabilidad del orden socioeconómico los gobiernos intervienen actualmente para mitigar las diferencias de las clases. Para lograrlo, han dado a la ciencia y a la técnica una función ideológica que consiguió eliminar la dimensión comunicativa o moral de la sociedad.

Anteriormente, la relación económica entre capital y trabajo se expresaba en la apariencia de un intercambio libre y justo por medio de los contratos. Sin embargo, la agudización de la situación problemática puso al descubierto la falta de reciprocidad entre capital y trabajo, y la falsa conciencia se transformó en una conciencia de denuncia de la inmoralidad, injusticia o explotación. Ante esta crisis, el capitalismo avanzado ha corregido esta relación dando un carácter ideológico a la ciencia y a la técnica, que ofrecen una definición tecnicista de la vida. Se cree ahora que el desarrollo de la ciencia y de la técnica lograrán satisfacer a los hombres. La política del desarrollo se da por medio de la solución de los problemas técnicos. Los problemas morales no se solucionan por la acción comunicativa sino por la acción técnica.

Esta ideología logró desplazar en la mente de los hombres la discusión política y democrática por una ideología de las aspiraciones neutras del consumo: más dinero, más tiempo libre y más seguridad del empleo. Los tres son neutros desde el punto de vista moral. Los intereses de los hombres coinciden con los intereses técnicos y científicos del sistema. La buena vida depende del desarrollo de la ciencia y la técnica. La política se convierte en técnica. Además, el Estado obedece a los intereses de los grandes monopolios. La masa se olvida de la política y piensa solo en la acción técnica para poder consumir. En la sociedad tradicional predominaba la acción comunicativa.

En el capitalismo avanzado no solo predomina la acción técnica, sino que además se excluyen los problemas morales de la dimensión comunicativa, porque no aportan al sistema político-económico. Solo importa una gestión eficaz que permita cumplir con las tres aspiraciones. El movimiento de la base económica está ahora controlado por la "superestructura" del poder político. Las mismas fuerzas productivas, antes cuestionadas, se han convertido en fundamento de legitimación. Ya está excluida la posibilidad de la autodestrucción del capitalismo por una crisis económica. De esta manera se entiende que, según Habermas, exista una latencia de la lucha de clases (Habermas, 2013: 91-100).

Habermas observa que el proceso histórico no se agota en la dimensión del trabajo. También existen las relaciones entre los hombres. Así, la ciencia de la economía aparece para él como una ciencia de la naturaleza. Marx cae en el error de interpretar su propia crítica como una ciencia de la naturaleza y cierra una vez más el paso a la aclaración de la relación moderna entre filosofía y ciencia.

Con esta crítica a Marx se abre la posibilidad de una ética. El positivismo de Marx no dejaba espacio para una ética, como señalamos anteriormente. Habermas propone para el análisis de la sociedad capitalista avanzada una crítica de la absolutización de la razón técnica con el interés de rescatar la razón práctica, la razón moral.

Con la crítica al liberalismo avanzado se demuestra la indiferencia del liberalismo frente a la ética.

C. Los intereses del conocimiento

En los siglos XVIII y XIX surgieron nuevos pensamientos: el filosófico-histórico y el socio-evolutivo. La fenomenología de Hegel, la crítica a la ideología por parte de Marx y el psicoanálisis de Freud son expresión de la ruptura con la filosofía tradicional. La crisis de las interpretaciones totales del mundo y de la historia (íntimamente ligadas al ámbito de lo religioso) hace desaparecer las culturas tradicionales, produciendo así un vacío que resulta en una crisis de identidad a escala universal.

Habermas se va a preguntar cómo se puede fundamentar la razón moral y los valores de verdad, libertad y justicia ahora que las interpretaciones metafísicas y religiosas parecen haber perdido su fuerza. Si el desarrollo de las fuerzas productivas ya no sirve como ilustración política, si ya no alienta una crítica de ideologías, como quisiera Marx, sino que incluso se ha convertido en fundamento de legitimación ideológica de la eliminación de la racionalidad moral, ¿cómo podrá plantearse una reflexión crítica que nos libere del poder opresor de esa nueva ideología?

Los pensadores reconstruyen la historia de la humanidad como el desarrollo progresivo del dominio del hombre sobre la naturaleza externa y como el desarrollo progresivo de las instituciones sociales de convivencia entre los hombres. Habermas quiere rescatar la vigencia de la dimensión social por medio de una teoría del conocimiento que restablezca una nueva relación entre ciencias naturales, filosofía y ciencias sociales.

Para superar esta problemática Habermas distingue entre trabajo y acción comunicativa. La definición de vida buena no puede hacerse desde la racionalidad técnica, sino desde la comunicación o moral. En nuestro mundo actual, al contrario, la integración social discurre a través de los medios del dinero y del poder. El individuo es incapaz de identificarse con las estructuras socioeconómicas del capitalismo avanzado. Habermas quiere restablecer una nueva relación entre ciencias naturales, filosofía y ciencias sociales. Su teoría se llama de los intereses del conocimiento.

Habermas buscará una respuesta a la problemática en su teoría de los "intereses del conocimiento". Los intereses son las orientaciones básicas enraizadas en las condiciones fundamentales de la posible reproducción y autoconstitución del género humano, es decir, en el *trabajo* y en la *interacción*. Esto significa que el conocimiento humano está ligado a la transformación de la materia y a las normas que regulan las relaciones entre los individuos. Al primero Habermas lo llama interés técnico y al segundo interés práctico. Los dos son inseparables. Ambos tienen un lenguaje y una experiencia diferente: categorías de medición y categorías de responsabilidad. Sin embargo, los investigadores científicos de las diferentes ciencias solo pueden entenderse entre ellos como seres humanos sobre el proceso de investigación por medio del interés práctico, la *comunicación intersubjetiva*.

El sentido del conocimiento no puede fundamentarse en la pura metodología sino en su relación íntima con el proceso de autoconstitución histórica del hombre. De esta manera se evita la reducción de una dimensión a la otra. Sin embargo, existe un tercer elemento que establece la interrelación entre las dos: el interés emancipativo o el interés histórico, que consiste en la liberación de las condiciones opresoras en las cuales nace el hombre, tanto por parte de la naturaleza como por parte del ambiente social.

La idea del interés emancipativo viene del psicoanálisis de Freud. No existe una separación entre el conocimiento y su aplicación, que no es otra cosa que la curación o liberación del enfermo de su neurosis. Se entiende el interés técnico y el interés práctico desde el interés emancipativo. Conocimiento e interés son una misma cosa. Esto quiere decir que los intereses directivos del conocimiento, que determinan las condiciones de objetividad de la validez de las afirmaciones, son ellos mismos racionales. El conocimiento no se puede entender sin el interés. El interés emancipativo no es un tercer tipo de conocimiento al lado de los dos anteriores según

Habermas, sino es la autocrítica dentro de cada uno de ellos. Surge por una autorreflexión. Los dos primeros conocimientos solo tienen sentido cuando se refieren al proceso emancipativo de autoconstitución del género humano.

Ambas dimensiones deben buscar el interés emancipativo del hombre. El interés técnico es solo emancipador cuando es interpretado desde el interés emancipativo. La filosofía y las ciencias sociales están dentro de las ciencias naturales como crítica a ellas.

El proceso del desarrollo de la cultura humana es como un proceso de "desneurotización" a escala universal. Habermas recoge este modelo de Freud y corrige con él a Marx: la dimensión comunicativa recibe un puesto de primacía frente al reduccionismo "cientista" de Marx (Ureña, 1998: 92-105).

Por otro lado, Habermas trata de superar la interpretación negativa de la racionalidad técnica de Weber señalando la equidignidad de los fundamentos racionales y de las dimensiones científico-técnica y comunicativa. El proceso de racionalización de las sociedades humanas es concebido como el proceso de diferenciación en diversas esferas comunicativas (moral, arte) y sistemas (economía, política-administración), a partir de la unidad comunicativa originaria del mundo de la vida. La racionalidad está en la dimensión comunicativa que permite el diálogo con el discurso técnico y moral. En nuestro mundo actual, al contrario, la integración social discurre a través de los medios "deslingüizados" del dinero y el poder. En épocas anteriores el diálogo no era posible por la imposición del discurso religioso sin argumentación racional.

El interés técnico del hombre no está orientado a satisfacer necesidades concretas, como es el caso de los animales. La relación con la naturaleza y las necesidades derivadas necesita una interpretación del hombre porque se trata de necesidades humanas. El hombre las interpreta en función de lo que considera la "buena vida". Esta interpretación pertenece a la dimensión comunicativa. El interés técnico es solo emancipador cuando es interpretado desde el interés emancipativo. La recomposición de la falsa comunicación del positivismo es trabajo del interés práctico de la razón con sus normas morales.

El individuo es incapaz de identificarse con las estructuras socioeconómicas del capitalismo avanzado. Hay una crisis de motivación que es en definitiva una crisis de identidad. Por ello es necesaria la fundamentación de las normas de una racionalidad moral de la estructura sociocultural.

D. ¿Cómo se puede fundamentar la razón moral?

Habermas afirma que la ética de las virtudes está estrechamente ligada a la posibilidad de demostrar que cierto tipo de vida es el mejor y, por eso, parece suponer una concepción metafísica general del mundo y de la existencia humana. Afirma que vivimos en una época posmetafísica. Una concepción del bien no puede ser aceptada universalmente. Ya Kant había afirmado que no se podía dar una definición metafísica del bien o de la felicidad.

Kant, Hegel, Marx y Freud plantearon también el conflicto desgarrador entre individuo y sociedad, pero huyeron del verdadero terreno de juego en el que se estaba desarrollando el gran drama de la sociedad humana: el terreno de la moralidad en la historia. Kant trató de explicar el problema con su "insociable sociabilidad" del ser humano, Marx con su "trabajo antisocialmente social" y Freud con su "conflicto en la economía de la libido" (Ureña, 1998: 135, 136).

Para Marx, el animal comienza a ser hombre desde el momento en que empuña un instrumento de trabajo, para Freud en el momento en que funda una familia como agente socializador y para Habermas en el momento en que empieza a hablar. El lenguaje permite la necesaria reorganización del trabajo y de la sociabilidad, y también la interrelación humana entre ambos.

La estrategia que sigue la ética del discurso para extraer los contenidos de una moral universalista de los presupuestos universales de la argumentación ofrece perspectivas de éxito precisamente porque el discurso constituye una forma de comunicación más exigente, que va más allá de formas de vida concretas y en la que las presuposiciones del actuar orientado por el entendimiento mutuo se universalizan, se abstraen y liberan de barreras, extendiéndose a una comunidad ideal de comunicación que incluye a todos los sujetos capaces de hablar y de actuar (Habermas, 2000: 21).

La racionalidad del proceso discursivo dependería de la reciprocidad entre los interlocutores.

Si bien Habermas asume el imperativo categórico de Kant, la validez de las normas depende del procedimiento que consiste en la argumentación moral de todos los que participan en el discurso ético. Tiene que ser aceptada por todos sin coacción alguna. Este principio expresa las intuiciones de validez universal. El que participa en una argumentación acepta implícitamente presupuestos pragmáticos universales que poseen un contenido normativo (Habermas, 2000: 16). El procedimiento de la conversación entre todos, llegando a algún acuerdo, garantiza la validez del acuerdo como norma.

Cada pronunciación debe tener validez de verdad, de exactitud normativa y de autenticidad.

La ética del discurso expresa las intuiciones morales porque soluciona dos problemas a la vez: la inviolabilidad de los individuos y las relaciones intersubjetivas de respeto recíproco. Los principios de justicia y solidaridad responden a estos dos aspectos complementarios. Mientras que el primero postula igual respeto e iguales derechos para cada individuo particular, el segundo exige empatía y preocupación por el bienestar del prójimo (Habermas, 2000: 20). La calidad de convivencia no se mide solamente por el grado de solidaridad y por el nivel de bienestar, sino también atendiendo hasta qué punto los intereses de cada individuo particular se tienen en cuenta por igual en el interés general. De esta manera Habermas pretende resolver el problema del pluriculturalismo con una ética que se limita a señalar normas por medio de *procedimientos de diálogo y consenso* en lugar de una ética de los valores o ideales. Habermas plantea una moral del consenso. Su aporte fue muy importante por sostener el papel del racionamiento público y la presencia en el discurso político de temas de la moral en la justicia y de los instrumentos de poder y coacción. El rol capital del racionamiento público en la praxis democrática conecta la democracia con el centro del pensamiento, la justicia. Si el racionamiento público es constitutivo para la democracia, existe por lo tanto un vínculo íntimo entre justicia y democracia (Sen, 2012: 389).

El discurso técnico-económico no puede desligarse del discurso de la vida ni tampoco imponerse. Al contrario, la producción material debe estar al servicio de los procesos comunicativos. Los valores son más importantes que el consumo.

El diálogo debe institucionalizarse. Los gobiernos deben abrirse para escuchar las opiniones de los ciudadanos. Elecciones, una oposición legalmente reconocida y la pluralidad de los partidos garantizan la seriedad de las alternativas. El Congreso de la República decide sobre el consenso transformándolo en leyes.

Evaluación

El utilitarismo, una corriente filosófica, surgió bajo la influencia de la flamante ciencia de la economía. La economía busca la máxima utilidad y de esta manera colaborará con la moral para encontrar lo útil o el bien. El principio de utilidad afirma que debemos promover el bien o el placer y evitar el dolor. Tanto el hombre como el animal tienen la capacidad del placer y del dolor.

No existe razón sino poder o simpatía que dirigen el comportamiento. El utilitarismo es entonces inseparable del empirismo, las circunstancias y la simpatía, en contraste con los principios de la ética. Estamos en la tradición de Hobbes y Hume. La ley de naturaleza es el interés, pero para Hobbes –a diferencia de Hume– se trataba solo del interés de cada uno, del egoísmo. Para Hume existía la simpatía emocional con los demás. En cambio, para Bentham, el principio de utilidad no se refiere a lo que es sino a lo que debe ser, aunque la norma está en el placer y en el dolor, que nos indican lo que debemos hacer. Las nociones de bien y mal son reemplazados por los términos de placer y dolor. El criterio para evaluar el valor es el deseo del placer.

El utilitarismo implica la posibilidad de reducir o hasta sacrificar libertades y derechos si eso aumenta el bienestar total. Sin embargo, no podemos aceptar el placer como un criterio para definir los deseos de todos y menos para obligar. Un buen perro guardián es más útil que un niño recién nacido.

La cultura es efecto de la libertad y arrancada de la naturaleza. La cultura y el trabajo del hombre van cambiando su mundo, el de los animales es siempre el mismo. Los animales no tienen historia. Si todo es calculable, como dice el utilitarismo, todo tendría que ser natural y no libre. Solo la facultad de la libertad –antinatura– me permite obedecer a principios y superar mis intereses. Debido a la libertad, los animales y los hombres están separados por un abismo (Ferry, 1992: 81-86). La pregunta es cómo intereses pueden fundamentar derechos.

Martha Nussbaum critica los enfoques económicos del utilitarismo que entienden el desarrollo en términos exclusivamente económicos. La clasificación de la calidad de vida se hace en función del Producto Bruto Interno (PBI). Este enfoque no plantea ni siquiera la distribución de los ingresos. No considera a la persona como un fin sino como un medio para el enriquecimiento. Además, no se enfocan los elementos esenciales de la vida como las oportunidades de educación, de trabajo, de libertad política, de relaciones raciales, de dignidad de la mujer, de moralidad infantil, etc.

La interpretación utilitarista da cifras sobre los distintos momentos de una vida como bienes separados. Sin embargo, todos son importantes. El bien de uno no reemplaza el mal de otro como, por ejemplo, no deberíamos renunciar a la salud emocional para obtener mayores oportunidades de empleo. Finalmente, las personas a menudo manifiestan su satisfacción de acuerdo a lo que pueden conseguir y también a lo que la sociedad les dice que es una meta adecuada para ellas. El utilitarismo desvía nuestra atención de la elección democrática y de la libertad personal. No hay preocupación por lo que las personas realmente son capaces de ser y hacer.

Nussbaum no ve una diferencia entre el hombre y el animal porque ambos tienen la posibilidad del placer y del sufrimiento. Como ella, algunos filósofos actuales que atribuyen "derechos" a los animales tienen una visión dualista del hombre porque separan completamente el espíritu del cuerpo y por lo tanto consideran el cuerpo del hombre igual al cuerpo del animal. Además, no encuentran diferencia entre un hombre con discapacidad mental y un animal porque ninguno de los dos, según Nussbaum, "sabe votar o redactar una ley".

Afirman que hay una diferencia entre moscas, moluscos, etc. y animales con sensibilidad. Podemos matar solo a los primeros porque no tienen sensibilidad, mientras que los segundos son iguales a los seres humanos: son "sujetos", tienen "dignidad", "derechos" y son un "fin en sí mismos". Aunque los animales no respetan la igualdad o la vida entre ellos. ¿Dónde está el gran principio de respeto por la vida y el principio de igualdad?

Para el trato de los animales "se puede seguir muy de cerca el modelo de las leyes que regulan la responsabilidad de los padres con respecto a los hijos" (Nussbaum, 2007: 388). La pregunta es: cómo coincidiría la educación de animales e hijos si el principio básico para educar a los hijos es *invocar la libertad*.

Nussbaum reconoce que hasta ahora no ha encontrado una respuesta a los profundos problemas metaéticos de su teoría (Nussbaum, 2007: 383). Ella manifiesta que sus principios son políticos y no metafísicos, ¡sin entrar en conflicto con las doctrinas metafísicas de las grandes religiones!

Fernando Savater hace las siguientes críticas al respecto. La idea de derecho supone la del deber: a quien se le conceden derechos se le exigen, a cambio, deberes. De manera que los animales quedan fuera por su propia naturaleza de la esfera de los derechos, porque no pueden atender a sus deberes deliberadamente. No puede defenderse que una gallina tenga el deber de poner huevos a cambio de sus derechos. La vaca no tiene el deber ni la obligación de dar leche, la da y punto. Los animales merecen un trato adecuado pero el juego entre derechos y deberes está basado en la libertad humana, y, por tanto, no tiene aplicación sobre los animales porque estos no disfrutan de capacidad de elección sobre su actividad, de la que nos aprovechamos o nos defendemos (Savater, 2012: 101). En ese sentido, las ligaduras de la ética son un elemento imprescindible de las oportunidades de vida y paz.

Luc Ferry considera que el utilitarismo y la ética republicana, representada por Kant, son las dos filosofías que dominan el escenario actual. Se oponen mutuamente en forma radical porque Kant considera a la libertad como la definición fundamental del hombre, mientras que Bentham piensa que la ética se fundamenta sobre la posibilidad de gozar, posibilidad que también posee el animal.

La vida moral se dirige a la felicidad, pero Aristóteles entiende la felicidad de una manera diferente del utilitarismo. Un hombre virtuoso define el placer o el dolor en función del objeto correcto. Nos alegramos por las cosas nobles y deploramos cosas indignas. Se trata de una actividad que coincide con la virtud.

La filosofía analítica tiene como presupuesto metafísico el materialismo. El hombre se relaciona con el mundo físico-químico por medio de su biología. Busca principalmente vivir y por lo tanto se pregunta cómo existir. La tecnología, como producto de la ciencia, le enseña cómo debe actuar. El conocimiento moral es el conocimiento práctico, físico-biológico, que tenemos. No hay otra finalidad. De esta manera se entiende por qué su filosofía se llama también pragmatismo. El comportamiento ético o los valores están íntimamente ligados a la relación entre mundo físico y mundo biológico. La inteligencia y la libertad forman parte de esta realidad porque la vida inteligente es parte de los procesos naturales. En la medida en que avancen las ciencias y la tecnología, también cambiarán los "valores". No hay un *a priori* de principios o de valores establecidos de antemano. Todos nuestros pensamientos y sentimientos son procesos cerebrales, son estados del órgano físico-químico, pero sus contenidos son sociales por medio del lenguaje. El hombre no es un individuo sino un producto del entorno. Los ideales y fines forman parte de la materia sólida de la experiencia física y social. El lenguaje es una red que interconecta a todos. Nuestro lenguaje está moldeado, como nuestro cuerpo, por el entorno en el cual vivimos. El interés es la fuente del valor y no al revés. Las normas o valores deben ser verificados o comprobados empíricamente como cualquier hipótesis empírica.

La moral naturalista subraya las influencias de las condiciones materiales sobre el comportamiento. Las posibilidades y valores de vida de los hombres estarían determinados por las condiciones económicas. Un sistema ético no tendrá sentido si desconoce las condiciones económicas.

La filosofía naturalista tiene también al "bien" como objetivo, pero no lo entiende como valores sino como intereses. Esta definición ya la habíamos encontrado en la filosofía utilitarista. Para ellos el positivismo no es un peligro que margine los valores, como piensan los filósofos europeos. Al contrario, las ciencias y la tecnología van creando permanentemente, con sus avances, "valores" nuevos. La materia, por medio de las ciencias naturales y sociales expresadas en el lenguaje, define todo. "La búsqueda de la felicidad mediante la bioquímica es la también la causa número uno de la criminalidad en el mundo. En 2009, la mitad de los reclusos de las prisiones federales de estados Unidos habían ingresado en ellas debido a drogas". En los laboratorios de investigación, los expertos ya están trabajando en maneras más refinadas para manipular la bioquímica humana. La solución bioquímica es desarrollar productos y tratamientos que proporcionan a los humanos u sinfín de sensaciones placenteras, de modo que nunca nos faltan (Noah Harari, 2016: 53-55). Para lograr la "felicidad constante" necesitaríamos solamente manipular el sistema bioquímico del ser humano, producir sensaciones placenteras con medicamentos, drogas adecuadas. Se identifica la felicidad con sensaciones placenteras. El alcohol da placer, pero también el uso excesivo es origen de accidentes. Está comprobado que el control policial también deberá realizarse a los choferes drogados. El uso de drogas también es causa de accidentes.

No existen valores o una intención de hacer el bien. Lo único que vale es la consecuencia de la ciencia y su aplicación en la tecnología. No existe libertad o una conciencia de los fines o valores porque todo depende de la situación pragmática de la evolución de las ciencias y tecnologías que cambian diariamente. Las ciencias no condicionan, sino que determinan al hombre. ¿Esta manipulación no sometería también el hombre a los sistemas políticos y económicos de los grandes intereses? Por la revolución tecnológica los algoritmos de los macrodatos pueden amenazar la libertad. En la medida que las ciencias consigan más conocimiento bioquímico de la manera como los seres humanos tomen decisiones puede surgir una dictadura digital de manipulación por la publicidad. Las elecciones democráticas y los mercados libres pierden sentido. La "ética" será impuesta. Se confundiría la conciencia con la inteligencia artificial. "Para evitar tales resultados, por cada dólar y cada minuto que invertimos en mejorar la inteligencia artificial sería sensato invertir un dólar y un minuto en promover la conciencia humana (Noah Harari, 2018: 93).

¿Acaso los países ricos no conocen también el cinismo, la indiferencia y los suicidios? En Perú, Guatemala, Filipinas y Albania (países en vías de desarrollo), cada año se suicida una de cada 100.000 personas. En países ricos y pacíficos como Suiza, Francia, Japón y Nueva Zelanda, anualmente se quitan la vida 25 de cada 100.000 personas. La felicidad no depende solo del progreso material (Yuval Noah Harari, 2016: 45). El crecimiento del PBI no asegura la felicidad.

La filosofía analítica de Habermas pretende fundamentar la ética sobre la ética del discurso, la búsqueda del consenso. Sin embargo, esta fundamentación es solo valida como fundamentación deductiva pero no como reflexiva-trascendental. No es el lenguaje, sino lo que se dice por su intermedio, es una expresión de nuestra conciencia de las normas. Qué se elogia, qué se ama, qué se rechaza, qué se deplora, qué se pone en duda son formas en las que se toma posición frente a la conducta humana y expresan las normas que se obedece. La filosofía del lenguaje cuestiona que el sujeto, con sus experiencias e intenciones, sea fuente del sentido. *El hombre y su comportamiento serían un producto casual de la historia material.*

Luc Ferry hace referencia a las demostraciones de Husserl y Heidegger sobre estos reduccionismos materialistas. Ellos niegan toda forma de trascendencia, sin darse cuenta de que sus explicaciones de las "ilusiones de la trascendencia" por la infraestructura, sea económica o neural, son una patente onto-teológica. Entienden la infraestructura como el ser que explica todo. Heidegger ha demostrado claramente que el materialismo posee una estructura teológica. Igualmente, el biologismo de la sociobiología es una ontología porque considera que la infraestuctura neutral es "más real" que la conciencia (Ferry, 2010: 323).

Ferry considera que el materialismo actual no logra suficiente coherencia para presentar un nuevo humanismo, una moral. Solo nos queda la realidad tal como se presenta. Hay que amar al mundo tal como es.

Surge la pregunta de si podemos seguir creyendo en el materialismo cuando surgen problemas. El materialismo es aceptable cuando todo funciona bien, pero cuando aparecen enfermedades, accidentes, guerras, etc. el materialista recurre inmediatamente a la libertad para ver cómo puede intervenir o prevenir.

Por este motivo Ferry prefiere el camino de la trascendencia. En oposición al materialismo, podemos afirmar que somos capaces de tomar distancia frente a los determinismos de la naturaleza y de la historia. Tenemos la capacidad de emitir juicios de valor. Podemos criticar la injusticia, la corrupción, etc. No emitimos juicios de valor sobre los animales. Lo hacemos con los seres humanos porque son libres. Como seres libres hubieran podido actuar de otra manera. También fuera de la moralidad el hombre emite siempre juicios, considerando que son suyos, frutos de su libertad.

Como ateo, Ferry prefiere no contradecirse y reconocer la capacidad del hombre de superar la naturaleza y la historia. Esta facultad, llamada "libertad" por Kant y Rousseau, permite el perfeccionamiento y trasciende los códigos que el materialismo quiere imponernos.

El autor añade que no solamente existe trascendencia de libertad en nosotros mismos, sino también que hay valores fuera de nosotros. Nosotros no inventamos los valores. No podemos entendernos a nosotros mismos ni entender nuestra relación con los valores sin la hipótesis de la trascendencia. Los valores nos guían y nos animan, como por ejemplo la belleza de la naturaleza o el poder del amor. Se trata de una necesidad lógica, de una verdad, no de un deseo.

El materialista considera que no somos libres, pero al mismo tiempo afirma que nadie nos obliga a decirlo. El materialista manifiesta que estamos determinados por la historia, pero al mismo tiempo nos invita a la emancipación, al cambio y a la revolución. Dice que debemos amar al mundo tal como es, pero debemos intentar cambiarlo, con la esperanza de un mundo mejor. El materialista siempre presenta tesis filosóficas para los demás, pero nunca para sí mismo. Sus proyectos e ideales son inevitablemente producto de valores superiores a la naturaleza y a la historia. La posición materialista está llena de contradicciones y no permite una satisfacción intelectual.

Luc Ferry hace la pregunta: "¿Para qué sirven nuestras protestas si están inscritas de toda eternidad en la realidad de la misma manera como las cosas a las cuales se oponen? Sé que este argumento es trivial. Sin embargo, ningún materialista actual o del pasado ha podido responder a esta pregunta" (Ferry, 2006a: 264).

Una libertad que es producida por necesidades históricas, y en este sentido moldea al hombre desde afuera, ya no es libertad. Al contrario, no es posible que dentro de la historia humana exista un orden social definitivamente estable e irreversible; y esto porque el hombre sigue siendo libre y, por lo tanto, posee siempre la libertad de elegir entre el bien y el mal. Si esta libertad le fuera arrebatada definitivamente por un tipo de sociedad, esa sería la absoluta tiranía, y, por lo mismo, exactamente lo contrario de una sociedad bien ordenada (Benedicto XVI, Ratzinger, 1987: 281).

De allí se comprende que la tarea del humanismo actual es: ¿cómo pensar la trascendencia en nosotros como libertad y fuera de nosotros como valores?

La filosofía materialista limita al hombre a cumplir normas técnicas prescritas por las ciencias y tecnologías de acuerdo a sus avances, y desconoce la riqueza de la libertad y del conocimiento práctico o la prudencia que orienta a cada instante las acciones del hombre en la totalidad de la vida, de acuerdo a los valores o virtudes.

"Puesto que la política no es un campo que puede determinarse a partir de las ciencias exactas, sino de la deliberación plural de los ciudadanos diferenciados, vuelve a aparecer la insistente afirmación de que, siendo la política el fin perseguido por sí mismo, 'es una cierta actividad del alma de acuerdo con la virtud'" (Quesada, 2009: 246).

Desde el análisis del lenguaje se ven también cuestionados la razón y el sujeto moderno, como razón "autotransparente" y como sujeto "constituyente del sentido", respectivamente. Desde Wittgenstein –por fijar un momento– van quedando erosionadas las concepciones racionalistas del sujeto y del lenguaje, sobre todo la idea de que el sujeto, con sus experiencias e intenciones, es la fuente del significado lingüístico. Lo decisivo es, por el contrario, elucidar la relación de significado encarnada ya siempre en los juegos del lenguaje y no considerar al sujeto como autor y juez último de sus intenciones de sentido (Cortina, 2008: 124).

La filosofía analítica es legalista. El sujeto no busca ni se preocupa de hacer el bien sino cumple con "normas" por presión de la sociedad.

La ética del c*onsenso de Jürgen Habermas* tiene el gran mérito de haber propuesto una solución a la crítica que hizo la posmodernidad a la universalidad de los conceptos éticos, con su teoría de la comunicación que logró una gran aceptación. Según Habermas, construir una moral universal atea es la gran tarea, puesto que se ha perdido la identidad y la universalidad que antes daba el cristianismo. Todos los hombres pertenecían a la comunidad de creyentes, todos aparecían como iguales ante Dios. En la sociedad actual atea se ha perdido esta fuerte ligadura.

El error de Marx y del poder opresor de la nueva ideología del capitalismo avanzado o neoliberalismo, según Habermas, se puede superar por una teoría de la comunicación. Los políticos dependen de la gran industria y la masa piensa solo en consumir. *Mientras que la acción técnica exige aprendizaje de las ciencias y las técnicas, la acción comunicativa exige apropiarnos de las normas morales y configurar nuestra personalidad. La realización de la buena vida o de la felicidad no puede hacerse desde la técnica sino desde la comunicación o moral. También existen las relaciones entre los hombres y no solo la relación con la producción material.* El conocimiento humano está ligado a la transformación de la materia y a las normas que regulan las relaciones entre los individuos. Los problemas en la sociedad no son solo por falta de conocimiento científico o técnico.

Habermas asume el imperativo categórico de Kant, pero precisa que la validez de las normas dependerá de la argumentación moral de todos los que participan en el discurso ético. En el formalismo de Kant, cada persona, independiente de los demás, decide sobre las normas correctas por su conciencia *a priori* del deber. Para Habermas el *procedimiento* de la conversación entre todos, llegando a algún acuerdo, garantiza la validez del acuerdo como norma. El discurso expresa la justicia por participación de todos y la solidaridad en la preocupación por el otro. El fundamento ya no es el juicio *a priori* sino el consenso entre todos. La ética se fundamenta en un diálogo racional. La teoría de la comunicación logró una gran aceptación entre los que quieren superar la crisis de la posmodernidad.

¿Cuáles son las observaciones a la filosofía de Habermas?

En primer lugar, citémoslo a él mismo: "El contenido normativo de los presupuestos universales de la argumentación se está utilizando de esa manera solamente para responder a la pregunta epistémica de cómo son posibles los juicios morales, no a la pregunta existencial de qué significa ser moral" (Habermas, 2000: 192). Habermas opina que no se puede definir ontológicamente una forma ideal del bien o un fundamento de la ética y, por lo tanto, defiende una teoría consensual de la verdad. No cree en el "reino de los fines" de Kant. La moral universal será decidida por la participación de las masas en procesos públicos. El conocimiento práctico ya no se interesa por los contenidos. Se ocupa solo de los procedimientos. Se llega a una "ética de mínimos" en los pocos acuerdos que se logran. Es una ética pública, se determinan las normas antes de definir en qué debe existir la buena vida.

Sin embargo, tenemos que observar que la situación comunicativa ideal, anticipada necesariamente en todo diálogo, incluye también la anticipación de una forma ideal de vida por las ideas tradicionales de verdad, libertad y justicia. El diálogo sería imposible si no dispusiéramos de un criterio de diferenciación entre un entendimiento verdadero y otro falso.

En segundo lugar, para Habermas,

[…] la racionalidad universal es a la vez inmanente y trascendente a la praxis cotidiana. Inmanente porque no puede expresarse más allá de los juegos lingüísticos concretos, de los contextos en los que los individuos se pronuncian por el sí o por el no; trascendente porque las pretensiones de validez del habla, en su exigencia universal, van más allá de los límites contextuales de la praxis determinada. Un "resto de metafísica" queda, pues, en este carácter trascendente, categórico, de la racionalidad comunicativa: el resto necesario para combatir a la metafísica, pero que debería impedir a Habermas llamar a nuestro tiempo "posmetafísico"; precisamente porque es este resto el que dota de sentido, de un canon normativo y crítico (Cortina, 2008: 175).

Aceptar lo trascendente dentro de los límites de la praxis, más allá de los juegos lingüísticos concretos, es reconocer el carácter normativo basado en una metafísica. Por lo tanto, Habermas, que abjura abiertamente de la metafísica, vuelve a ella en forma subrepticia, al asumir el imperativo categórico de Kant.

En tercer lugar, Habermas ya no distingue entre derecho natural y positivo. La obligación o el deber ya no están en la persona o en su conciencia sino en los procedimientos y las leyes. El carácter categórico se desplaza ahora al interior del derecho positivo porque solo el derecho tiene poder coactivo. Adela Cortina cita a Habermas:

El derecho natural, renovado desde el cristianismo o desde de la ética de los valores, o el aristotelismo, están inermes, porque no son apropiados para destacar el núcleo racional de la praxis judicial. Las éticas de bienes y valores caracterizan en cada caso contenidos normativos particulares. Sus premisas son demasiado fuertes para fundamentar decisiones universalmente vinculantes en una sociedad moderna, caracterizada por el pluralismo de las creencias. Solo las teorías de la moral y de la justicia construidas procedimentalmente prometen un procedimiento imparcial para fundamentar y ponderar principios (Cortina, 2008: 174).

Y ella concluye: "De esta manera observamos que Habermas limita la ética a procedimientos del lenguaje, reduciendo la moral a una forma deficiente de derecho y además elimina el fundamento de la moralidad en la conciencia".

Gerard Vilar opina de la misma manera: "No hay autonomía moral si no existe un cierto margen de incertidumbre en la elección. Si esto es así, no estaría del todo fuera de lugar caracterizar a la ética discursiva como una 'moral carente de alma', en la medida en que en Habermas resulta patente la tendencia a convertir la moral en derecho y, en definitiva, a judicializar los asuntos morales. El discurso moral parece acabar convirtiéndose en una forma de discurso jurídico" (citado por Velasco, 2003).

Finalmente, Habermas intenta restablecer la relación entre la filosofía y la ciencia a partir de una crítica al positivismo. Él considera que la metodología experimental-cuantitativa de las ciencias naturales, asumida por las ciencias sociales, no permite tomar en cuenta los valores de libertad, justicia y felicidad, pues estos son conceptos netamente filosóficos. Ni Kant, ni Hegel, ni Marx lograron esclarecer la relación entre ciencia y filosofía. Marx sacrificó la filosofía en aras de la ciencia y cometió el error de hacer depender o reducir las relaciones humanas a la dimensión del desarrollo de las fuerzas productivas. En el capitalismo avanzado predomina la acción técnica y se excluyen los temas morales porque no aportan a la producción y al consumo. El positivismo de las ciencias deshumaniza a la sociedad. La ciencia y la técnica han producido la modernidad y también una cultura nueva que se basa en la naturaleza, una metafísica de la materia. En el próximo capítulo se trata de la relación entre ciencia y filosofía.

Capítulo XI
LA RELACIÓN NECESARIA ENTRE LA CIENCIA Y LA ÉTICA

El hombre, como cuerpo material, está sujeto a las leyes de la naturaleza y puede ser sometido a estudio como todos los demás objetos de la ciencia. Sin embargo, las ciencias y sus aplicaciones se dan siempre en la experiencia con un hombre libre, y esta se da en el encuentro con otros hombres, fundamentalmente en el trabajo y en la familia. Por estos encuentros los objetos materiales reciben en primer lugar un significado cultural por la libertad y el amor, y se convierten en un valor. El objeto material del cuerpo se transforma en persona. El hombre está inevitablemente ligado a la materia, pero la trasciende por su inteligencia y libertad, que elevan la materia y el cuerpo a nivel de la cultura. La familia y el trabajo no son solo objetos materiales, sino que reciben un significado humano-cultural por la inteligencia y la ética de la libertad.

Hay por lo tanto dos dimensiones: las ciencias sociales y la visión filosófica antropológica y moral del hombre o la libertad. El hombre está sometido a la historicidad o al desarrollo de las ciencias y a su evaluación ética para que le sirvan.

La filosofía debe también mantener la relación con las ciencias cambiantes para conocer sus aportes y establecer la integración de las ciencias, de modo de poder captar el significado cultural y humano de la acción del hombre a partir de la trascendencia de las personas. Las ciencias y las tecnologías son enfocadas desde la moral. Ni el problema del desarrollo ni los medios para superar las dificultades pueden prescindir de esta dimensión.

El progreso de las ciencias y de los conocimientos no es automáticamente la fuente del progreso de la política y de la moral. El progreso de la educación no garantiza el progreso moral. El progreso de las ciencias y la tecnología no nos asegura contra la barbarie. Cuanto más educado eres, tanto más inmoral pued*es ser.*

La educación no se limita a la transmisión de conocimientos. Ella es también transmisión de los valores que no pasan por la ciencia.

¿Qué respuesta se puede dar a la siguiente observación de Touraine?:

El mundo contemporáneo, que se presentaba como triunfo del racionalismo, se manifiesta en cambio como el terreno de su ocaso. Es en los orígenes, en el pensamiento griego y en el pensamiento cristiano alimentado por Aristóteles, donde triunfó el concepto de la razón objetiva. El universo, considerada este pensamiento, fue creado por un Dios racional o que permite las conquistas del espíritu científico. La misma sociedad se reconstruye a partir de las decisiones racionales y libres. Partiendo de esa base, y en la medida en que se construye una sociedad moderna, más allá de la idea de la modernidad, este triunfo de la razón cede el lugar al paso de la racionalidad de los medios, racionalidad que se degrada a su vez en técnica, lo cual deja un vacío de valores (Touraine, 2010: 193).

Si el moralismo fue anteriormente el problema principal, hoy en día el problema es la preponderancia de la ciencia y la tecnología. El moralismo consiste en querer resolver problemas que no son de su competencia. Un problema de drogadicción no se puede resolver con una orden moral. No es suficiente decir que hace daño o que está prohibido. El problema de la drogadicción necesita también un tratamiento científico médico-psicológico. La moral debe respetar la autonomía de las realidades.

Sin embargo, actualmente, como ya hemos explicado, se pretende eliminar la moral y reducir todo conocimiento a la verificación material de la ciencia y la tecnología. El aporte de las ciencias es necesario para conocer al hombre, pero sus contribuciones a la cultura posmoderna actual son a menudo excluyentes para una explicación en términos de finalidad o sentido. La ciencia tiene pretensiones metafísicas.

El biólogo se vuelve biologista, y también el sociólogo y el físico cuando piensan que la infraestructura explica las causas. Sin embargo, no se puede pensar las prácticas sociales y políticas sin hacer referencia a las finalidades. Solo una abundancia de televisores, automóviles, refrigeradoras, aspiradoras, ordenadores, acondicionadores de aire, lavavajillas, lavadoras, ropa de marca etc. no son capaces para garantizar la felicidad. Los valores materiales no son suficientes para satisfacer al ser humano.

Los científicos ya no estudian la biología y la física de Aristóteles, pero los estudiosos de la ética y de la política siguen reflexionando sobre su filosofía. "El concepto de *telos* (finalidad) puede ser entendido correctamente en el sentido que Kant lo usará posteriormente, como *Reflexionbegriff*. Implica (igual que para Kant) una dimensión estética y moral" (Vegetti, 2002: 68).

¿Cuáles son las normas que pueden limitar las diferentes áreas entre ellas?

Las ciencias mismas no tienen las respuestas. Todo lo que puedan inventar lo seguirán haciendo. El conocimiento avanza y no tiene límites. La biología no pondrá restricciones a sus experimentos con las células madre. La biología nos dirá solamente lo que podría manipular e igualmente la economía y las otras ciencias. Los neurobiólogos solo perciben en el cerebro lo que es medible y verificable experimentalmente. Pero, desde esta perspectiva, no resulta posible describir de manera adecuada el mundo de los sentimientos humanos, ni la libertad, la voluntad, el amor, la conciencia, el "yo" o el sí mismo. Los neurocientíficos no captan lo que justamente constituye el aspecto central de la conciencia: la interiorización subjetiva de cualidades como el color o el olor de una reflexión o de una emoción.

El estudio científico del cerebro no ofrece ninguna teoría empíricamente contrastable sobre el nexo existente entre este y la mente, entre la conciencia y el sistema nervioso. Hay toda una serie de actitudes fundamentales (hoy a menudo olvidado) para usar el cerebro de forma más abarcadora, compleja y entrelazada que hasta ahora: confianza en el sentido de la realidad, honradez, humildad, cautela, veracidad, fiabilidad, compromiso, etc. (Küng y Kuschel, 2008: 23).

También las ciencias sociales prosiguieron el trabajo de destrucción que empezó con las ciencias naturales.

La sociología se preocupó en demostrar que el hombre no es libre sino determinado en sus elecciones éticas, políticas y culturales por su ambiente familiar y social. La democracia y los derechos humanos no serían conquistados por una elección intelectual desinteresada, sino por la necesidad de la supervivencia de la especie. La sociología positiva describe, clasifica y mide los hechos sociales y los interpreta, pero queda fuera de sus posibilidades metodológicas establecer lo que los hombres deben hacer.

El sociólogo Niklas Luhmann cuestiona la libertad y el amor cuando declara: "Volvemos a adentrarnos en aguas poco profundas si vemos en el amor una receta para el desarrollo de la persona o para el incremento de la identidad, pues esto deja fuera de consideración la diferencia sistema / entorno que para nosotros es decisiva" (Luhmann, 2013: 124). El sociólogo Zygmunt Bauman (2011: 132, 149, 150) afirma que el amor es solo posible entre dos personas y el tercero, la multitud, suspende la moralidad.

Hay una estrecha relación entre la ética y la psicología. La ética no puede ignorar la influencia de las pasiones y mecanismos inconscientes en los ideales éticos. "Sin embargo, la psicología está expuesta al riesgo de extrapolar datos clínicos, como sucedería si de la constatación de que el sentimiento de culpa de un individuo concreto es patológico, se pasase a atribuir esa condición patológica a la conciencia de culpa en general" (Rodríguez Luño, 2010: 43).

No se puede reducir el papel del Estado exclusivamente a las tareas del poder judicial, de la policía y de la diplomacia. La política también debe limitar los efectos de la economía cuando se vuelven insoportables, política y moralmente.

El progreso científico favorece al hombre, pero también puede voltearse en contra de la humanidad. Puede llegar a amenazar la existencia misma del hombre. El progreso científico no es una garantía de una mejor vida: las manipulaciones genéticas, la polución nuclear, una economía que siembra pobreza, etc. Lo posible se vuelve espantoso: Chernóbil, la contaminación del mar en Japón, Hiroshima, etc. El biólogo puede demostrar que fumar hace daño a la salud, pero no puede prohibir que se fume porque los valores no son científicos.

El filósofo francés André Comte-Sponville distingue cuatro niveles u órdenes con su propia autonomía y sus respectivos límites: el orden tecno-científico, el orden jurídico-político, el orden de la moral y el amor. Sintetizamos su pensamiento (2004: 49-70).

Las tecnociencias solo pueden ser limitadas o controladas por el poder jurídico-político, por las leyes. El Estado debe pronunciarse sobre las ciencias que puedan afectar la salud, la justicia, la educación, la ecología, la manipulación de las células madre, el uso de la energía nuclear, la economía de mercado (que se impone también a la salud, la justicia, la educación, etc.). La voluntad del pueblo se manifiesta por el orden democrático o republicano. El hombre debe cumplir con las leyes tecnológicas, científicas, pero también con las jurídico-políticas. En el sistema democrático las leyes son expresión de la decisión de la mayoría de los legisladores.

A su vez, las normas jurídico-políticas necesitan una limitación. Tanto en el sistema totalitario como en el democrático existe la tendencia a someter el nivel mayor al nivel inferior, la moral a la política. Lenin decía: "La moral es lo que está al servicio de la destrucción de la antigua sociedad de explotadores y de la unión de todos los obreros en el proletariado, que crea la nueva sociedad comunista". "Para nosotros –escribía Lenin– la moral está subordinada a los intereses de la lucha de clases del proletariado". Comte-Sponville observa: "Es evidentemente cómodo cuando uno dirige el partido supuestamente representando los intereses revolucionarios del llamado proletariado" (2004: 105). Esta "buena conciencia" existe también en los demócratas: la sumisión de la moral a la política democrática. La legalidad tendrá carácter de moralidad, la democracia tendrá carácter de conciencia y los derechos jurídicos tendrán carácter de deberes. Será el reino de la paz. Cumplo con las leyes. Ya no me interesan los pobres. Cabe la posibilidad de promulgar leyes que van en contra del bien de ciertas personas o de la comunidad. Hitler fue elegido democráticamente.

Comte-Sponville declaró en un debate televisivo que no se vota sobre el bien o el mal. Alain Touraine, que participó en el debate, objetó que sí se vota sobre el bien y el mal, y que eso se llama la ley. Comte-Sponville contestó: moral de sociólogo. Suponiendo que un Parlamento vota una Constitución que posibilita una ley racista, la moral la rechazará. Además, un individuo puede cumplir con todas las leyes, pero estas no abarcan todo lo que el hombre debe hacer o no hacer. Las leyes no prohíben mentir, odiar, menospreciar, ser egoísta. Comte-Sponville llama *légaliste salaud* al individuo que cumple las leyes, pero es mentiroso y egoísta, un fariseo. No es suficiente que cumpla con las leyes. Este individuo fariseo es un gran peligro.

Surge entonces la pregunta: ¿quién va a limitar las leyes? Por razones morales el hombre no puede ser un *légaliste salaud* y el pueblo no tiene todos los derechos. Ser soberano no significa ser todopoderoso. Es verdad que el pueblo debe obedecer las leyes. Es la condición para poder distinguir un estado de derecho de una dictadura, pero el pueblo puede cambiar las leyes o la Constitución, pero tampoco hay límites democráticos a la democracia.

El pueblo soberano no es capaz de limitarse a sí mismo. Tal como sucede con las tecnociencias y con las ciencias sociales, la democracia no tiene límites. Tampoco el pueblo soberano tiene derechos absolutos y puede equivocarse.

El poder soberano del pueblo no puede violar las leyes de la naturaleza ni las reglas de la ciencia o de la técnica. La pena de muerte o el aborto no dependen de una votación. Las leyes no deciden sobre lo verdadero o lo falso, ni sobre el bien o el mal. La moral es la decisión libre de los individuos para escoger entre el bien y evitar el mal, para cumplir consigo mismos y con los demás. La moral se *añade* a la ley. La conciencia de un hombre honesto es más exigente que la ley; el individuo tiene más *deberes* que el ciudadano. La moral tiene un conjunto de normas que la humanidad ha cultivado durante la historia y que nos imponemos a nosotros mismos para protegernos contra el salvajismo y barbarie que siempre amenazan a los hombres (Comte-Sponville, 2004: 67).

La ética no se limita al cumplimiento de una ley jurídica. Paul Ricoeur sitúa lo "justo" al interior de la tensión entre lo legal y el bien. Esto significa que la idea de la justicia se origina a la vez en una concepción teleológica cuya raíz está en el pensamiento griego: el deseo de la buena vida.

Surge finalmente la pregunta de si también el tercer nivel de la moral necesita una limitación de un nivel superior, como los niveles anteriores de la ciencia, la ley y la política.

Comte-Sponville considera que la moral no puede ser limitada, pero necesita ser completada. Imagínense un individuo que siempre cumple con la ley, pero nada más. Lo llamaremos un fariseo. Le falta una dimensión. Dos mil años de civilización cristiana, y quizá también tres mil años de civilización judeo-cristiana, nos indican que a este individuo le falta el amor. Uno puede hacer las cosas por deber, pero también por amor. Aristóteles decía: amar es alegrarse. "La única medida del amor –decía San Agustín– es amar sin medida". El problema está en que amamos poco fuera de los seres queridos cercanos. Para casi todos, el amor es el valor supremo, pero es el valor que más falta hace.

André Comte-Sponville, filósofo materialista, indica que el amor es el fundamento de la moral y de toda actividad humana. Que la vida valga o no la pena de ser vivida –es decir, que valga o no el pesar y el placer que conlleva vivirla– depende ante todo de la cantidad de amor de la que somos capaces. Es lo que vio Spinoza: "Toda nuestra felicidad y toda nuestra miseria residen en un único punto: ¿a qué tipo de objeto estamos vinculados por el amor?". La felicidad es un amor afortunado, o más de uno; la infelicidad es un amor desgraciado o la ausencia de amor (Comte-Sponville, 2013: 12).

El biólogo Bruce H. Lipton afirma que Darwin se equivocó en considerar que la violencia es el núcleo de la vida. "Los seres humanos no poseemos un carácter innato violenta o competitivo, de la misma manera que nuestro destino no está marcado por unos genes que nos hacen enfermar o nos vuelven violentos. Lipton demuestra científicamente en su libro que la creencia de una persona en una determinada espiritualidad tiene un impacto significativo en su salud y en su vitalidad. El ser humano necesita pan y amor (Lipton, 2016).

Presentamos en los dos siguientes capítulos una interpretación filosófica y teológica de la vida moral del hombre y de la sociedad.

Capítulo XII

LOS VALORES SON LOS VÍNCULOS ENTRE LAS PERSONAS.

LA ÉTICA DE LAS VIRTUDES ES UN PROYECTO DE VIDA

Introducción

En los últimos decenios surgió un renovado interés por la vida virtuosa. En primer lugar, es una reacción contra la ética kantiana de la modernidad que reducía la moral a la formulación de normas y reglas. Es evidente que en la vida no se trata solamente de respetar normas. André Comte Sponville, filósofo materialista, afirma que todos, ateos y creyentes, debemos asumir la ética de las virtudes.

Actualmente se tiende a creer que "todo incremento del poder constituye sin más un progreso, un aumento de seguridad, de utilidad, de bienestar, de energía vital de plenitud de los valores", como si la realidad, el bien y la verdad brotaran espontáneamente del mismo poder tecnológico y económico. El hecho es que "el hombre moderno no está preparado para utilizar el poder con acierto", porque el inmenso crecimiento tecnológico no estuvo acompañado de un desarrollo del ser humano en responsabilidad, valores y conciencia (Francisco, 2015: 81-82).

El individualismo de la posmodernidad ha traído mucha libertad de elección. Esto acarrea incertidumbre, indiferencia y falta de respeto. Se intenta resolver este problema imponiendo normas, leyes y reglamentos. Esta posición elimina la pregunta por el bien y la conciencia personal.

La función de la ética como nexo entre norma y valor, y sus cualidades pedagógicas, está encontrando mucho interés en la ética profesional. Numerosos centros profesionales tratan de resolver el problema de las normas y valores por medio de "comités de ética", porque ya no se sabe la diferencia entre bien y mal. Para que un acto humano, en sentido pleno, sea moralmente bueno, *debe compatibilizar tanto la voluntad libre como el acto material* con el logro del último fin. Si un acto humano materialmente bueno es hecho con una mala intención, el acto humano total que tiene dos elementos resulta malo. "Dar limosna por vanagloria es acción mala" (Aquino, 1986: I a, II ae, 20, 1). Si robo dinero a un hombre con el fin de dar una limosna a otro, mi acción no queda justificada por mi buena intención (Copleston, 1955: 227-228).

Los "comités de ética" en las instituciones y en las empresas son importantes, pero no pueden llamarse "de ética" porque les falta el factor de la voluntad libre para hacer el bien. Sería más conveniente llamarlos "comités de reglas".

En la ética de las virtudes se trata de formar una actitud desde la cual analizar y tomar decisiones. La acción correcta depende de la persona que tiene la actitud correcta. La vida humana posee una variedad de fines cualitativos y uno está obligado a hacer una elección entre varios. Si la persona no busca el bien por convicción, las reglas del comité no le servirán porque no cubren toda la realidad. Además, falta la experiencia de la vida que ayudará a describir las posibilidades de elección (Nussbaum, 1990). Como dice van Tongeren la ética profesional no consiste solamente en ideales y en la formulación de normas. El buen médico aprendió por experiencia y por buena intención hacer lo que es necesario. Él es capaz, honesto, confiable y trata con cordialidad al paciente adecuado y en el momento adecuado. De igual manera el empresario no se limita a algunas normas de justicia, estrategias y tácticas de negocios e intereses de personal, sociedad y empresa sino tiene una intención o virtud de demostrar lo que es una "buena empresa" (Paul van Tongeren, 2008, 30).

Una ética de la virtud nos puede servir porque nos puede ayudar en la elección. En primer lugar, parte de los deseos de uno mismo; en segundo lugar, *da importancia a los criterios de calidad y a los ejemplos.* Sabemos lo que es un buen amigo, un buen deportista, un juez justo, etc. La ética de la virtud enseña que los juicios morales están en relación con las demás personas. Tenemos que elegir, pero la elección no es relativa, no se justifica a sí misma, no es una cuestión de gusto

Regresando a las grandes fuentes filosóficas históricas, como Aristóteles principalmente, se descubre que la virtuosidad es fuerza, excelencia, cualidad de vida y arte de vivir. La ética de la virtud puede ayudar mucho a los problemas actuales. La ética es más que una técnica para resolver problemas. La ética de la virtud es una filosofía que reflexiona sobre el arte de vivir. Virtud significa virtuosidad o excelencia. Un virtuoso es alguien que sabe hacer bien las cosas.

La ética de la virtud no se dirige exclusivamente hacia los grandes problemas como violencia, destrucción de la naturaleza, injusticia, etc. Se orienta menos a las estructuras e instituciones que a las personas, menos hacia las normas que hacia los valores. Los grandes problemas se analizan a partir de la actitud de la vida de uno. Esto no significa que sea individualista. Para Aristóteles la jerarquía de los valores termina en la sociedad política (Paul Van Tongeren, 2008: 11-12).

Se fija en las normas y reglas, pero a partir de los valores y de los ideales. En la ética no se trata solamente del actuar del hombre sino también de la finalidad de su praxis. Se trata de reflexionar sobre la praxis para que esta sea buena, del valor de la praxis. El bien es el fin de cada praxis. Por eso la ética de la virtud es teleológica o una ética de finalidad. La finalidad es inherente a la praxis. Para lograr la finalidad debemos respetar ciertas reglas. Las reglas están en función de lograr la buena vida.

Todo depende de la manera en que se formulan las preguntas. Una de ellas es: ¿qué debo hacer? Otra pregunta es: ¿cómo debo vivir? La ética de la virtud se plantea la segunda. Más importante que formular normas es definir una actitud hacia el bien.

El filósofo español Fernando Savater (cuyo libro Ética para Amador llevaba ya 45 ediciones en el año 2004 y reimpresiones en treinta países) recurre a la filosofía de Aristóteles. Él parte de la idea de que existe una diferencia entre el bien y el mal. Todos intentan distinguir entre lo bueno y lo malo. A las cosas que nos convienen solemos llamarlas "buenas", y "malas" a las que no nos convienen. A pesar del programa cultural que recibimos tenemos la libertad para poder elegir. La ética es el arte de tratar de definir la buena vida. La libertad es poder decir "sí" o "no". Las órdenes y las costumbres pueden ser malas o buenas. Por muy buen ejemplo que llegue a dar uno, los demás siempre tienen a la vista demasiados ejemplos malos que imitar. Necesito evaluar por medio de mi libertad si son válidos. Hay que tomar en serio la libertad. No somos libres de no ser libres. *La ética es el intento racional de averiguar cómo vivir mejor.* Si merece la pena interesarse por la ética es porque nos gusta la buena vida, pero debe ser una buena vida humana.

Ser humano consiste en tener buenas relaciones con los otros seres humanos. Poseer las cosas te permite relacionarte más favorablemente, a condición de que estas no se consigan a costa de los demás. Al tratar a las personas como personas y no como a cosas estoy haciendo posible que me devuelvan lo que solo una persona puede darle a otra (Savater, 2004: 84). La humanización es un proceso recíproco. Si para mí todos son como cosas o bestias, yo no seré mejor que una cosa o una bestia. No conseguiremos así ni amistad, ni respeto, ni mucho menos amor. El trato es importante. Por eso darse la buena vida no puede ser algo distinto a fin de cuentas de dar la buena vida.

El ciudadano y multimillonario Kane se dio cuenta demasiado tarde de que tenía de todo, salvo lo que nadie más que otra persona puede dar: aprecio sincero o cariño espontáneo o simple compañía inteligente (Savater, 2004: 74).

En la hermosa película dirigida por Orson Welles, Kane es un multimillonario que con pocos escrúpulos ha reunido en su palacio una enorme colección de todas las cosas hermosas y caras del mundo. Al final de su vida, pasea solo por los salones, llenos de espejos que le devuelven mil veces su propia imagen de solitario: solo su imagen le hace compañía. Al fin muere, murmurando una palabra: "Rosebud" [...] En realidad, "Rosebud" es el nombre escrito en un trineo con el que jugaba Kane cuando niño, en la época en que aún vivía rodeado de afecto y devolviendo afecto a quienes le rodeaban [...] Este trineo, símbolo de dulces relaciones humanas, era en verdad lo que Kane quería, la buena vida que había sacrificado para conseguir millones de cosas que en realidad no le servían para nada. Y sin embargo la mayoría le envidiaba [...]

Le faltaba lo fundamental: una vida de amor con otras personas libres (Savater, 2004: 86).

Toda ética o moral no parte del cumplimiento ciego de normas abstractas sino de una actitud racional y voluntaria del hombre para buscar realizar el ideal del bien personal y del bien común. Se ha confundido a menudo el concepto de virtud con la mediocridad. El filósofo Bergson comparaba con ironía la vida virtuosa con la vida de las ovejas. Sin embargo, la reacción contra la reducción de la moral al cumplimiento de normas ha permitido redescubrir la ética de las virtudes o de los valores, porque *la ética es un proyecto de vida que el individuo debe elaborar. La ética no es una técnica sino una reflexión filosófica que da a conocer el sentido principal de la vida. La moral es el enfoque de la totalidad de la vida. Por encima de los valores particulares se está considerando la vida como un todo, con lo que se crea el espacio moral en el que los fines particulares pueden ser valorados y reordenados.* La identidad de una persona la podemos conocer solo cuando sabemos su visión, sus ideales, sus principios, la vida que ama. Será una vida de amor y valores con otros o una acumulación de bienes materiales como la del ciudadano Kane.

1. Los valores surgen desde el "interior" de la persona, La Conciencia

Los filósofos seguidores de Nietzsche, como André Jacob, sospechan de los valores e ideales. Sospechar es destruir. Él propone una nueva antropología donde lo exterior reemplaza a lo interior o a la conciencia. Los problemas y la conducta humana se deben ver en el cuadro del mundo exterior y no por una valorización desde el interior. La exterioridad ubica al hombre en el mundo sensible. Uno debe deshacerse de normas y valores recibidos. El punto de partida de la ética es el cuerpo y su comportamiento. Ser sujeto es abrirse al mundo. Para evitar el nihilismo el acto ético consiste en un continuo inventar y actuar dentro del mundo económico, político y jurídico que se vaya presentando (Jacob, 2012).

Según André Comte Sponville la materia manda porque no hay otra cosa. La materia es la verdad. Esta verdad nos engloba. La naturaleza es la totalidad de la realidad y existe independiente del espíritu. Más bien el espíritu es el producto más espectacular y prometedor de la materia. Se pone, por la tanto, entre paréntesis dogmas, normas, mandamientos, Iglesias, partidos, opiniones, doctrinas, ideologías, gurus etc. Sólo existe la realidad, nuestra experiencia del momento actual. La verdad no obedece a nadie sino libera. No hay Dios ni maestro. Somos *independientes*. No tiene nada que ver con la libertad. La libertad es solo la incógnita con las causas del entorno que nos presionan. La verdad no está en el ego. La espiritualidad es abrirse para el mundo para liberarse del ego. Espiritualidad es lo contrario de introspección. ¿Si Dios como fuente de todos los valores no existe, cómo puedo entonces encontrar algo que da valor a la vida? Nosotros no deseamos ni queremos algo porque es un bien sino es un bien porque nosotros lo consideramos como un bien. El amor al prójimo no se justifica por el valor de su objeto sino por el amor que da valor a lo que ama (Comte Sponville, 2007: 170-183).

Los filósofos del siglo XX que proponen una solución a la crisis de la ética la ven como un asunto público y proponen un contrato. Las normas se consiguen por procedimiento. Los filósofos de la liberación ven a la ética como un tema de la política. La ética es cambiar las estructuras. Los del utilitarismo la ven como un cálculo. La filosofía analítica define el comportamiento del hombre a partir del resultado de las ciencias.

Para Luc Ferry, *la libertad es el principio básico de la república* (2011: 402). Como ateo, prefiere no contradecirse y reconocer la capacidad del hombre, la libertad como trascendencia en la inmanencia, para superar la naturaleza y la historia. Esta facultad llamada libertad permite el perfeccionamiento y trasciende los códigos que el materialismo quiere imponer. De esta manera se puede entender que la teoría humanista es una teoría del conocimiento de sí mismo o de la auto-reflexión. Al reflexionar sobre nosotros mismos encontramos los valores. El espíritu crítico de Descartes, Kant y Nietzsche se va a ampliar para ser una crítica de uno mismo en lugar de ser solo una crítica de los demás. También trasciende al conocimiento científico que solo puede hablar sobre el entorno material.

El proceder u obrar del hombre aparecen como una intervención en sí mismo y en el mundo circundante, la tecnología, el arte, la convivencia con los demás, el lenguaje, la organización social y jurídica del Estado y la creación cultural más alta, la educación de sí mismo y la adquisición de conocimientos. Estos cambios no son el producto de la fuerza ciega de la naturaleza porque son imprevisibles. El hombre puede tomar distancia frente a su propia naturaleza La persona misma decide sobre sus actividades culturales. Son actividades de ella misma, de su propia responsabilidad. De esta manera podemos entender la autonomía del hombre. Para el animal el ambiente natural tiene solamente sentido para su propia situación o interés biológico. El hombre, al contrario, trasciende esta relatividad porque tiene la capacidad de conocer a los demás y a las cosas en sí mismos, lo que son objetivamente. El animal comerá el alimento cuando tenga hambre o lo dejará. El hombre tiene la capacidad de analizar el alimento y transformarlo, hacerlo producir, etc. El avance tecnológico es la prueba más llamativa de la imprevisibilidad.

El adiestramiento del animal consigue su fin por la introducción de los llamados reflejos. La educación del hombre se realiza por la presentación de normas y por la invocación al sujeto a reconocer *libremente* el valor de estas. El hombre se educa cuando él mismo, autónomo, reconoce y decide aplicar las normas. Esto implica que puede reconocerlas porque tiene un conocimiento y apreciación objetivos de sí mismo. El conocimiento de sí mismo implica entender el valor de las normas para uno mismo.

Autonomía y conocimiento de sí mismo son dos aspectos complementarios de una sola realidad, el ser sí mismo en las decisiones de sus actividades. Hemos comprobado que el hombre como ser autónomo toma conciencia de sí mismo y se realiza en la tarea cultural y en el encuentro con los demás. La ética no es criticar el comportamiento de los demás. El principio de la persona humana es en primer lugar ser autónomo, ser sí mismo, asumir su propia libertad. Es evidentemente un ser con la posibilidad de realizarse porque tiene también la posibilidad de no asumir su responsabilidad.

De esta manera se entiende la diferencia entre la ética de la "primera persona" y la ética de la "tercera persona".

Las éticas de la tercera persona concentran su atención en la pregunta sobre cuál es la acción correcta o incorrecta. *Se aleja del dinamismo intencional propio de la acción moral.* Para ellas el juicio moral expresa el bien o el mal de la acción según la correspondencia con la norma, y no según el valor del tipo de vida que se ha elegido o de los principios reales del obrar. Se juzga el bien o el mal de acuerdo a la norma, al consenso o a la convivencia y no al tipo o proyecto de vida buena o mala.

La ética de la primera persona se ocupa del bien de la vida humana visto "desde dentro" del sujeto, en su intención. Aristóteles fue el primero en descubrir que el hombre debe escoger entre el bien y el mal. John Locke consideró a la libertad como la característica fundamental de la modernidad. El núcleo de la crítica del conocimiento teórico de Kant, su afirmación de un aporte del acto del conocimiento del sujeto en lo conocido como tal, es una verdad que ya nadie puede negar a pesar de que necesita una rectificación.

Es una ética elaborada desde el punto de vista de la primera persona. El deseo del bien completo, las virtudes, los ideales y la conciencia fundamentan las normas. De esta manera las normas no son exteriores ni impuestas.

No se puede crear un nuevo orden mundial solo con leyes o reglamentos. El derecho sin ética no tiene a la larga consistencia. La consecución de la paz y la justicia depende de una conciencia y actitud previas a las responsabilidades y obligaciones. Una visión de convivencia pacífica se basa en esperanzas e ideales (Küng y Kuschel, 2008: 83).

Una ética mundial no es una nueva ideología o "superestructura", sino que enlaza entre sí los recursos religioso-filosóficos comunes ya existentes de la Humanidad, sin imponerlos legalmente desde afuera, sino interiorizándolos de manera consciente […] no se orienta a una responsabilidad colectiva que de algún modo pudiera exonerar al individuo, como si la culpa de determinados males la tuvieran "las circunstancias", "la historia", "las estructuras" o "el sistema". Se dirige particularmente a la *responsabilidad* de cada uno en su puesto en la sociedad, y muy en especial, a la responsabilidad individual de los *dirigentes políticos, económicos y culturales* (Küng y Kuschel, 2008: 49).

Max Scheler explica que solo personas libres pueden dar y recibir confianza:

Lo que nos hace "tener fe" en la intención de los hombres, por ejemplo, es que una mujer ausente permanezca fiel a su esposo, que no se deje influir por tentaciones cualesquiera que puedan cambiar sus sentimientos y sus acciones, lo que nos hace creer en promesas, y no nos deja suponer que en el ínterin el efecto de aquel acto de la promesa sea anulado por situaciones cualesquiera y de las apetencias por estas determinadas, esto es precisamente la creencia en la libertad del hombre.

"Es que existe una interrelación esencial según la cual cuanto más libremente se lleve a cabo un acto (y ello significa al mismo tiempo: cuanto más firmemente lo determine la persona misma y no las relaciones de esta con situaciones y vivencias individuales) tanto mayor es, a su vez, la duración y tanto más intensa la penetración de los sistemas parciales de la persona anímica" (Salazar Bondy, 1974: 207).

La presencia física de estudiantes no permite saber si asisten por decisión libre o por presión de otras personas o circunstancias. El objeto material de un regalo no explica si es dado por aprecio o por interés.

Podemos concluir que los primeros principios de la moral no funcionan automáticamente, sino que necesitan una decisión libre y firme del hombre.

La responsabilidad de cada uno significa que la vida moral reside en la persona misma, en el "interior" de su conciencia. La conciencia personal formada sobre la base de los valores. La razón y la voluntad tienen la capacidad para definir los fines o los ideales que expresan la dignidad humana. Los talentos como la inteligencia, la memoria, la fuerza física, el bienestar material, etc. no tienen ningún valor moral, como ya lo enseñaron Aristóteles y Kant. La dignidad del hombre depende de su libertad. La moral depende del uso que se hace del talento para el bien.

La experiencia del hombre actual es técnica y práctica, con una finalidad de emancipación. El hombre de la sociedad actual tecnócrata entiende y organiza su vida y la sociedad a partir de la razón instrumental. El espíritu activista desprovista de una dimensión interior es la causa de una degradación progresiva de la civilización secularizada. La posibilidad del hombre, dice Ortega y Gasset, se funda sobre una posibilidad no biológica de apartarse de las cosas, para recoger sus inspiraciones interiores. Lo que hay en el hombre de propiamente humano nace de esta vuelta sobre sí mismo. Y sólo puede florecer en un recogimiento profundizado sin césar. Sin embargo, el hombre necesita entender su experiencia. El juicio necesita un criterio que nos permita juzgar lo que vemos suceder en nosotros. Las grandes épocas de decadencia cultural son los períodos de activismo. "Ortega escribe a propósito de la caída del Imperio romano: Se perdió –como estamos a punto de perderlo- el poder de entrar en sí mismo, de recogerse en una vida interior inviolable. Sólo se habla de acción. Los demagogos, empresarios de la desviación colectiva, animan a los hombres a no pensar, se esfuercen para mantenerlos en rebaños, para evitar que puedan reconstruirse una personalidad allí donde únicamente puede ser: en la soledad. Siendo el hombre el animal que ha conseguido entrar en sí mismo, cuando se escapa fuera de sí mismo recae de nuevo en la animalidad. La misma escena reaparece invariablemente en todas las épocas en que la acción pura es divinizada. La vida humana se desvalúa y se abre la puerta a todas las formas de violencia y de criminalidad" (Ortega y Gasset, 1966: 95).

Luigi Giussani aclara que la experiencia no significa exclusivamente "probar", acumular experiencias, sino también y sobre todo conocimiento. Lo que caracteriza a una experiencia es entender una cosa, descubrir su sentido. Sin embargo, el entender o el juicio exige un criterio en base al cual este se realiza. Surge entonces la pregunta: ¿cuál es el criterio que nos permite juzgar lo que vemos suceder en nosotros? Como no puede venir de los otros (viviríamos en alienación permanente), el criterio está en nosotros. La razón abierta a toda la realidad lo encuentra en nuestra naturaleza. Es inmanente a la estructura originaria de la persona. Todo lo que el hombre quiere aprender lo compara con esta experiencia original. Esta experiencia es un conjunto de evidencias y exigencias. Cualquier afirmación o juicio tiene lugar a partir de una confrontación de todo lo que existe con los grandes valores dentro de uno. Podemos llamarlos verdad, justicia, belleza, amor (Giussani, 1986: 16-20). ¿Cuál es el fundamento de la estructura originaria?

2. ¿Por qué existe algo y más bien nada? El sentido de la existencia y el origen de los valores

Luc Ferry, francés, ateo, entiende la trascendencia en la inmanencia. El autor se refiere al filósofo alemán Edmund Husserl. Esto no significa que existe un conocimiento absoluto. Siempre habrá una parte no conocida, cada inmanencia supone una trascendencia escondida. Se trata de una dimensión real en la vida del hombre. Siempre vemos un horizonte, pero en la medida en que llegamos a ver o conocer mejor encontraremos uno nuevo. Es un hecho que comprobamos en la inmanencia. No es un nuevo ideal, no es un invento de la fe o de la metafísica. Es un hecho que se nos escapa. "Conciencia es siempre conciencia de algo", dice Husserl. La conciencia está siempre limitada por el mundo exterior y por lo tanto es siempre finita. Un conocimiento absoluto es imposible. Es trascendencia en la inmanencia. Ella da sentido a la experiencia humana.

Luc Ferry hace también una referencia al amor y a la belleza. La belleza de una obra de arte o de un pasaje me avasalla. Igualmente, como uno no inventa las verdades matemáticas, ni la belleza de una pintura, ni las normas éticas, igualmente la trascendencia de los valores está dada en la experiencia. Uno describe los valores. El autor da el ejemplo del enamoramiento. Siento la trascendencia del otro en mí. La otra persona se sitúa en mis sentimientos, en mi "corazón", el amor del otro en mí. El sentimiento de amor o amistad nos conquista como un don gratuito y está situado en el corazón, que tiene razones que la razón no conoce. Ferry afirma que los valores son trascendentes y están en la persona. *Los cuatro grandes valores según Ferry –la verdad, la justicia, la belleza y el amor–, que animan toda vida, son trascendentes para cada uno de nosotros. Esta experiencia está fuera de cualquier duda, pero el materialismo no la entiende* (Ferry, 2006a: 269-275).

Algunos objetan que estos valores serían subjetivos en comparación con las verdades científicas. Al respecto Hume ya observó que existe más consenso sobre las grandes obras de Homero o de Shakespeare que sobre la física de Ptolomeo, de Aristóteles o de Kepler. De la misma manera podríamos decir que la adhesión a los valores morales que sostienen los derechos humanos es menos problemática que algunas teorías científicas como la de la luz, la oposición entre la teoría de la mecánica relativista y la teoría de los *quanta*, el calentamiento del clima, etc.

Sin embargo, la filosofía es la pregunta por el fundamento absoluto de todo. Para Domien de Petter (1972: 146-169) esta pregunta tiene sentido solo en una intención que busca la totalidad. No lo tiene para un pensamiento que admite únicamente la experiencia positivista de las ciencias; es decir, una experiencia limitada por la mera observación material de la realidad con su expresión matemática del objeto. De esta manera se entiende que el enfoque positivista en relación con la experiencia general humana realiza una abstracción, porque se limita a una realidad en cuanto se presta para una descripción exacta matemática. La experiencia positiva científica se limita a expresiones matemáticas y exactas, y por lo tanto no coincide con la experiencia humana integral, porque desde su primer contacto realiza una abstracción. La experiencia positiva-científica no puede presentarse como la experiencia humana general. Sin embargo, desde hace siglos hay una pretensión de reemplazar la experiencia general humana por la experiencia positiva científica, de considerar a esta como la única valedera y no aceptar las pretensiones de la filosofía de trascender indirectamente la experiencia común humana. Como denunció Habermas, esta pretensión es la más común.

La filosofía no niega este valor del conocimiento científico, pero tiene un enfoque diferente. La ciencia positiva no puede juzgar sobre la posibilidad o no de la reflexión filosófica de hablar sobre algo que solo puede ser alcanzado indirectamente por la experiencia humana. ¿Qué significa?

En el nivel de los seres vivientes comprobamos que se necesita un cierto ambiente sin el cual la vida no es posible. Hay una interdependencia entre todas las cosas, plantas, animales y personas que hace la vida posible. Las relaciones de dependencia entre las cosas demuestran que no son absolutas. Existe un orden en este mundo donde dependencia y causalidad se responden mutuamente y resuelven su mutua insuficiencia o contingencia extrínseca. Las cosas en este mundo tienen una relación necesaria y son fundamento de la necesidad y el determinismo de las leyes naturales. Es evidente que por el camino del mundo no vamos a poder trascender los límites de nuestra experiencia.

La preocupación ecológica actual lo demuestra y toma distancia frente a la visión del universo como un caos de la modernidad. Se critica la frase de la Biblia donde Dios nombra al hombre como dueño del mundo. Sería el origen de los problemas ecológicos actuales. Sin embargo, Dios también le indicó las normas al hombre. Es la modernidad que proclamó al hombre autónomo, con una libertad absoluta, como decía el filósofo Jean-Paul Sartre. La época del Génesis correspondía a una cultura primitiva, los filósofos griegos reconocían el cosmos como un orden. Los modernos y sobre todo las ideologías del liberalismo y del marxismo produjeron la industria sin criterio y el armamento nuclear.

Tampoco podemos buscar la prueba de la existencia de Dios afirmándolo como autor del inicio o primer momento del universo, porque no se hace una distinción entre el sentido de las explicaciones horizontales y el significado de una explicación creadora. Dios no es una causa que reemplaza las explicaciones horizontales. El gran místico Eckhart lo expresa de la siguiente manera: "Dios no tiene nombre porque nadie puede hablar de él o conocerlo… Si ustedes entienden algo acerca de él, él no está sin embargo en esta comprensión, y al entender algo acerca de él ustedes caen en la ignorancia." Sin embargo, Él es necesario como fundamento permanente porque toda la realidad mundana es ontológicamente insuficiente, incluso las causas horizontales son también marcadas por la insuficiencia ontológica. "No hay considerar o aceptar a Dios como alguien fuera de ti mismo, sino como tuyo y dentro de ti. Tampoco hay que actuar por una u otra razón, no por Dios, no por tu propio honor o por algo fuera de ti, sino exclusivamente por lo que es tu propio ser y tu propia vida. Dios y yo somos uno. Por el conocimiento acepto Dios en mí, amando actúa Dios en mi... Hacer y crecer es uno. Dios y yo mismo somos uno en el hacer. Él actúa y yo estoy creciendo" (Eckhart).

La necesaria relación entre las cosas no contradice que todas ellas en su conjunto tengan una necesidad intrínseca; es decir, ontológica. Aparte de la contingencia extrínseca existe una contingencia intrínseca. Es la contingencia que no puede explicarse a sí misma. Esta contingencia aparece en todas las cosas de este mundo. No se trata de un vacío horizontal, que podría recibir su explicación por parte de otra cosa en el mundo, sino de un vacío ontológico inherente a todas las cosas. Podrían también no existir. La contingencia la tienen por sí mismas. Hay una insuficiencia en todas las cosas que no puede encontrar una explicación. Esta insuficiencia tiene un carácter vertical y busca una respuesta fuera del mundo.

Esta insuficiencia ontológica se manifiesta en la contingencia que es intrínseca a las cosas. Las relaciones e interdependencias de las cosas en este mundo muestran que no son absolutas. El orden del mundo es una unidad de dependencia y causa, con sus respectivas respuestas. Sin embargo, la insuficiencia es inherente al ser de todas las cosas. Esto significa que el ser de todas las cosas en este mundo aparece gratuitamente; es decir, sin ninguna explicación o fundamentación. La contingencia intrínseca no procede como producto de otra cosa en el mundo y por lo tanto es manifiesto que no puede explicar por qué existe y menos puede fundamentarse a sí misma. Esta evidencia o este hecho directo hace surgir inevitablemente la pregunta metafísica por excelencia formulada por Arthur Schopenhauer (1788-1860): *¿por qué existe algo y no más bien nada?* A pesar de que debo afirmar la existencia de las cosas, me parece al mismo tiempo más normal que no existan. Este conflicto se manifiesta más en el caso del hombre porque recibió la libertad para construir su propia vida, pero al mismo tiempo vive con la conciencia angustiosa y permanente de que no puede garantizar su propia vida. El filósofo Francis Jeanson dijo: "Existo y no he pedido esta existencia". La existencia es una permanente gracia.

Este vacío ontológico se refiere a algo fuera del mundo que explica su gratuidad. Se podría llamarlo una posibilidad de la existencia de Dios, pero *no es la conclusión de un razonamiento* sino, la explicitación de una exigencia ontológica la que comprobamos por la experiencia directa de las cosas. Tomás de Aquino tampoco hablaba de una prueba de la existencia de Dios sino de vías. Nos encontramos existiendo gracias a Él. La afirmación metafísica de la existencia de Dios es solamente el reverso de la afirmación de la contingencia ontológica. Esta experiencia nos permite encontrar la dimensión absoluta de Dios en nosotros mismos. Lo transcendente está en el mundo sin ser parte de este mundo y tampoco puede ser manipulado o dominado por nosotros. Dentro de una tradición de fe lo llamamos Dios. No entorpece la libertad del hombre. "Señor, tu nos darás la paz, porque sólo tu llevas a feliz término lo que hacemos nosotros" (Isaías,26, 12). Es un acto de fe. La fe en Dios no es una conclusión de un razonamiento lógico o filosófico. Creer es pasar a otro nivel, entrar en un mundo con dimensión religiosa, es una conversión. Se cuestiona la cultura dominante del éxito para vivir una cultura de amor y valores. La dimensión absoluta se manifiesta como una experiencia. La respuesta a la pregunta por el sentido último no la puede dar la ciencia natural, sino únicamente una *confianza*. La historia de la crítica moderna ha puesto en claro, que la existencia independiente de nuestra conciencia puede solamente aceptarse en un acto de confianza. Una aventura de fe, análoga a la del amor. El conocimiento exige neutralidad frente a los objetos, pero la razón no es indiferente a los sentimientos cuando se trata de los valores. Las emociones tienen una gran influencia porque se trata de decidir sobre el sentido de nuestra vida y el comportamiento con los demás. No es un problema científico sino un problema para definir mi actitud, mi entendimiento con los demás. Creyendo en la vida eterna, me es posible en todo momento dar sentido a mi vida y a la de los demás.

"O bien digo *no* a una meta principal de la vida humana, del proceso del mundo, y entonces las consecuencias son incalculables. En efecto, como dice Jacques Monod, ateo, premio nobel de biología, evocando con razón, el "Sísifo" de Camus: Cuando el hombre acoge este mensaje negativo con todo su significado, tiene que despertar por fin del sueño milenario y reconocer su total desamparo, su exilio radical. En este momento sabe que, como un gitano, tiene su puesto en la periferia del universo, del cual es sordo para su música e indiferente ante sus esperanzas, sufrimientos y delitos" (Hans Küng, 2011: 368).

Para el filósofo Gustavo Flores Quelopana la música como expresión de lo Bello tiene un alcance metafísico. Él se refiere a la música clásica, sobre todo Beethoven y Mozart. "Lo Bello es ontológico, lo Bello absoluto en cualquier de sus formas -incluida la musical- carece de contrario porque es la voluntad del mismo Ser. Lo Bello se identifica con el ser como puro sentimiento de subjetividad infinita, y de la cual participa el puro sentimiento de la subjetividad finita" (Quelopana, 2016,76). Ontología, axiología y estética están unidos. La música es un acto de contemplación a través del sentimiento. La música expresa la armonía perfecta de lo absoluto del ser.

Dios no ha creado la contingencia, sino que, en la medida en que las cosas son creadas por Él, ya no son contingentes sino necesarias. Esto significa que el ser de todas las cosas aparece como gratuito, sin ninguna explicación.

No se puede negar que a partir de nuestra experiencia vemos el todo como pluralista porque todas las cosas son singulares y por lo tanto plurales. Sin embargo, la metafísica exige que podamos encontrar en nuestra experiencia lo absoluto de la realidad que la experiencia directa no permite. Esta experiencia de lo absoluto solo será posible por una experiencia indirecta; es decir, trasciende nuestra experiencia directa y se da solamente en la afirmación de la existencia de Dios. Podemos "alcanzar" o "darnos cuenta" de la experiencia indirecta pero nunca se convertirá en una experiencia directa. Solo se podría hablar de una experiencia indirecta en relación con algo que puede ser experimentado indirectamente y que por lo tanto traspasa la experiencia directa.

Nuestra realidad es contingente, no puede justificarse a sí misma a pesar de que existe. Los seres son por sí mismos no-ser. Por eso la pregunta: ¿por qué existe algo y no más bien nada? Las cosas muestran su propia deficiencia de ser y de esta manera están refiriéndose a algo que trasciende el mundo de nuestra experiencia del mundo de la pluralidad. Pues si las cosas del mundo no tienen por sí mismas lo que necesitan para ser y, sin embargo, existen, es evidente que toda su realidad la reciben de algo diferente. Este algo diferente no aparece en la pregunta mencionada porque el ser no es de nuestra experiencia y porque tiene todo en sí mismo para existir. Es totalmente trascendente. ¿Cómo se puede entonces mantener la unidad del ser con la pluralidad de los seres en nuestro mundo?

A pesar de no ser por sí mismas las cosas de este mundo existen. Su no-ser es relativo. Esta experiencia, sobre todo a nivel de la autoexperiencia, produce una disociación entre su ser y su ser verdadero. Por sí mismos son no-ser. Toda su verdadera realidad la reciben de "otra cosa". Existe una comunidad de ser entre la pluralidad de seres por el ser que funda la unidad global de los seres. Y como tal este ser, aunque totalmente trascendente a las cosas de este mundo, es al mismo tiempo totalmente inmanente, porque es su fundamento y los seres reciben permanentemente su realidad de él. Así, se puede decir que la unidad del ser en cierto sentido es también la unidad de la pluralidad de las cosas en el mundo.

El mundo plural recibe su realidad del ser, las cosas son del ser antes de pertenecerse a sí mismas pero su fundamento es también inmanente. De esta manera la unidad del ser es también la unidad de la pluralidad de las cosas porque a todas les da la existencia. Los problemas metafísicos se solucionan exclusivamente con la afirmación de la existencia de Dios. Esta solución es un misterio porque Dios es un misterio. (Para el panteísmo Dios nos es solamente inmanente y para Aristóteles es netamente trascendente). Dios es el creador de los seres. Los seres son primero de Dios y después de sí mismos.

San Agustín dijo: "Dios es más íntimo a mí que yo a mí mismo". El concepto más abstracto como "ser" no puede explicar o expresar la unidad de la realidad del misterio de Dios y de la pluralidad del mundo. Hablar de la *intuición del ser* es invitarnos a tocar un piano mudo, decía Gabriel Marcel (1949: 65). No concebimos la intuición como un algo privilegiado y accidental dentro de la conciencia, tampoco como algo esencialmente relacionado con la afectividad que supondría un hábito adquirido por ejercicio. La palabra "intuición" significa una relación intelectual directa de lo concreto (Domien De Petter, 1964: 25-43).

¿Qué nos permite hablar de una intuición intelectual? El conocimiento abstracto no tiene un conocimiento de la realidad por sí mismo. Él consigue este valor solamente por pertenecer como momento a una verdad más amplia. Este momento no-conceptual fundamenta además la verdad de nuestros conceptos. El concepto es una explicitación limitada de una consciencia implícita y pre-conceptual de la realidad.

El concepto abstracto no puede explicar por sí mismo su apertura para saber más. Cada concepto obliga a una expresión de ampliación. Cada conciencia de límite es al mismo tiempo una conciencia, aunque sea confusa de lo que está más allá del límite. Esta apertura consciente para ampliación no es producto del concepto abstracto. Por lo tanto, la abstracción abstracta no agota totalmente el contenido del acto intelectual. Debe haber otro momento donde lo no conocido, la realidad o el ser, esté presente de una manera actual pero implícita. Esta intuición implícita forma parte del acto del conocimiento.

Se trata de una presencia intelectual porque una presencia sensitiva no tendrá sentido para la estructura interna de un acto intelectual. La intuición implícita es una identidad espiritual (del conocido y del que conoce) sin ninguna distancia entre objeto y sujeto. Ella es el núcleo y constituye la actividad intelectual espiritual. No tiene una expresión abstracta, pero tiene una cierta presencia por la consciencia del ser, una conciencia confusa. Esta conciencia confusa del ser o de la totalidad es el fundamento de los conceptos abstractos. Sin la intuición implícita los conceptos no podrían alcanzar la realidad. Sin embargo, esta consciencia del ser no se puede expresar en un concepto. La actividad directa del espíritu no aparece como expresado sino indirectamente por acompañar al concepto abstracto por dar su sentido y ser su origen.

La conciencia de la inadecuación de nuestros conceptos es la comprobación directa de la presencia de la conciencia del ser en nuestro conocimiento. La inadecuación de nuestros conceptos incluye una conciencia de la necesidad de una ampliación de conocimiento. La intuición implícita es la conciencia de la realidad concreta en su totalidad.

No se trata de una intuición completa y cerrada sino de un momento que pertenece al acto intelectual y que puede ser descubierto por un esfuerzo reflexivo. La consciencia del ser, por su propio contenido, tiene valor judicativo y permite la formulación de los primeros principios de la verdad, el bien y lo bello. Lo no-conceptual no se ubica en el dinamismo del espíritu humano, ajeno a la vida intelectual sino en el momento cognoscitivo no conceptual, es decir, un dinamismo objetivo dentro de los contenidos del conocimiento.

El acto intelectual tiene tres momentos distintos, diferenciados por lo explícito y lo implícito. En la base se encuentra un momento de pura intuición implícita, la esencia misma del acto intelectual. Después, como a la superficie, un momento de explicitación completa y clara, que sin embargo quede inadecuado propiamente y esencialmente no podrá tener un valor absoluto. Por fin, entre ambos hay un momento de articulación, la consciencia del ser, aunque de una manera confusa. Esta conciencia confusa introduce lo intuitivo dentro del ámbito de lo explícito, lo anima y lo deja participar a la esencia del acto intelectual.

Existe el ser y es el fundamento de la existencia de las cosas, pero existe también una gran pluralidad de cosas y *nuestro conocimiento del ser es por medio de la pluralidad en el mundo, porque no hay un conocimiento directo del ser.*

La defensa de los valores del humanismo supone reconocer un valor superior a lo inconsciente, a los instintos, a la historia, a una clase, a una raza, al sexo, etc.

Dios es la explicación de nuestra existencia. La finalidad es el fundamento de la ética que permite entender las normas como un puente entre lo que el hombre es y lo que debe ser. No sabemos quién es Dios, pero tenemos un conocimiento de nuestra existencia que hemos recibido. *La existencia de un fin último da sentido a nuestra vida y podemos por autorreflexión descubrir los principios que permiten el conocimiento de la verdad y de los valores o virtudes que orientan nuestras acciones hacia el bien.*

3. Una experiencia común a todos los hombres: Los valores o las virtudes

En una cultura que tiene al individuo como último punto de referencia, donde los valores o normas son producto de cada uno, se corre el peligro de aceptar las normas de la cultura tecnócrata. Hay un preocupante distanciamiento entre el orden económico, político, jurídico, social y el orden ético. El hombre se deja guiar por el proceso actual o dirige su propia vida en función de su dignidad.

Por autorreflexión podemos descubrir en nosotros la existencia de los valores, también llamada la dimensión intelectual o normativa de las virtudes, expresiones indirectas de nuestro fin último. Los fines o valores juegan el mismo papel que los principios en las ciencias. La moral, las virtudes son los criterios básicos de orientación para las decisiones prácticas sobre la vida. Querer el mejor fin para la vida de uno depende de la virtud moral.

"En la meditación tomo posición frente a mi vida, en cierto sentido me retiro de la vida, pero no como un conocimiento puro, sino reflexiono sobre mí, sobre lo que soy o debería ser. No soy mi vida, pero si tengo la posibilidad de juzgarla es por la condición de poder meditar encima de todo juicio" (Marcel, 1949: 63, 64).

"El hombre sólo será plenamente hombre por su conciencia personal. Y el despertar de esta conciencia es una respuesta personal a una invitación del misterio. El que escucha a su conciencia se confía totalmente al misterio. De este modo hay una fe que precede a la Fe. Gabriel Marcel ha expresado mejor que nadie esta idea: creer, esperar, amar son ya para él, actitudes fundamentales del hombre auténtico, antes de convertirse en actitudes cristianas."(Walgrave, 1971: 33).

Los hombres tienen una experiencia de comunidad, tienen algo en común y para poder establecer una comunidad humana –de amistad, familia, asociación, etc.– necesitan compartir valores.

La autenticidad de las relaciones entre las personas es solamente posible por los valores que cultiva cada una de ellas. Los valores constituyen la posibilidad de confiar y de entenderse, de poder entregarse y de poder agradecer. Las personas con valores no necesitan muchas discusiones o explicaciones. No creen en los chismes. La idea del hombre es la realidad de las virtudes o valores que son expresión de la razón y de la voluntad para el bien. Estos valores en el hombre se llaman la "ley natural". Este concepto no se refiere a algo netamente biológico y tampoco a un conjunto de conceptos precisos y claros que se imponen desde afuera, sino son orientaciones normativas que el mismo entendimiento humano formula y va entendiendo mejor en la medida en que avance el conocimiento (Bonino, 2009).

Hay algo común en todos los hombres dentro de la gran diversidad de culturas señaladas por las ciencias sociales. Se trata de valores que permiten al hombre relacionarse con otros. Si no existiera un fundamento común entre todos los hombres no se hubieran podido proclamar los derechos humanos. La "ley natural" es el *sine qua non* de la ética. El hombre tiene por esencia una vocación ética. Esta "ley natural" es la ley de mi ser. Todos los filósofos que se preocupan por el futuro de la humanidad coinciden en la necesidad de una ética. Patrick Loobuyck considera que el discurso moral no existe porque el hombre es un átomo sin rumbo en el universo. Sin embargo, para él hay una intuición fuerte de la necesidad de los derechos humanos. El nivel intuitivo es más importante que las razones. El sentimiento indica que el discurso moral es indispensable porque el hombre es capaz de las cosas más atroces (Loobuyck, 2005: 296-309).

Martha Nussbaum lo formula de la siguiente manera: los filósofos actuales siguen con la idea del contrato social –los contractualistas modernos–, con Habermas y Rawls como los más importantes, pero han abandonado ideas fundamentales de la tradición como los derechos de la naturaleza y el respeto a la dignidad humana. La filosofía del procedimiento o del contrato supone que todo anda bien en la sociedad y que el contrato es un acto de justicia. En la práctica la filosofía del consenso no encuentra aplicación en las culturas que hallan más placer en las discusiones que en el consenso.

Los filósofos actuales, como en el caso de la filosofía analítica, quieren derivar los principios por vía procedimental, partiendo de la propia situación del contrato. En otras palabras, no van directamente a los resultados para evaluar su validez moral. Diseñan un procedimiento y confían en él para generar un resultado justo. La diferencia con Locke está en que él incluye una importante doctrina de la dignidad humana y de los derechos humanos en función de los cuales debería medirse la justicia del resultado. El procedimiento necesita una teoría independiente sobre el bien humano. Las teorías del contrato social establecen que la persona debe salir de su estado de la naturaleza por el beneficio mutuo, cuyo bien es apolítico. El contrato es un proceso en el cual cada uno busca su propio interés. Las partes no conocen un amor intrínseco por la justicia. Para Aristóteles, al contrario, el ser humano es un ser social y político (la familia y el Estado) que se realiza en relaciones caracterizadas por la virtud de la justicia. El bien del ser humano es político y social, basado en los principios de la justicia (Nussbaum, 2007: 82-105).

Los filósofos del contrato (contractualistas) abandonan toda referencia a unos derechos naturales, pues consideran que estos vienen generados por el procedimiento mismo del contrato, cuyo resultado siempre será a favor del más fuerte. Sin embargo, previo a cualquier contrato o ley o norma, existe en el hombre el conocimiento moral de los fines, principios, virtudes o valores que fundamentan y posibilitan entender las leyes.

4. La razón, la voluntad y las pasiones

La vida del hombre está compuesta por el deseo que manifiesta las necesidades del hombre. Son tendencias espirituales y sensitivas o pasiones. Todos los hombres buscan el bien o los valores.

Más que un deseo natural que se podría interpretar como un determinismo la ética se fundamenta en la razón y la voluntad. Tomás de Aquino en consecuencia con Aristóteles– proponía una filosofía que entiende el conocimiento a partir de una reflexión sobre su propia realidad, pero recibida gratuitamente. El hombre recibe una autonomía. Tomas de Aquino consideraba que el hombre puede conocer los actos que conducen a su propio perfeccionamiento por su propio esfuerzo. El propio esfuerzo se orienta al fin último. De esta manera la vida moral exige la creatividad y la ingeniosidad propias de la persona, origen y causa de sus actos deliberados (Tomas de Aquino, 1986: I - II, q. 71, a. 6 ad 5um).

La actividad de la razón está exigida por la voluntad. La razón es llamada por la voluntad a regular desde dentro de las operaciones libres. La función práctica toma forma bajo la influencia de la voluntad. Por eso no se puede plantear la cosa de modo que la actividad de la razón práctica sea analizada en abstracto y luego se le añada desde fuera la actividad de la voluntad. La razón se hace práctica precisamente porque coactúa con la voluntad para distinguir entre el bien y el mal, pero la buena voluntad o el amor dependen del fin o el bien propuesto por la razón. La voluntad no puede querer algo que no conoce. La razón es necesaria para distinguir entre el bien y el mal. No todos los hombres son virtuosos simplemente por tener la tendencia al bien. Esta debe estar señalada por la razón, cuya ejecución depende de la libertad. No es suficiente nacer como hombre para serlo. "La moralidad del acto humano depende sobre todo y fundamentalmente del objeto elegido racionalmente por la voluntad deliberada" (Juan Pablo II, 1993: n.78).

El hombre posee también tendencias que lo orientan a las necesidades ligadas a su cuerpo. Las pasiones o sentimientos son la resonancia interior de estas tendencias sensitivas. Las pasiones son movimientos que aportan motivaciones que la libertad podrá o deberá aprovechar muchas veces. Los afectos juegan un papel importante en el amor entre padres e hijos, entre hombre y mujer, entre amigos, etc. Estas motivaciones son un apoyo significativo a la voluntad. La gente va al poder judicial o hace marchas de protesta porque ha sufrido un daño, porque está molesta. A pesar de la prioridad indiscutible de la razón y la voluntad, se necesita, como manifiesta Aristóteles, la unión de la razón y la voluntad con el deseo del bien de las inclinaciones naturales, necesidades y pasiones. Las pasiones pueden influir en la razón o en la inteligencia, como por ejemplo el amor, la envidia, la simpatía, el miedo, la alegría, la ira, el afecto de la amistad, la indignación, la compasión y el entusiasmo. Pueden ser negativos o positivos. El sentimiento o la pasión apunta hacia una conducta, pero falta la decisión deliberada. La valoración de la afectividad es parte de la función normativa de la razón práctica, pero la actividad de la razón práctica está exigida por la voluntad. Sin la imagen corporal no podemos tener expresión racional y sin la pasión corporal no podemos querer algo efectivo. No se debe eliminar las pasiones sino asimilarlas en el espíritu. Las pasiones son movimientos que aportan *motivaciones* que la libertad podrá o deberá aprovechar muchas veces.

"(…) Finalmente, dícese que somos movidos por las pasiones, mientras que por las virtudes y vicios no somos movidos, sino que estamos de tal o tal modo dispuestos" (Aristóteles, 2005: 5). No se debe eliminar las pasiones sino asimilarlas en el espíritu. El fin de las virtudes es regular los bienes naturales, afectos y pasiones. Las virtudes son los criterios para ordenar las tendencias naturales. La justicia, la fortaleza y la templanza son los principales criterios. El hombre tiene la tendencia al goce y a la unión sexual, pero esta inclinación debe ser coordinada con otras tendencias como la amistad y la justicia.

5. La Virtud no es una Acción sino una Actitud Relacionada con una Elección del Bien

La virtud es una disponibilidad adquirida para hacer el bien. Esta disponibilidad no se hereda, sino que se forma por esfuerzo de uno mismo o por influencia de los otros. El fin de la ética, a diferencia de otras tendencias, es mantener una inclinación al bien como elección. La virtud no es natural.

La virtud, siendo la condición necesaria para actualizar la tendencia definida del hombre, no es una tendencia. Jean Baptist Gourinat dice: "Aristóteles no deja de repetir que la moral y la virtud consisten en la capacidad de elegir el bien" (Gourinat, 2002: 124). En contra de Platón y Sócrates, Aristóteles insiste en que nadie tiene la virtud por naturaleza. El hábito o la virtud no son un estado de inercia o tradición negativa sino exigencia de presencia de la inteligencia por elección.

Además, la elección de pasar de la tendencia al acto no es suficiente. Aparte de la libertad se necesita también el hábito o la costumbre de escoger el bien. La virtud moral necesita el hábito. La virtud como condición de este cumplimiento ya no es una tendencia sino una adquisición. El hábito modifica el carácter. El hábito transforma la naturaleza sin ser antinatural. La naturaleza nos ha dado la capacidad de recibir las virtudes y esta capacidad llega a la madurez por el hábito. La virtud no es por lo tanto una tendencia sino una disponibilidad adquirida.

El interés actual por la ética de la virtud no está solamente en la insistencia de la decisión libre para el bien sino por su carácter de hábito. Se pasa fácilmente de la preferencia razonable a la idea de virtud mediante los hábitos o costumbres. Las virtudes como hábitos del bien son los apoyos indispensables para escoger el bien en la sociedad actual pluralista, donde las ciencias sociales de la sociología y de la psicología nos han enseñado que existen mecanismos que condicionan el comportamiento del hombre. Los hábitos de las virtudes son los mecanismos libremente establecidos que permiten al hombre mantener un comportamiento de valores dentro de la gran variedad de presiones antivalores en el mundo actual.

Javier Gomá considera que la crisis de los valores y costumbres, la crisis de la educación en las familias, en los colegios y la corrupción en las altas esferas de los países nos obligan a crear costumbres nuevas, no hay más remedio que redefinir la virtud. Normalmente es la costumbre la que transporta al "yo" a la virtud cívica, pero ahora, en el presente falto de costumbres, es la virtud, inversamente, la encargada de crearlas y, con la ayuda de ellas, socializar colectivamente al ciudadano. Solo la virtud de los ciudadanos es apta para sostener una civilización. La virtud es lo único que poseen los ciudadanos para combatir la corrupción y la barbarie. La virtud no es un acto aislado sino un modo de ser, un estado permanente que predispone al hombre a realizar su función en el mundo (Gomá, 2009: 172-173).

La comunidad democrática, si quiere responder válidamente a la cuestión "cómo vivir juntos", debe abocarse a encontrar la manera de producir sus "buenas costumbres". Estas han de ser en primer lugar "buenas", lo que implica una fuerza (*virtus*) innovadora que mueva el yo hacia el uso cívico de su libertad; en segundo lugar, esa fuerza ha de concertar una energía para crear "costumbres".

6. Las Leyes Coaccionan la Libertad, pero los Ejemplos entran en el Corazón y lo Transforman

Las democracias son difíciles de gobernar porque el nihilismo declaró sospechosas a las costumbres y la cultura tecnócrata destruyó las instituciones éticas. Ellas son el único instrumento para lograr la integración de la ciudadanía en un mismo sentimiento mayoritario hacia el bien común.

Las personas que están en las instituciones de los poderes del Estado resultan investidas de un poder coactivo sobre sus ciudadanos y su ejemplo debería desplegar un impacto moral en su círculo de influencia que tiene alcance nacional. Figuras ideales como Confucio, Buda, Cristo, Gandhi y Homero, fundadores de culturas, no son tan reconocidas como antes porque la razón materialista de la modernidad entiende la igualdad como nivelación de las personas hacia abajo. La cultura moderna actual de los países desarrollados no permite personas que puedan ser admiradas y seguidas por los valores que practican, y mucho menos las grandes figuras de la tradición, excepto cantantes, futbolistas y astros de Hollywood que en general no son ejemplos de virtudes.

Javier Gomá insiste en una teoría de la ejemplaridad, ya señalada por Aristóteles, como respuesta a la crisis de la ética. Todo ente es un ejemplo y todo ejemplo es ejemplo de algo. En el ejemplo se encuentra el modelo, la regla, la norma que iluminan el ejemplo empírico y lo dotan de significado humano. Todos somos ejemplo para todos porque el "yo" vive en una red de influencias mutuas a la que es imposible sustraerse. Él que busca el bien sabe lo que es el bien. En caso contrario no podría buscarlo. Lo conocemos por los ejemplos que encontramos en la sociedad. Sabemos lo que es amistad por un buen amigo. Si no encontramos buenos ejemplos para imitar, podemos por lo menos saber cómo no debemos ser: corruptos, crueles, cobardes, etc. Como ya se ha dicho, los hombres que practican los valores son ejemplos y se refieren a los ejemplos que han recibido. En la edad madura, el hombre no solo sigue recibiendo el impacto del entorno, sino que ese círculo se ensancha a toda la sociedad. Vivimos, nos movemos y existimos entre ejemplos. De hecho, nos guste o no, nos parezca bien o mal, somos ejemplos para los demás y los demás son también un ejemplo para nosotros.

Los ejemplos anteceden a las costumbres y son su fuente y origen. El "yo" depende de las costumbres a las que pertenece. En todo hecho aislado se halla en germen un principio de hábito individual (el ejemplo que el "yo" repetirá) o social (el que repetirán los demás).

Los afectos juegan un papel importante en el amor entre padres e hijos, el amor entre hombre y mujer, las amistades, etc. Estas motivaciones son un apoyo significativo a la voluntad. Aristóteles considera que la felicidad no es solo un asunto del individuo. Incluye también a los familiares, a los hijos, a la mujer, a los amigos y a todos los ciudadanos en general porque el hombre es un ser político. La familia y la política son los dos lugares donde se construye la ética.

7. Las diferentes virtudes

La justicia, la prudencia, la fortaleza y la templanza son reconocidas como las virtudes principales, llamadas en la historia las virtudes cardinales, pero la prudencia es una virtud intelectual y las otras tres son virtudes morales. Aristóteles menciona: justicia, fortaleza, templanza, pudor, liberalidad, magnificencia, magnanimidad, dulzura, veracidad, buen humor, amistad, indignación, equidad. (Aristóteles, 2005: 179-205).

Los filósofos actuales han añadido muchas virtudes a la larga lista de Aristóteles como, por ejemplo, el filósofo ateo André Comte-Sponville, quien habla de lealtad, generosidad, compasión, gratitud, tolerancia, modestia, humor, mansedumbre, misericordia, agradecimiento, humildad, sencillez, tolerancia, humor, pudor, eros, amor, amistad y amor al prójimo. (Comte-Sponville, 1995). Él considera que una moral que se limita a denunciar es una moral de gente triste. La vida buena se manifiesta en las virtudes. La virtud es la voluntad y la capacidad de hacer el bien. Montaigne decía: "Nada es tan bello y con razón que ser humano de una manera buena y decente".

Paul Ricoeur, miembro de la iglesia protestante, añade la vergüenza, el pudor, la admiración, el valor, la abnegación, la religiosidad, el entusiasmo y la veneración (Ricoeur, 2008).

La primera e indispensable condición de la ética es la decisión de no vivir de cualquier modo, más allá de lo que nos cuenta la televisión. Tenemos que aprender por qué ciertos comportamientos nos convienen y otros no. La ética intenta averiguar en qué consiste la buena vida. Cuando un ser humano me viene bien, nada puede venirme mejor. A ver, ¿qué conoces tú que sea mejor que ser amado? Todos los intereses son relativos salvo un interés, el único absoluto: el interés de ser humano entre los humanos, sin el cual no puede haber buena vida. Tomás de Aquino afirma: "Los virtuosos no están menos sujetos a la obligación, pero se mueven menos por ella: les mueve más el amor que la obligación, incluso en aquellas cosas a las que están obligados; y en este sentido son más libres" (Aquino, 1986: III Sent., d. 29, q. 1, a.8, sol. 3, ad.3).

Savater señala a las cuatro virtudes de la tradición griega como criterios para poder evaluar nuestra ética: templanza, justicia, fortaleza y prudencia. Las cuatro ayudan a establecer una buena relación humana con los demás.

La fortaleza es el gran esfuerzo para conseguir la buena vida. El placer es estupendo cuando sabemos ponerlo al servicio de la alegría, pero no cuando la enturbia o la compromete. Existe la tentación de recurrir a descargar la culpa en las circunstancias, en la sociedad, en el sistema capitalista, en el propio carácter, en la educación, en los anuncios de la "tele", etc. Estas "justificaciones" nos hacen más esclavos porque no asumimos nuestra responsabilidad y libertad. Todas las sociedades de todos los tiempos tienen sus circunstancias favorables y desfavorables. Siempre ha habido violencia, rapiña, cobardía, imbecilidad, mentiras aceptadas como verdades, etc. (Savater, 2004: 106).

La virtud de la templanza es la amistad inteligente con aquello que nos hace disfrutar, sin caer del gusto al disgusto. Esta gran habilidad no está de moda en el mundo actual. Se piensa resolver el mal uso por abstinencia total (budismo), por prohibición policíaca o por el gusto frente a lo desconfiado, el placer de sentirse culpables. El mundo está lleno de supuestos rebeldes que lo único que desean es que los castiguen por ser libres (Savater, 2004: 146). El placer nos distrae a veces más de la cuenta, cosa que nos puede resultar fatal. La actitud más opuesta a la ética es la puritana, que sostiene que siempre tiene más mérito sufrir que gozar. Lo bueno es usar los placeres, pero con cierto control. Savater termina su exposición sobre la templanza con la pregunta del millón. ¿Cuál es la mayor gratificación o la más alta recompensa que podemos obtener en la vida? "Te advierto que la respuesta es tan sencilla que corre el riesgo de decepcionarte: lo máximo que podemos obtener sea de lo que sea es alegría".

A. La justicia

Aristóteles considera que la justicia es la virtud por excelencia. La difícil relación con el otro se llama la virtud de la justicia. No solo se trata de leyes, jueces, etc., sino de la justicia (Savater, 2004: 128). Esto significa la habilidad y el esfuerzo que debemos hacer para entender y cumplir con los derechos del otro y por lo tanto también saber relativizar nuestros intereses para armonizarlos con los suyos. Los seres humanos no solo se compenetran mutuamente por la palabra, también se trata de tomar en cuenta los derechos ajenos. No es malo que tengamos intereses propios, pero debemos relativizar estos intereses porque vivimos con otros. Se trata de tener simpatía por el otro y participar de algún modo en sus pasiones y sentimientos, en sus dolores, anhelos y gozos.

El bien común se expresa en la justicia porque es la virtud que ordena las relaciones con los demás. Ninguna virtud puede realizarse sin la justicia. La justicia contiene todas las virtudes.

"La justicia así entendida es la virtud perfecta, pero no absolutamente sino con relación al otro. Y por esto la justicia nos parece a menudo ser la mejor de las virtudes; y ni la estrella de la tarde ni el lucero del alba son tan maravillosos. Lo cual decimos en aquel proverbio: en la justicia está toda virtud en compendio" (Aristóteles, 2005: V, 1).

Mientras que las otras virtudes se limitan a perfeccionar al ser humano, la justicia busca ordenar al hombre en su relación con los demás. De esta manera entendemos que el concepto de obligación de la ética tiene su origen en el campo de la justicia. La justicia implica el derecho porque existe la obligación de dar a cada uno lo suyo. Esta definición viene de la antigüedad y por medio de Platón, Aristóteles, Cicerón, Ambrosio, Agustín y el derecho humano llegó a ser patrimonio común de la tradición occidental. Todo lo que somos o hacemos tiene una relación con los demás. Los demás son todos y el bien común.

La justicia se manifiesta en las obligaciones entre los individuos, la obligación o el aporte de cada individuo a la sociedad (justicia social) y la obligación de distribuir el bien de la sociedad (justicia distributiva). La distributiva es la labor del poder político. Se trata de dar participación a todos no solo en lo económico, alimentos, vestido, vivienda, tránsito, información, atención a enfermos, educación, cultura, sino también libertad de opinión, buen trato, informaciones verídicas y ser amables con todos.

La ley no siempre es dada completamente de acuerdo a la razón. Lo que es contrario a la igualdad es siempre contrario a la ley, pero lo que es contrario a la ley no es siempre contrario a la igualdad. Aristóteles distingue entre lo que es conforme a la naturaleza y lo que es conforme a la ley. *Summum ius, summa iniuria*: el mero atenerse a lo que prescriben las leyes puede conducir a la injusticia. El derecho natural tiene valor universal en todos los tiempos y lugares. No depende de las opiniones de los hombres. Las leyes que no coinciden con la naturaleza tienen su fundamento en los acuerdos entre los hombres y pueden diferenciarse según los pueblos o lugares. En el caso de que la ley contradiga la igualdad se recurre al principio de equidad, que permite la corrección (Aristóteles, 2005: 5, X).

Tomás de Aquino afirma que la verdadera esencia del hombre es ser bueno. El hombre bueno es el hombre justo. La "justicia es la constante y firme voluntad de dar a cada uno lo suyo" (Aquino, 1986: II-II, art. 1). La justicia y el derecho residen en la parte más noble del alma. En la justicia brilla el bien de la razón de una manera más alta que en las otras virtudes morales. La justicia es la más próxima a la razón. El conocimiento de la justicia permite dirigir las virtudes inferiores conforme a la razón.

¿Cómo se manifiesta la justicia en la sociedad? Tomás de Aquino responde: "Cuando las tres principales formas de relaciones entre los hombres son ordenadas: relación de individuo con otro individuo, relación de la comunidad con los individuos (distributiva) y relación de los miembros con el todo social. Las tres formas de la justicia se llaman la conmutativa, la distributiva y la social o legal. Sin el aporte de todos al bien común no puede haber justica distributiva y sin una buena justicia distributiva no hay igualdad".

El Premio Nobel de Economía Amartya Sen analiza la posibilidad de una mayor justicia en el mundo. Él manifiesta que no existe "el resultado del mercado" más allá de las condiciones que lo rigen, incluida la distribución de los recursos económicos y de la propiedad. La cuestión central no es –y no puede ser– aceptar o no la economía de mercado... Como se demostró ampliamente en estudios empíricos, la naturaleza de los resultados del mercado está muy influida por las políticas públicas en educación y alfabetización, epidemiología, reforma agraria, facilidades para microcréditos, protección legal apropiada, etc., y en cada uno de estos campos hay mucho por hacer a través de la acción pública, que puede alterar de manera radical el resultado de las relaciones económicas locales y globales. Es necesario comprender y utilizar esta clase de interdependencia para superar las desigualdades y las asimetrías que caracterizan la economía mundial (Sen, 2007: 183-190). No se trata de eliminar o cambiar los mecanismos del mercado libre como algunos pretenden, sino de una política pública adecuada que oriente al mercado.

B. El Amor

Tomás de Aquino (1225-1274) introducirá en la filosofía de Aristóteles el mensaje evangélico del amor que Dios manifestó en su Hijo como el sentido de la vida. Él considera que el amor es la forma de todas las virtudes, las cuales sin el amor no son perfectas (Aquino, 1986: II - II, q. 23,

a. 8). La palabra "forma" significa lo decisivo, lo que constituye la característica de algo. Solo quien tiene una buena voluntad la utilizará para el bien de todos sus recursos. Solo el hombre que ama se preocupa en cumplir con todas las virtudes porque busca el bien de todos. Un hombre sin amor buscará las virtudes solo cuando le conviene. La justicia sin amor es una crueldad, decía Tomás de Aquino.

Sin embargo, la primera persona con quien uno se relaciona es consigo mismo. El amor propio es condición para poder amar a los demás. No podemos hacer el bien a los demás sin dignidad y capacidad propia. Somos responsables de nosotros mismos. Encontramos en nosotros mismos un núcleo espiritual que nadie puede negar o eliminar. Es la libertad de cada persona. Es la fuente de la confianza en mí mismo. "Amarás a tu prójimo como a ti mismo" (Mateo, 22, 39).

Iris Murdoch señala que los filósofos han intentado relacionar los conceptos del bien y la justicia con libertad, razón, felicidad, valentía, historia, etc. para tratar de entender algo más de ambos. Sin embargo, los filósofos modernos y posmodernos no mencionan un concepto que tradicionalmente se consideraba vinculado a estos; es decir, el amor.

Sin embargo, después de las críticas de Friedrich Nietzsche a la filosofía de la razón y a las construcciones políticas, económicas y sociales de la democracia, esta deconstrucción va a liberar dimensiones nuevas del hombre y va a aparecer un principio nuevo que da sentido a nuestra existencia. El hombre actual muestra interés por el valor espiritual del amor (Ferry, 2012: 125).

"La mayor belleza es el amor. La primera encíclica de Benedicto XVI, Deus Caritas est, *no es una casualidad que tenga al amor como centro. Y el amor es la unidad perfecta de verdad, bien y belleza. Es una atracción incesante, e incesantemente amenazada por su contrario. La vida es así* (Methol Ferré, 2015: 145).

Las historias de amor apasionan a todo el mundo. ¿Por qué hay tantas películas, telenovelas y canciones dedicadas al amor? Debe haber algo universal en el amor que logra el interés del gran público. El hombre actual que ha perdido la confianza en la razón, en un proyecto de la sociedad que puede cambiar su vida, en los líderes de la sociedad, mantiene como único objetivo la búsqueda del amor.

¿Qué significa el amor? Después de siglos de silencio durante la modernidad sobre el valor del amor que entró en la historia humana por medio de la revelación de Dios en la persona de Cristo, el filósofo ateo Luc Ferry redescubre su importancia fundamental. Comprueba que, gracias a la deconstrucción de la razón realizada por Nietzsche, hemos descubierto el sentido del amor que trasciende la razón y los derechos.

La nueva definición de la vida es el amor. La deconstrucción ha golpeado fuerte a los dos focos de la nación (la derecha) y la revolución (la izquierda). Han desaparecido en Europa los grandes motivos de sacrificio del hombre, la nación (las guerras absurdas internacionales que dieron como resultado, por ejemplo, setenta millones de muertos en la primera y segunda guerras mundiales) y la revolución (el desastre del comunismo, ciento veinte millones de muertos). La gloria de la nación ya no moviliza a nadie (el autor se refiere a Europa) y la revolución está enterrada. La agonía de esta realidad no significa que entramos en la era del desencantamiento o de la nada. No estamos viviendo el fin de la política sino una nueva figura de lo sagrado del otro, la dimensión del amor dirigido a todos, incluidos los más lejanos. ¿Qué mundo vamos a dejar a los que amamos, a nuestros hijos, a nuestros nietos y, en general, a todos los que vienen? (Ferry, 2009: 46-57).

Una buena vida es una vida en la cual hay amor, en la cual el amor ha transfigurado la cotidianidad y le ha dado un sentido a la existencia (Ferry, 2012: 35). Trasciende al republicanismo de la razón y de los derechos, y a la deconstrucción, porque abre un horizonte a las generaciones futuras y por primera vez no exige sacrificios mortales colectivos. El amor pide solo sacrificios por las generaciones que vendrán, ya no por las grandes causas (nación, revolución) que siempre han llevado a exterminar masas humanas. En lugar de la sociedad desencantada, como decía Max Weber, estamos en la sociedad encantada. Ferry afirma que los valores son alcanzados intuitivamente por los sentimientos espirituales, especialmente por el amor, y por eso son dados de modo previo e independiente al conocimiento racional de las cosas y de los bienes del mundo. Los valores constituyen el fundamento de la ética.

Para entender este nuevo humanismo, Ferry considera que es necesario un enfoque distinto y ampliado sobre el conocimiento. La problemática del sentido es una secularización de la equivalencia entre conocer y amar que encontramos en la Biblia. Si amar y conocer son lo mismo, y sobre todo si los dos dan sentido a nuestra vida, estamos entonces hablando del pensamiento ampliado. Leemos lo mismo en la encíclica *Caritas in Veritate* de Benedicto XVI: "El saber es insuficiente y las conclusiones de las ciencias no podrán indicar por sí solas la vía hacia el desarrollo integral del hombre. Siempre hay que lanzarse más allá: lo exige la caridad en la verdad. No existe la inteligencia y después el amor: existe el amor rico en inteligencia y la inteligencia llena de amor" (Benedicto XVI, 2009: 40).

El conocimiento entendido como ampliado nos invita a salir de nosotros mismos para entendernos mejor; es decir, conocer y amar mejor a los demás.

Para poder tener una conciencia de sí misma, la persona debe tomar distancia de sí. El espíritu debe salir de su egocentrismo e interesarse por las costumbres y valores más alejados, para enriquecer de esta manera sus propias opiniones. La noción de "pensamiento ampliado" se junta con la noción de "perfectibilidad" que encontramos en la obra de Rousseau. "Perfectibilidad" es la noción característica de la humanidad, que la distingue de los animales (Ferry, 2006a: 234-301).

Las dos nociones, autocrítica y perfectibilidad, suponen la libertad entendida como la facultad para superar la condición particular hacia la universalidad con el fin de hacer posible –por medio de la educación, la cultura y la política– la humanización de lo humano. Este proceso de humanización es lo que le da sentido a la vida. Necesitamos a los demás para poder entendernos a nosotros mismos, tenemos necesidad de su libertad y también de su felicidad para poder realizarnos.

Las preguntas son: ¿qué es el amor?, ¿por qué da sentido a nuestra vida?, ¿cuál es la "sabiduría del amor", una visión que permite captar las razones por las cuales solo él da sentido a nuestras vidas?

Ferry hace referencia a las nociones de "particular" y "universal". La unión de particular y universal, producto del conocimiento ampliado, está dada por la singularidad o la individualidad. Nosotros no amamos lo particular en sí, el objeto en sí, y tampoco lo abstracto o universal. Amamos lo particular y lo universal concretado en un individuo. Para entenderlo mejor, Ferry hace un análisis de una obra importante de arte. Las grandes obras de arte, como las pinturas o las novelas, son admiradas por todo el mundo. Trascienden a su comunidad de origen y tienen un carácter universal que impresiona a todos, no importa el tiempo o el lugar. Lo particular y lo universal se unen en lo individual, en lo singular. Las grandes figuras como Platón, Aristóteles, Cervantes, Shakespeare, Dostoievski, Chopin, Beethoven, Mozart, Brahms, Rubens, Velázquez, Rembrandt, Van Gogh, etc. siguen teniendo vigencia porque son autores de obras singulares.

No importa si uno es católico, ateo, protestante, chino o francés, las grandes obras son apreciadas por su valor singular. Puede ser el templo de Angkor en Camboya, la mezquita de Kairuán en Túnez, la catedral de Chartre en Francia, el palacio de Taj Mahal en la India. No amamos lo particular o lo universal sino lo individual. El ideal del pensamiento ampliado es el individuo que sobrepasa lo particular y lo universal. Lo individual no es solamente la obra ajena a mí sino también la dimensión subjetiva de la persona. Esta dimensión subjetiva es el objeto principal de nuestro amor. Esto demuestra que solo el individuo es el objeto de nuestro amor. Es la columna vertebral de la filosofía humanista.

A la singularidad del conocimiento ampliado hay que añadir la dimensión del amor. Solo el amor da valor y sentido al proceso de ampliación del conocimiento que debe guiar la experiencia humana. Es la única respuesta al sentido de la vida.

Si uno se limita a las cualidades particulares / generales, nunca habrá amado a una persona. La belleza o las medallas de distinciones son exteriores a la persona. Lo que genera el sentimiento para que uno siga amando a la persona, incluso cuando la enfermedad la ha desfigurado, no se puede reducir a una cualidad. Lo que se ama en el otro no es la particularidad o las cualidades abstractas sino es la singularidad que lo hace diferente a todos los demás. Montaigne decía: "se ama porque es él, porque soy yo", pero no "porque él era bello, fuerte, inteligente" etc.

La singularidad no está dada con el nacimiento. Es el fruto de muchas experiencias, conscientes o no. Todos los bebés son iguales, pero a un mes de edad aparece la sonrisa, es el comienzo de la humanización. Desde este momento empieza una historia humana, la relación con los demás. Es una historia única, irremplazable, que va a constituir su singularidad. En este proceso se juntan sentido y salvación. La unión de nuestra singularidad y la de los otros crea una situación única. De esta manera vemos que la moral es expresión de la problemática central, la problemática del sentido.

Para Iris Murdoch la ética es incompleta sin el deseo de la pasión y la voluntad libre de amar. El valor de nuestra vida en la familia, en el trabajo, depende de la intensidad de nuestro amor por las personas y por las cosas. El cumplimiento de las normas es un deber, pero el cumplimiento por amor es una pasión que sobrepasa el deber. Su existencia es el signo evidente de que somos seres espirituales que se sienten atraídos por lo justo y lo bueno (Murdoch, 1969: 162). La virtud no es suficiente para decidirse por el bien. Es necesario también el amor. Siempre existe la tentación para el hombre de refugiarse o de retraerse en sí mismo con sentimientos de autocompasión, venganza, fantasía y desesperación. El amor señala que la virtud tiene que luchar con ignorancia, miedo, egoísmo, falta de análisis serio que están en el trasfondo de la vida. El amor va hacia el objeto imperfecto vía el bien, para lograr lo desinteresado, lo bueno y lo justo. Por ejemplo, la madre que ama a su hijo minusválido o a su pariente anciana, los padres que se sacrifican por sus hijos, etc.

Cuando el amor está en nosotros nos acompaña a todas partes. Adonde vayamos y cualquier cosa que hagamos, durante las vacaciones y en el trabajo, empezamos a pensar en los que amamos, en los hijos, en los del entorno, en las pasiones que tenemos, y esto nos lleva a reflexionar acerca de la construcción de nuestras vidas.

Para Comte-Sponville (1995: 278-279) el amor no es exigido por la moral, el amor actúa por sí mismo y antes de la moral. "Moral es actuar por deber y amor es actuar por sí mismo. Sin el amor no encontramos un sentido. ¿Qué quedará de las virtudes sin el amor? ¿Qué significarán si no las amamos? Debemos amar el amor (por lo menos, nos gusta ser amados)". "El amor es el alfa y omega de todas las virtudes. En primer lugar, la madre y su hijo. En primer lugar, el calor de los cuerpos y corazones. En primer lugar, el hambre y la leche. En primer lugar, el deseo, el goce. En primer lugar, la caricia que da paz y consuelo, en primer lugar, la voz que tranquiliza, en primer lugar, esta evidencia: una madre que da el pecho al niño, y después la sorpresa: un hombre sin violencia que vigila al niño dormido. ¿Si amor no precede a la moral, qué habríamos entendido de moral?".

Luigi Giussani opina:

La razón no es un mecanismo que se pueda desarticular del resto de nuestro yo. Un dolor físico, un estado de ánimo, una curiosidad, etc. interfieren en la percepción de la persona y producen simpatía, antipatía o indiferencia. Por lo tanto, la razón está ligada al sentimiento, está condicionada por este. La razón, por conocer el objeto, tiene necesariamente que contar con el sentimiento, con el estado de ánimo. El sentimiento me puede impedir conocer la verdad porque obnubila la razón, pero también puede intensificar la búsqueda de la verdad del objeto porque despierta interés, nos acerca al objeto. En este último caso se trata de una actitud moral, del modo cómo situarse frente a la realidad. Si una cosa determinada no me interesa, no la miro; y si no la miro, no la puedo conocer. Para conocerla es necesario que ponga mi atención en ella. Cuanto más vital es un valor, cuanto más por su propia naturaleza es propuesta para la vida, menos es cuestión de inteligencia conocerlo y más de moralidad, es decir, de amor a la verdad más que a nosotros mismos (Giussani, 1987: 39, 40).

Marta Nussbaum escribe: "El amor y la preocupación moral no están exactamente en equilibrio, pero se sostienen y el uno guía al otro; y cada uno es menos bueno, menos completo, si el otro le falla".

El principio básico para las virtudes es la voluntad libre dirigida al bien; es decir, la buena voluntad, como decía Kant. La buena voluntad es el amor. Un fin provoca en primer lugar el amor. La rectitud de la voluntad es el dinamismo central del hombre que mantiene su dirección hacia el fin último y de esta manera mantiene también dirigidas hacia su fin último todas las tendencias, pasiones y acciones humanas (Rodríguez Luño, 2010: 146). Las virtudes son la aplicación del amor. La justicia es dar a cada uno lo suyo – también a los más débiles–, la fortaleza no permite que el miedo le impida hacer el bien, la templanza ordena la vida interior y no admite el desorden por un amor equivocado o por egoísmo. Josef Pieper describe "el amor como el original y más auténtico contenido de todo querer, lo que penetra las reacciones de la voluntad de la flor a la raíz. Por su misma naturaleza, el amor no es solo lo primero que la voluntad produce cuando actúa, y no solo saca de él todos los demás momentos característicos de su impulso, sino que el amor alienta también, como principio; es decir, como inagotable fuente creadora, toda decisión concreta, y la sustenta dándole vida" (Pieper, 2007: 438).

La nueva propuesta de la revolución del amor, el mundo encantado, significa también un cambio en la política, que pasará de las causas abstractas y mortales (la nación y la revolución) a las personas. Sin embargo, él mantiene las grandes conquistas de la modernidad como la libertad, la razón y los derechos humanos, pero a estos últimos los eleva de su valor a nivel nacional a un valor a nivel internacional, porque el amor nos enseña a preocuparnos por el otro donde esté.

Estas afirmaciones discrepan radicalmente con el pensamiento de los sociólogos Niklas Luhmann, Zygmunt Bauman y otros. El primero acepta solamente lo que puede comprobar materialmente; es decir, las instituciones, y declara: "Volvemos a adentrarnos en aguas poco profundas si vemos en el amor una receta para el desarrollo de la persona o para el incremento de la identidad, que esto deja fuera de consideración la diferencia sistema / entorno que para nosotros es decisiva" (Luhmann, 2013:124).

Zygmunt Bauman (2011: 132, 149, 150) afirma que el amor es solo posible entre dos personas, y el tercero, la multitud, suspende la moralidad.

8. El conocimiento práctico. La recta aplicación de la intención virtuosa

Sin embargo, los ideales metafísicos de las virtudes o de los valores no indican de manera automática cómo se debe actuar moralmente El conocimiento práctico debe aplicar las virtudes en las circunstancias difíciles de la vida.

Conviene precisar que, en el nivel de los principios, el contenido o normas morales de las virtudes están dados en términos generales, y no en su concreción última. La "ley natural" no puede ser borrada, pero puede borrarse en las obras particulares por los malos hábitos y por la cultura tecnológica y su correlación exclusiva con el dinero. Marcel Gauchet habla de la sociedad del desencanto.

El contenido general de las virtudes se desarrolla en el segundo nivel de la razón práctica, el saber o la ciencia moral, dando lugar a normas éticas más concretas. Sin embargo, el tercer nivel más concreto es el del conocimiento práctico o la prudencia, que determina la acción singular.

"Una lectura vertical sigue la progresión ascendente que, partiendo de una aproximación teleológica guiada por la idea del vivir bien, pasa por una aproximación deontológica, donde dominan la norma, la obligación, la prohibición, el formalismo, el procedimiento, y acaba su camino en el plano de la sabiduría práctica, que es el de la prudencia como arte de decisión equitativa en situaciones de incertidumbre y de conflicto" (Ricoeur, 2008: 59).

Aristóteles considera a la justicia como la virtud por excelencia, pero al conocimiento práctico como *la virtud principal*, porque sin prudencia no hay justicia, fortaleza ni templanza. Lo primero que se exige del hombre que actúa es que conozca la realidad relativa a la acción. Este saber directivo constituye la esencia de la prudencia. Es una virtud intelectual.

Una ética sin conocimiento práctico es peligrosa. *El conocimiento práctico conoce el fin por medio de las virtudes, pero ella conoce la realidad e indica cómo aplicar las virtudes en una situación concreta.* El conocimiento práctico hace un análisis práctico de la situación para escoger los medios que debemos aplicar para lograr lo justo, etc. (Un político que quiere aplicar un bien, una ley, sin estudiar los caminos para lograrlo, inevitablemente fracasa. Para educar hijos no es suficiente el amor, etc.). El amor no te exonera del deber de saber. *Es un conocimiento práctico, pero no un cálculo pragmático porque tiene un fin señalado por las virtudes* y puede ir en contra de algunos deseos, pero esto será a su vez una terapia que motivará a conseguir mejor el deseo fundamental. Solo el conocimiento práctico determina lo que se ha de hacer en cada caso concreto para vivir moralmente bien, pero no puede existir si la persona no quiere antes ser virtuosa. El pragmatismo, al contrario, busca una solución sin preocuparse de la moralidad.

Los primeros principios de la moral no funcionan de manera automática, sino que necesitan una respuesta libre del hombre y, además, un análisis laborioso del conocimiento práctico o la prudencia sobre la complejidad de la realidad para buscar el camino más adecuado hacia el bien y la justicia.

Para que un acto humano, en sentido pleno, sea moralmente bueno, debe compatibilizar tanto la intención libre como el acto material con el logro del último fin.

Si un acto humano materialmente bueno es hecho con una mala intención, el acto humano, que tiene dos elementos, resulta malo. "Dar limosna por vanagloria es acción mala" (Aquino, 1986: I a, II ae, 20, 1). Si robo dinero a un hombre con el fin de dar una limosna a otro, mi acción no queda justificada por mi buena intención (Copleston, 1955: 227-228).

El deseo del fin virtuoso es el principio, pero falta la realización por medio de las acciones. La recta intención no es suficiente. El acto de la virtud es también actuar por la elección recta.

El hombre tiene fácilmente ilusiones en cuanto a su buena voluntad y a sus buenas intenciones. En el acto exterior se prueba la autenticidad de nuestra voluntad interna con la realidad. Nuestra voluntad interna, nuestras experiencias y sentimientos profundos son inconscientes e indefinidos tanto tiempo que no han sido expresados en actos exteriores. A la recta intención le falta la acción recta. La virtud de la prudencia o conocimiento práctico es la acción recta. *La intención mira a los principios, pero en la acción recta se realiza la virtud.*

Buscar y hacer el bien es el fin de la persona y de la sociedad. Y esto es la vida bella y feliz.

Evaluación

Por la reflexión sobre uno mismo descubrimos los valores e ideales. De esta manera la libertad puede escoger una vida del bien. La voluntad del bien debe transformarse en una decisión racional de cada uno. Los valores y leyes no son impuestos sino son frutos de una decisión de cada uno.

No se puede construir un nuevo orden mundial solamente con leyes, reglamentos y sanciones porque el derecho sin la decisión personal de hacer el bien no tiene consistencia a largo plazo.

¿De dónde viene esta conciencia? El hombre vive la autonomía de su propia libertad, pero al mismo tiempo tiene la conciencia angustiosa que no puede garantizar su propia vida. ¿Por qué existe algo y no más bien nada? Este vacío ontológico se refiere a algo fuera del universo que explica la gratuidad de su existencia. Se podría llamarlo una posibilidad de la existencia de Dios, pero no es la conclusión de un razonamiento sino es solamente el reverso de la afirmación de la contingencia ontológica. Es un acto de fe. Creer es pasar a otro nivel. Es una conversión. Se cuestiona la cultura tecnócrata dominante para pasar a una cultura de amor y valores.

Este ser es totalmente transcendente a la pluralidad del mundo, pero es al mismo totalmente inmanente porque los seres plurales reciben permanentemente su existencia.

Por la autoreflexión podemos descubrir la existencia de los valores que hemos recibido. Los valores desempeñan el mismo papel que los principios en las ciencias. Ellos son los criterios básicos de orientación práctica para la vida. Sin embargo, hay un preocupante distanciamiento entre el orden político, jurídico, social y ético. El hombre debe decidir personalmente si se deja guiar por el proceso actual del mundo o dirige su propia vida en función de su dignidad.

Los hombres tienen algo en común y para poder establecer una comunidad humana necesitan compartir valores. La autenticidad de las relaciones entre las personas es solamente posible por los valores. Si no existiera un fundamento común entre todos los hombres no se hubiera podido proclamar los derechos humanos.

La razón, la voluntad y las emociones o pasiones son los elementos en el ser humano que posibilitan realizar los valores. Los principales valores son el amor, la justicia, la fortaleza y la templanza. Las virtudes no son actos aislados sino una actitud. Ellas necesitan el hábito. El hábito es una disponibilidad adquirida por el esfuerzo de cada uno. Las costumbres facilitan a escoger siempre el bien. La crisis de las costumbres según Javier Gomá nos obliga a crear costumbres nuevas, no hay más remedio que redefinir las virtudes.

Finalmente, la aplicación de los valores metafísicos necesita el conocimiento práctico, también llamado la prudencia, para aplicar las virtudes en las circunstancias de la vida.

Sin embargo, si la ética se limita a omitir o cumplir acciones sin buscar el amor y el bien, sería siempre un servicio a un objetivo parcial y limitado. La indicación del "para qué" de la vida y la libertad es necesaria para que el conjunto de las normas éticas resulte inteligible. Fundamentar los comportamientos sobre la base de los derechos sin referencia a la totalidad del amor al bien y de la justicia de los demás es insuficiente para fundamentar normas.

El ser humano realiza su vida en las circunstancias de la vida. Las dimensiones más importantes son la familia, el centro educativo y los líderes de la nación y del mundo.

CAPITULO XIII
UNA INVITACIÓN AL CAMBIO

Introducción

Ralf Dahrendorf señala que el nuevo economicismo es tan poco liberal como el viejo de los marxistas (Dahrendorf, 2006: 98).

Marx postulaba en sus teorías la preponderancia de la economía, de las "fuerzas productivas" y de las "condiciones de producción", reduciendo toda la historia a un único elemento: la lucha por los intereses económicos. La conciencia es un producto social al que el hombre se acerca con el aumento de la productividad. "No es la conciencia la que determina la vida, sino que es la vida (material) la que determina la conciencia". El sentido de los procesos históricos se debe buscar en el movimiento necesario de la economía. El materialismo histórico es el desarrollo de las tecnologías. En 1913 Lenin ya situaba a Marx en la continuidad de Adam Smith y David Ricardo (Lenin, 1967).

Era la ideología totalitaria del partido comunista y hoy en día es la ideología de las élites de la sociedad tecnócrata. Ambas quieren organizar científicamente a la sociedad y a los hombres a partir de su teoría económica. La cultura actual tecnócrata sostiene que el hombre es el producto del mercado. Milton lo describió de una manera más exacta: en el mercado existe un mecanismo mágico que une diariamente a millones de individuos sin que tengan la necesidad de amar, ni siquiera de hablar entre ellos. Se trata de un mundo uniformado donde el otro no es una persona con quien se establece un encuentro sino es un objeto puro de consumo, de instrumentalizaciones.

"Mis recuerdos? ¿Qué recuerdos puedo guardar yo? Mi vida es como la de cualquiera. Recuerdo la Perestroika" (A. Gorbachov). "¿Qué he perdido yo exactamente? Antes vivía en una casucha sin ninguna comodidad: ni agua, ni tuberías, ni gas. Y ahora lo mismo. He trabajado honestamente toda mi vida. He trabajado como una mula, no he parado jamás, no sé hacer otra cosa. Y siempre para ganar dos duros. Antes comía macarrones y patatas. Y ahora lo mismo. Llevo el mismo abrigo que tenía bajo el poder soviético. ¡Y si viera la de nieve que cae por aquí!" (Aleksiévich, 2015: 637).

Antiguamente la relación económica era por medio del trueque. La complejidad de la economía llevó al sistema de la economía del mercado manejado por el instrumento del dinero. Este intercambio económico une a los pueblos y permite el desarrollo de las posibilidades humanas. El mercado se presenta como la posibilidad pacífica para el devenir del hombre. Los deseos de cada individuo pueden satisfacerse pagando el precio de los bienes y servicios.

Sin embargo, según Arnsperger (2005, 155-202) el mercado y el dinero constituyen una estructura de valor que se presenta hoy como la única que define los valores para los hombres. *La economía es la ciencia por excelencia.* La estructura del mercado se aplica sobre el deseo humano. La pregunta es si el mercado puede satisfacer el verdadero deseo. El psicoanálisis ha definido el deseo como un deseo vacío. Freud señaló que el deseo nunca puede satisfacerse y que la angustia siempre está presente. Este deseo no tiene posibilidad de satisfacción porque no tiene objeto. Los economistas actuales ven al hombre como un ser que necesita permanentemente satisfacción y al mismo tiempo ofrecen la solución. De esta manera la dinámica del *marketing* crea un ambiente cultural de angustias que sofoca la toma de conciencia del hombre sobre su verdadero deseo. Se trata de un individualismo posesivo. La competitividad y la envidia por la comparación con los otros refuerzan nuestra angustia permanente de no realizarnos y de no ser reconocidos.

El mercado puede sofocar la toma de conciencia. Se hizo y se hace una cultura que no plantea el problema de la angustia radical por la exclusiva satisfacción material que va en contra del hombre.

Chris Hudges opina que el ser humano actúa bajo las fuerzas irracionales de su subconsciencia y recibe fuerzas de la sociedad que no siempre comprende. No somos lo que éramos y tampoco quienes seremos. Las costumbres y los relatos que inventamos para poder dar un sentido a la vida nos ayudan para esconder para el carácter los fragmentarios. La vida humana es cambiante e inconsistente. Los que creen en una vida netamente racional, parten de la premisa que los seres humanos tengan un ego inmutable definido por el conocimiento y la razón. No podemos asimilar la enorme cantidad de informaciones que nos asaltan. Nuestras reacciones a gran parte de la información no se realizan a nivel de nuestra conciencia. La utopía de los nuevos ateos consiste en creer que pueden vencer la humanidad. Conocimiento no es sabiduría. Conocimiento es el terreno de lo científico e de la investigación. Los que están limitados por esta razón no pueden entender las verdades profundas de la vida, la alegría y la desesperación. Se ha perdido los ambientes de diálogo. Los nuevos ateos se creen abanderados de la racionalidad, pero no evocan a nuestro intelecto sino a nuestros deseos irracionales e inconscientes por medio de la publicidad, y la diversión. Refuerzan nuestra satisfacción y nos alejan de la reflexión crítica. Estamos reducidos a los grandes almacenes de compras, los contactos virtuales de televisión y las redes virtuales. Eventos deportivos, telenovelas sentimentales, música de canciones sin sentido y reality-tv son la experiencia común. Panem et circenses. Una comunidad fundada en la imagen no tiene la capacidad de la auto-crítica. No pueden manejar las motivaciones irracionales, las dudas y las ambigüedades. Se construyen un mundo sobre sus propios deseos, ilusiones y no sobre la realidad humana.

La religión nos ayuda con preguntas por nuestra moral, nos libera de prejuicios que impiden la reflexión y la auto-critica. Se reconoce los límites del ser humano, se apela al respeto, no se habla de poder sino de lo transcendente (Hedges, 2008: 151-175).

El hombre se realiza y se satisface también por fuerzas espirituales. Un verdadero humanismo no se limita a dominar el mundo material. La sociedad no solamente debe distribuir bienes materiales sino también valores. Los fines, deseos y necesidades no son exclusivamente materiales.

La ética es una decisión de la persona y no el acomodo a una norma por miedo a la sanción. Cuando Tomás de Aquino se dedicó a estudiar la moral, comenzó por aseverar que estamos hechos a imagen de Dios, de modo que somos inteligentes y libres, y la fuente de nuestros propios actos. Las virtudes son caminos que conducen a la libertad, y nuestra libertad más profunda es la de hacer espontáneamente lo que es bueno, porque ello y no otra cosa es lo que deseamos más profundamente. Quien obra mal se contradice a sí mismo, contradice su propia identidad (Radcliffe, 2008: 76-77).

1. Solo el misterio del amor puede superar la contradicción moderna entre naturaleza y cultura

Está por verse, en efecto –en una época en la que se prescinde de la *religión* como factor de integración social y en la que la crítica a las ideologías las ha vaciado definitivamente de eficacia civilizadora, sustituyéndolas por el presente pluralismo y relativismo axiológicos–, que en las actuales circunstancias el respeto al hombre en cuanto tal y la educada repugnancia hacia lo indigno y lo incívico sean suficientes para que los ciudadanos, manteniendo sus expectativas dentro de los confines de lo humanamente realizable, aprendan a renunciar a la bestialidad y al barbarismo instintivo, y a limitar las pulsiones destructivas y antisociales de una subjetividad consentida y acostumbrada a no reprimirse; y que sean suficientes también para que el Estado, sin las tradicionales imágenes del mundo, consiga mantenerse unido y estable, soportando toda la diversidad multicultural y la complejidad económica y social que se agitan en su interior (Gomá, 2009: 9).

Eclesiastés lo expresa a su manera: "Mire de cerca todo lo que se hace bajo el sol: ¡no se tiene nada, se corre tras el viento! No se puede enderezarse lo que está torcido, no puede corregirse lo que falta. . . Me dediqué a ver dónde estaba la sabiduría y la ciencia, la estupidez y la locura. Pero ahora veo que aun eso es correr tras el viento. Cuanto mayor la sabiduría, mayores son los problemas; mientras más se sabe, más se sufre" (Eclesiastés, 1:12-18).

Existe la necesidad de encontrar el sentido de la vida. Nos damos cuenta que ya no controlamos la gran complejidad del mundo globalizado. Es necesario para el ser humano transcender lo científico y tecnológico. Una sociedad dirigida por el principio básico de la competitividad convierte al hombre en un autómata que actúa bajo las normas de la publicidad y la moda. Es un hombre que ya no piensa porque está orientado a producir y consumir. El hombre ya no se siente actor y dueño de su propia historia. La técnica es una ayuda imprescindible pero la computadora creó el robot que va a quitar el trabajo a los hombres y además el robot puede independizarse y volverse enemigo. Después de las armas nucleares los hombres tienen ahora otra capacidad de auto-eliminarse.

"Naturaleza" y "cultura" son conceptos teológicos porque se refieren a la diferencia entre lo hecho y lo dado. "La salvación de la cultura de su subjetividad vacía tiene una relación con la salvación de la naturaleza de su objetividad muda. La teología explica esta salvación por otorgar a ambos conceptos una orientación intrínseca a la trascendencia" (Grey, 2015: 325).

Ya anteriormente, por medio de los autores Lyotard y Habermas, hemos explicado cómo en la modernidad el conocimiento científico de las ciencias naturales se fue imponiendo y marginando al conocimiento cultural. Naturaleza y cultura son conceptos excluyentes. La modernidad se caracteriza por el invento de una naturaleza externa, inerte como un dato incuestionable que racionalmente se puede observar.

La naturaleza está conformada por hechos externos que se pueden entender por métodos empíricos. Como consecuencia, el conocimiento se limitaría a una objetividad externa. La naturaleza es la base de nuestro conocimiento, es lo que no hemos hecho y lo que nunca podríamos hacer; mientras que la cultura está hecha por el hombre, es subjetiva y no tiene valor cognoscitivo u ontológico. La naturaleza posee un valor superior. La información sobre los hechos de la ciencia tiene un valor normativo. Esta sobrevaloración de la naturaleza influye en la política y en la ética o comportamiento de los hombres. En la naturaleza está la norma del bienestar del hombre. La naturaleza se vuelve un concepto sagrado.

La posmodernidad rompe con esta visión y quiere recuperar al hombre. La naturaleza no es un refugio para el hombre. Al contrario, el hombre y la cultura definen la naturaleza.

La naturaleza se resuelve en la cultura y no se analiza la contradicción entre ambos conocimientos. Por negar lo dado de la naturaleza, la cultura pierde el sentido de la realidad y se resuelve en un juego de interpretaciones. La posmodernidad se pierde en contradicciones interminables. Es el hombre vacío, sin rumbo, que nunca puede ponerse de acuerdo porque no sabe la diferencia entre verdad y mentira, entre bien y mal.

Nos encontramos con una contradicción entre un pensamiento que considera que todo ha sido construido por el hombre (posmodernidad) y la ciencia positiva que opta por la reducción a la naturaleza dada. Existe una dualidad entre naturaleza y cultura (Grey, 2015: 325-337).

Estas afirmaciones de la modernidad y de la posmodernidad tienen una dimensión teológica porque preguntan por la posibilidad de la existencia absoluta que precede al hombre. Esta pregunta fue rechazada por Emmanuel Kant, que negó la dimensión trascendental en la finitud.

La teología afirma que la naturaleza es una creación de Dios. Cultura y naturaleza son entendidas como participativas en la revelación de Dios. De esta manera el hacer humano es una participación en la realidad y el hecho es una cosa en la cual la realidad está presente de una u otra manera. La investigación metódica en todos los campos del saber, si está realizada de una forma auténticamente científica y conforme a las normas morales, nunca será en realidad contraria a la fe, porque las realidades profanas y las de fe tienen su origen en un mismo Dios... pero la criatura sin el Creador desaparece. (Concilio Vaticano II, Gaudium y Spes, 1972, n. 36).

En lugar de estar frente a la historia, tiempo y cambio, la verdad es un acontecimiento en el cual los actos, pensamientos e imaginaciones participan en lo divino. El *hacer* se refiere a la totalidad de la existencia humana, tanto intelectual como social y física. Todo el mundo está penetrado de la gracia de Dios y es la Iglesia que manifiesta este sacramento.

La gracia de Dios no es una infracción desconocida en el pensar y actuar del hombre. El conocimiento humano tiene un condicionamiento histórico. La gracia divina está presente en el hombre, tanto si se trata de un acto interno psicológico o mental como si se trata de un acto externo corporal. El actuar humano es el modo concreto de acceso a lo divino.

Existe un entendimiento trascendental de toda la cultura tanto interna como externa. De esta manera se supera la dificultad epistemológica que era consecuencia del dualismo entre cultura y naturaleza. La naturaleza y la cultura no son exclusivamente inmanentes. La historia de la cultura humana recibe una dignidad trascendental.

La dificultad de poder hablar la verdad vista la gran variedad de los comportamientos y la cacofonía de opiniones de todos los sujetos, genera la necesidad de la fe cristiana. El relato de una historia desde su origen supera la dualidad de una explicación científica y de una subjetividad ficticia. La naturaleza es la cultura divina y la cultura es naturaleza, no como un hecho sino como un don.

Las diferencias en hablar y actuar no se resuelven por medio de una lógica, por una adaptación a la cultura moderna o postmoderna, por una mera lucha social de paz y justicia o por un proceso de una experiencia individualista. Se logra la paz cuando el hacer es comprendido como *amor* en una historia de salvación.

2. El misterio del amor

Cristo irrumpe en la historia. Él manifiesta: *"Como el Padre me amó, así también los he amado Yo: permanezcan en mi amor"* (San Juan, 15: 9-10). Descubrimos una transcendencia que es fuente de amor, vida, bien, libertad y belleza.

Se presenta el misterio de Dios en la historia como un misterio de amor. El Padre da el amor al Hijo para que nos lo pueda dar a nosotros. Cristo es el ejemplo (Efesios, 5,1-2).

Recibimos el sentido de nuestra vida. Es un don igual al que Cristo recibió de su Padre. El sentido de la vida es un don del otro. "Los llamo amigos. Porque he dado a conocer todo lo que aprendí de mi padre. Ustedes no eligieron a mí; he sido yo quien los eligió a ustedes" (juan, 15,15-16).

La razón es la exigencia de encontrar un sentido en la vida. En el momento en que el hombre se expande su poder sobre el universo, al mismo tiempo el hombre se hace más consciente de su impotencia radical. Ni siquiera puede dominar las fuerzas (la fuerza nuclear, la robotización radical) que el mismo crea. La muerte de Cristo en la cruz es la manifestación del amor de Dios que cambia la conciencia de los hombres. El espíritu de Jesús transforma el pensamiento y emociones de todos y es la fuente de una conciencia diferente en los hombres. Todos somos aceptados y amados. Ya participamos en la resurrección de Jesús.

El amor de Dios no tiene nada en común con el amor humano. Oír que Dios nos ama puede parecer incomprensible a ciertas personas. Sin embargo, la Biblia afirma: "Pero Dios dejó constancia del amor que nos tiene: Cristo murió por nosotros cuando todavía éramos pecadores (Romanos, 5: 8). Dios no nos ama en función de lo que le damos o hacemos por Él, ni a causa de nuestra buena conducta; nos ama, pues Dios es amor (1, Juan, 4, 8).

El profeta Oseas, de modo particular, nos muestra la dimensión del *agápê* en el amor de Dios por el hombre. Israel ha cometido "adulterio"; es decir, abandonó a Dios. Este debería juzgarlo y repudiarlo. Pero precisamente en esto se revela que Dios es Dios y no hombre: "¿Cómo voy a dejarte abandonado, Efraím? ¿cómo no te voy a rescatar, Israel? [...] Mi corazón se conmueve y se me remueven las entrañas. No puedo dejarme llevar por mi indignación y destruir a Efraím, pues soy Dios y no hombre. Yo soy el santo que está en medio de ti, y no me gusta destruir. El amor apasionado de Dios por su pueblo, por el hombre, es a la vez un amor que perdona" (Profeta Oseas, 11: 7-10). "Por la entrañable misericordia de nuestro Dios nos visitará el sol que nace de lo alto, para iluminar a los que viven en tinieblas y en sombra de muerte, para guiar nuestros pasos por el camino de la paz" (Lucas, 1: 68-79. "Y a ti niño, te llamarán profeta del Altísimo, porque irás delante del Señor a preparar sus caminos, anunciando a su pueblo la salvación, el *perdón de sus pecados*" (Lucas, I: 68-79). "Que les ilumine la mirada interior para apreciar la esperanza a la que han sido clamadas por Dios, la herencia tan grande y gloriosa que reserva Dios a sus santos". (Efesios, I, 18). "Como un joven se casa con su novia, así el que te reconstruyó se casará contigo; la alegría que encuentra el marido con su esposa, la encontrará tu Dios contigo" (Isaías, 61,10-62,5).

"Anunciar a Cristo significa mostrar que creer en Él y seguirlo no es solo algo verdadero y justo, sino también bello, capaz de colmar la vida de un nuevo resplandor y de gozo profundo, aun en medio de las pruebas." (Francisco, 2013: n. 167).

La postura básica de la fe es el amor. "Y os daré un corazón nuevo, y os infundiré un espíritu nuevo; arrancaré de vuestra carne el corazón de piedra, y os daré un corazón de carne. Pondré dentro de ustedes mi Espíritu y haré que caminen según mis mandamientos, que, observen mis leyes y que les pongan en práctica. Vivirán en el país que di a sus padres, ustedes serán mi pueblo y yo seré su Dios (Profeta Ezequiel, 36: 24-28). "Les doy un mandamiento nuevo: que se amen los unos a los otros. Ustedes deben amarse unos a otros como yo les he amado. En esto reconocerán todos que son mis discípulos: que se aman unos a otros" (San Juan, 13: 34).

"Que Cristo habite en sus corazones por la fe, que estén arraigados y edificados en el amor (San Pablo, Efesios, 3, 17). "A Dios, cuya fuerza actúa en nosotros y que puede realizar mucho más de lo que pedimos o imaginamos, a él la gloria en la Iglesia y en Cristo Jesús por todas generaciones y todos los tiempos. Amen" (Pablo, Efesios, 3,20).

La caridad es el don más grande que Dios ha dado al hombre, es su promesa y esperanza. "Ustedes, con todo, aspiren a los carismas más elevados, y yo quisiera mostrarles un camino que los supera a todos. Aunque tuviera el don de la profecía y descubriera todos los misterios y la ciencia entera, aunque tuviera tanta fe como para trasladar montes, si me falta el amor nada soy" (San Pablo, I Corintios, 13: 2).

Es un Dios que perdona siempre, renueva al hombre, santifica y ayuda a fortalecer los lazos de convivencia y solidaridad. "Con una esperanza así, queridos hermanos, esfuércense para que Dios los encuentre en su paz, sin mancha ni culpa" (2 Pedro,3, 14). La ética del cristiano está determinada por lo que él es como cristiano y no solamente por lo que es como hombre. La fe es una fuente de motivación y establece una visión y cohesión social. "Ya no los llamo servidores, porque un servidor no sabe lo que hace su patrón. Los llamo amigos, porque les he dado a conocer todo lo que aprendí de mi Padre" (Evangelio de Juan, 15: 15).

Carlos Alberto Seguín considera que nadie encuentra discutible la afirmación de que el amor está en la esencia misma de la religión de Cristo (Seguín, 2007: 136). Él cita a San Agustín: "Ama y haz lo que quieras; si callas, callarás con amor; si gritas, gritarás con amor; si perdonas, perdonarás con amor. Como está dentro de ti la raíz del amor, ninguna otra cosa sino el bien podrá salir de tal raíz".

Dios ya no es sólo la Alteridad absoluta e inaccesible, sino que también está muy cercano, se ha hecho idéntico a nosotros, nos toca y lo tocamos, podemos recibirlo y nos recibe (Benedicto XVI, Ratzinger, 2002: 208).

3. La vida de la fe es un encuentro y el seguimiento de una persona

La filosofía de Emmanuel Kant tuvo también una enorme influencia en la fe cristiana, cambiando la ética en cumplimiento de normas, limitando la educación al superego y promoviendo la culpabilidad. Para él la idea del deber es la idea central de la moralidad. La condición para poder señalar el valor de la persona se constituye entonces por el cumplimiento de la ley (Kant, 1994: 104).

La moral no es, como entendía Kant, simplemente cumplir normas y evitar las sanciones de Dios. La ética parte de un proyecto de vida de amor y no de una moral de pecados. Antes de poder hablar de normas debemos saber lo que es la vida. En el encuentro con los demás el hombre busca el sentido de su vida. El hombre culto, en el sentido profundo de la palabra, reflexiona sobre la gran dimensión de su existencia que lleva a interrogarse sobre el más allá.

Todas las iglesias de inspiración cristiana entienden que la revelación no es en primer lugar una comunicación sobre las verdades de Dios, sino es Cristo que se da a conocer en la intimidad de la persona como el amor que da sentido a su existencia. La revelación de Dios no puede agotarse en los hechos históricos de salvación y anuncio de los profetas *sin la relación personal que penetra el corazón de cada uno*. La fe no se limita a las frases que la expresan, sino que llega a la realidad de Dios que se manifiesta en el hombre. *El nuevo mandamiento del amor que Cristo anuncia en la Última Cena es una ley interna que el Espíritu Santo infunde en nosotros.* Él nos capacita para amar porque Él mismo es el amor. La ley del amor es la ley esencial del hombre nacido de nuevo (Juan, 3: 5). "No se comienza a ser cristiano por una decisión ética o por una gran idea, *sino por el encuentro con un acontecimiento, con una Persona* que da un nuevo horizonte a la vida y, con ello, una orientación decisiva. La fe cristiana, poniendo el amor en el centro, ha asumido lo que era el núcleo de la fe de Israel, dándole al mismo tiempo una nueva profundidad y amplitud" (Benedicto XVI, 2006: 5). La presencia de Cristo nos da la certeza de que algo tiene sentido. Toda nuestra vida con sus logros y fracasos tiene un sentido. La ciencia no puede demostrar el sentido de este sentido del amor. La inteligencia necesita indicios de este sentido de amor, pero en nuestra época se entiende, al contrario, la vida como un triunfo de las armas o de dinero. Hoy la inteligencia del hombre no está suficientemente entrenada a causa de la mentalidad utilitarista y el egoísmo. Se entiende los gestos a partir de intereses porque no se entiende el gesto como acto justo o como don gratuito.

En nuestra época la persona no está contemplada como instrumento de conocimiento y de cambio. Se considera imposible conocerse y cambiarse a sí mismo y a la realidad "solo" siguiendo a una persona. Sin embargo, "se ha de destacar que las verdades buscadas en esta relación interpersonal no pertenecen primeramente al orden fáctico o filosófico. Lo que pretende, más que nada, es la verdad misma de la persona: lo que ella es y lo que manifiesta de su propio interior. En efecto, la perfección del hombre no está en la mera adquisición de conocimiento abstracto de la verdad, sino que consiste también en una relación viva de entrega y fidelidad hacia el otro. En esta felicidad que sabe darse, el hombre encuentra plena certeza y seguridad. Al mismo tiempo, el conocimiento por creencia, que se funda sobre la confianza interpersonal, está en la relación con la verdad: el hombre creyendo, confía en la verdad que el otro le manifiesta (Juan Pablo II, 1998: 32). La persona que actúa con honradez es confiable. Su comportamiento es la prueba se su verdad. La confianza entre personas se basa en verdades morales.

Se trata de un testimonio referente a una persona que es el destino del mundo, el misterio que forma parte de la historia. La obtención de la certeza existencial se da más por el que más comparte la vida del otro, el que le siguió. La sintonía se construye con el tiempo en la convivencia. Este encuentro exige tiempo, trabajo y una disposición adecuada. Una doctrina que explica la vida puede provocar asentimiento o negación, pero es muy distinto cuando una persona lo plantea a sí misma como una importancia absoluta para la vida. El que escucha tiene que renunciar a sí mismo porque se trata de una realidad que no es dada por mí. Es un hecho que ocurre en mí y tengo que reflexionar sobre mí mismo. Jesús enseña una doctrina que choca con costumbres, imágenes y prejuicios. Hay dos deseos contradictorios: o aceptar el hombre nuevo o seguir con el hombre viejo. Uno debe perforar las imágenes de la cultura dominante.

Para Juan y Andrés, los dos primeros que se encontraron con Jesús, fue precisamente por el seguimiento de aquella persona excepcional que aprendieron a conocerse de un modo distinto y a cambiar ellos mismos y la realidad. En la vida uno puede encontrarse con otra persona que más tarde tendrá un significado decisivo en su vida. Andrés se encuentra con su hermano Simón y le dice: "Hemos encontrado al mesías". Dos personas fueron a la casa de un desconocido y no nos cuentan ni que han hecho ni que han dicho. Lo que sabemos es que uno de los dos, volver a casa, dice a su hermano: "Hemos encontrado el Mesías". Se encontraron con la persona que es el destino del mundo. Por lo tanto, el seguimiento es la actitud más razonable ante el acontecimiento de Cristo (Leuridan, 1995: 109-126).

No es un análisis del sistema o una estructura que indiquen lo que debe hacer la persona sino un encuentro con otra persona, una relación de personas. Entender la vida no es imponerle arbitrariamente un sentido sino recibirlo a Él que da la existencia. El hecho es que Dios vino al mundo en la persona de Cristo, quien realiza un encuentro con personas cuya experiencia también será transmitida durante la historia por la tradición de encuentros a partir de los primeros apóstoles. Todos somos ejemplos unos para otros, para el bien o para el mal.

La teología que se sirve del análisis científico corre el riesgo de concebir el conocimiento como reflexión analítico-teórica y el cambio como praxis y aplicación de reglas de las ciencias sociales.

"Gracias a él han creído en Dios que lo resucitó de entre los muertos y lo glorificó, precisamente con el fin de que pusieran su fe y su esperanza en Dios. Al aceptar la verdad, han logrado la purificación interior, de la que procede el amor sincero a los hermanos, ámense, pues, unos a otros de todo corazón, ya que han nacido esta vez, no de semilla corruptible, sino de palabra incorruptible del Dios que vive y permanece" (I, Pedro, 1: 22-23); es decir seguir lo que Él anuncia, lo que Él es. En general los discípulos siempre esperan llegar a ser maestros como los rabinos en el judaísmo, pero los discípulos de Jesús se quedan como tales. Hay un solo Maestro.

Como estamos dos mil años después de Cristo, no existe un encuentro con Él como se puede tener con otra persona. Es preciso tener en cuenta la compañía de hombres que conocen a dicha Persona. Se expresa en la comunidad de personas y el seguimiento de los que creen en Él. Es el lugar donde se puede descubrir esta experiencia, donde se puede comprobar este acontecimiento en la meditación, la oración y la eucaristía.

Entonces, la idea fundamental de la Iglesia también es, en primer lugar, un encuentro entre personas. La Iglesia no es un templo, un clero, memorizar un catecismo, una teología, sino una comunidad humana de fe. El centro de toda la fe está en el encuentro con la persona de Cristo y con los otros creyentes. El principio ético de estos encuentros es el amor. La fe tiene un valor básico que no está en discusión: "Dios es amor y quien permanece en el amor permanece en Dios y Dios en él" (Primera Carta de San Juan, 4: 16).

La fe cristiana es una relación de confianza con Dios, pero esta relación ha sido mediada por la experiencia de los que acompañan a Jesús. El conocimiento del Jesús histórico es importante para la fe para poder evitar imágenes equivocadas como el gnosticismo, esoterismo o el Jesús político. Jesús ocupa un lugar central para poder saber cómo debemos vivir como cristianos.

El encuentro se realiza en la forma de un seguir. Uno está llamado al seguimiento de Cristo. "Como hijos amadísimos de Dios, esfuércense por imitarlo. "Sígueme" es una tarea permanente. "Como hijos amadísimos de Dios, esfuércense por imitarlo. Sigan el camino del amor, a ejemplo de Cristo, que nos amó y se entregó por nosotros" (Efesios, 5,1-2). "Como hijos amadísimos de Dios, *esfuércense por imitarlo*. Sigan el camino del amor, *a ejemplo de Cristo*, que nos amó y se entregó por nosotros" (San Pablo,

Efesios: 5, 1). "El que no carga con su cruz y viene detrás de mí, no es digno de mí" (Mateo, 10,38). "Jesús les habló de nuevo diciendo: El que me sigue no caminará en tinieblas, sino tendrá luz y vida" (San Juan, 12). "El que quiera servirme, que me siga, y donde yo esté, allí estará también mi servidor. Y al que me sirve, el Padre le dará un puesto de honor" (San Juan, 12,26). "Luego Jesús, llamó a sus discípulos y a toda la gente y les dijo: "El que quiere seguirme, que renuncie a sí mismo, tome su cruz y me siga" (Marcos, 8, 34). "Como hijos amadísimos de Dios, esfuércense por imitarlo. Sigan el camino del amor a ejemplo de Cristo, que nos amó y se entregó por nosotros, como esos ofrendas y víctimas cuyo olor agradable subía a Dios" (Efesios, 5,1). "Para esto han sido llamados, pues Cristo también sufrió por ustedes, dejándoles un ejemplo, y deben seguir sus huellas" (Pedro, 2,21).

San Pablo hace también referencia a su propia vida como ejemplo: II Tesalonicenses, 3,7; Filipenses, 3,17: Timoteo, 1,15; Efesios, 1,15).

Joseph Comblin sostiene que se necesita una evangelización directa, de persona a persona, como en las otras Iglesias y sectas. "¿Porque millones de evangélicos han pasado en los últimos 20, 30 40 años de la Iglesia católica y manifiestan por su conversión haber ahora encontrado a Cristo que no conocían, que reciben el Espíritu santo y se sienten como hermanos? ¿Por qué ocurre esto? Porque en la Iglesia católica, no hay una comunicación personalizada de la fe, no hay contacto personal, no hay una verdadera comunidad, salvo excepciones. La Iglesia católica se ha vuelto administrativa, sus sacramentos se convirtieron en ritos administrativos: hay que recibirlos y punto. Por una evangelización directa, se necesita urgentemente un millón de misioneros. Están disponibles. Pero el clero tiene miedo de ceder una parte de su poder a los laicos" (Ignace Berten y René Luneau, 1991: 320).

Además, en los comienzos de la era cristiana, el que presidía una comida jamás se sentaba enfrente de los demás comensales. Por la conversión de la eucaristía en un "convite" malentendido se ha introducido una clericalización como nunca antes había existido. De hecho, el sacerdote – "el presidente", como ahora se le prefiere llamar- se convierte en el verdadero punto de referencia de toda la celebración. Es a él a quien hay que mirar, participación en su acción; a él respondemos. Da a la comunidad el aspecto de un círculo cerrado. Cada vez se dirige menos la atención a Dios (Ratzinger, 2002, 99-102). ¿Dónde está la participación del laico?

4. La vida del amor con Cristo es un cambio

Las ideologías de producción y consumo pueden llevar al hombre a la destrucción de la cultura de los valores y, por lo tanto, de la naturaleza y de sí mismo.

La gran diferencia con la ética de otros pensamientos está en que el cristianismo arranca siempre, como podemos observar en los evangelios, con una invitación de Cristo al "cambio" o "conversión" (metanoia) de la persona para poder cumplir con los valores del encuentro. El hombre no puede conocer verdaderamente a sí mismo sin comparase con el ejemplo de Cristo.

"Los sacrificios no te satisfacen; si te ofreciera un holocausto, no lo querrías. Mi sacrificio es un espíritu quebrantado; un corazón quebrantado y humillado, tu no lo desprecias (Salmo 50).

El Evangelio señala que la transformación de la sociedad empieza principalmente con una transformación del hombre. "Sepan entonces con toda seguridad toda la gente de Israel, que Dios ha hecho Señor y Cristo a este Jesús a quién ustedes crucificaron". Al oír esto se afligieron profundamente y dijeron a Pedro y a los demás apóstoles: ¿Qué tenemos que hacer, hermanos? Pedro contestó: "Arrepiéntanse, y que cada uno de ustedes se haga bautizar en el Nombre de Jesús", el Mesías, para que sus pecados sean perdonados. Entonces recibirán el don del espíritu Santo". (Hechos, 2, 37-38).

Dios no es origen del mal. Dios no manda a castigar. El hombre está al origen del mal. "Señor, reconocemos nuestra piedad, la culpa de nuestros padres, porque pecamos contra ti. No nos rechaces, por tu nombre, no desprestigies tu trono glorioso; recuerda y no rompas tu alianza con nosotros" (Jeremías, 14,17-21).

"Después de que tomaron preso a Juan, Jesús fue a Galilea y empezó a proclamar la Buena Nueva de Dios. Decía: 'El tiempo se ha cumplido, el Reino de Dios está cerca. Renuncien a su mal camino y crean en la Buena Nueva'" (Marcos, 1: 14). "Vayan y aprendan lo que significa esta palabra de Dios: 'Me gusta la misericordia más que las ofrendas. Pues no he venido a llamar a los justos, sino a los pecadores'" (Mateo, 9: 13). "Dios anuncia la paz a su pueblo y a sus amigos y a los que se convierten de corazón" (Salmo 84). "Oh Dios, crea en mi un corazón puro, renuévame, por dentro con un espíritu firme" (Salmo 50). En su última aparición a los apóstoles Jesús dijo: "Todo estaba escrito: los padecimientos del Mesías y su resurrección de entre los muertos al tercer día. Luego debe proclamarse en su nombre el arrepentimiento y el perdón de los pecados, comenzando por Jerusalén, y yendo después a las naciones, invitándolas a que se *conviertan*" (Lucas, 24: 46-47). "Porque el que se hace grande será humillado y el que se humilla será enaltecido" (Lucas, 18: 14).

"Muy por el contrario, empecé a predicar, primero a la gente de Damasco, luego en Jerusalén y en el país de los judíos, y por último en las naciones paganas. Y les pedía que se arrepintieran y se convirtieran a Dios, mostrando en adelante los frutos de una verdadera conversión" (Hechos, 26: 20). Se trata de una experiencia para adquirir la nueva humanidad, vivir la hermandad. Jesús explica simbólicamente esta "conversión" o "seguimiento" cuando lava los pies de sus discípulos: "¿Comprenden lo que he hecho con ustedes? Ustedes me llaman Maestro y Señor, y dicen bien, porque lo soy. Pues si yo, siendo el Señor y el Maestro, les he lavado los pies, también ustedes deben lavarse los pies unos a otros. Yo les he dado ejemplo, y ustedes deben hacer como he hecho yo" (Juan, 13: 12-15).

Nuestra vida recibe un sentido nuevo. Es el sentido que nos permite sobrepasar a nosotros mismos. Se establece una dimensión totalmente nueva en nuestra vida y entre nosotros. Él está aquí entre nosotros. Su presencia nos transforma. Nos transformamos en personas que aman. Decidimos quedarnos en su amor. No nos cerramos en nosotros mismos ni en nuestro ambiente sino vamos a buscar el bien de todos. "Si cumplen mis mandamientos, permanecerán en mi amor, como yo he cumplido los mandamientos de mi Padre y permanezco en su amor" (San Juan;15, 10). Encontramos a Dios en lo más profundo de nuestra existencia, la conciencia, donde suscita la oración.

Dios se manifiesta en los comportamientos humanos que posibilitan una vida digna. Donde hombres se sacrifican para una buena causa, encontramos la presencia de la transcendencia. Es una historia de una vida cristiana. La Iglesia siempre hace referencia a la vida de los santos, los hombres que se sacrificaron por las causas nobles. El hombre autónomo vive dentro del misterio de Dios. La oferta de Dios está escondida en la iniciativa de la respuesta de fe de los hombres. No es una oferta que se puede demostrar científicamente. Es una verdad diferente. La oferta de Dios se hace transparente en la historia cuando el misterio se derrama en los comportamientos humanos que realizan algo de bien. La fe en Dios tiene una base histórica en la autonomía humana que acompaña a Dios para realizar el bien.

La pertenencia de la persona a los valores solo puede crecer en la medida que la persona se *identifique con esta experiencia*. La persona debe tener conciencia de esta pertenencia, *cultivarla* y así desarrollar su propia personalidad (Giussani, 1995). "Hermanos, pongan más empeño todavía en consolidar su vocación y elección. Si obran así, ni decaerán, y se los facilitará generosamente la entrada al reino eterno de nuestro Señor y Salvador Jesucristo" (2 Pedro, 1, 10-11). "Crea en mí, oh Dios, un corazón puro, renueva en mi interior un firme espíritu. Devuélveme la alegría de tu salvación y afiánzame con un espíritu generosa" (Salmos, 50). Dios ha revelado, en Jesucristo, como actúa y lo que él es. "Acójanse unos a otros como Cristo los acogió para la gloria de Dios" (Romanos,15,7). "Más bien seamos buenos unos con otros, perdonándose mutuamente como Dios nos perdonó en Cristo" (Efesios 4,32)". El cristiano pertenece al misterio de Dios. Cristo opera en nosotros las energías de nuestra relación con él y con los otros hombres. La ética cristiana es la de un discípulo que sigue el modelo de su maestro. Su vida debe ser un testimonio.

"La metanoia implica haber saldado cuentas con el pasado y afrontar confiadamente el futuro. Un futuro que permanece abierto, que no excluye el riesgo ni puede ser garantizado por medio de teorías. La redención no es simplemente perspectiva de un futuro nuevo; lo es por una superación de la historia en el sentido de reconciliación con el propio pasado, de tal manera que vuelva a ser posible confiar en el futuro" (Schillebeeckx, 2010: 630).

La humanidad es una sola unidad con un destino común. La dialéctica violenta del amigo-enemigo solo ha contribuido a empeorar la situación. Hoy en día se podría destruir todo el planeta. Solo los principios éticos pueden cambiar las responsabilidades políticas, económicas y los sistemas. Se necesita una nueva cultura; es decir, una cultura con valores.

Este nuevo espacio se realiza parcialmente en nuestra historia personal porque va acompañado con la miseria, producto del abuso de la libertad. Expresamos nuestra indignación por tanto sufrimiento de injusticia en una protesta contra Dios o bien seguimos confiando en Dios, el sentido de nuestra existencia. Caminamos en este mundo en compañía de amistades y no solo de encuestas, estadísticas, derrotas de finanzas y cálculos de poder. Se aprende a hacer prevalecer el amor sobre el odio. La historia no es una casualidad sino una construcción de todos juntos hacia un fin. Para el creyente, la otra persona tiene un destino. No es un átomo sin rumbo en un universo sin destino, al azar, sino una historia de salvación de un pueblo. Dios se manifiesta en los comportamientos humanos que posibilitan una vida digna. Es una historia de vida digna. "Por consiguiente, mientras tengamos oportunidad, hagamos el bien a todos, y especialmente a los de la casa, que son nuestros hermanos en la fe" (Gálatas, 6: 10). "Procuren todos tener un mismo pensamiento y un mismo sentir: con afecto fraternal, con ternura, con humildad. No devuelvan mal por mal o insulto por insulto; al contrario, respondan con una bendición, porque para esto han sido llamados: para heredar una bendición" (I, Pedro, 3: 8-9).

El bienestar moral del hombre nunca puede garantizarse a través de estructuras, por muy válidas que estas sean. La ciencia no puede redimir al hombre. Las mejores estructuras funcionan únicamente cuando en una comunidad existen convicciones. La libertad necesita una convicción. La convicción no existe por sí misma, ha de ser conquistada siempre de nuevo. El hombre necesita la conversión para adquirir la convicción que orienta su libertad hacia el bien.

Toda persona que está en Cristo es una creación nueva (II Corintios, 5,17).

"El Evangelio es la fuerza de salvación de Dios para todo el que cree. Porque en él se revela la justicia salvadora de Dios para los que creen, en virtud de su fe, como dice la escritura: 'El justo vivirá por su fe'" (Romanos I, 17).

La fe es el reconocimiento de que hay una presencia entre nosotros de Otro que es el significado de nosotros mismos. Esto implica un cambio de la conciencia que tenemos de nosotros mismos […] Este cambio del concepto que tenemos de nosotros mismos es la "metanoia" evangélica, en resumen, la conversión. Este nuevo contenido de la conciencia es, literalmente, la memoria de Él, de Cristo. Toda la lógica de mis actos tiene que tender a derivar de este reconocimiento, *pues todos los actos derivan de la forma de conciencia que tiene uno de sí mismo*, ya que nuestros actos no son más que intentos de proyectar en las relaciones de espacio y tiempo la conciencia que tenemos de nosotros mismos. Por la diferente conciencia que tenemos de nosotros mismos, tienden nuestros actos a producirse de manera distinta. De la caridad, que nos hace reconocer a Cristo, brotan actos cuya ley es la caridad (Giussani, 1996: 187, 188).

5. El amor como preferencia por los pobres

Francisco define la presencia de la Iglesia en América Latina como una opción preferencial para esa parte del pueblo que son los pobres. "Miren hermanos, ¿acaso no ha escogido Dios a los pobres de este mundo para hacerlos ricos en la fe? (Santiago 2,5).

La peor discriminación que sufren los pobres es la falta de atención espiritual. "Para la Iglesia la opción por los pobres es una categoría teológica antes que cultural, sociológica, política o filosófica. Dios les otorga 'su primera misericordia'. Esta opción – enseñaba Benedicto XVI– está implícita en la fe cristológica en aquel Dios que se ha hecho pobre por nosotros, para enriquecernos con su pobreza" (Francisco, 2013: 157). La opción por los pobres debe traducirse principalmente en una atención religiosa privilegiada y prioritaria (Francisco, 2013: n°200).

Esta preferencia divina tiene consecuencias en la vida de fe de todos los cristianos, llamados a tener los mismos sentimientos de Jesucristo". Hay una inseparable conexión entre el ejemplo de Cristo y un efectivo amor fraterno. Cristo envió a su Iglesia a anunciar el Evangelio a todos los hombres, a todos los pueblos. Puesto que cada hombre nace en el seno de una cultura, la Iglesia busca alcanzar, con su acción evangelizadora, no solamente al individuo, sino a la cultura del pueblo. Los pueblos son agentes de su cultura y "tratan de transformar con la fuerza del Evangelio, los criterios de juicio, los valores determinantes, los puntos de interés, las líneas de pensamiento, las fuentes inspiradoras y los modelos de vida de la humanidad que están en contraste con la palabra de Dios y con el designio de salvación" (Episcopado Latinoamericano, Puebla, 2005: 125). El pueblo se evangeliza continuamente a sí mismo. La Iglesia está presente primero entre los pobres y desde allí llega a todos. El contacto con los pobres ayuda a la conversión.

Recordemos que "el ser ciudadano es una virtud y la participación en la vida política es una obligación moral. Pero convertirse en *pueblo* es todavía más, y requiere un proceso constante en el cual cada nueva generación se ve involucrada. Es un trabajo lento y arduo que exige querer integrarse y aprender a hacerlo hasta desarrollar una cultura del encuentro en una pluriforme armonía" (Francisco, 2013: 170). Pueblo es siempre el resultado de un proceso histórico en busca de su destino, resiste a toda forma de opresión y entra en conflicto un orden excluyente pero siempre buscando la unidad. No se busca aniquilar al otro sino de incluirlo en una paz social. El objetivo principal es el bien común y la dignidad del hombre. Los habitantes desarrollan su vida social en el seno de un pueblo por sus propios criterios y esfuerzos y *no determinados por un poder dominante.* "Solo desde una pertenencia a un pueblo podemos entender el hondo mensaje de su historia, los rasgos de su identidad. Toda otra maniobra de afuera es nada más que un eslabón de la cadena, en todo caso hay un cambio de amos, pero el status es el mismo" (Ivergeigh, 2015: 368). Dios ha elegido convocarlos como pueblo y no como seres aislados o como "amigo-enemigo" de las ideologías. "El cardenal Bergoglio se relacionaba con gente de todos los entornos, incluidas personas acomodadas, poderosas y del mundo académico. Pero disponía de poco tiempo fuera del despacho y de la catedral, y prefería pasar el que tenía en las zonas más económicamente deprimidas de la ciudad" Ivergeigh,

2015:406). Dios nos atrae teniendo en cuenta la compleja trama de relaciones interpersonales que supone la vida en una comunidad humana. Ser Iglesia es ser pueblo de Dios. "

La inmensa mayoría de los pobres tiene una especial apertura a la fe; necesitan a Dios y no podemos dejar de ofrecerles su amistad, su bendición, su palabra, la celebración de los sacramentos y la propuesta de un camino de crecimiento y de maduración en la fe. La religión del pueblo latimoamericano se expresa en las fiestas patronales, las novenas, los rosarios, la vía crucis, las procesiones, las danzas, el cariño a los santos y los ángeles, las promesas, las oraciones en familia y las peregrinaciones donde se puede reconocer como pueblo en camino (V Conferencia Episcopal Latinoamericano, Aparecida). En la Europa descristianizada peregrinan permanentemente millones de personas, muchas no practicantes, a la Virgen de Lourdes y Medjugorge.

"El pobre cuando es amado, "es estimado como de alto valor", y esto diferencia la auténtica opción por los pobres de cualquier ideología, de cualquier intento de utilizar a los pobres al servicio de intereses personales o políticos (Francisco, 2013: n.199). "La Iglesia tiene que ser el lugar de la misericordia gratuita, donde todo el mundo pueda sentirse acogido, amado, perdonado y alentado a vivir según la vida buena del Evangelio" (Francisco, 2013: n. 114).

Francisco no desconoce la problemática de la economía de la exclusión, el análisis socioestructural, pero previo es el análisis histórico-cultural-religioso. El cambio de estructuras no funciona sin cambio en el hombre. No puede ser que no sea noticia que muera un anciano en la calle y que sí lo sea una caída de dos puntos en la bolsa.

La dificultad de tomar en serio la crisis económica mundial tiene que ver con un deterioro ético y cultural, que acompaña al deterioro ecológico. El hombre y la mujer del mundo corren el riesgo de volverse profundamente individualistas, y muchos problemas sociales se relacionan con el inmediatismo egoísta actual, con la crisis de los lazos familiares y sociales, con las dificultades para el reconocimiento del otro. Muchas veces hay un consumo inmediatista y excesivo de los padres que afecta a los propios hijos, quienes tienen cada vez más dificultades para adquirir una casa propia y fundar una familia. Además, nuestra incapacidad para pensar seriamente en las futuras generaciones está ligada a nuestra incapacidad para ampliar los intereses actuales y pensar en quienes quedan excluidos del desarrollo (Francisco, 2015: n°162).

El conflicto no puede ser ignorado o disimulado. Ha de ser asumido, sufrido, resuelto y transformado en el eslabón de un nuevo proceso. "Felices los que trabajan por la paz" (Mateo, 5: 9). Pero si quedamos atrapados en él perdemos perspectivas, los horizontes se limitan y la realidad misma queda fragmentada. Cuando nos detenemos en la coyuntura conflictiva, perdemos el sentido de la unidad profunda de la realidad.

6. La Relación entre Amor y Justicia en la Biblia

Paul Ricoeur (2008, I: 7-42) explica la relación entre amor y justicia. Él cuestiona el análisis del amor como modelo normativo último, criterio de valor o principio de valor y obligación. El amor no tiene un estatuto normativo parecido al del utilitarismo o al imperativo kantiano. El amor habla con un lenguaje diferente que el de la justicia. El amor se presenta en primer lugar como alabanza, por ejemplo, en San Pablo I, Corintios, 13, 1-13). En segundo lugar, lo extraño del discurso del amor es su aparición como un mandamiento: Tú amarás a Dios. ¿Cómo se puede obligar a un sentimiento? El mandamiento que precede a cualquier ley es el mandamiento del amor. Esta distinción entre mandamiento y ley solo podría tener sentido si uno entiende que el mandamiento es el amor que se recomienda a sí mismo. Este uso del mandamiento hay que relacionarlo con la alabanza, el himno y la bendición.

En tercer lugar, este extraño mandamiento expresa sentimientos, moviliza afectos: placer-dolor, satisfacción-descontento, alegría-tristeza, etc. El amor es un acto positivo que hace pasar a uno de un valor inferior a un valor superior, al valor más alto. El amor es un movimiento que alcanza el valor ideal. Gracias al amor, el amor erótico consigue la capacidad de significar más y de apuntar a otras cualidades del amor. Los grandes místicos interpretaron el Cantar de los Cantares como una alegoría del amor espiritual.

Las características de la justicia —sean sus principios, sea la figura jurídica de un estado de derecho, códigos, tribunales, jueces, uso de coerción— contradicen el discurso del amor. En la justicia se argumenta y se toman decisiones. El amor no usa argumentos, por ejemplo, I Corintios, 13, salmo I, 1.3; El Cantar de los Cantares; y Mateo 5,1. También a nivel de la idea o del ideal de justicia hay diferencias con el amor. La justicia se identifica principalmente con lo distributivo que va mucho más allá que la economía. Se quiere tratar por igual a todos tomando en cuenta responsabilidades, tareas, derechos, obligaciones, beneficios, cargos y talentos. Aristóteles es el primero que trata de resolver el problema haciendo una distinción entre igualdad proporcional y aritmética.

Paul Ricoeur señala el dilema en los textos evangélicos entre la orden de amar y la regla de oro. Están juntas en el Evangelio de Lucas. "Yo les digo a ustedes que me escuchan: amen a sus enemigos, hagan el bien a los que les odian, bendigan a los que los maldicen, rueguen por los que los maltratan" (Lucas, 6: 27). Y un poco más lejos: "Traten a los demás como quieren que ellos los traten a ustedes" (Lucas, 6: 31).

Las dificultades entre ambas lógicas del amor y de la justicia continúan con las siguientes palabras de Jesús: "Porque si ustedes aman a quienes los aman, ¿qué mérito tienen? Hasta los malos aman a quienes los aman. Y si hacen bien, ¿qué gracia tiene? También los pecadores obran así. Y si prestan a los que les pueden retribuir, ¿qué gracia tiene? También los pecadores prestan a pecadores para que estos correspondan con algo. Amen a sus enemigos, hagan el bien y presten sin esperar nada a cambio".

Estamos frente a una ética nueva. La orden de amar es la expresión de un don. Todo es un don. Este don explica también la relación del hombre con la justicia y la ley. Dios es el origen (creación) y la esperanza (escatología). Este don tiene una lógica de superabundancia. "Dios vio que todo cuanto había hecho era muy bueno" (Génesis, I: 31). Como Dios nos ha donado, nosotros también debemos dar.

Sin embargo, la justicia distributiva no podría aplicarse si no se puede esperar nada a cambio, y tampoco podría escaparse de sus interpretaciones perversas sin el mandamiento del amor. El amor cuida a la justicia porque esta, como reciprocidad e igualdad, está siempre amenazada de caer, a pesar de sí misma, al nivel del cálculo interesado del *do ut des*. La crítica de la superabundancia no está dirigida contra la lógica de la igualdad de la regla de oro, sino contra su interpretación perversa. La regla puede ser interpretada de dos maneras: interesada o no interesada. La justicia en sí misma puede solo buscar la utilidad, subordinar la cooperación a la competición. Sin el amor la justicia se inclinaría a un utilitarismo. El amor no anula la regla de oro, pero la orienta hacia la generosidad.

7. La ética cristiana es un nuevo estilo de vida

La fe no es una conclusión de un racionamiento. La fe implica un cambio, una conversión, el paso a otro nivel de vida. La fe es una fuente de motivación y establece una cohesión social. Es un Dios que perdona siempre, renueva al hombre, santifica y ayuda a fortalecer los lazos de convivencia y solidaridad.

La conversión lleva a un nuevo estilo de vida. El amor es un nuevo estilo de vida. Todo lo que hace el cristiano debe llevar este estilo. Cada virtud, cada comportamiento ético no puede llamarse ético sin este nuevo sentido (Colosenses 3, 14). La virtud es solo virtud cuando está asumida en la vida de un hombre que ama. Él será justo porque ama o quiere hacer la justicia. Actúa por amor al bien y no por obligación desde afuera. Todas las acciones tienen el sello del amor. La relación con Dios no es en primer lugar un conjunto de normas y mandamientos sino una respuesta de un proyecto de vida, marcada por el amor, que asume los mandamientos (Walgrave, 1962: 48-70).

La primera exigencia para un comportamiento éticamente digno se halla en la conciencia que opta por el amor o el bien. La conciencia de esta dependencia, en la medida en que se conoce y se participa en ella, se traduce en oración. En la tradición dominicana la oración es concebida como un acto de amistad, hablamos con Dios como a un amigo (Radcliffe, 2011-132). "Ya no los llamo servidores, porque un servidor no sabe lo que hace su patrón. Los llamo amigos, porque los he dado a conocer todo lo que aprendí de mi Padre" (San Juan, 15: 15). La oración es una petición para amar. Por el amor buscamos lo verdadero, lo noble, lo justo. "Es necesario orar siempre", dijo Jesús. La oración no se da solamente en las formas establecidas sino está presente en los actos que se realice.

Necesitamos restaurar en nuestro tiempo la estima de la contemplación y volver atraer a los cristianos al recogimiento religioso. La contemplación nos orienta a la vida con Dios mismo. Dios es el sentido de la vida. El amor de Dios manifestado en Cristo es la fuente de la transformación de nuestra conciencia. Solo en la conciencia encontramos los valores que recibimos de Dios. Ser cada día más verdaderos significa *cambiar* nuestra falsa conciencia de que somos dueños de nosotros mismos y llegar al conocimiento claro de que pertenecemos a Otro que nos ama. Humildad es la fuerza de confiar en el amor de Dios que me acepta sin condiciones. Por la fe somos recibidos por Dios, que origina el movimiento de esperanza y amor divino en el corazón.

Aunque ciertamente requiere la disponibilidad y la cooperación de nuestra libertad. Es mi vida y también la vida divina en mí. La relación con el misterio de Dios trae consecuencias éticas. Recibimos el amor como sentido de la existencia, pero condicionado por nuestros límites, un bien finito, una libertad que debe escoger entre el bien y el mal. La condición de finitud implica el riesgo de fallar. El amor de Dios es la condición de existencia del universo, pero pide también una respuesta de amor. La razón humana y la autonomía de la libertad juegan un papel en la ética de la persona y la sociedad. El hombre establece las normas, pero dentro de una nueva realidad en la que los elementos morales del ambiente histórico se fusionan con el Dios de Jesucristo. "Para esto han sido llamados, pues Cristo también sufrió por ustedes, dejándoles un *ejemplo*, y debe seguir sus huellas" (I Pedro, 2,21). Cristo acompaña a cada hombre en su historia. San Pablo estableció su nexo con Dios. Surge un vínculo entre fe y moral. La relación con Dios se manifiesta en una ética. San Pablo da testimonio de su propia vida y de la vida de los cristianos como ejemplos (I Thesalonicenses, 1, 5c-10); Filipenses, 3,17; Timoteo, 1, 15-17; Efesios, 1, 15-23; Hechos, 2,42-47). La fe implica inevitablemente una conversión hacia el bien, un comportamiento de amor y solidaridad. En los actos de todos los hombres que hacen el bien y se oponen a todo mal, reconocemos el misterio de la bondad de Dios. El misterio en el cual vivimos se manifiesta en actos de solidaridad. En estos hombres comprobamos las huellas del misterio de la bondad de Dios. "En cambio, el fruto del espíritu es caridad, alegría, paz, comprensión de los demás, generosidad, bondad, fidelidad, mansedumbre y dominio de sí mismo" (Gálatas, 5,22-23).

La práctica de los valores se convierte en virtudes que nos posibilitan una vida digna con las otras personas. Sin embargo, La cultura dominante es a menudo contraria a los valores y obliga al ser humano a luchar contra el ambiente y contra sí mismo. Las acciones éticas surgen del sentido en confrontación con la realidad y no son una aplicación ciega de normas derivadas del consumo impuestas por las compañías transnacionales. Producto de éstas últimas son personas que han perdido su propio poder de decisión y la conciencia de los verdaderos valores de amor, justicia, respeto etc. Se imaginan que deben vivir manipulados por las normas materiales de los poderes tecnológicos. Han perdido la libertad.

En contraste con la experiencia del amor divino, el hombre tiene experiencias diarias de miseria, individualismo, injusticia, corrupción etc. Estas experiencias nos cuestionan. Como respuesta Cristo anuncia el "Reino de Dios", un reino donde el hombre puede vivir el espacio de Dios, el espacio del amor y la justicia. El Reino de Dios trae también consecuencias sociales y políticas para contribuir en la construcción de este Reino para los hombres.

El misterio de Dios y de Cristo penetra en la consciencia de cada hombre. La ética cristiana no puede ser separada de la acción del Dios viviente. Hay una relación entre el sentido de la vida y la experiencia. El hombre conoce a Dios por medio de la fe, se orienta a Dios y a los demás por medio del amor, el conocimiento práctico le hace conocer la verdad de la acción, vive con los demás en justicia, supera el miedo por la fortaleza y evita el placer desordenado por la templanza. Las virtudes deben regular el comportamiento del hombre de manera que este no se aparte de su camino hacia la visión de Dios. La ley es la manifestación de la razón que indica el bien, pero la ley y la razón tienen su origen en Dios.

Capítulo XIV

LA ÉTICA EN LAS INSTITUCIONES: LA FAMILIA, LA ESCUELA Y LOS LÍDERES DE LA SOCIEDAD

Las instituciones son un producto de la razón y de la voluntad de las personas. Los pueblos tienen los gobiernos que merecen.

Las instituciones deberían responder a los ideales y valores que permiten la buena vida que los pueblos desean. Es una tarea permanente de estos cuestionarlas si es necesario para poder lograr instituciones que respondan a la ética del bien, porque pueden tener una influencia positiva o negativa en los individuos. Analizamos las instituciones de la familia, la escuela y los líderes del Estado.

La familia

En la sociedad actual tecnócrata de producción y consumo muchos hombres se dejan arrastrar por la ideología exclusiva materialista del desarrollo, y en una sociedad donde hubo un cambio de estructuras tampoco se ha producido un cambio ético en el hombre por definirlo exclusivamente como relación con la infraestuctura. Lo podemos observar en los países que realizaron el cambio de estructuras, pero sus líderes asumieron y asumen una vida de lujo en base al robo.

La vida virtuosa es una decisión libre de cada persona. Una sociedad necesita líderes honestos en su vida privada. No es indiferente la elección en la vida privada. Hay una estrecha relación entre la vida privada y la vida pública.

El método para lograr la persona virtuosa es la ejemplaridad de quienes nos rodean en la familia, lugar prioritario y privilegiado para construir la relación humana; en los docentes de los centros educativos que comunican la verdad y los ideales de la vida; y en los líderes de la sociedad que deben promover el bienestar material y los grandes valores, dando el ejemplo personal.

A. La familia demandada

Para Marx, la familia es la célula más nefasta de la sociedad y por eso debe ser aniquilada. Se la debe anular porque es la portadora de las ideas y de las morales tradicionales, y las transmite. El hombre solo podría hacerse perfecto en el comunismo. Por el principio de la lucha de clases los hijos deben romper las relaciones con sus padres. Este principio llevará a la dictadura del proletariado. La moral será el producto de las estructuras de la dictadura. La revolución bolchevique prohibió el matrimonio y la familia, pero después de pocos años Lenin se vio obligado a reintroducirlos. Para Sartre, Castoriadis y Morin la revolución de 1968 fue un levantamiento de la libertad contra el Estado, una ruptura radical con el capitalismo burocrático. Los jóvenes constituían la nueva vanguardia revolucionaria que cambiaría las instituciones y transformaría la sociedad. Se practicaba el sexo libre en las barricadas. Morin creía que un nuevo período histórico se estaba iniciando. Sin embargo, aparte de un cuestionamiento de la moral, nada cambió en la sociedad. Al contrario, varios de sus líderes ocuparon u ocupan puestos en el Estado, como por ejemplo François Mitterrand y Daniel Cohn-Bendit (Ferry, 1988: 89-93).

Para Ralf Dahrendorf es evidente que la manifestación cultural de los estudiantes en 1968 no fue una revolución político-social. Se limitó a un cuestionamiento de la moral tradicional. Los hijos de la prosperidad de la posguerra ya no querían aceptar la autoridad de sus padres y de las instituciones tradicionales. Todo tipo de cosas viejas fue desmenuzado, pero lo nuevo fue poco claro y sumamente incompleto. La veloz disolución de las estructuras familiares tradicionales debe haber tenido consecuencias muy graves, porque ni las viviendas universitarias, ni las comunidades, ni las casas de madres solteras, ni las parejas homosexuales pudieron reemplazarlas.

El autor dice que los jóvenes buscan hoy en día un lugar seguro en un mundo riesgoso: la familia y la ética. La familia es un sostén real en un mundo sin sostén. "Los europeos del este y los latinoamericanos lo expresan sin dudas, pero los alemanes buscan siempre soluciones difíciles como sustitutos, haciendo constructos retorcidos como por ejemplo 'parejas para un tramo de la vida', una expresión más considerable por la cantidad de las palabras que contiene que por su sentido" (Dahrendorf, 2006: 119).

La teoría del género, en su interpretación extrema, considera que el matrimonio es la causa de la violencia y del feminicidio por la tradición machista. La solución sería la educación de parte de los profesores en los colegios y las universidades. Se echa la culpa solo a la familia por la tradición machista y no se toma en cuenta la influencia negativa desde siglos de los grandes poderes políticos y de los pensadores. "Uno de los ámbitos en los que las ideas sobre la inacción estatal y la "libertad" negativa han resultado particularmente perniciosas ha sido en el de la relación del Estado con el hogar o la familia" (Nussbaum, 2017: 88). El liberalismo político dejó siempre al lado la esfera familiar y la crianza de los hijos. Faltaban sancionas drástica contra el machismo y gobiernos que se preocupaban para orientar a los padres sobre el sentido del matrimonio y la educación de los hijos. La subestimación de la mujer en el mundo intelectual occidental encontramos en toda la historia. El varón tenía la última palabra en la familia. Esta corriente estuvo también presente en el pensamiento de las Iglesias. Nietzsche remató comparando la mujer con la vaca (Nietzsche, 1883: 33).

Rosa Montero tiene una visión más amplia: "Donde hay más muertos (feminicidios) y triplican España es en los países nórdicos. Suecia es uno de los sitios donde más mujeres mueren por violencia machista. Lo que podemos dar es apoyo policial, legal. Pero la única posibilidad para acabar con esto es educación y educación desde la cuna, y un cambio total del modelo social y de relaciones entre personas. Esto llevará tiempo" (Rosa Montero, Perú 21: 2018:23 de julio).

La referencia al machismo en Suecia es importante porque el machismo no es sólo en américa latina. Jennifer Tejada informa que 25 millones de mujeres en la Unión europea fueron víctimas de violencia machista en el año 2014, principalmente en Suecia, Finlandia, Dinamarca, Francia e Inglaterra. En otros países de la UE no existe la conciencia y la libertad de manifestarse como en los países antes mencionados.

Además, los suicidios infantiles y de menores de edad no son solo producto de las familias sino de la indiferencia de los gobiernos frente a las graves carencias en los centros educativos. De acuerdo a la OMS hay países considerados paraísos de desarrollo entre los treinta países con más suicidios infantiles o de jóvenes menores de edad a nivel mundial como Finlandia, Corea del Sur, Japón, Suiza, Francia, Bélgica, Rusia, Austria, Suecia, Dinamarca. Algunos de estos países están superando esta situación por la disminución de las fuertes exigencias académicos de parte de. sus padres y profesores, a los niños que les traía como consecuencia inseguridad. El stress los llevaba a la desesperación. Las serias exigencias solo se pueden aplicar cuando la persona joven ha alcanzado confianza en si misma.

Po primera vez en la historia los grandes organismos mundiales se dieron cuenta de la subestimación de la mujer en la sociedad y promueven la teoría del género. La teoría del género se presenta como una teoría que quiere promover entre otras cosas la igualdad entre hombre y mujer.

La teoría del Género, en su interpretación extrema, considera que los gobiernos deben intervenir en la vida familiar para declararla democrática. Los padres ya no tienen autoridad sobre sus hijos. En otras palabras, los padres de familia ya no pueden educar. Solo los docentes en las escuelas y colegios se encargarán la educación. Es evidente que la teoría de género impartida solo en las aulas tiene la intención de relativizar el sentido de la familia.

Cuando se excluye la familia en la educación se pierde el valor del ejemplo y la intimidad. No se puede educar a nadie como persona si no es desde el afecto y el compromiso por el otro. Se confunde educación con enseñanza. La familia educa y el profesor enseña. La familia tiene su autonomía que el Estado no puede reemplazar. Los padres transmiten la verdad y los valores por su relación personal afectiva con los niños. No se puede comparar una educación afectiva en familia con una comunicación racional entre el profesor y sus alumnos. La docencia transmite conocimientos en el aula, pero no logra cambiar los comportamientos. No se puede imponer un cambio de conducta con la amenaza de desaprobar un curso de género. Si el gobierno se desentiende del matrimonio el padre seguirá dando el ejemplo del machismo y él tendrá más influencia en el hijo que el profesor del colegio.

"No se puede poner en duda el significado político-moral de la esfera familiar, puesto que las condiciones psíquicas para casi todas las virtudes que el individuo debe tener…se crean dentro de las familias intactas, confiables e igualitarias" (Honneth,2014: 229).

En segundo lugar, la teoría del género afirma que hay un sexo biológico y un sexo psicológico, que no tendrán ninguna relación entre sí. El sexo biológico nos es dado y no se puede modificar mientras que el sexo psicológico se podría construir. Cada persona puede decidir sobre su sexo independientemente de su cuerpo. Se usa el término género para indicar el sexo construido culturalmente. Ya existen más de cuarenta construcciones. Todos estos tipos de sexos psicológicos tendrán el mismo valor. El matrimonio es uno más.

Es claro que una cierta teoría de género tiene otro fin que buscar la igualdad entre esposos. Se pretende construir un nuevo ser humano y una nueva sociedad. Hay la voluntad de dirigir la sociedad meramente con leyes. No se considera una educación de la voluntad y promoción de las costumbres de servicio para que el individuo pueda cumplir con los valores y las leyes. Serán individuos sin corazón para el amor, la verdad y la justicia. Los hombres que no aprendieron en la familia a practicar su libertad, obedecerán a la voluntad del poder tecnológico. La marginalización de la familia traería una sociedad conflictiva porque al ser humano le faltaría la educación de pertenencia a otros que lo quieren. Ya Platón querría eliminar los vínculos familiares. Aristóteles le respondió: "Y en un régimen semejante estarían mínimamente obligados a cuidarse el padre de sus hijos y los hermanos entre sí. Pues hay dos motivos, fundamentalmente, para quien los hombres se tengan mutuo interés y afecto: la pertenencia y el amor familiar. Consideramos, pues, que la amistad es el mayor de los bienes en las ciudades, *ya que con ella se reducirán al mínimo los enfrentamientos civiles* (Aristóteles, 2012: 1262b).

El nuevo tipo de familia democrática será incapaz de educar humanamente a los hijos, de enseñarlos a amar y ser amados por lo que son y no por lo que tienen. La sociedad de la teoría del género tendrá un futuro de violencia.

Todos somos iguales y cada persona tiene su dignidad. Sin embargo, ya Aristóteles advertía "Pues, así, como el hombre perfecto es el mejor de los animales, apartado de la ley y de la justicia es el peor de todos"

Francisco considera la teoría del género una colonización. Es un pensamiento que pretende eliminar los núcleos de libertad que son las familias y los gobiernos nacionales por medio de presiones políticas y económicas. La revolución bolchevique también empezó con la eliminación de la familia, pero la realidad la obligó apenas después de cinco años volver a valorarla.

"En su unión de amor los esposos experimentan la belleza de la paternidad y de la maternidad; comparten proyectos y fatigas, deseos y aficiones; aprenden a cuidarse el uno al otro y a perdonarse mutuamente. En este amor celebran sus momentos felices y se apoyan en los episodios difíciles de su historia de vida... La belleza del don recíproco y gratuito, la alegría por la vida que nace y el cuidado amoroso de todos sus miembros, desde los pequeños a los ancianos, son sólo algunos de los frutos que hacen única e insustituible la repuesta a la vocación de la familia, tano para la Iglesia como para la sociedad" (Francisco, 16: 88).

B. El matrimonio por amor

Luc Ferry considera que la familia es hoy en día el camino privilegiado para reconstruir una visión política o civilización. Para él, el humanismo del amor, por mucho tiempo ligado a la familia, es el segundo humanismo en la historia después del humanismo de las luces.

Después del humanismo de la razón y de los derechos –un humanismo que reducía el hombre a la racionalidad, a los derechos, a la democracia, a la república, a la ciencia, según Ferry–, la deconstrucción va a demostrar y liberar dimensiones nuevas del hombre, como lo inconsciente, lo irracional, el sexo y el cuerpo. El amor erótico ocupa un lugar central gracias a la deconstrucción de los modos de vida tradicionales, que libera al inconsciente, al sexo, al cuerpo y a lo irracional, que habían sido considerados "impuros" (Ferry, 2012: 88-89). Nuestra visión sobre la experiencia humana se ampliará y aparecerán la intensidad y la libertad como las dos palabras claves. Después de los grandes principios tradicionales trascendentales aparece un principio nuevo que da sentido a nuestra existencia. El hombre actual muestra interés por el valor espiritual del amor y por el otro (Ferry, 2011: 125), pero el amor espiritual –es decir, la voluntad de buscar el bien del otro o de la otra– va también acompañado por la pasión. "Si tratamos únicamente de sofocar nuestras pasiones, nuestros corazones se quedarán secos y no tendremos nada que decir del Dios de la vida" (Radcliffe, 2008: 176).

Pascal, citado por el autor, dice que nos inclinamos hacia los aspectos exteriores de la belleza, de la inteligencia, del dinero... de lo que nos seduce. Estos atributos son perecederos y como alguna vez acaban este amor terminará algún día por aburrimiento. Son atributos que todos pueden tener, son intercambiables. No pertenecen a la esencia de la persona. No hemos amado lo más íntimo. Hemos amado lo que también podríamos haber encontrado en otra persona. Puedo separarme de una mujer para buscar una más joven y bella, con las mismas características de mi mujer de diez años atrás...

Según Ferry el sistema de competencia del capitalismo quitó a los políticos y a los ciudadanos la posibilidad de intervenir en el curso del mundo. Sin embargo, el capitalismo dará un nuevo sentido a la familia y al individuo. Una de las revoluciones más importantes de la modernidad ha sido el cambio de un matrimonio decidido por los padres o por los intereses de la comunidad a un matrimonio decidido por la propia pareja. Antes el amor no tenía importancia.

El matrimonio por amor es una consecuencia directa del capitalismo, derivada del nuevo sistema del salario y del trabajo. Por el desarrollo económico e industrial de las ciudades, los jóvenes dejarán el campo e irán a trabajar a ellas. Allá encontrarán una doble libertad: el anonimato que los libera de la presión de los padres, del pueblo o del cura, y la autonomía económica por el salario. Podrán escoger a alguien por quien tendrán sentimientos. Este hecho trae dos consecuencias: el matrimonio por amor y la sagrada importancia del niño nacido de este amor (Ferry, 2007: 89-100). En los pueblos tradicionales la muerte de un caballo o de una vaca era o es más dolorosa que el fallecimiento de un niño.

He descubierto entonces lo que descubren todos los padres, es decir que un niño despierta en vosotros sentimientos extraños diferentes de otras formas de amor, aunque sean tan fuertes, apasionados y auténticos. Dios sabe, sin embargo, si he podido amar en mi vida [...] Pero este amor, que en la singularidad de cada niño nuevo no se divisa, sino se multiplica de una manera tan extraña, surge de otra esfera: se trata de un amor que se parece a lo que los cristianos llaman *agápē*, amor gratuito, totalmente desinteresado porque "no es recíproco" (Ferry, 2011: 134-135).

Estudios estadísticos han demostrado que, en México, de diez familias siete están encabezadas por madres solteras. El hombre, el machista, abandona a la familia con mucha facilidad porque la sociedad no le enseñó a mostrar afecto por un hijo. El problema del machismo es común en muchos países de América Latina. También está presente en la cultura de Estados Unidos.

Si bien todas las culturas representan algún componente de control en la masculinidad, esto se verifica indiscutiblemente en la cultura estadounidense, que exhibe como modelo para los jóvenes la imagen del vaquero solitario que se vale por sí mismo, sin ayuda de nadie. La vida misma se ocupa de desenmascarar esa ficción casi todos los días, *cada vez que el futuro "hombre de verdad" siente hambre, cansancio, ansiedad, malestar físico o temor*. Así, en la psiquis de la persona que vive este mito se genera una oleada de vergüenza. Si bien la vergüenza es una respuesta casi universal ante la impotencia humana, se torna mucho más intensa en las personas criadas bajo el mito de control absoluto *en lugar del ideal de la interdependencia y la ayuda mutua* (Nussbaum, 2010: 66-67).

Hombre y mujer ha sido creados en una "humanidad común". La identidad de los dos es evidente en esta humanidad, pero, al mismo tiempo, la última célula del cuerpo masculino es masculina y la del femenino es femenina. Por la identidad en la diferencia nace la reciprocidad entre hombre y mujer, la comunión interpersonal. La diferencia no es reconducible a un problema de roles. Ellos son creados como hombre y mujer a imagen de Dios. El fruto de la comunión conyugal de amor no es simplemente un individuo de la especie humana sino otro hombre, él mismo a imagen de Dios (Scola, 1989: 55-65).

El matrimonio no se puede entender como un contrato entre dos personas, en el cual ambos otorgan el derecho del uso mutuo de sus cuerpos con la finalidad de procrear. Se considera el cuerpo como algo extraño al ser humano. Sin embargo, el matrimonio se fundamenta en la decisión de dos personas que se eligen mutuamente para asumir la responsabilidad mutua de su existencia y desarrollo. Este compromiso se origina en el amor y no es un medio sino una finalidad. La responsabilidad que ambos asumen se prolonga en la responsabilidad mutua para las nuevas personas que van a nacer. El matrimonio no tiene un fin primario: la procreación, y un fin secundario: el amor conyugal. Se trata de un solo fin con dos dimensiones: la responsabilidad mutua entre ambos y la responsabilidad común para los niños (Concilio Vaticano, 1972: N° 50). La responsabilidad mutua se manifiesta en la vigencia de los valores o virtudes, no solo del amor sino de todos los valores, principalmente la justicia, la fortaleza y la templanza. Se debe dar a cada uno lo suyo, enfrentar y buscar soluciones para los problemas y controlar los deseos y pasiones para que no hagan daño a la otra persona. El matrimonio es también una relación ética.

El enamoramiento hace descubrir el valor de la otra persona y ayuda a comprender que el sentido de la vida es custodiar el destino y la vocación del otro. Pero el enamoramiento es solamente un punto de partida. Tiene que transformarse en amor. Las dificultades que surgen posteriormente enseñan que la otra persona tiene un destino que nos invita a abrirnos mucho más de lo que normalmente estamos dispuestos a hacer. Cada uno de nosotros entra en una relación con algunas reservas; la dinámica de la construcción del amor, en cambio, a un cierto punto pide que sea rota toda reserva y cálculo. Los momentos de dificultad son importantes para el camino de la pareja, pueden conducir a una crisis total o a una relación madura. Al hombre o a la mujer le gusta llegar a casa porque sabe que se va a encontrar con alguien que lo / la quiere. La razón más grave de la separación es el aislamiento de la pareja. Falta una compañía, un grupo de personas que con su amistad demuestren que los obstáculos no son insuperables y no representan el fin, sino el comienzo del amor (Buttiglione, 1989: 178-179).

C. La educación en familia por ejemplo e imitación

El niño despierta a la conciencia en un mundo habitado por adultos a los que mira con confianza y con un sentimiento de dependencia. Para educarlo, los padres no necesitan aprobar leyes o decretos escritos que sus hijos no podrían leer: les basta con el ejemplo de sus vidas y los juicios emitidos, aprobatorios o desaprobatorios, acerca de los ejemplos ajenos de conducta y los de los propios niños. En la edad madura, el hombre no solo sigue recibiendo el impacto del entorno, sino que ese círculo se ensancha a toda la sociedad. Vivimos, nos movemos y existimos entre ejemplos: de hecho, nos guste o no, nos parezca bien o mal, somos ejemplos para los demás y los demás son también un ejemplo para nosotros. Cuando el yo autónomo piensa, lo hace usando un lenguaje y, como el lenguaje es un producto social, su pensamiento, aun el más íntimo, se expresa forzosamente con palabras prestadas, nunca propias (Gomá, 2009: 215).

Según Savater, la definición de lo "bueno" y lo "malo" se adquiere en primer lugar por el bagaje cultural que uno recibe de la sociedad. Son las órdenes que vienen de los padres, de las autoridades, de las leyes, de los reglamentos y de las costumbres. Savater cita a Aristóteles: en su libro Ética N*icomáquea*, el filósofo griego dice que las virtudes no se pueden aprender en abstracto a partir de una teoría. Hay que buscar a las personas que las poseen para poder aprenderlas. Las virtudes se ejemplifican en acciones. "Algunos pretenden redimir a la Humanidad sin haber logrado catequizar a su familia, olvidando que antes de pronunciar discursos y de escribir libros, se necesita hablar la más elocuente de las lenguas, el ejemplo" (González Prada, 2006: 73).

En definitiva, siguiendo a Aristóteles, las virtudes se aprenden viendo funcionar bien a las personas en determinadas situaciones. Entonces, la única manera de llegar a ser virtuoso es intentar parecerse a ellas. El primer proceso educativo es el niño que imita a sus padres.

Una de las características principales de todos los humanos es nuestra capacidad de imitación. La mayor parte de nuestro comportamiento y de nuestros gustos la copiamos de los demás. Por eso somos tan educables y vamos aprendiendo sin cesar los logros que conquistaron otras personas en tiempos pasados o latitudes remotas. En todo lo que llamamos "civilización". "cultura", etc. hay un poco de invención y muchísimo de imitación. Si no fuésemos tan copiones, constantemente cada hombre debería empezar desde cero. Por eso es tan importante el ejemplo que damos a nuestros congéneres sociales (Savater, 2004: 120-121).

No hay humanidad sin aprendizaje cultural y, para empezar, sin la base de toda cultura: el lenguaje. Nadie puede aprender a hablar por sí solo, porque el lenguaje no es función natural y biológica del hombre (aunque tenga su base en nuestra condición biológica), sino creación cultural que heredamos y aprendemos de otros hombres.

Según Savater, la educación no solo incluye el ejemplo y la imitación. También supone órdenes. La educación es el arma de censura por excelencia. Sin embargo, hoy estamos así en el ambiente familiar: "[Los hijos] fornican como conejos, beben como cosacos y los padres [...] como si vieran llover. La idea del delito llega antes que la del pecado, porque la del pecado debe transmitirse por la vida familiar, algo que no es habitual en los hogares liberales, que tienen una peligrosa tendencia a desentenderse de la obligación de educar y cuidar a sus hijos" (Savater, Ibíd.: 41).

Por esta razón el autor concluye:

[...] siempre me han parecido fastidiosos esos padres empeñados en ser "el mejor amigo de sus hijos". Los chicos debéis tener amigos de vuestra edad. Con padres, profesores y demás adultos es posible en el mejor de los casos llevarse razonablemente bien, lo cual ya es bastante [...] Ya sabes, los que siempre están con que "los jóvenes sois cojonudos", "me siento tan joven como vosotros" y chorradas por el estilo. ¡Ojo con ellos! [...] Un padre o un profesor como es debido tienen que ser algo cargantes o no sirven para nada. Para joven ya estás tú [Savater se refiere a su hijo Amador] (Ibíd.: 12).

El filósofo peruano Francisco Miró Quesada opina lo siguiente:

Como siempre, se puede hacer objeciones casuísticas tan tontas como triviales. Por ejemplo, si la liberación es la meta, entonces los padres no deben castigar a sus hijos porque los están oprimiendo. Pero no es así. Lo que sí debe exigirse de los padres es que los castigos no sean corporales ni demasiado severos. Pero es imposible educar a un niño como hombre libre, capaz de luchar por la liberación propia y la de los demás, si no se le hace comprender que no es el centro del mundo y que la sola condición humana es el más alto de todos los valores. Para lograr este fin, la madre o el padre tendrán, algunas veces, que castigar al hijo (Miró Quesada, 2010: 334).

Las órdenes, las normas y cierto castigo son necesarios. Sin embargo, en la educación tradicional ha habido una exageración de imposición de normas que ha debilitado la personalidad de los niños y jóvenes. No se sienten seguros y adquieren un pensamiento negativo de sí mismos. Piensan siempre en sus errores y se imaginan que los demás los estando observando y criticando. Los otros serían mejores. Desarrollan una conciencia exclusiva de culpabilidad.

La base fundamental de la educación es el afecto. Las órdenes también sacan su fuerza del afecto y de la confianza que llevan a los hijos a pensar que son para protegerlos y mejorarlos. Los niños que llegan al mundo son bienvenidos por sus padres y se sienten acogidos en confianza. Tiene el sentimiento de poder confiar en sus padres. Reciben la confianza como base de su existencia. Esta base es indispensable. Educar es evocar a la libertad. El control de la conducta es secundario. Esta confianza en sí mismo no puede convertirse en egocentrismo porque traería como consecuencia el impedimento de las buenas relaciones con los demás.

Ser humano consiste en tener buenas relaciones con los otros seres humanos. Poseer las cosas te permite relacionarte más favorablemente, a condición de que estas no se consignan a costa de los demás. Al tratar a las personas como personas y no como a cosas estoy haciendo posible que me devuelvan lo que solo una persona puede darle a otra. La humanización es un proceso recíproco. Si para mí todos son como cosas o bestias, yo no seré mejor que una cosa o una bestia. No conseguiremos así ni amistad, ni respeto, ni mucho menos amor. El trato es importante. Por eso darse la buena vida no puede ser algo distinto a fin de cuentas de dar la buena vida.

Los niños no reciben simplemente seguridad y alimentos de sus padres, sino que también juegan con ellos y desarrollan paulatinamente la habilidad de interpretar sus pensamientos. Los juegos que comparten con los padres son placenteros por sí mismos, lo que incrementa en el niño el sentido de que el mundo es un lugar agradable y ameno. Al mismo tiempo, sin embargo, los niños adquieren también conciencia de que su ira y su frustración van dirigidas hacia esa misma persona completa que es el objeto de su deleite y de su gozo. Los progenitores mantienen la constancia y el cariño, y muestran que el odio del pequeño no los ha destruido. Esta constancia da seguridad y ofrece al niño la nueva posibilidad de complacer y dar afecto a la madre (Nussbaum, 2014: 212-213).

D. La ejemplaridad por la dialéctica del odio y del amor en la familia

El amor es la raíz de todas las pasiones. El amor es multiforme porque nos encontramos frente a la diversidad de objetos y acciones. Del amor nace el deseo de apoderarse del objeto. Si se llega a alcanzar el objeto se produce la complacencia que es el amor. Por el cuerpo el hombre siente todas las pasiones del apetito sensitivo, pero por la razón y la voluntad domina estas pasiones. Todo placer es bueno o malo de acuerdo o no a las exigencias de la razón.

En un orden más elevado se encuentra el amor de la voluntad. El ser racional puede escoger sus objetos de amor. Cuando el amor se convierte en un hábito, podemos hablar de la amistad. Hay una diferencia entre el amor por una persona y el amor por una cosa. Se ama a la persona por sí misma y a la cosa como buena para uno. En el primer caso la persona es un bien en sí, en el segundo es un bien para mi uso. El amigo no quiere más que el bien para su amigo. No hace más que lo que es bueno para su amigo.

El amor es la raíz de todas las pasiones. El amor concupiscible es multiforme porque nos encontramos frente a la diversidad inagotable de los objetos y acciones particulares. La concupiscencia es el deseo de los bienes del cuerpo, como el alimento, la bebida y la vida sexual. Cuanto más intensos los placeres buenos se hacen mejores; los malos peores. Lo que es un error, según Santo Tomás, es que toda relación sexual sea un pecado, lo que equivaldría a poner el pecado en el origen mismo de la célula social y natural que es la familia. La función de reproducción del matrimonio, además del proceso biológico, incluye la educación de los seres engendrados. Finalmente, el matrimonio no es solamente un lazo, es una amistad, es incluso la más íntima de todas, porque es una unión de todos los días que implica la vida familiar (Gilson, 1978: 479-503).

A continuación, ofrecemos el resumen de una exposición del psicoanalista Michael Balint (1896-1970). En términos biológicos, todo ser humano nace como un ser débil que necesariamente tiene que ser alimentado, cuidado y protegido. A pesar de las grandes diferencias que hay en las formas de cuidado infantil en las diversas sociedades, todas ellas tienen un rasgo común: el niño es criado por una pequeña unidad a la que llamamos familia. "He descubierto como todos los padres que el niño evoca sentimientos muy diferentes de otras formas de amar. La familia es la unidad fundamental sobre la que descansa toda estructura social. Durante la historia ha habido intentos de eliminar esta unidad fundamental. Todos esos intentos han fracasado".

Sin embargo, esto no significa que la familia esté libre de problemas de hambre, salud y muerte, así como de conflictos, de amargas desilusiones, de dolorosos fracasos, de sentimientos de culpabilidad, de desesperación, de miedo, que son oscilaciones extremas de los afectos, que van del amor al odio. Es realmente inevitable que todo niño esté expuesto a estas oscilaciones entre una completa confianza y una terrible desconfianza. Nos interesan estas oscilaciones porque son las que van a convertir al hombre en lo que realmente es. Las vivencias extremas son pilares básicos no solo del desarrollo humano, sino también de la civilización. ¿Por qué tiene que ser así?

El ser humano obtiene sus primeras experiencias de la situación triangular padre-madre-hijo. A menudo esta situación se ve complicada por la existencia de hermanos. Los intereses de estas personas no son idénticos, ni siquiera en la familia ideal. Los tres tienen que aprender a tolerar las peticiones de los otros dos, tanto en el aspecto individual como en relación con las otras dos personas, y es precisamente esto último lo que ofrece dificultades especiales. Cada vez que no se realiza inmediatamente alguno de sus instintos, el niño tiene que odiar desgraciadamente a aquellos a quienes ama y de quienes depende su existencia física y su estabilidad afectiva. La consecuencia de todo ello es que cada miembro de esta situación triangular, pero especialmente el niño, siente agradecimiento y amor por los buenos hechos y las alegrías que recibe de los otros dos miembros –o sea de sus padres–, pero también experimenta celos, envidia y odio contra uno e incluso contra ambos cuando se siente excluido, lo que tiene que ocurrir inevitablemente de vez en cuando. Es fácil imaginar qué complicaciones pueden aparecer cuando en la familia hay varios niños.

Los intereses van a entorpecer las relaciones. Unos tienen que aprender a tolerar las peticiones de otros. Esto ofrece dificultades especiales y puede complicarse por la presencia de hermanos, porque a mayor cantidad de personas más intereses y, por lo tanto, más contradicciones. Estos límites son sentidos como una injusticia y aparecen entonces en el niño oleadas de odio mientras se mantiene la sensación de amor que le es indispensable para la vida.

Estas experiencias son necesarias para que el niño aprenda a superar el conflicto entre peticiones rivales y el sacrificio de las propias insatisfacciones. Los problemas exteriores que tiene que resolver son: ¿Cómo hay que convivir con las personas –y consigo mismo– que son indispensables para uno mismo, a las que se ama y a las que, al mismo tiempo, se llega a odiar? ¿Cómo podemos encontrar una forma de vida en la que se puedan permitir y aceptar las peticiones y sus satisfacciones, a pesar de que esto signifique que nuestras propias necesidades no podrán ser satisfechas durante algún tiempo? ¿Cómo disfrutar de las realizaciones de nuestros deseos, sabiendo que despiertan envidia y odio en nuestros semejantes?

Los problemas interiores por resolver parten de cómo podemos aprender a manejar el conflicto ambivalente en nosotros mismos, o sea el hecho de que queramos eliminar y destruir a las mismas personas que son las más importantes para nosotros y a las que queremos de todo corazón ¿Cómo se puede querer y amparar a las personas que nos hacen daño y nos humillan? ¿Y cómo se puede enfrentar uno al hecho de que cuando amamos tenemos que reprimir o destruir una parte de nuestro yo, el que odia?

La necesidad absoluta de encontrar una solución para estos problemas es el proceso de aprendizaje más difícil y laborioso, pero inevitable. El niño requiere pasar por los conflictos de intereses para que aprenda a hacer prevalecer el amor sobre el odio. La familia es la escuela indispensable para madurar las relaciones humanas. La capacidad de comprensión que crece en el niño, la capacidad de ver a otra persona como un fin y no como un medio es la superación del narcisismo.

Las personas que no han sido suficientemente educadas y cuya conciencia de valores está débilmente desarrollada –como por ejemplo los niños engreídos que no aprendieron a soportar las tensiones o los niños con falta de atención– terminan siendo rebeldes, pervertidos, delincuentes y alcohólicos.

Así podremos entender que el niño que no crece en una familia está ampliamente perjudicado para convivir con otros (Balint, 1971: 173- 202).

E."Es este un misterio muy grande, pues lo refiero a Cristo y a la Iglesia" (San Pablo, Efesios, 5: 32)

El espíritu que infunde el Padre renueva el corazón y hace al hombre y a la mujer capaces de amarse como Cristo nos amó. "El Creador del mundo estableció la sociedad conyugal como origen y fundamento de toda la sociedad humana; la familia es por ello la célula primitiva y vital de la sociedad" (Juan Pablo II, 1982: 68). "Y creó Dios al hombre a su imagen (el misterio del amor). A imagen de Dios lo creó. Varón y mujer los creó" (Génesis, I: 27).

Así pues, es absolutamente cierto además de hermoso que la liturgia cristiana fundamental estribe en participar de un cuerpo. Jesús les ofrece el don de su cuerpo. O más bien, por su propia naturaleza su cuerpo es un don. El acto central de la Última Cena desvela lo que para nosotros implica el hecho de ser corpóreos. Yo soy mi cuerpo, al que se ha dado la existencia en virtud de mis padres y de mis abuelos y, en última instancia, de Dios […] Si la entrega de un cuerpo constituye el sacramento que ocupa el centro de nuestra oración, en tal caso no tiene nada de sorprendente que una de las formas más profundas que tenemos de expresar lo que somos sea dándole nuestro cuerpo a otra persona. Se trata de un acto profundamente eucarístico. Lo que podría sonar casi blasfemo, pero existen profundos vínculos entre la sexualidad y la eucaristía dentro de nuestra tradición. La Primera Carta de San Pablo a los Corintios trata principalmente de la eucaristía y de la sexualidad (Radcliffe, 2008: 153 y 154).

Nuestra sociedad entiende difícilmente a la sexualidad como algo eucarístico porque trivializa el cuerpo y lo considera objeto de posesión. No entienden la sexualidad como un don sino como un intercambio de posesiones.

La comunión entre Dios y los hombres, contenido fundamental de la revelación y de la experiencia de fe de Israel, encuentra una significativa expresión en el matrimonio entre el hombre y la mujer que incluye cuerpo, instinto, sentimiento, afectividad, aspiración del espíritu y voluntad. El esposo se preocupa de agradar a la esposa y la esposa se preocupa de agradar al esposo (San Pablo, I Corintios, 7, 32-34). Deseos, sentimientos, emociones, eso que los clásicos llaman "pasiones" tiene un lugar importante en el matrimonio (Francisco, 2016: 143).

El amor conyugal no se puede definir con la categoría del deber. Su perspectiva es la de un camino de crecimiento permanente. Francisco está convencido que la unión matrimonial está enraizada en las "inclinaciones espontaneas de la persona humana," como algo definitivo. Se comparte y se construye juntos. "El impacto inicial, caracterizado por una atracción sensible, se pasa a la necesidad del otro percibido como parte de la propia vida. De allí se pasa al gusto de la pertenencia mutua, luego a la comprensión de la vida entera como un proyecto de los dos, a la capacidad de poner la felicidad del otro por encima de las propias necesidades, y al gozo de ver el propio matrimonio como un bien para la sociedad" (Francisco, 2016: 220).

El ser humano ha sido creado para amar y no puede vivir sin amor. Su vida está privada de sentido si no participa vivamente en el amor. El amor, cuando se manifiesta en el don total de dos personas, no puede limitarse a emociones y sentimientos, y mucho menos a la expresión sexual. Se debe manifestar en la entrega total. El matrimonio es también una decisión ética, un intercambio de valores.

La familia se presenta como espacio de comunicación –tan necesaria en una sociedad cada vez más individualista– donde se viven el respeto y la dignidad personal, la acogida cordial, apoyo mutuo, encuentro y diálogo, disponibilidad desinteresada y solidaridad profunda. Cristo dijo: "Ama al prójimo como a ti mismo". El amor a sí mismo no se puede confundir con egoísmo. Para poder dar valores a la otra persona uno mismo debe vivirlos. En el amor a uno mismo está incluido el amor a la otra persona. El camino para lograr los valores es aprender del ejemplo de Cristo, confiar en la presencia de Dios. Cuando el espíritu de Cristo nos acompaña conseguimos la seguridad del bien, la generosidad y la libertad. La conciencia de su presencia nos permite construir nuestra propia cultura del bien y nos aleja de una conciencia mala.

"La presencia del señor habita en la familia real y concreta, con todos sus sufrimientos, luchas, alegrías e intentos cotidianos. Cuando se vive en familia, allí es difícil fingir y mentir, no podemos mostrar una máscara. Si el amor anima esa autenticidad, el Señor reina allí con su gozo y su paz. La espiritualidad del amor familiar está hecha de miles de gestos reales y concretos. En esa variedad de dones y de encuentros que maduran la comunión, Dios tiene su morada. Esa entrega asocia "a la vez lo humano y lo divino", porque está llena del amor de Dios. En definitiva, la espiritualidad matrimonial es una espiritualidad del vínculo habitado por el amor divino" (Francisco, 2016).

La promoción de una auténtica y madura comunión de personas en familia se convierte en la primera e insustituible *escuela* de sociabilidad, ejemplo y estímulo para las relaciones comunitarias más amplias de toda la sociedad, en un clima de respeto, justicia, diálogo y amor, seguidores de Cristo. El don de sí, que inspira el amor mutuo de los esposos, se pone como *modelo* y norma del don de sí que debe haber en las relaciones entre hermanos y hermanas, y entre las diversas generaciones que conviven en la familia.

La familia origina la pertenencia entre personas que permite descubrir y vivir libremente los valores. Los esposos cristianos son mutuamente para sí, para sus hijos, cooperadores de la gracia y testigos de la fe. Experiencia que se va extendiendo con otros que tengan la misma experiencia. Es la diferencia de nuestra relación con el Estado, que es la imposición de un control con una cantidad de instancias administrativas. Los grandes valores de verdad, bien y belleza se manifiestan tan solo cuando el hombre libremente se vincula y elige pertenecer a una realidad más grande que él. *"Pero sin estos valores la sociedad se disgrega y en tal disgregación el hombre no puede ser libre, el único muro de contención del desorden que queda es el despotismo del Estado"* (Buttiglione, 1989: 180).

El capitalismo puede haber contribuido a que el matrimonio sea más por amor que por presión social, como dice Luc Ferry, pero esto no explica el origen del amor en el matrimonio.

F. El Significado político-moral de la familia para la justicia en el estado

Francisco da una de las siguientes definiciones de la familia: "El matrimonio como institución social es protección y cauce para el compromiso mutuo, como para la maduración del amor, para que la opción para el otro crezca en solidez, concretización y profundidad, y a su vez para pueda cumplir su misión en la sociedad" (Francisco: 2016, 101).

En la época moderna, la historia se construye a partir del poder, o sea de la política del Estado, o sea del poder económico, o sea de los "valores" proclamados por los medios de comunicación. Sin embargo, el sujeto de la historia es otro. Lo que cambia al mundo no es la iniciativa revolucionaria de algunos, sino el trabajo de millones y millones de hombres, el amor que liga entre sí a un hombre y a una mujer, y los empuja a cuidar el uno del otro, y juntos a sus hijos.

La política es la revolución del amor. "Digo solamente que si la revolución del amor se inicia en el matrimonio primeramente ella se prolonga por una refracción en el plano colectivo, público y político" (Ferry, 2009: 139).

El conocido filósofo alemán Alex Honneth afirma que los fundamentos de la familia son el amor y la educación de los hijos. "En los últimos cincuenta años, la familia moderna se ha transformado de una asociación social patriarcal, organizada en forma de roles, en una relación social entre pares en la que está institucionalizada la demanda normativa de brindarse amor los unos a los otros, como personas integrales, en todas las necesidades concretas" (Honneth, 2014: 221). Ya Aristóteles escribía hace más de dos mil años: "Y si ambos son dignos y ecuánimes, su relación resulta virtuosa y, además, agradable" (Aristóteles, 2009: 372).

El liberalismo político, cuyos principios marcan aún hoy la autocomprensión normativa de nuestras sociedades, dejó siempre al margen toda la esfera familiar y de la crianza de los hijos. Sin embargo, si se tiene en claro cuánto es lo que depende, en una comunidad democrática, de que sus miembros sean capacitados para un individualismo cooperativo, no se podrá poner en duda el significado político-moral de la esfera familiar, puesto que las condiciones psíquicas para casi todas las actitudes que el individuo debe tener, en virtud de sus competencias y sus habilidades individuales, para interceder por los asuntos de la comunidad mayor, amén de todos sus vínculos con comunidades particulares, se crean dentro de familias intactas, confiables e igualitarias (Honneth, 2014: 229).

Honneth afirma que la familia no es dos sino tres y que la educación no es principalmente tarea de la escuela ni del Estado sino de la familia.

John Rawls reconoce que una emoción altruista estrecha de unas personas puede ser un obstáculo por otras. Su solución adopta la forma de una detallada teoría sobre como el amor familiar puede hacerse extensivo a los principios políticos que conforman la nación. Tendemos a amar y a preocuparnos por las personas que nos aman y se preocupan por nosotros. En primer lugar, se manifiesta este hecho en la familia. Posteriormente las personas desarrollan lazos de amistad y confianza con otros miembros de su ambiente que viven de acuerdo con sus ideales correspondientes y terminan desarrollando el sentido de justicia en las instituciones del Estado (Nussbaum, 2014: 266-267).

La educación es un asunto de los padres en relación con los hijos. El gran esfuerzo educativo hay que hacerlo en el primer tramo de la vida, cuando los niños comienzan a adquirir conocimientos. La enseñanza sufre mucho cuando falta la educación antes de entrar en la escuela. Sin embargo, *la familia sufre también cuando la escuela o el Estado no refuerza la educación*. Martha Nussbaum denuncia una crisis de proporciones gigantescas y de enorme gravedad a nivel mundial por la eliminación de los cursos de humanismo y artes. Se está produciendo máquinas utilitarias en lugar de ciudadanos. Las emociones ayudan a sostener las leyes justas. La educación será, pues, uno de los principales terrenos en los que tendrá lugar la conformación de una *simpatía* políticamente apropiada, y en los que se desalentará la adopción de formas inapropiadas de codicia competitiva, miedo, envidia, odio racial, asco, vergüenza y tribalismo (Nussbaum, 2014:154).

Las buenas leyes y las buenas instituciones necesitan también contar con el apoyo de las emociones de las personas. La persona busca el bien y formula las normas para poder lograrlo, pero las emociones juegan también un papel importante en el sustentamiento de la familia, de la escuela y del Estado. Ya en la familia todos necesitan cultivar emociones que lleven al respeto para todos y que inhiban la influencia negativa de los vicios. Se aprende a controlar emociones de envidia, odio, resentimiento y narcisistas. Los hombres pueden corromperse mutuamente.

"Se ha de destacar que las verdades buscadas en esta relación interpersonal no pertenecen primeramente al orden fáctico o filosófico. Lo que pretende, más que nada, es la verdad misma de la persona: lo que ella es y lo que manifiesta de su propio interior. En efecto, la perfección del hombre no está en la mera adquisición del conocimiento abstracto de la verdad, sino que consiste también en una relación viva de entrega y fidelidad. hacía el otro. En esta felicidad que sabe darse, el hombre encuentra plena certeza y seguridad. Al mismo tiempo, el conocimiento por creencia, que se funda sobre la confianza interpersonal, está en relación con la verdad: el hombre creyendo, confía en la verdad que el otro le manifiesta (Juan Pablo II, 1998:32).

Las buenas emociones ayudan al trato con los demás en las escuelas y a colaborar con la estabilidad del Estado en el cumplimiento de las leyes. Anteriormente ya señalamos que un niño con una conciencia débilmente desarrollada por una educación deficiente termina siendo rebelde, alcohólico y delincuente. Imposibilita el dictado de clases del profesor en la escuela y el engreído confunde amor propio con egoísmo.

Comprobamos la relación entre vida privada y vida pública, y la influencia de las estructuras de la familia y de la escuela en las instituciones del Estado. La familia orienta y encauza las emociones humanas. Una persona sin esta educación tendrá un comportamiento de anomia, odio, envidia, codicia, asco, el deseo de humillar y crueldad con los demás y también *con las instituciones del Estado.*

"La familia constituye el fundamento de la sociedad… El poder civil, ha de considerar obligación suya sagrada, reconocer la verdadera naturaleza del matrimonio y de la familia, protegerla y ayudarla, asegurar la moralidad pública y favorecer la prosperidad doméstica" (Concilio Vaticano II, Gaudium et Spes, 1972: n. 52).

El amor, valor principal, se manifiesta en la vida privada del matrimonio y de la amistad. La política tendrá que ponerse al servicio del desarrollo de la esfera privada porque la revolución del amor se inicia en la familia primeramente y ella se prolonga después en el comportamiento público y político.

2. La escuela

Carlos Montaner indica que una encuesta realizada en 32 países demuestra que no se puede establecer un vínculo entre el pobre desempeño de los estudiantes y los resultados económicos de la sociedad. No existe una relación entre la calidad y la cantidad del aprendizaje, de una parte, y el desempeño económico por otra. La cantidad de horas de clases tampoco influye en el nivel de aprendizaje. Asimismo, no resulta obvio que el monto de dinero invertido explique las diferencias en el aprovechamiento de los alumnos. El resultado del salario es también ambivalente.

La encuesta demuestra que la cultura, los valores, la ética y su transmisión empiezan en la familia y en los primeros años de estudio. Solo existe la responsabilidad de abrirles a los niños el apetito por el conocimiento.

"El gran esfuerzo educativo hay que hacerlo en el primer tramo de la vida, cuando los niños comienzan a adquirir conocimientos. Es en ese punto en el que se les puede enseñar a ser responsables, autónomos, perseverantes, organizados, respetuosos de la autoridad, competitivos, solidarios y colaboradores, etc." (Montaner, 2005: 261-270).

El filósofo francés Luc Ferry, quien fue ministro de Educación, no está de acuerdo con la educación autoritaria de antes pero tampoco con la educación actual (Ferry, 2010: 275-283; 2011: 157-187; 2012: 153-196).

La educación es un asunto de los padres en relación con sus hijos. La enseñanza es la tarea no de los padres, sino de los docentes, y no se dirige al niño en todas las dimensiones de su personalidad, sino solo como alumno. Los docentes no son los padres de los alumnos y no deben serlo. Por reciprocidad los padres no deben meterse demasiado en la enseñanza que sus hijos reciben en las aulas. Todo parece evidente pero hoy ya no. Algunos padres quieren encargar la educación de sus hijos a los profesores porque ellos mismos ya no son capaces de asumirla. La escuela no puede reemplazar a la familia donde esta fracasa. La mayoría de los problemas que se presenta hoy en la enseñanza está ligada a la confusión entre los dos. La enseñanza sufre mucho por la falta de educación antes de entrar en la escuela. La relación demasiado sentimental en las familias les quita autoridad a los padres y sin ella ninguna educación será posible. Un amor excesivo y sin disciplina es a veces más un problema que una solución. Al niño y al joven no se les podría imponer nada. No se podría obligar a un niño a asistir a sus clases. Se debe aprobar al desaprobado en los exámenes cuando los padres lo decidan. Hay que respetar todas las manifestaciones espontáneas de los niños. En esta situación el profesor no puede poner orden en el aula. El profesor no puede dictar la clase. Está sometido a un fuerte estrés.

El alumno engreído termina siendo una persona agresiva porque no se controla a sí mismo y siempre quiere que los demás le sirvan. Como adulto tendrá grandes dificultades de lograr un buen matrimonio. Estamos en otro extremo de la educación tradicional, del deber autoritario de la filosofía de Kant a una ética sin normas. Nuestros hijos han perdido la capacidad de trabajo que había en los siglos pasados. A los 15 años de edad Nietzsche escribió una carta 87 páginas en griego dirigido a sus compañeros de aula.

Una educación es lograda cuando se ha podido transmitir a los niños el amor (elemento cristiano), la ley (elemento judío) y las obras literarias (elemento griego).

Todos los psiquiatras o psicoanalistas coinciden en que los niños necesitan recibir un amor que les permita en su madurez adquirir una "estima de sí mismos", la capacidad de hacer frente a los problemas que se les presentarán en la vida. "Los líderes políticos y los sacerdotes pueden hablar del valor de la familia en discursos y sermones, respectivamente, pero estas palabras tienen poca fuerza por si misma mientras la sociedad no se enfrenta a cuestiones difíciles como, por ejemplo, cómo capacitar a los padres para dedicar más tiempo a sus hijos cuando sienten la necesidad de tener dos trabajos a tiempo completo para que lo que ganan les cubran sus necesidades" (Amitaí Etzioni, 1999: 212). Igualmente, la mentalidad actual de sobrecargar a los niños con tareas durante horas no permite gozar de vida familiar.

La ley no se discute, no se negocia, según el principio de que nuestro "no" debe ser "no" y el "sí" debe ser "sí". Si no transmitimos la ley, los niños no podrán convivir pacíficamente con los demás. No respetarán al profesor en el aula ni a sus compañeros. Los niños no cumplirán las tareas de la escuela si los padres no los controlan y los docentes no podrán hacer nada.

Si no conversamos con nuestros niños acerca de la problemática del hombre occidental que está en las obras mitológicas de Homero, no estarán preparados para enfrentar la gran diversidad de problemas que encontrarán en la vida. Los padres deben mantener un diálogo con sus hijos sobre todo lo que ocurre en la sociedad.

Se presentan tres problemas de acuerdo a encuestas realizadas en Francia: el 35% de los estudiantes termina la escolaridad con grandes dificultades para leer y escribir, un gran número concluye la secundaria sin ninguna buena calificación y, finalmente, cada año se producen 80.000 incidentes graves de violencia, drogas, armas o agresiones sexuales. En el Perú cada año se incrementa el uso de la droga en los colegios con veinte mil jóvenes más.

¿Cuál es la explicación? Las causas no pueden atribuirse al ministro de Educación ni a los docentes, ni a los planes de estudio, ni a las prácticas pedagógicas. El problema está en la sociedad.

Un primer error es que los estudiantes no han recibido una educación adecuada en la familia. Existe un sentimentalismo perverso hacia los niños. Se piensa que el profesor puede aprender del alumno. Sin embargo, nadie a los diez años llegó a ser un gran pintor, filósofo, CEO de una empresa, piloto, futbolista o científico.

El segundo error, también ligado a un amor demasiado sentimental, parte de la idea de que se debe enseñar al niño, sobre la base de métodos activos, la "autoconstrucción" o constructivismo. Se subestima la transferencia de la tradición. Un niño no va a inventar cinco mil años de ciencia, tecnología y cultura. Ninguno de nosotros inventó un idioma. La "creatividad" en ortografía y gramática está constituida por errores.

No es la motivación la que precede al trabajo (la pedagogía del anzuelo) sino es el trabajo el que precede a la motivación. Nunca existe un interés por algo si no ha sido previamente trabajado. ¿Cómo un niño puede interesarse *a priori* por algo, por una obra o por una disciplina que desconoce por completo? Si no he tenido alguien que me explique por qué tengo que hacer un esfuerzo para leer y comprender nunca lo haría. El trabajo antecede al interés. El trabajo puede ser duro y sufrido, pero uno sigue adelante porque sabe que es necesario y vale la pena. Kant señalaba tres pedagogías: el juego, la enseñanza y el trabajo.

Carlos Montaner y Luc Ferry demuestran el fuerte vínculo entre familia y escuela. La base de la formación está en la familia. La educación está relacionada con la ética de la virtud. Uno puede obligar a cumplir las normas y sancionar, pero esto no es suficiente Las virtudes, al contrario, pueden ser aprendidas y practicadas. La ética de la virtud no solamente indica cómo vivir, sino cómo uno aprende a vivir. Ya no se trata de cumplir ciertas normas sino de qué postura asumir frente a la vida. La opción por una vida del bien escogerá las normas. La idea central no son normas abstractas sino ejemplos ideales y atractivos de vida.

La escuela puede desarrollar el interés por los demás; no alejarse de las minorías; enseñar sobre otros grupos sociales, sexuales y religiosos; fomentar el sentido de responsabilidad; promover el pensamiento crítico y sentir la necesidad del otro como no indigno para el hombre. La poesía cultiva el mundo interior y nutre las capacidades emocionales e imaginativas. Los juegos están animados por un espíritu de reciprocidad afectuosa. La danza, el teatro y la música promueven la participación y la ubicación en roles diferentes de vida.

El enemigo de la educación en la familia y en la escuela es la cultura general de la sociedad sin valores, la *sociedad amoral*. El problema principal es la devaluación de la cultura de los adultos. Los jóvenes son producto de los adultos.

Martha Nussbaum (2010: *passim*) denuncia una crisis de proporciones gigantescas y de enorme gravedad a nivel mundial. No se refiere a la crisis económica sino a la crisis en materia de educación. Progresivamente se está eliminando el apoyo económico a las carreras de humanismo en las universidades. Ella lo señala en Estados Unidos, Gran Bretaña y la India, tres países donde realizó investigaciones. Sin embargo, esta erradicación de los cursos de arte y humanismo se da en todas las naciones. Según ella, el futuro de la democracia pende de un hilo porque las naciones están produciendo generaciones de máquinas utilitarias en lugar de ciudadanos capaces de pensar por sí mismos, estimular la imaginación y la creatividad, el sentido crítico, comprender los sufrimientos de los otros, entender sus propios límites y la necesidad del apoyo de los demás. No es lo mismo relacionarnos con otros con almas o con instrumentos utilitarios.

Aristóteles se pregunta si la música debe incluirse en la educación. "Todos afirmamos que la música es una de las cosas más placenteras, tanto si es sola como es acompañamiento de canto. Así pues, dice Museo que "el canto es lo más dulce de los mortales", y por eso se la aporta con buen criterio en las reuniones y diversiones sociales, en la convicción de que puede proporcionar alegría". La música ofrece un placer natural, pero contribuye de algún modo a la formación del carácter y del alma. Estamos afectados por ella en muchos campos. La música y las melodías se dan muy especialmente imitaciones del valor y la templanza, así como de sus contarios y de las demás disposiciones morales (Aristóteles 2012, VIII, 5).

La labor de superar el narcisismo y desarrollar el interés por el otro debe realizarse en la familia, pero la escuela puede reforzar o sofocar lo que aquella ha logrado. Eso es lo que afirma Tagore cuando insiste en que la burocratización de la vida social y la transformación implacable de los estados modernos entorpecen la imaginación moral de las personas y las conducen a consentir atrocidades sin una pizca de conciencia. Él habló de un suicidio gradual por encogimiento del alma. La democracia estará destinada al fracaso, pues esta se basa en el respeto y el interés por el otro, que a su vez se fundan en la capacidad de ver a los demás como seres humanos, no como meros objetos. Para el Estado actual resulta más fácil tratar a las personas como objetos aptos para ser manipulados. Como decía Lyotard (1979: capítulo VII, 3), las técnicas tienen la razón y ponen las normas para todo.

Martha Nussbaum hace referencia al libro *Emilio* de Jean-Jacques Rousseau, a los métodos pedagógicos del suizo Johann Heirch Pestalozzi (1746-1827), al pedagogo alemán Friedrich Froebel (1782-1852), a Bronson Alcott de Estados Unidos (1799-1888), y termina con John Dewey (1869-1952), el más influyente en ese país. Todos coinciden por lo menos en la idea de que los estudiantes deben asumir un papel activo y debatir los problemas de la vida misma. Consideran fundamental desconfiar y criticar las tradiciones y las costumbres. Nussbaum le dedica muchas páginas a la importancia de la crítica. La educación crítica es importante pero discrepo con esta opinión radical de Nussbaum porque, para poder opinar y criticar, el niño o el joven necesitan una amplia información (que no la tienen y no les dan) sobre las grandes culturas y religiones, la protección del medio ambiente, los mercados, las migraciones, la propia nación y su historia, la historia mundial, los alimentos y su producción, cómo funciona la economía global, los conflictos étnicos y religiosos, la problemática de grupos subordinados como los afroamericanos e indígenas, el racismo, las mujeres, los pobres, las castas inferiores en la India, las organizaciones internacionales, historia cultural y económica, los sistemas jurídicos, la geografía, lenguas extranjeras, el arte y la literatura para la creatividad y la filosofía para entender el sentido y la justicia.

La ciencia no es enemiga sino más bien amiga de las humanidades, si se practican de manera adecuada. El interés nacional de las democracias requiere de una economía sólida y de un sector empresarial próspero. Ese interés económico también se nutre de las artes y de las humanidades para fomentar un clima de creatividad innovadora y de administración responsable y cuidadosa de los recursos. No le conviene a la empresa una persona que solo sabe ejecutar normas establecidas.

Nussbaum limita su análisis al hombre como "ciudadano" y a la democracia como el único fin del hombre. Ella afirma que son imprescindibles el respeto y la tolerancia para poder vivir en el pluralismo de una sociedad democrática. Sin embargo, falta una mayor referencia a la ética. Debe haber una dialéctica entre el hombre y la sociedad, como indicaba

Aristóteles. Ella alude al tema cuando concluye: "Si el verdadero choque de las civilizaciones reside, como pienso, en el alma de cada individuo, donde la codicia y el narcisismo combaten contra el respeto y el amor, todas las sociedades modernas están perdiendo la batalla a ritmo acelerado, pues están alimentando las fuerzas que impulsan la violencia y la deshumanización, en lugar de impulsar la cultura de igualdad y el respeto" (Nussbaum, 2010: 189). Sin valores e ideales la tolerancia destruye su propia cultura. La pluralidad no es una doctrina moral (Cfr. Capítulo IX, 3).

3. Los líderes de la Sociedad

A. Liberalismo, Socialismo y Globalización

En 1991 se disolvía la Unión de Repúblicas Socialistas Soviéticas (URSS). En 2008 y 2011 vimos la caída de otro gigante con la crisis financiera global. El modelo libre no funciona sin ética, control y regulación.

A todos los que también en el mundo occidental se entregaron demasiado acríticamente a la ideología revolucionaria de progreso del socialismo real, les ha dejado literalmente sin habla la crisis de la revolución de 1989 y la quiebra de los sistemas comunistas en Europa. El socialismo y la socialización no se corroboraron como visión de futuro. Y ante las amenazadoras crisis, ecológicas, económicas y políticas de nuestros días, incluso quienes durante largo tiempo creyeron en la ideología tecnológico-evolutiva de progreso de Occidente se han quedado sin apenas una visión constructiva de futuro que ofrecer. Pero la problemática subsiste y recrudece (Küng y Kuschel, 2008: 55).

Luc Ferry explica que la idea de la república trata de unir hoy en día la antinomia de socialismo versus liberalismo. Todos somos liberal-sociales y demócratas-republicanos. Liberales, porque solo el mercado crea trabajo y riqueza; sociales, porque todos necesitamos la protección del Estado; demócratas, porque todos queremos participar; republicanos, porque consideramos que una política voluntarista es indispensable en algunos ambientes, como la cultura o la escuela, pero que es necesario regular la globalización y que un puro *laisser-faire, laisser-passer* no es deseable (Ferry, 2011: 408-409). La "democracia" es el gobierno del pueblo y la "república" es el gobierno de la ley y de los derechos humanos. El narcotráfico, la trata de personas, la extorsión organizada con sicarios, la destrucción del ambiente, la fuga de capitales a islas paradisíacas, la vulgaridad de la corrupción a nivel de instituciones estatales y principalmente la defensa de los pobres necesitan un Estado fuerte, pero también inspirado por el bien y la justicia y no por una burocracia que bloquea la vida económica y promueve la vulgaridad.

Alberto Methol Ferré define la solución de la siguiente manera:

A su vez, en la sociedad industrial, fruto de la eficacia en el mercado (aunque no solamente), renacen sin cesar aristocracias del dinero, mucho más fluidas e inestables que las aristocracias antiguas. Pues están jaqueadas sin cesar por la democratización social que las acosa y que a la vez quieren manipular, y por la competencia económica de otros grupos. Esa es la peculiar dinámica conflictiva económica, social y cultural de nuestras sociedades capitalistas y democráticas. La tensión sociedad capitalista y sociedad democrática es a veces complementación de contrarios, pero pueden volverse contradictorios por el predominio de uno de los polos: si del democrático, puede ser sociedad estacionaria regresiva; si del capitalismo, puede destruir al *demos* (Methol Ferré, 2006: 88).

Las ideologías del liberalismo y del socialismo han logrado tomar el poder en el siglo XX. Ambas son expresión del pensamiento moderno que afirma la autonomía absoluta del hombre, actor de su propia historia, independiente de una supuesta realidad sobrenatural. Sin embargo, el fin del siglo XX abrió el debate sobre la crisis de la modernidad por el fracaso del liberalismo y del socialismo. El cuestionamiento de la razón por la Posmodernidad relativizó también los pensamientos ideológicos que pretenden ofrecer las soluciones definitivas. Las ideologías se imaginan conocer toda la realidad y ofrecer esquemas como "soluciones" a todos los problemas, desconociendo los límites de la razón. El liberalismo tradicional con la ética de Locke y Kant y el fracasado socialismo de Marx y Lenin, terminaron en la sociedad tecnócrata de la era de la globalización. Ya no existe un modelo único para dirigir la sociedad. Sin embargo, cada ideología aportó una verdad. El liberalismo enseñó que la riqueza es el producto de la iniciativa privada y el socialismo enseñó que se necesita una cierta intervención del Estado para garantizar la buena distribución de la riqueza. Ambas ideologías son necesarias para una lucha contra un sistema donde peligra un predominio absoluto del capital. Sin embargo, en las sociedades occidentales hay una alienación por reducir el hombre a producción y consumo, perdiendo el valor de la persona en sí misma y la relación entre las personas por los valores, la dignidad del hombre como ser solidario. Se prueba, por ejemplo, esta realidad en la violencia entre hombre y mujer en la familia como hemos explicado anteriormente.

Efectivamente ha surgido un nuevo espacio económico –el mercado global de las empresas transnacionales con un creciente dominio de China–

que ninguna empresa o estado puede ignorar sin pagar un alto precio. Ningún pueblo puede mantenerse al margen de la nueva dinámica del capitalismo globalizado sin correr el riesgo de la marginación total, como lo podemos observar en Cuba y Corea del Norte. Corea del norte depende de China y Cuba dependió primero de la URSS y después del petróleo de Venezuela.

Los valores dependen de las estructuras socioeconómicas del nuevo mercado global. La nueva élite global no tiene interés en la ética. No es la conciencia la que determina la vida, sino es la vida económica la que determina la conciencia de producción y consumo. Los gobiernos han perdido buena parte de su autonomía nacional.

"Para Brzezinski el caos contemporáneo se debe a que la hegemonía de los Estados Unidos y Europa no solo domina por su avance tecnológico y su superioridad democrática, sino que difunde también en todo el mundo la profunda crisis de valores implícita en los fundamentos de sus sociedades. La sociedad neoliberal se corrompe por lo que Brzezinski llama la "cornucopia permisiva". Hay una decadencia religiosa que no fue sustituida por nada que haya sido capaz de dar fundamento a la arquitectura y convivencia social (Methol Ferré, 2006: 19).

El mundo del sistema tecnológico-económico-financiero global sin alma constituye actualmente la única forma histórica. *El axioma de esta política es la neutralidad.* El positivismo del mundo científico deshumaniza a las personas. Ya no se busca un consenso sobre lo verdadero, lo justo y lo bello. El poder político está sometido al poder económico. Esto lo comprobamos en su versión economista que tiene la simpatía de la derecha y en su versión cultural (entendida como el avance ilimitado de los derechos del individuo y una ética incontrolable) que tiene su simpatía en la izquierda. La única "moral" que quedaría es la tolerancia.

El nuevo orden tecnológico exige que los hombres dejen de sentirse hombres y se resignen a ser pobres egoístas aislados. Hannah Arendt escribía: "Lo que es enojoso en las teorías nuevas no es que sean falsas, sino que puedan llegar a ser verdaderas. Si es verdad que el hombre no es un egoísta por naturaleza, no es menos verdad que el adiestramiento jurídico y del mercado crean el contexto cultural ideal, que permite que el egoísmo sea la forma habitual del comportamiento humano" (Arendt; citada por Michéa, 2010: 203).

Pablo VI señaló en su encíclica *Populorum Progressio* que las causas del subdesarrollo no son principalmente de orden material. Nos invitó a buscarlas en otras dimensiones del hombre. Ante todo, en la voluntad que se desentiende de los deberes de la solidaridad. La globalización nos hace más cercanos, pero no más hermanos.

Hans Küng profundiza aún más en el tema: "Mi pregunta es esta: ¿No deberíamos buscar en los fundamentos espirituales de la humanidad? Lo que se intenta con nuestro proyecto de una ética mundial es el redescubrimiento de una nueva valoración de la ética en la política y en la economía" (Küng y Kuschel, 2008: 55-56).

B. El nuevo sentido de la política. La política es la revolución del amor. Familia y Estado.

Hannah Arendt distingue dos esferas incomunicadas en el hombre: la privada y la pública. La privada se refiere a la vida en el hogar y en el trabajo. La pública es libertad, elevada política, excelencia heroica, gloria pública e inmortalidad. Hoy será virtuoso el hombre que sabe deshacerse de las tareas domésticas y de la remuneración del trabajo para participar en los discursos, la deliberación política y el gobierno del Estado. La drástica separación entre vida privada y vida pública que traza Arendt es, en realidad, un tributo que paga la pensadora a la Edad Moderna en la que esa separación antagónica se inició y perfeccionó, y no hace justicia a la unidad de la *paideia* de la antigüedad grecorromana, y tampoco a la futura-igualitaria (Gomá, 2009: 174-176). Por consiguiente, la virtud no exige el menosprecio de casa y oficio sino, al contrario, abrazar en algún momento de la vida ambas instituciones. Al obrar así, el "yo" realiza ya el ideal republicano de anteponer el interés general sobre lo privado, se abre a la publicidad de la polis, se eleva a ejemplo de virtud y, en suma, entra en el universo de la ejemplaridad pública. ¿Qué ejemplo se puede esperar de un sistema de un sistema democrático donde se aceptan el mal y la ignorancia?

El análisis del estado actual de la cultura muestra un general descontento o cansancio de la vida del hombre contemporáneo libérrimo, pero sin virtud, y perezoso para recorrer el camino de la eticidad; así como una posición dramáticamente debilitada de la *polis*, que ha perdido la potestad de señalarle su deber al ciudadano. *Dicho descontento no se resuelve con otra ética pública sin la necesidad de la reforma de la vida privada* (Gomá, 2009).

Hasta el siglo XVIII se mantenía la ejemplaridad personal. En la Ilustración, la razón hizo desaparecer la teoría del ejemplo y la imitación. A partir de esa fecha la ley abstracta reemplaza al ejemplo de las autoridades políticas.

Se pierde el poder del ejemplo que añade el poder atractivo al poder directivo de la norma. Javier Gomá sostiene que los políticos gobiernan de dos maneras: produciendo leyes y produciendo costumbres. Una cosa es lo que los políticos ordenan (coacción) y otra lo que ellos son (ejemplos). *Las leyes coaccionan a los ciudadanos, pero los ejemplos entran en el corazón y lo reforman.* Podría decirse que la política es el arte de ejemplificar (Gomá, 2009: 179).

La importancia de reconocer en los ejemplos la principal fuente de la normatividad moral estriba en que permite deducir de esa fuerza emocional la existencia de un deber de responsabilidad que no ignora y menos rechaza, como hace Kant, la participación de las inclinaciones y los sentimientos. *El ejemplo añade el poder atractivo de los sentimientos al poder directivo de la norma que se limita a la coerción.* La virtud ejemplar de los gobernantes es esencial, pues "la naturaleza misma nos impulsa a amar a quienes creemos que están adornados de estas virtudes" (Cicerón, 1984).

Los autores clásicos de Grecia tenían un entendimiento más profundo del hombre por definirlo como un ser animado por la dignidad y por el orgullo, mientras que los modernos mayormente se contentan con explicar la *psyché* humana a partir de la libido, de las faltas y de la voluntad de tener. Para los griegos el término "política" era un derivado del sentido de honor y dignidad como lo entendía el pueblo. El honor, el prestigio y la dignidad eran los bienes supremos y el pueblo vigilaba que los poderes de la vulgaridad no entraran en la *res pública*. Posteriormente en la historia no hay la menor idea de orgullo y honor. No sorprende que, hoy en día, ni los políticos ni los psicólogos sepan qué decir desde el momento en que tratan las emociones públicas del componente olvidado que es el orgullo y la dignidad en la *psyché* del hombre (Sloterdijk, 2010a: 29).

La política de la neutralidad no busca la mejor manera de vivir. Este Estado sin valores ya no es un gobierno de hombres, sino un administrador de cosas. Ya no se trata entonces de convicciones políticas sino de gestión. La sociedad se siente menos regida por instituciones políticas fundadas en el derecho y la moral que por las exigencias de competitividad, planificación y publicidad. Esta teoría no busca la mejor de vivir. Puesto que no existe conciencia o intención del bien, los policías trabajan horas extras, los jueces viven con estrés por el cúmulo de expedientes y todos los colegios necesitan psicólogos para atender el *bullying*. "Es el mercado que monopoliza el derecho de enseñar a los hombres lo que pueden saber y lo que pueden hacer o no hacer" (Michéa, 2010: 34-35).

El temor de una condena queda como único sentimiento de integración social. Cabe plantearse con toda seriedad si se estima suficiente la combinación tolerancia / coacción para fundar un Estado y si en la opción esencial entre civilización / barbarie que se agita en lo profundo de la conciencia de todo ciudadano, lo temible de la coacción ayuda a inclinar el corazón de este hacia la amistad pública y hacia la civilizada autolimitación del yo, como debiera ser el objeto superior de toda auténtica cultura (Gomá, 2009: 95).

Ya Aristóteles criticó a Platón por querer eliminar la importancia de la familia como motivación en el Estado. Hay dos cosas en la familia que tienen efecto y motivación: la pertenencia y el afecto. Las emociones se extenderán a otros. Sin familias nadie se responsabilizaría de la tarea de educación de los hijos de todos y las motivaciones serían "aguadas" (Aristóteles, 2012, I,2). Aristóteles relaciona la amistad en familia con la política. La amistad entre parientes depende de los vínculos afectivos. "Consideramos, pues, que la amistad es el mayor de los bienes en las ciudades, ya que con ella se reducirán al mínimo los enfrentamientos civiles" (Aristóteles 2012, II,4). Para Aristóteles la familia y la política son los dos fines para lograr la amistad que es el fin principal de la sociedad. Aristóteles es nuestro guía para entender la amistad. La amistad tiene un lugar preponderante en la sociedad porque promueve la concordia.

Para superar la vulgaridad que es considerado lo normal en la democracia actual y la crítica fácil de la supuesta hipocresía de las virtudes tradicionales en nombre de una "sinceridad", tenemos que entender que la libertad significa ser-libres-con otros. La amistad es para los que practican las virtudes. Aristóteles considera que la verdadera amistad responde a tres criterios: deseo recíproco del bien del otro, voluntad de hacer el bien y manifestación de los sentimientos. "El ejercicio de la amistad, que enseña hábitos de una socialización no coercitiva, se nos aparece ahora como la mejor escuela de una ciudadanía democrática" (Gomá, 2019: 145). El mismo autor cita también a Dante que colocó a Bruto en el círculo más bajo del infierno, no por haber asesinado a César, sino por su traición al amigo.

La revolución del amor se manifiesta en la vida privada, pero significará también un cambio en la vida política y debe llevarnos a entender la política de una manera diferente.

Los gobiernos tienen una gran responsabilidad de apoyo a la familia. La pluralidad, una característica de la democracia, no es una doctrina moral y tampoco tenemos el derecho de considerarnos seres inferiores. Los gobiernos deben intervenir en la vida privada para defender ciertos principios y valores. Como dice Luc Ferry, existe también un mundo encantador por la revolución del amor, pero un amor no separado de los otros grandes valores del bien, de la justicia y de la verdad. Además, no es solo un trato nuevo entre las personas sino también un respeto para las instituciones. Los líderes de la sociedad son responsables de las instituciones. La ética es enteramente personal. Las autoridades y funcionarios deben actuar sobre la base de sus propias virtudes para lograr instituciones donde las personas puedan encontrar la justicia. La vida virtuosa de los responsables garantiza instituciones confiables.

La concentración de los valores en esta nueva vida irá acompañada de la desaparición en Europa de los dos grandes motivos de sacrificio del hombre: la nación (las guerras absurdas entre las naciones que dieron como resultado, por ejemplo, cincuenta millones de muertos en la Segunda Guerra Mundial) y la revolución (el desastre del comunismo, ciento veinte millones de muertos). Las nostalgias por Dios, la patria y la utopía de la revolución han perdido mucho interés entre los jóvenes. ¿Quién está dispuesto en la Europa actual a dar su vida por estas entidades abstractas? (Ferry, 2009: 46-57).

Luc Ferry considera que el sentido de la vida por el cual uno podría hasta morir– no ha desaparecido. No vivimos el desencantamiento del mundo, como escribe Marcel Gauchet y tantos otros. El sentido del sacrificio solamente ha cambiado de sitio. Está presente en la humanidad. La deconstrucción ha golpeado fuerte a los dos focos: la nación (la derecha) y la revolución (la izquierda). No estamos viviendo el fin de la política sino una nueva figura de lo sagrado del otro, simbolizado en el modelo del matrimonio del amor y expresado en la preocupación por las generaciones futuras. ¿Qué mundo vamos a dejar a los que amamos, a nuestros hijos y, en general, a todos los que vienen?

La preocupación por las generaciones futuras abre un espacio entre la vida privada y la pública (Ferry, 2012: 107-117). Estos valores por los cuales estamos dispuestos a dar nuestra vida son los que le otorgan sentido (Ferry, Ibíd.: 85). Esta trascendencia está en nosotros mismos, dicho en lenguaje metafórico: en nuestro "corazón". Esta experiencia escapa a la deconstrucción de la posmodernidad porque está en nuestro interior. Como dice Ferry: "Basta reflexionar con honestidad, mirando a uno mismo en lugar de leer la prensa o los libros: para la mayoría de nosotros la verdad es que los únicos seres por quienes queremos correr un riesgo son los seres humanos". Estamos entrando en una nueva era del humanismo. El humanismo ya no está, como en la era de Voltaire y Kant, centrado en la razón y los derechos sino en el entendimiento y la relación con el otro. El hombre llegó a su verdadera autonomía. Por primera vez en la historia está apareciendo un principio de sentido que no es una ideología destinada a matar masivamente. No defiende grandes causas que siempre llevaron a la exterminación de enormes poblaciones. "El hecho de que estas burradas mortales, estas sandeces monstruosas por fin hayan desaparecido de nuestras vidas, no es solamente la mejor noticia de este siglo sino del milenio" (Ibíd.: 137).

Un hombre de bien no puede sentirse feliz si los demás no lo están. ¿Si la moral y el interés se juntan quién podrá quejarse? El amor no está separado de la política como lo desean el liberalismo y el marxismo. No es que el matrimonio sea un proyecto político. *"Digo solamente que, si la revolución del amor se inicia en el matrimonio, primeramente, ella se prolonga por una refracción en el plano colectivo, público y político"* (Ibíd.: 139).

El amor y el matrimonio indican que el político debe saber para quiénes debe esforzarse y no solamente el porqué, y que los sacrificios sean transparentes y equitativos. De esta manera se pasa de las causas abstractas y mortales (la nación y la revolución) a las personas. Además, la política no es una gestión de intereses.

Si la política debe buscar el bien común, ¿cuál va a ser su fundamento? Ya no la nación o la revolución sino el futuro de nuestros jóvenes. De esta manera es posible sacar a un país de su crisis porque se podrá movilizar todas las energías. La política no es solamente dirigir intereses sino una pasión. Las pasiones son mucho más fuertes que los intereses. Apoyados en el amor podemos intentar superar las pasiones de odio, egoísmo y envidia. Las dos grandes teorías políticas que han dominado en los dos últimos siglos, el liberalismo y el socialismo, tienen dos características en común. En primer lugar, separar la vida privada de la pública. La política no debe entrometerse en la vida privada del individuo. Tanto el liberalismo como el marxismo desplazan hacia la "sociedad civil" a todas las realidades que no tienen dimensión política. El segundo error es reducir la política a gestión de intereses. Las pasiones, al contrario, forman parte y son indispensables para las realizaciones. La política es en primer lugar pasión. Las pasiones son más importantes en la historia que los intereses.

Según Ferry, las pasiones –sean religiosas, nacionalistas, revolucionarias, que traen envidia, cólera e indignación– son más fuertes que la búsqueda del interés general. Si los seres humanos buscaran solo su interés no habría guerras porque nadie tiene interés en una guerra.

Ya desde Aristóteles los filósofos como Hobbes –que insistió en la pasión del miedo– han ido analizando la importancia de las pasiones. Ferry dice que hay una pasión nueva: el amor que se manifiesta en la simpatía. "El amor existe desde siempre, pero, antes de que triunfe el matrimonio del amor, no tenía el rol central de vínculo prioritario de la familia y de la sociedad" (Ferry, 2012: 145). Se puede decir que más allá de la indignación, la cólera y el miedo, pasiones detestables, el amor llegó a ser la pasión más fuerte y la más común en nuestra vida. El amor es la nueva pasión democrática. El encanto de la vida.

La política tendrá que ponerse al servicio del desarrollo de la esfera privada. Esto no significa que debe renunciar a las tareas colectivas como la macroeconomía, la geopolítica, las relaciones internacionales, etc. Sin embargo, la política ya no podrá desentenderse de la preocupación de los ciudadanos con una finalidad más humana que imperial o nacional (Ferry, 2006: 56). La vida privada ha engendrado una simpatía para el otro de una manera más abierta y activa que antes. Hay una preocupación por los pobres y por todos los que tienen problemas. Nuestra sociedad está haciendo más por ellos que cualquiera otra antes. La revolución del amor cambia tanto nuestras prácticas y nuestros ideales colectivos como nuestros comportamientos privados.

Finalmente, el aporte importante de la revolución del amor en función de las generaciones futuras trasciende, como dice Ferry, la razón y los derechos humanos, pero no los elimina ni los reemplaza. Les da sentido. Este segundo humanismo del amor va a establecer una nueva relación con los derechos humanos: la acción humanitaria. "No permitas que hagan al otro lo que no quieres que te hagan a ti" (Ferry, 2010: 306).

El bien común es la dimensión principal que las personas requieren para su plena realización. ¿Quién garantiza una buena distribución de la riqueza? Las autoridades deben actuar sobre la base de sus propias virtudes. No se logra sólo con una "capacidad política". Para que todo esto suceda es necesario que se muestre la caridad, no solo como inspiradora de la acción individual, sino también como fuerza capaz de suscitar nuevas vías para afrontar los problemas del mundo de hoy y para renovar profundamente desde su interior las estructuras, las organizaciones sociales y los ordenamientos jurídicos. El amor no es solo el principio de las relaciones personales sino también de las macro-relaciones políticas, sociales y económicas.

C. La política ética de los líderes debe estar presente en el plano económico, financiero y técnico

La globalización puede empeorar la pobreza, pero también puede traer un proceso con múltiples oportunidades de desarrollo.

Según Ramón Gallo es verdad que los ricos se vuelven más ricos pero los pobres son también más ricos (o menos pobres). "En apenas un cuarto de siglo, y desde que empezaron a reducirse las barreras políticas al comercio internacionales, las cifras absolutas de miseria han caído a menos de la mitad y las cifras relativas a menos de la mitad. O dicho de otra forma: si en 2013 tuviéramos la misma tasa de pobreza extrema que en 1990 (el 35 por ciento), hoy el número de pobreza extrema sería de 2.500 millones en el conjunto de la planeta, pero lo es de 770, de modo que la reducción efectiva de la miseria ha beneficiado a casi 1.800 millones de personas en los últimos veinticinco años. El fuerte crecimiento económico de los países menos desarrollados ha disminuido la desigualdad global. El desarrollo del tercer mundo se está dando gracias a la globalización a costa de incrementar la pobreza y desigualdad en el primer mundo (Ramón Gallo, 2017: 192-205).

Para Amartya Sen la evolución de la sociedad actual ha desligado las relaciones del mundo científico-tecnológico de los valores. El mundo es espectacularmente rico, pero está penosamente empobrecido. Una cantidad asombrosa de niños permanece en el analfabetismo, están mal alimentados, mal vestidos, maltratados e innecesariamente enfermos. Por cierto, la falta manifiesta de una moralidad global efectiva para resolver problemas internacionales profundamente angustiantes deja mucho que desear (Sen, 2007: 165-168). La competitividad entre las empresas multinacionales ha llevado a una falta de respeto a los derechos humanos por recortes al gasto social, promovidos *por la mentalidad utilitarista de las instituciones financieras internacionales*. La mercantilización de la cultura induce a caer en un relativismo, rebajar la cultura, homologar los comportamientos y estilos de vida, y reducir al hombre a sometimiento y manipulación; es decir, *la sociedad neutral*.

El pensamiento contractualista trata de derivar los principios políticos por la vía procedimental, partiendo de la propia situación del contrato, eliminando la idea de vivir con respeto por los derechos de los demás y por la dignidad, de manera previa a cualquier contrato. La actividad económica no puede resolver todos los problemas sociales ampliando sin más la lógica mercantil. Debe estar *ordenada a la consecución* del *bien común*, que es la responsabilidad sobre todo de la comunidad política. Hay un bien de la persona y un bien de la sociedad. No son lo mismo, pero se relacionan: mientras que el liberalismo define el bien en función del individualismo de la persona, en el socialismo se ve el bien común como independiente de la persona.

La libre iniciativa económica se configura no solo como *virtud individual indispensable* para el crecimiento humano del individuo, sino también como *virtud social necesaria* para el desarrollo de una comunidad solidaria. La finalidad del Estado es el bien común. El estado debe cuidar la educación, la justicia, la igualdad, el bienestar, la libertad de opinión, la participación, etc. pero el sistema democrático es por esencia participativo. Los ciudadanos participan en el Estado no solo por las elecciones. La comunidad política se constituye para servir a la comunidad civil, de la cual deriva. Con un papel mejor ponderado de los poderes públicos, es previsible que la participación nacional e internacional tenga lugar a través de la sociedad civil. Se necesita un sistema basado en tres instancias: el mercado, el estado y la sociedad civil. La sociedad civil, según Dahrendorf, es el ámbito más apropiado para una economía de gratuidad y de fraternidad. Un intento para superar la frialdad de la democracia y de la economía res la sociedad civil. La sociedad civil es un conjunto de relaciones y de recursos, culturales y asociativos, relativamente autónomos del ámbito político y del económico. La tarea futura, en todo caso, es llenar las estructuras de sociedad abierta con la vida de la sociedad civil. La ciudadanía activa es un elemento imprescindible. La ciudadanía es per se una institución. Es un espacio en el que están los derechos comunes a todos. Nuestras libertades están protegidas en forma natural por la sociedad civil. *La sociedad civil describe las asociaciones en las cuales transcurren nuestras vidas y deben su existencia no al Estado sino a nuestras necesidades e iniciativas.* La diferencia fundamental entre las estructuras monopólicas, como las del socialismo de la nomenclatura, y las estructuras liberales reside en que se tiene a disposición una pluralidad de asociaciones autónomas que no están dirigidas a un fin común. La sociedad civil es un caos creador en el mejor sentido. Lo central de la ciudadanía es otorgar los mismos derechos fundamentales sin excepción a seres humanos que se diferencian por la edad y por el sexo, por sus creencias y por el color de piel, por sus intereses sociales y por sus preferencias políticas (Dahrendorf, 2016: 111).

    El mercado libre es el instrumento más eficaz para garantizar resultados eficientes de producción y servicio, pero se necesita a los líderes del Estado para aplicar la *justicia social y la distributiva* que proporcionan la cohesión social. Sin solidaridad y confianza el mercado no puede cumplir su propia función. La finalidad del contrato social no es el beneficio mutuo, como señalaba el liberalismo tradicional, sino la solidaridad. No se puede adquirir la justicia a partir de un procedimentalismo que se funda en la realidad socioeconómica del ambiente. La persona es un fin y no un medio. La obtención de recursos, de la financiación, de la producción, del consumo y de todas las fases del progreso económico tiene ineludiblemente implicaciones morales. *La política es más que una simple técnica para determinar el orden público. Su origen y su meta están en la justicia y esta es de naturaleza ética.* "Solo es duradera una comunidad sentida como verdadera comunidad ética, no como comunidad forzada [...] La razón de Estado, rectamente entendida, es, pues, en último término, razón moral" (Ritter, 1972: 109). El estadista debe tener una clara visión de lo real y una conciencia de la responsabilidad moral. Es la condición para poder superar la antinomia entre la lucha por el poder y el orden de la paz.

El Estado debe cuidar la educación, la justicia, la igualdad, el bienestar, la libertad de opinión, la participación, etc. Para lograr una distribución justa necesitamos saber cuál es el fin de las cosas. Por la ciencia moderna no se busca el sentido o el fin. Sin embargo, en la ética y en la política se pregunta por el fin. "Hoy en día ya no existe ningún científico que consulte los libros de Aristóteles sobre biología y física. Pero los hombres interesados en la ética y en la política estudian y reflexionan siempre la filosofía de la ética y de la política de Aristóteles" (Sandel, 2010: 224). Previamente a la investigación sobre la organización ideal del Estado necesitamos definir cómo queremos vivir. Aristóteles plantea un fin. Necesitamos saber que significa el bien del hombre. Los principios dependen de la definición del bien. *No podemos implantar la justicia en la sociedad si no sabemos cuál es la mejor manera de vivir, el bien común.* La justicia es más que la elección libre o los derechos de cada uno. Los hombres tienen vinculaciones morales y por lo tanto solidaridad. La buena voluntad busca conocer el bien mayor y está dispuesta a resistir los placeres individuales en interés de una sociedad de acuerdo a las virtudes.

En su exposición sobre la justicia Aristóteles ponía en primer lugar a la justicia distributiva, como se hace hoy en día, pero preguntaba quién distribuiría los bienes. ¿Quién garantiza una buena distribución? ¿Quién para promover la buena manera de vivir? Los candidatos para los cargos públicos deben cumplir con los requisitos de *capacidad* y *virtud*. El primer requisito es la capacidad, pero también es necesario que el estadista tenga una conciencia de la responsabilidad moral. Los líderes de la sociedad son responsables de las instituciones. Las autoridades deben actuar sobre la base de sus propias virtudes para lograr instituciones donde las personas puedan encontrar la justicia.

La buena vida es el fin de la sociedad y las instituciones son los medios. "Una aspiración creativa a algo mejor es un rasgo clave de la mayoría de las sociedades que tratan de ser decentes y justas, y esa aspiración precisa de una visualización más o menos clara de su objetivo" (Nussbaum, 2014: 145).

El principio de subsidiariedad puede contrastar a veces con el desengaño y el despotismo de los funcionarios del aparato estatal, producto de la política neutral sin valores. Nadie se siente comprometido. La centralización e intervención excesiva del Estado, quitando responsabilidad a la sociedad, anulan las energías e iniciativas humanas. Sin embargo, las ligaduras o la pertenencia de los seres humanos necesitan contactos fluidos con todos los organismos estatales, municipalidades, regiones y ministerios.

La globalización de la economía y el casino de finanzas que trascienden las normas nacionales exigen un nuevo pacto mundial entre todos los políticos. Luc Ferry opina que la bolsa y el mercado han reemplazado a la moral. La globalización es inevitable. No se trata de combatirlo sino de *regularlo*.

Todos los países aspiran a un nivel de producción y consumo como el occidente. China y la India (Excolonias y explotados por el Occidente) lo están logrando, pero ahora comprobamos que los recursos materiales de la tierra ya no alcanzan. Además, ciertos recursos como por ejemplo el carbón y el petróleo son un peligro para la humanidad. La ecología hace un justo reclamo, pero su propuesta de un descrecimiento nos llevará a la miseria. Necesitamos crecimiento. Luc Ferry considera que depende de la ciencia de encontrar nuevas soluciones (Ferry, 2010: 532,533).

La política juega un rol clave, junto con la economía, para defender la justicia y la solidaridad. Las autoridades y funcionarios deben actuar sobre la base de sus propias virtudes para que las personas puedan encontrar justicia en las instituciones. El Estado solo saldrá del caos y de la anomia si lo sostienen individualidades evolucionadas, pero habitando en instituciones de eticidad. La eticidad de las instituciones depende de los que dirigen las instituciones.

Los nuevos conflictos serán más de carácter moral que económico. Se centrarán en los valores que dan cohesión a las sociedades, más que en la prosperidad. "Si las disparidades (social-económicos) son alarmantes, hoy ya no es porque se corre el riesgo de que traigan consigo levantamientos planetarios, sino porque la desaparición de la brújula ética que representa el principio de igualdad contribuye en todos y cada uno de nuestros países, y también para la humanidad entera, a la desintegración del tejido social" (Maalouf, 2019: 212).

Los valores permiten al hombre *transcenderse* hacía las otras personas para constituir una sociedad de *philia*, el amor universal, como decía Aristóteles. La amistad es para los que practican las virtudes. Aristóteles considera que el deseo de hacer el bien es cercano a la amistad, pero también se distingue de ella porque puede dirigirse a personas no conocidas. Y es más virtuoso porque no reclama reciprocidad (Aristóteles, cap. II, 9).

"Pretendo que la revolución del amor-pasión en la vida privada debe llevarnos a una visión totalmente diferente sobre la política que la actual que la domina ahora (Ferry, 2010: 524).

"No es, pues, de poca importancia contraer desde la infancia y lo más pronto posible tales o cuales hábitos; por el contario, es éste un punto de muchísimo interés, o por mejor decir, es todo." (Aristóteles, 2004: II,1).

D. La sociedad como producto del amor y de los derechos humanos

"El bienestar de la persona y de la sociedad humana y cristiana está estrechamente ligado a la prosperidad de la comunidad conyugal y familiar" (Gaudium et Spes, 47, Concilio Vaticano II). Esta esfera familiar suscita también nuevas vías para afrontar los macro-problemas políticas, sociales y económicas.

La economía moderna, el progreso de la tecnología en producción y organización del comercio, han logrado satisfacer mejor las necesidades de la humanidad. Sin embargo, "grandes masas de la población se ven excluidas y marginadas: sin trabajo, sin horizontes, sin salida. Una de las causas de esta situación se encuentra en la relación que hemos establecido con el dinero, ya que pacíficamente hemos aceptado su predominio sobre nosotros y sobre nuestras sociedades. La crisis financiera que atravesamos nos hace olvidar que en su origen hay una profunda crisis antropológica: la negación de la primacía del ser humano" (Francisco, 2013: 54-55).

En contraste con la experiencia del amor divino el hombre tiene experiencias diarias de miseria, individualismo, injusticia, corrupción etc. Estas experiencias nos cuestionan. Como respuesta Cristo anuncia el "Reino de Dios", un reino donde el hombre puede vivir en el espacio de Dios, espacio del amor y la justicia. El Reino de Dios implica no solo una relación con Dios sino trae consecuencias sociales y políticas para contribuir en la construcción de este Reino para todos los hombres. Francisco recomienda a los cristianos participar en la política. Monseñor Ricardo Ezzati, arzobispo de Santiago de Chile, señala la problemática actual: "A veces en el seno de las familias se escucha decir que los padres aconsejan a sus hijos no meterse en la tarea sucia de la política. La pregunta es: ¿entonces queremos que las tareas de gobernar sean dejadas a aquellos más 'sucios' de la sociedad porque los 'buenos' no deben contaminarse? ¿Es evangélico eso? ¿Por qué no impulsamos a todos aquellos que tengan vocación para los asuntos públicos a que se preparen para ser los mejores constructores de la ciudad?" (Ezzati, 2013: 153). El misterio del amor de Dios se vuelve la inspiración y el alma de este Reino de Dios.

Pablo VI en su encíclica "Populorum Progresio" afirmaba que el desarrollo debe ser integral y solidario. Desarrollo de todo el hombre y de todos los hombres. La antropología deforma la humanidad cuando busque solamente el desarrollo económico y favorece el individualismo.

Benedicto XVI (2009: 1-9) indica que sin la verdad el amor se convierte en sentimentalismo. Sin verdad se cae en una visión escéptica de la vida, incapaz de elevarse sobre la praxis, porque no está interesada en tomar en consideración los valores con los cuales juzgarla y orientarla. La fidelidad al hombre exige la fidelidad a la verdad, que es la única garantía de la libertad y de la posibilidad de un desarrollo humano integral. El sentimentalismo es presa fácil de las emociones contingentes, una palabra de la que se abusa y que se distorsiona, terminando por significar lo contrario. La salud del alma se confunde con el bienestar emocional. Este es el riesgo fatal de una cultura sin verdad. La verdad libera a la caridad de una estrechez de la emotividad. Sin la verdad, la caridad queda excluida de los proyectos y procesos para construir un desarrollo humano de alcance universal, en el diálogo entre saberes y operatividad. En el contexto social y cultural actual, en el que está difundida la tendencia a relativizar la verdad, vivir la caridad en la verdad lleva a comprender que la adhesión a los valores no es solo útil sino indispensable para la construcción de la sociedad. *El riesgo de nuestro tiempo es que el desarrollo no se dé con la interacción ética de la conciencia y el intelecto.* La verdad preserva y expresa la fuerza liberadora de la caridad en la historia. Una solución a los graves problemas necesita esta verdad.

La caridad y la verdad son el principio orientador para la acción moral de la justicia y el bien común. La caridad va más allá de la justicia, pero nunca carece de justicia. *La justicia es la primera vía de la caridad*. Desear el bien común y esforzarse es para toda la familia humana una exigencia de justicia y caridad. Trabajar para el bien común es cuidar y utilizar, interacción de ética e intelecto, el conjunto de instituciones que estructuran jurídica, civil y políticamente la vida social, la ciudad del hombre, haciéndola en cierta medida una anticipación que prefigura la ciudad de Dios.

La justicia es el objeto y, por tanto, también la medida intrínseca de toda política. Un Estado que no se rigiera según la justicia se reduciría a una gran banda de ladrones, dijo una vez San Agustín. La política es más que una simple técnica para determinar los ordenamientos públicos: su origen y su meta están precisamente en la justicia, y esta es de naturaleza ética [...] Así, pues, el Estado se encuentra inevitablemente de hecho ante la cuestión de cómo realizar la justicia aquí y ahora. Pero esta pregunta presupone otra más radical: ¿qué es la justicia? Este es un problema que concierne a la razón práctica. En este punto, política y fe se encuentran. Sin duda, la naturaleza de la fe es la relación con el Dios vivo, un encuentro que nos abre nuevos horizontes mucho más allá del ámbito propio de la razón. La Iglesia no puede ni debe emprender por cuenta propia la empresa política de realizar la sociedad más justa posible. No puede ni debe sustituir al Estado. Pero tampoco puede ni debe quedarse al margen en la lucha por la justicia. Debe insertarse en ella a través de la argumentación racional y debe despertar las fuerzas espirituales, sin las cuales la justicia, que siempre exige renuncias, no puede afirmarse ni prosperar (Benedicto XVI, Ratzinger, 2006: 46-48).

En la encíclica "Caritas en Veritate" Benedicto XVI piensa que la globalización puede empeorar la pobreza, pero también puede traer un proceso con múltiples oportunidades de desarrollo. Él señala que algunas zonas del planeta han experimentado cambios notables en términos de crecimiento económico y participación en desarrollo industrial. La interdependencia interplanetaria es una gran oportunidad. Sin embargo, él señala también que el desarrollo económico ha estado aquejado por desviaciones y problemas dramáticos; los efectos perniciosos sobre la economía mal utilizada y en buena parte especulativa. La riqueza mundial crece en términos absolutos, pero aumentan también las desigualdades. Lamentablemente, hay corrupción e ilegalidad tanto en el comportamiento de sujetos económicos y políticos de países ricos, nuevos y antiguos, como en los países pobres.

El desarrollo exclusivo trae un relativismo cultural. Se pretende rebajar la cultura y homologar los comportamientos. Se pierde el sentido profundo de la cultura de las diferentes naciones. Se pretende reducir al hombre a mero dato cultural. La humanidad corre riesgos de sometimiento y manipulación.

Hace tiempo que la economía forma parte del conjunto de los ámbitos en que se manifiestan los efectos perniciosos del pecado. Además, la exigencia de la economía de ser autónoma, de no estar sujeta a "injerencias" de carácter moral, ha llevado a abusar de los instrumentos económicos incluso de manera destructiva.

La unidad del género humano nace de la palabra de Dios-Amor que nos convoca. El desarrollo económico, social y político necesita dar un espacio al principio de gratuidad como expresión de gratuidad. La lógica del don no excluye la justicia ni se yuxtapone ella. La justicia es la primera vía de la caridad. Se ama al prójimo tanto más eficazmente, cuanto más se trabaja por un bien común.

Será una sociedad producto de la práctica del amor y de los derechos del hombre. Los derechos humanos, sociales, económicos, políticos y religiosos son siempre las normas generales obligatorios de referencia para todas las acciones de los Estados. Cada individuo puede cuestionar al Estado cuando no cumple con los derechos humanos.

La libertad es signo de la imagen de Dios y, como tal, expresión de la dignidad de la persona. Solo en un régimen de libertad *responsable* puede crecer el desarrollo de la humanidad. La solidaridad significa en primer lugar que todos se sientan responsables de todos; por tanto, no se la puede dejar solamente en manos del Estado. A lo largo de la historia se ha pensado que la creación de instituciones bastaba para garantizar a la humanidad el ejercicio del derecho de desarrollo. En realidad, las instituciones por sí solas no bastan, porque el desarrollo integral es ante todo vocación y, por tanto, exige que todos lo asumamos libre y solidariamente.

Sin embargo, la Iglesia como sociedad religiosa tiene sus límites frente a la sociedad política. "La comunidad política y la Iglesia son independientes y autónomas, cada uno en su propio terreno. Ambas, sin embargo, aunque por diverso título, están al servicio de la vocación personal y social del hombre. Este servicio lo realizarán con tanta mayor eficacia, para el bien de todos, cuanto mayor cultiven ambas entre sí una sana cooperación, habida cuenta de las circunstancias de lugar y tiempo" (Concilio Vaticano II, Gaudium et Spes, n. 76). La Iglesia no puede intervenir en las campañas electorales, pero ... "Es de justicia que pueda la Iglesia en todo momento y en todas partes predicar la fe con plena libertad, enseñar su doctrina social, ejercer su misión entre los hombres sin traba alguna y dar su juicio moral, incluso sobre materias referentes al orden político, cuando lo exijan los derechos fundamentales de la persona o la salvación de las almas, utilizando todos y solo aquellos medios que sean conformes al Evangelio y al bien de todos según la diversidad de tiempos y situaciones" (Concilio Vaticano II, Gaudium et Spes, p. 279, n. 76). "Piensan que el reino de Dios no es cuestión de comida y bebida, sino de justicia, de paz y alegría en el Espíritu Santo. Quien de esta forma sirve a Cristo agrada a Dios y también es preciado por los hombres. Busquemos, pues, lo que contribuye a la paz y nos hace crecer juntos" (Romanos, 14:17-19).

CONCLUSIÓN

Introducción

Hoy en día se considera como valor fundamental el crecimiento del Producto Bruto Interno (PBI) del sistema económico. Este imperativo define los otros valores. La norma del respeto caduca cuando la otra persona no es útil. Se evalúa la persona en posibilidad de uso. Cuando no se respeta a la otra persona por el valor en sí que representa, surge la sociedad de la envidia y la injusticia.

En el mundo actual no faltan informes técnicos sino una visión correcta de la persona humana. *En una época marcada por el individualismo y por la cultura tecnócrata* se necesita la conciencia de la mutua interdependencia entre los pueblos, razas, regiones y naciones. Los problemas de unos afectan a los otros y mutuamente (Buttiglione, 1989: 39). Hoy en día se podría destruir todo el planeta.

1. Superación de la Diferencia entre Aristóteles y Kant. Virtudes, Principios y Derechos

Hoy en día, filósofos como Paul Ricoeur (2008, II: 47-53) y Adela Cortina (2008: 83-96; 2011: 293-309) consideran que la filosofía actual logró desarrollar y superar las diferencias entre Aristóteles y Kant. Han construido una filosofía, en una u otra forma, de la conciencia del deber y de la universalidad de las normas de Kant o del principio procedimentalista de Habermas con el análisis racional del deseo, la motivación de los sentimientos morales, el conocimiento práctico o prudencia como conocimiento imprescindible para aplicar la norma y las virtudes como actitudes o posturas éticas de Aristóteles. Ambos filósofos coinciden en la importancia de los ejemplos de los padres, docentes y autoridades públicas para poder transmitir los valores (cfr. Capítulo VI).

Paul Ricoeur distingue en la filosofía de Aristóteles la ética anterior —es decir, la ética enraizada en la vida y el deseo— y la ética posterior: la prudencia o el conocimiento que consiste en insertar las normas en situaciones concretas. Las normas son el intermedio entre ambas.

El deseo es la motivación, la capacidad racional de buscar el mejor bien en la totalidad del campo práctico. La filosofía de Kant no considera la motivación. De la conciencia de la norma pasa inmediatamente a la obligatoriedad.

El reino del deseo ha sido objeto de un análisis preciso en los primeros capítulos de la *Ética Nicomáquea* de Aristóteles. La persona busca su propio bien, su felicidad y la de los demás. En él encontramos un discurso sobre la praxis que *echamos cruelmente de menos en Kant*. Con mucha razón Ricoeur usa la palabra "cruelmente" porque normas impuestas sin entender su sentido y sin haber sido escogidas llevaron a mucho autoritarismo y legalismo en la historia. Se está tentado de oponer demasiado de prisa el predicado "obligatorio" al predicado "bueno". El último pertenece al plano de las normas y el primero a un orden más fundamental, el deseo, que estructura la totalidad del campo práctico. La ética anterior o el deseo del bien de Aristóteles es el enfoque fundamental para encontrar una ética en la sociedad actual del pluralismo.

Ricoeur considera que el formalismo de Kant no conlleva una condenación del deseo ni de la motivación de los sentimientos morales. En cuanto al deseo del bien encuentra Ricoeur una coincidencia con Kant por medio de su afirmación: "Ni en el mundo, ni, en general, tampoco fuera del mundo, es posible pensar nada que pueda considerarse como bueno sin restricción, a no ser tan solo una *buena voluntad*". La teleología y la deontología no son rivales en la medida que pertenecen a dos planos distintos de la filosofía práctica. A la autonomía del hombre pueden asociarse el concepto de preferencia razonable y el concepto kantiano de obligación moral. Ricoeur comprueba también una coincidencia entre las dos filosofías cuando Kant en el tercer capítulo de su libro *Crítica de la Razón práctica* menciona que la voluntad dirigida al bien supone una razón práctica.

La cultura griega enumera las excelencias de la vida buena bajo el nombre de virtudes. La persona busca realizarse, sentirse feliz. Existe la necesidad de transferir los contenidos de la ética anterior a la virtud intelectual posterior, el conocimiento práctico, también llamado la prudencia. Las normas guían la transferencia de la ética fundamental en dirección a las éticas aplicadas. El conocimiento práctico debe lograr el bien o la felicidad de la persona en las circunstancias difíciles de la vida. La virtud abarca la totalidad de la vida. Para Aristóteles la virtud es la cualidad que permite una vida excelente. Aristóteles vinculó la felicidad a la moralidad.

El gran déficit de la educación actual es la indiferencia del Estado hacia la familia y los programas de enseñanza que se limitan a la competitividad, excluyendo toda referencia a la ética. Se busca formar un gran técnico, pero un hombre sin valores. La ética de las virtudes enseña a reflexionar sobre el bien de cada uno y cómo puede adquirirse. La repetición crea la costumbre o la persona virtuosa o confiable cuyo ejemplo es la mejor educación.

Para Martha Nussbaum ambas filosofías coinciden en aspectos importantes, pero ella considera que la filosofía del bien no puede sacar las conclusiones de una deliberación democrática dentro de una política liberal por la variedad de opiniones sobre los bienes. Se necesita una decisión política que hace respetar los principios básicos de la sociedad por medio de una filosofía del deber (Nussbaum, 2017: 91-103). El gobierno define lo correcto. Sin embargo, observamos una tendencia en los gobiernos actuales hacia una preocupación exclusiva tecnócrata cuyo único rasero radica mejorar la producción y en aumentar el consumo.

En la era moderna aparece una razón independizada que se ha vuelto ciega e inhumana destruyendo sus propios fundamentos de los derechos. "Me atrevo a afirmar que la democracia sólo está en condiciones de funcionar si la conciencia funciona" (Benedicto XVI, Ratzinger, 2005: 177- 180).

Javier Gomá considera que la crisis actual de los valores nos obliga a crear costumbres nuevas a partir de la virtud que escoge el bien porque las actuales costumbres no llevan a la vida virtuosa. La virtud es lo único que poseen los ciudadanos para combatir la corrupción y la barbarie (Gomá, capítulo XII, 5).

2. La Cultura de la Sociedad Tecnócrata

Al comienzo de los descubrimientos, siglos XVII y XVIII, épocas de Descartes y Kant, se entendía la ciencia con una óptica o un ideal de servicio a la emancipación del hombre, de servicio a la libertad y a la felicidad. El progreso de la ciencia nos liberaría del oscurantismo de los siglos anteriores y el dominio del mundo nos liberaría de las servidumbres materiales.

No obstante, el proyecto técnico y humanista de la Época de las Luces entrará en un nuevo espacio económico: la economía global controlada por los países continentes y las empresas transnacionales. Ralf Dahrendorf nos advierte que ninguna empresa o Estado puede ignorar el nuevo espacio económico del mundo global

El motor de la historia ya no está en una ciencia al servicio de los ideales de la libertad y de la felicidad del hombre. La racionalidad económica parte de un principio amoral porque tiene la competitividad, la producción y el consumo como la primera y única norma. Como dice Jean-François Lyotard no existe un lenguaje que formula fines sino una razón en búsqueda de resultados.

Yuval Noah considera que estamos en una sociedad tecnológica que se distingue del liberalismo o el neoliberalismo como algunos quieren llamarlo. "En 2016, el mundo está dominado por el paquete liberal del individualismo, los derechos humanos, la democracia y el mercado libre. Pero la ciencia del siglo XXI socava los cimientos del orden liberal. Puesto que la ciencia no aborda cuestiones de valor, no puede valorar más la libertad que la igualdad, o al individualismo más que el colectivo" (Yuval Noah Harari, 2015: 311).

La filosofía del pragmatismo o filosofía del lenguaje se ha puesto al servicio del conocimiento científico y la tecnología. Ella define el comportamiento del hombre a partir del resultado de las ciencias. La ciencia no descubre alma, espíritu o libertad sino genes, neuronas que obedecen a las leyes de la química. El hombre se comunica con el mundo físico-químico por medio de su biología, que a su vez se expresa en las ciencias sociales, especialmente en la economía. El pragmatismo se considera por esencia un pensamiento "moral" pero los valores estarían dentro de la vida natural. Estamos en una civilización del método experimental. Un espíritu es solamente un nombre diferente para un cuerpo orgánico en acción, un proceso en el cerebro. Los ideales son productos de la materia sólida del mundo de la experiencia física y social. Ya no se busca el sentido o el fin del mundo porque la naturaleza se explica por medio de las leyes de la física. Las causalidades son mecánicas. Las posibilidades y valores de vida de los hombres están determinados por las condiciones económicas (Vacher, 1990: 1059). La ciencia económica define la cultura. La inteligencia se desconecta de la conciencia.

Las ciencias y la tecnología van creando permanentemente "valores" nuevos. El conocimiento se concibe como una reflexión analítico-teórica, y el cambio como praxis y aplicación de reglas de las ciencias sociales. Las ciencias no condicionan, sino que determinan al hombre. La inteligencia forma parte de los procesos cerebrales. El conocimiento del "bien" y la "verdad" en el pragmatismo es el producto del entorno material y social. En este caso no se conoce la verdad y el bien sino intereses y utilidades como productos de las acciones. Patrick Loobuyck opina: "La causa final de Aristóteles, que dominó desde el siglo doce hasta el siglo diecisiete como modelo de explicación, es considerada en el tiempo moderno como una ficción, tirada al tacho de basura y reemplazada por la causalidad mecánica" (Loobuyck, 2013: 63).

Además, la interpretación del fundamento filosófico de la racionalidad económica, y por lo tanto la definición del bien común, incluido el contenido de los derechos del hombre, son discutidos: por un lado, una lectura reducida del utilitarismo puede justificar la trata de personas, por otro lado, la globalización y la aceptación de nuevos principios de organización como el *new public management* por los partidarios de estas teorías. Es muy difícil excluir la hipótesis de que estas tesis no constituyen en realidad una estrategia que permite evitar un análisis específico de las causas socioeconómicas del malestar social e institucional, y sobre todo de las consecuencias para los principios del estado de derecho y para la protección de los derechos del hombre (Borghi, 1998: 403).

"La filosofía del lenguaje cuestiona que el sujeto, con sus experiencias e intenciones, sea fuente del sentido. La filosofía materialista desconoce al ser humano. El sujeto no busca ni se preocupa de hacer el bien sino, cumple con "normas" por presión de la sociedad" (Adela Cortina, Ética sin Moral, 2008:124). Tampoco el progreso de las ciencias es automáticamente la fuente del progreso de la política y de la moral.

Repetimos la objeción de Luc Ferry: "¿Para qué sirven nuestras protestas si están escritas de toda eternidad en la realidad de la misma manera como las cosas a las cuales se oponen?" La filosofía analítica elimina al hombre. Desconoce la riqueza de la libertad que orienta a cada instante las acciones del hombre con los valores o virtudes.

Los gobiernos han dado a la ciencia y a la técnica una función *ideológica*. Se cree ahora que el desarrollo de la ciencia y de la técnica logrará satisfacer a los hombres. La política del desarrollo se daría por medio de la solución de los problemas técnicos.

No se ofrece un sentimiento de pertenencia. La democracia es un hormigón de vidrio, como decía Ralf Dahrendorf. Faltan las ligaduras morales. La noción de progreso cambiará de sentido. El dominio del hombre sobre el mundo se ha vuelto un proceso automático, incontrolable y ciego, es el simple resultado de la competitividad, dominar por dominar y no se sabe por qué. La técnica se dirige a los medios y no a los fines. La historia no tiene rumbo ni sentido. Nada indica que estemos yendo a algo mejor. En muchas universidades diseñan el plan de estudios exclusivamente en función de la competitividad. Se pretende formar un buen técnico, un buen instrumento al servicio de la competitividad de las empresas transnacionales. El progreso de las ciencias y la tecnología no nos asegura contra la barbarie. Cuanto más instruido eres, tanto más inmoral puedes ser. La educación no se limita a la transmisión de conocimientos científicos. Ella es también transmisión de los valores que no pasan por la ciencia.

La ideología de la ciencia y de la técnica han logrado desplazar en la mente de los hombres la discusión política y democrática por una ideología de las aspiraciones neutras del consumo: más dinero, más tiempo libre y más seguridad del empleo. Los tres son neutros desde el punto de vista moral. Los intereses de los hombres coinciden con los intereses técnicos y científicos del sistema.

Los poderes de transformación también han traído destrucciones enormes porque se desarrollan sin sabiduría. El pensamiento de la Modernidad consideraba el cosmos como un caos y criticaba a los filósofos griegos por considerar un orden en el cosmos. La situación actual demuestra que el caos es producto del hombre.

Tenemos el derecho de cuestionar este largo proceso en contra de los "ídolos" de la humanidad. ¿A dónde llevan estas críticas? ¿Cuál es su destino? ¿A dónde lleva esta contracultura? La filosofía actual debe buscar un camino diferente

Ratzinger opina que una renovada conciencia ética no surge como producto de los debates científicos. La quiebra de las certezas morales y de la nueva imagen del hombre es consecuencia de los crecientes conocimientos científicos. Existe una responsabilidad de la ciencia y de la filosofía de una perspectiva crítica (Benedicto XVI, Ratzinger, 2005:212).

3. El Individualismo. La Autodeterminación y la Neutralidad del Gobierno. La Separación entre Vida Privada y Pública

Kant no logró incorporar su ética del "deber" en la política y en la economía. Con la Ilustración se inició un proceso de individualización. Se adjudica a la persona un lugar central en las teorías políticas y sociales, con el consecuente debilitamiento de los lazos sociales y familiares. Se vive la ilusión de la autodeterminación (Golte y León Gabriel, 2011: 218).

Para Kant, los conceptos en el conocimiento teórico tienen carácter universal. Las normas éticas del conocimiento práctico tienen el mismo carácter de universales y necesarias. La pregunta es: ¿cómo un conocimiento puede tener un carácter universal?

Para superar la explicación de las ideas eternas de Platón y de las ideas innatas de Descartes, Kant aclara que los conceptos son vacíos. Este carácter no puede ser deducido de nuestra experiencia. El conocimiento está en la razón pura pero los conceptos son vacíos y el conocimiento sensitivo no es valedero. El deber kantiano no quiere prescribir un contenido porque en este caso la decisión dependería del objeto o de la voluntad del otro, etc. La obligación dependería de condiciones y por lo tanto no sería ética sino interés. Para él la ética se limita al deber y a la voluntad.

La decisión es estrictamente personal, autónoma. La única motivación es el deber. Surge entonces el problema: ¿cómo se va a formular o exigir cumplimiento de la realidad? Lograr un cambio es como una especie de un nacimiento nuevo, una reforma instantánea del corazón o como una creación nueva (Gómez y Muguerza, 2007: 252).

Kant considera entonces que este principio categórico de obligación se debe aceptar, creer, y por eso necesita la colaboración de la voluntad: "actúa en tal forma por el motivo de su voluntad". Por separar radicalmente el conocimiento racional del conocimiento sensitivo Kant está obligado a privilegiar la voluntad.

Kant escribe: "En el imperativo moral el fin es indeterminado y la acción tampoco se halla determinada conforme a un fin, sino que se dirige únicamente a la voluntad libre, sea cual fuera el fin. El imperativo moral manda, pues, absolutamente, sin atender los fines. Y nuestro libre hacer u omitir posee una bondad propia, proporcionando al ser humano un valor interno absolutamente inmediato, cual es el de la moralidad" (Muguerza, 2007: 339).

Con la teoría del deber en base de la voluntad, estamos a un paso de la libertad sin normas de Nietzsche y de Sartre, porque para Kant la voluntad crea los valores. Con la Ilustración se proclamó la muy elogiada autonomía, concepto preferido de Kant, entendida como la autonomía de la voluntad para cumplir las leyes pero que no permite hablar del bien de las acciones. El concepto de autonomía inevitablemente desembocó en la voluntad del superhombre de Nietzsche.

La filosofía del individualismo y el escepticismo del mundo actual, magistralmente anunciados por Friedrich Nietzsche en su crítica a la patología de la razón de la modernidad –es decir, una razón que se sobreestima a sí misma– son consecuencia de un mundo con ausencia de normas. Además, la razón de la modernidad no trajo la felicidad al hombre.

Se ha actualizado los derechos humanos pronunciados en la revolución de Paris para defender el individuo contra los abusos de cualquier forma de opresión que se estaban presentando.

Los nietzschianos están declarando que la realidad tal como se presenta es la norma intocable. Permiten como único horizonte del pensamiento la "filosofía del martillo", criticando y destruyendo toda propuesta. Solo queda el "amor de lo presente" (*amor fati*) como decía Nietzsche. En estas circunstancias no se puede evitar que los revolucionarios se conviertan en hombres del *business*. El hombre se vuelve cínico, desengañado, porque tiene como única meta adaptarse a la realidad. El *amor fati* de Nietzsche declaró el nihilismo de todos los grandes ideales y obligó al hombre a someterse a la situación del mundo sin valores, donde el único valor que permanece es el del más fuerte; donde todo tiene idéntico valor prevalece un solo valor: el poder. El agnosticismo libertino se transforma en el principal cómplice del poder establecido (Methol Ferre, 2015: 53).

Finalmente termina la interpretación de la "autonomía" de Kant en una voluntad egocéntrica de escoger sin ninguna finalidad o responsabilidad como en el existencialismo de Jean-Paul Sartre, autor de la filosofía existencialista (Iris Murdoch, 1969: 32). El pensamiento existencialista es o bien demasiado optimista o algo diabólico. "Quizá sea Heidegger el diablo en persona" (Iris Murdoch, Ibíd.: 63).

El gobierno debe entonces ser *neutral*. El Estado no puede intervenir en la vida privada. El gobierno no puede imponer valores o fines porque faltaría el respeto a la persona como individuo libre e independiente que toma sus propias decisiones. Definir una finalidad quitaría la autonomía a los ciudadanos. Las leyes deben ser neutrales; es decir, no pueden proponer una manera de vivir. Se ha creado una separación entre la vida pública y la vida privada. El Gobierno solo tiene el deber de cuidar que la libertad de uno no dañe a la libertad de otro. También la religión ha sido reducida al ámbito de lo íntimo a lo ceremonial.

Por eso, para esta figura de ética lo que es "justo hacer" ha de determinarse antes de saber qué es el bien humano, en el sentido de que las exigencias de "justicia" en orden a la colaboración social tienen precedencia y han de ser fundamentadas independientemente de las diversas concepciones de la vida que cada uno tenga.

El gobierno debe cumplir con las condiciones *materiales*. Todos los ciudadanos usan los servicios públicos que aseguran la "calidad" de vida. Ellos son la piedra angular que garantiza la cohesión de la sociedad (Lyazid, 1998: 393). Martha Nussbaum señaló que esta filosofía de la neutralidad de los Gobiernos, esta libertad negativa, ha sido particularmente negativa para las familias y sobre todo para la educación de los hijos.

Cuando hablamos de una "buena persona", de un "hombre confiable" o "de calidad" nos referimos a alguien que tiene la virtud adquirida, que siempre busca el bien. Esta es una marcada diferencia con el hombre *fingido* de la posmodernidad que busca solamente su propio interés. Decimos fingido porque no busca el bien, sino que se acomoda o usa a las personas e instituciones. Manifiesta: "no he hecho nada malo", porque ya no sabe la diferencia entre el bien y el mal. Es la época del individualismo.

4. Una antropología catastrófica o una antropología del bien

Cada uno escoge como quiere; es decir, la libre elección es el fundamento para una sociedad justa. El dinero adquirió tanta fuerza que puede fijar precios para bienes que no pertenecen al mercado. Se puede comprar títulos universitarios, riñones en países pobres, un lugar en la lista de candidatos al Congreso nacional y el dinero logra también penetrar el ámbito de la política, el poder judicial, la ciencia, el arte y el deporte.

Esta declaración de igualdad entre el bien y el mal se fundamenta en lo que Peter Sloterdijk llama antropologías catastróficas. "La tendencia asocial, esta miserable ideología que conoce solamente la codicia, esta psicología barata de psicólogos y sociólogos; afirmo que todo esto ratifica una sola cosa: en el siglo XX hemos fundado una imagen falsa del hombre. Pensamos que el hombre es un animal que trata de acaparar todo lo que puede. Ya no existe la idea de tomar en serio a los hombres en cuanto a su cualidad de donantes" (Sloterdijk, 2010a: 263-264, 274-275). Sloterdijk se olvida de mencionar a filósofos como Nietzsche y seguidores, quienes entienden al hombre como un conjunto de instintos, marcado por la ira, la envidia y el miedo.

Por este camino llegamos a las antropologías negras. T. Hobbes, que proponía la lucha de todos contra todos, llevó a Hitler a creer en la crueldad de la naturaleza. Lenin también tenía un pensamiento catastrófico y equivocado, quería eliminar a la mayoría para iniciar una nueva humanidad con los sobrevivientes. Los banqueros de hoy en día piensan solo en la codicia. Sus actuaciones llevarán también a la construcción de sociedades violentas. Son las expresiones del *Homo homini lupus* de Hobbes, el Amo y Esclavo de Hegel, la lucha de clases de Marx y la voluntad de poder de Nietzshe (Sloterdijk, Ibíd.: 249).

¿Cuál es el ideal del liberalismo sino entender por "libertad" la independencia con respecto a los demás? ¿Y cuál es el ideal del marxismo sino una estructura colectivista donde la conciencia no juega ningún papel? La derecha y la izquierda solo luchan por el poder. Todas estas ideas descansan sobre una *antropología catastrófica y equivocada*. Durante trescientos años se ha presentado al hombre como un ser que solo piensa en adquirir, en lugar de verlo también como alguien que da.

La libertad fue una conquista valiosa en contra de la hegemonía de un rey que tomaba todas las decisiones, pero existe el miedo al regreso de una autoridad que no deja espacio para la libertad. Nietzsche criticó la patología de la razón de la modernidad. También es necesaria una crítica de la patología de la religión. La democracia con plenos derechos humanos no es completa en los países islámicos y en algunos países de Asia. En Irán el Corán reemplaza a la Constitución. Países como Arabia Saudí, Irán, los talibanes en Afganistán, etc. no permiten la presencia de otras religiones o del ateísmo. Al discrepante le espera la cárcel o la muerte. En países como Nigeria, Kenia, Irak etc., los islamitas persiguen y matan a los cristianos; lo mismo ocurre en la India con los radicales del hinduismo. También persisten gobiernos dictatoriales como Cuba y Corea del Norte.

Ralf Dahrendorf advertía de la amenaza actual de su regreso como podemos observar en Venezuela. La pregunta es: ¿cómo podemos coordinar la solidaridad social con la libertad del individuo? La filosofía ha perdido su gran tarea tradicional: el sentido de la vida y la sabiduría. Más que nunca en este momento de dominio de la tecnología, el mundo necesita la pregunta por el sentido de la salvación. Ya no podemos permitir que la lucidez de la corrosión sea el fin. Un espíritu crítico solo ayuda a eliminar los errores del pasado, pero no aporta una respuesta a las grandes preguntas existenciales que siempre formaron parte del corazón de la filosofía.

No es correcto describirnos como seres inferiores, como lo han hecho y lo siguen haciendo. Hay otra visión posible sobre el hombre. Además, no solo existen otras visiones sino también otras experiencias. Todo depende de las vivencias de cada persona y de la imagen que la cultura nos presenta. El problema moral surge porque el hombre es un ser moral o tiene una experiencia moral. La reflexión filosófica viene después, no viene de la nada. La reflexión tiene unos presupuestos, los primeros principios prácticos, pero tiene también unos presupuestos de la experiencia. Para una persona cuya experiencia familiar y social es negativa, sin valores, sus argumentos racionales serán relativos (Rodríguez Luño, 2010: 52).

Peter Sloterdijk cita al sociólogo Marcel Mauss, quien considera que el vínculo social primario es el don. Para Sloterdijk la generosidad existe en el hombre tanto como la codicia. La cohesión social se fundamenta en el don. Hay un fundamento neurológico para la capacidad de intuición y participación. No es una facultad de razonamiento sino la unión emocional con los demás. Tenemos que cambiar la imagen negativa promovida por las antropologías negras porque no corresponde a la vida de los que respetan los valores.

El Premio Nobel de Economía Amartya Sen, piensa de la misma manera. Señala que muchos economistas modernos, de manera equivocada, describen al hombre moderno como un "egoísta" o como un ser "racional". Para él es evidente que la conquista de la modernidad se da en el hombre que actúa por sentido de solidaridad con los demás (Sen, 2007: 168). Hay innumerables ejemplos de solidaridad en el mundo.

Jean-Claude Michéa (2010: 131-139), filósofo francés y exmilitante del partido comunista, comprueba que la eliminación de los valores tradicionales por parte de la sociedad tecnócrata se fundamenta en la convicción de que el mercado y el derecho son suficientes para lograr la integración de los individuos: hacer negocios y firmar contratos por el interés. Sin embargo, estas formas de socialización son secundarias porque solo podrán funcionar a partir de condiciones previas antropológicas de individuos que tengan un cierto grado de confianza y, consecuentemente, una existencia mínima de disposiciones psicológicas y culturales de lealtad. Ningún cálculo fundado en el interés puede permitir que los individuos entren en el círculo de confianza. Ian Williams ha comentado al respecto: "Una confianza fundada sobre el interés constituye una contradicción en los términos".

"En oposición a lo que pensaban Maquiavelo, Hobbes, y hasta Tocqueville, las pasiones democráticas no están necesariamente dedicadas al egoísmo. Ellas pueden surgir, a pesar de que la evidencia sea rara, de otra lógica, la de la simpatía que, en el espacio público, lleva el bonito nombre de 'fraternidad'" (Ferry, 2010: 316).

La búsqueda racional es siempre búsqueda del verdadero bien. Si una persona tiene hambre pasa directamente a la acción de comer, si tiene frío se pone ropa de abrigo, si tiene calor busca un lugar resguardado del sol. Si en cambio está globalmente descontenta de la vida que lleva, la única acción posible es pensar cómo puede cambiar.

Existe en el hombre la preocupación por lo perfecto. Iris Murdoch, novelista y filósofa inglesa, hace referencia al arte. A nadie le agrada un comportamiento ético mediocre como tampoco una pintura mediocre. No nos gusta que nos paguen la mitad de la deuda, que haya mucha diferencia entre los sueldos, que unos tengan trabajo y otros no, que la persona querida nos abandone, etc. No podemos definir claramente lo que es el bien, pero lo buscamos siempre. Admiramos a Shakespeare, a Van Gogh, a Beethoven y a tantos grandes del arte porque son mejores, son los buenos. El bien está siempre presente como algo que nos obliga a buscar lo mejor. El bien tiene autoridad porque nos hace ver la realidad (Murdoch, 1969: 49-55). El bien es trascendente. El bien debe estar en el centro de nuestro pensamiento. La voluntad es la energía para realizar un fin valioso. Murdoch cita el Evangelio (Mateo, 5: 48): "Sean ustedes perfectos como es perfecto el Padre de ustedes que está en el cielo". Ella dice que algunos psicólogos nos advierten de que exigencias muy altas nos pueden producir neurosis. Sin embargo, tenemos que entenderlo en relación con la idea del amor. La idea de perfección nos toca y nos cambia porque nos hace amar lo mejor en nosotros (Iris Murdoch, 1969: 50-51).

La reflexión ética sobre la experiencia moral demuestra que ciertos tipos de vida son mejores que otros. La comparación entre diferentes vidas confirma que tenemos la experiencia que nos permite establecer un número de criterios para ordenar los afectos y actividades sin la necesidad de referirnos a una metafísica del bien. La vida de un asaltante es diferente de la vida de una persona que respeta los valores. Los actos de violencia, asesinatos, extorsiones, etc. son evidentes. No se puede dudar al respecto.

El hombre con sentido común no tiene duda sobre a dónde va lo bueno y lo justo. Igualmente sabe diferenciar cinismo, crueldad e indiferencia. *Basta la reflexión ética sobre la experiencia moral para entender que ciertos tipos de vida son mejores que otros.* Una cosa es el bien global al que mira la metafísica y otra es la norma inmediata del comportamiento. Hay muchas evidencias sobre el buen y el mal comportamiento.

"Los filósofos pueden discutir qué significan el bien y el mal, pero en la vida diaria tenemos una idea bastante clara de lo que está bien y de lo que está mal. El hombre que asesinó a la mujer en la subestación suburbana cometió una mala acción, y la gente que se ocupa de los pacientes que agonizan de Sida realiza una buena acción" (Ralf Dahrendorf, 2006: 75-76). Él hace una afirmación del sentido común del cual duda mucha filosofía moderna.

Ser humano consiste en tener buenas relaciones con los otros seres humanos. Poseer las cosas te permite relacionarte más favorablemente, a condición de que estas no se consigan a costa de los demás. Al tratar a las personas como personas y no como a cosas estoy haciendo posible que me devuelvan lo que solo una persona puede darle a otra. La humanización es un proceso recíproco. Si para mí todos son como cosas o bestias, yo no seré mejor que una cosa o una bestia. No conseguiremos así ni amistad, ni respeto, ni mucho menos amor. El trato es importante. Por eso darse la buena vida no puede ser algo distinto a fin de cuentas de dar la buena vida (Fernando Savater, 2004: 84).

5. El hombre se realiza por la elección del bien para sí mismo, para los demás y para el buen uso de la tecnología.

Es indudable la importancia del aporte del pensamiento liberal en defensa del individuo. La Declaración de los Derechos Humanos surgió en respuesta a imposiciones de líderes religiosos y políticos. Sigue el peligro de una tendencia del Islam que aplica su ley de la *sharia*. Hay 240 millones de cristianos perseguidos en cincuenta países. Hay entre 4.000 y 7.000 cristianos asesinados al año. Los países donde hay una persecución de los cristianos al más alto nivel son Corea del Norte, Afganistán, Somalia, Libia, Pakistán, Eritrea, Sudan, Yemen, Irán, India, Siria, Nigeria y Arabia Saud. El siglo XX conoció dictadores como Hitler, Lenin, Stalin, Mao, Pol Pot y varios de África y América latina.

Sin embargo, en un mundo globalizado con culturas totalmente aisladas, algunas de las cuales tienen al individuo como último punto de referencia, donde los valores o normas son productos de cada uno, pero se acepta las normas del pensamiento tecnócrata. Hay un preocupante distanciamiento entre el orden económico, político, jurídico, social y el orden ético en nombre de una libertad mal entendida. El axioma de la política actual es la neutralidad. No habrá paz si el gobierno no asume una posición neutra, es decir, se abstiene de imponer una concepción de la vida. Estamos en la sociedad de la amoralidad. Solo se busca las condiciones técnicas de un modus vivendi. Ya no hay que apelar a los valores para organizar la sociedad. Un Estado sin valores ya no es un gobierno de hombres sino un administrador de cosas.

Todos los filósofos que se preocupan por el futuro de la humanidad coinciden en la necesidad de una ética.

Habermas da una respuesta por medio de su teoría de la comunicación. Mientras que la acción técnica exige aprendizaje de las ciencias y de las técnicas, la acción comunicativa exige apropiarnos de las normas morales y configurar nuestra personalidad. La realización de la buena vida no puede hacerse desde la racionalidad técnica sino desde la comunicación o la moral. Habermas sostiene que existen también las relaciones entre los hombres y no solo la relación del hombre con la producción material.

Sin embargo, él afirma que vivimos en una época post-metafísica. No se puede dar una definición metafísica del bien. Una concepción del bien no puede ser captada universalmente, como ya lo había afirmado Kant. Por esta razón Habermas plantea una ética de normas que son frutos del consenso en lugar de una ética de ideales o valores. Tampoco está de acuerdo con los juicios puros *a priori* de Kant. El deber o la obligación no está en la persona o en su conciencia sino en los procedimientos. El contrato entre los hombres es un proceso en el cual cada uno busca el consenso. El lenguaje ayuda a lograr el consenso. Para Habermas el lenguaje es anterior a la mente y a la actividad intelectual, y asume de esta manera la filosofía analítica dentro de su teoría de la comunicación.

El organismo que recoge la gran variedad de consensos es el Congreso de la República. Los congresistas definen los acuerdos y los convierten en leyes. De esta manera ya no hay diferencia entre derecho natural y derecho positivo, y el discurso moral se convierte en un discurso jurídico. Las leyes formuladas por el Congreso de la República imponen la obligación. Esta obligación legal no surge por la conciencia sino por el poder coactivo. El problema de La filosofía de Habermas está en la eliminación de la conciencia libre de escoger, que es la base de la ética. Aristóteles sostenía que el acto moral implica una moral intencional o del interior de la persona. Esta debe actuar sabiendo lo que está haciendo de una manera decisiva. Debe escoger libremente su acto. Sin la voluntad libre la ética se respeta solamente por miedo de la sanción. Como dice Martha Nussbaum, las partes no conocen un amor intrínseco por la justicia.

Adela Cortina asume el procedimentalismo de Habermas, pero lo critica en cuanto "la ética del discurso" está exenta de valores. Ella considera que el procedimentalismo incluye inevitablemente los valores. No es neutral (Cortina, 2011: 309).

Con razón observa, Michael Sandel – profesor de filosofía de la Universidad de Harvard (su curso de ética es el más atractivo en la universidad y asisten más de mil estudiantes) – que no se puede definir la justicia con principios neutrales. La definición de nuestros derechos y deberes implica inevitablemente una referencia a valores. Michael Sandel señala lo siguiente al respecto: "Yo no pienso que la libertad de elección –también la libertad de elección en circunstancias honestas– sea un fundamento adecuado para una sociedad justa. Con más razón, pienso que la búsqueda de principios *neutrales* de justicia va por un camino equivocado. No es siempre posible definir nuestros derechos y obligaciones sin incluir *cuestiones morales* fundamentales (Sandel, 2010: 259).

Desde hace quince años, según Alain Badiou, nos están enseñando que no se puede unir las personas alrededor de una idea positiva del bien y afirmar que el hombre es origen de su propio mal por este proyecto. Justicia, igualdad, solidaridad, derechos etc. serían el origen del mal. Él lo considera una sofística que devasta. Alain Badiou no acepta un derecho natural pero tampoco la opinión de Nietzsche que anula la diferencia entre bien y mal. La vida es un bien. El hombre debe aceptar la verdad de la vida y ser leal a esta tarea. El mal es solo una posibilidad cuando el hombre no sea leal a la verdad de su bien (Alain Badiou, 1995: 52-54).

Es posible que algunos filósofos se equivocan en presentar la filosofía de la "ley natural" como una ideología que justifica totalmente la sociedad actual como lo observa Gudula Frieling. Sin embargo, la misma autora también hace ideología cuando afirma que la biblia plantea que la propiedad privada es fuente de todos los problemas (Gudula Frieling, 2016, 413, 564-577). Al contrario, la Biblia y la tradición reconocen la propiedad privada. En todas las encíclicas papales encontramos el reconocimiento de la propiedad privada, pero para servir al bien común. "La solidaridad es una reacción espontánea de quien reconoce la función social de la propiedad y el destino universal de los bienes como realidades anteriores a la propiedad privada. La propiedad privada de los bienes se justifica para cuidarlos y acrecentarlos de manera que sirvan mejor al bien común, por lo cual la solidaridad debe vivirse como la decisión de devolverle al pobre lo que le corresponde" (Francisco, 2013).

Ronald Dworkin busca un fundamento para poder trascender el derecho positivo y evitar el relativismo. La evolución y la corrección del pensamiento y de las leyes necesitan una base o punto de referencia. La interpretación tradicional entiende la ley natural, según Dworkin, como una facultad moral que produce intuiciones concretas que son indicios de principios más abstractos y más fundamentales, mientras que la interpretación moderna insiste en el aspecto constructivo. Se construye sobre una base común pero no hay una existencia fija de principios (Dworkin, 2012: 246-248).

Él considera que debe haber derechos naturales: "Debe ser una teoría que se base en los conceptos de derechos que son *naturales*, en el sentido de que no son producto de ninguna legislación, convenio o contrato hipotético". Pero no acepta una fundamentación metafísica. La ley natural es para él una hipótesis que considera fundamental la protección de ciertas opciones individuales, que no es adecuado subordinar a ningún objetivo o deber, o combinación de ellos. En el modelo constructivo, el supuesto que los derechos naturales son naturales es un supuesto, simplemente, dado su poder para unificar y explicar nuestras convicciones políticas que hay que hacer y examinar, una decisión pragmática básica que se ha de someter a esta prueba de coherencia y experiencia (Dworkin, 2012: 267-268).

Dworkin acepta una "base común" y "fundamentos independientes" para evitar el relativismo, pero, por otro lado, considera que su pensamiento es constructivo. Si se define al pensamiento humano como hipotético –como lo es el conocimiento científico– implicaría que los principios también pueden cambiar. En este caso no nos podemos escapar del relativismo. Se puede ampliar o mejorar los principios, pero no reemplazarlos por otros. Un mundo reducido a la contingencia sería como una historia contada por un idiota, decía Shakespeare.

Luc Ferry afirma que los valores están en la misma persona. Según él, los grandes valores que animan toda vida son *trascendentes* para cada uno de nosotros. Por autorreflexión podemos descubrir en nosotros la existencia de los valores o fines, la verdad, la justicia, el bien, el amor y la belleza. Luigi Giussani (1986: 18) las llama un conjunto de exigencias originarias con las que el hombre se siente impelido a confrontar todo lo que existe, la cultura dominante. *La tarea del humanismo es pensar la trascendencia en nosotros como libertad y fuera de nosotros como valores.*

¿Cómo podemos entender esta transcendencia? A pesar de que debo afirmar la existencia de las cosas, me parece al mismo tiempo normal que no existen. Este conflicto se manifiesta más en el caso del hombre porque recibió la libertad para construir su propia vida, pero al mismo tiempo vive con la conciencia angustiosa y permanente de que no puede garantizar su propia vida. Es la contingencia que no puede explicarse a sí misma. Es un vacío ontológico inherente a todas las cosas. Hay una insuficiencia en todas las cosas que no puede encontrar una explicación. Este vacío ontológico se refiere a algo fuera del universo que explica su gratuidad. Nuestra razón abierta a toda la realidad siente esta transcendencia en nosotros. Esta experiencia es un conjunto de evidencias, valores y exigencias. Cualquier afirmación o juicio es una confrontación de lo que existe con esta experiencia en nosotros.

Tenemos conocimiento de nuestra existencia que hemos recibido. La existencia de un fin último da sentido a nuestra vida y podemos por autorreflexión descubrir los valores, expresiones indirectas de nuestro fin último que orientan nuestras acciones hacia el bien. Las virtudes son los criterios básicos de orientación para las decisiones prácticas sobre nuestra vida. Los valores permiten constituir una comunidad de familia, amistad, y sociedad. Como decía Aristóteles, el matrimonio solo es posible entre dos personas con dignidad. La dignidad de la persona está en su vivencia de los valores.

Las tecnociencias pueden dañar. Los gobiernos tienen la grave responsabilidad de pronunciarse sobre los daños que algunas ciencias están causando. Sin embargo, la ética tiene prioridad sobre la técnica y la política.

Los hombres delegan el poder de decisión a los parlamentarios, pero no han delegado los valores. El fundamento de la ética está en la conciencia de los valores. La libertad es transcendente a la materia. El saber de la ciencia es insuficiente y las conclusiones de las ciencias no podrán indicar por sí sola la vía hacia el desarrollo integral del hombre. Siempre hay que lanzarse más allá: lo exige la caridad en la verdad. No existe la inteligencia y después el amor: existe el amor rico en inteligencia y la inteligencia llena de amor (Benedicto XVI, Ratzinger, 2006, p.30). Las leyes no pueden prohibir la envidia, la mentira, el odio etc.

"El hombre no puede vivir sin poder emitir juicios ciertos sobre el comportamiento que el otro tiene con él" (Giussani, 1987: 25-48). El mundo científico considera que la única certeza es el cambio permanente, pero la certeza moral es el problema capital de la vida como existencia personal. Solo se puede uno fiar del otro cuando ambos buscan el bien.

Con razón observa, Michael Sandel –profesor de filosofía de la Universidad de *Los hombres tienen una experiencia común y para poder constituir una comunidad, familia, amistad, asociación, sociedad, necesitan compartir los valores.* Estos valores en los hombres, que son su fundamento o su esencia, constituyen la llamada *ley natural* en la filosofía tradicional. El elemento principal del derecho natural son los derechos humanos, los cuales no son comprensibles si no se acepta previamente que el hombre es sujeto de derechos, y si su existencia misma no es portadora de valores y normas que hay que descubrir (Benedicto XVI, Ratzinger, 2013: 48). "La ley natural es una ley no escrita, promulgada a través de la misma razón que a medida que ha ido conociendo más y mejor a la persona, ha ido descubriendo qué es y qué no es coherente con el ser de la persona" (Valverde, 1995: 310).

De esta manera entiende que la ética tradicional no es una deducción de normas que se imponen al hombre, como critica el pragmatismo a la filosofía de Aristóteles y de Tomás de Aquino, sino es una reflexión del hombre sobre su propia realidad concreta buscando el bien con la razón, la voluntad y los sentimientos, para poder encontrar valores o normas que recibirán su definición final en el conocimiento práctico.

¿El hombre se deja guiar por el proceso actual de la sociedad tecnócrata o el hombre dirige su propia vida en función de su dignidad? "La orientación del hombre hacia el bien sólo se logra con el uso de la libertad. El hombre logra esta dignidad cuando, liberado totalmente de la cautividad de las pasiones, tiende a su fin con la libre elección del bien y se procura para ello con eficacia y esfuerzo crecientes" *(Concilio Vaticano, Gaudium et Spes, 1972: n.17).*

La posmodernidad no construye encuentros entre las personas. Su principal característica es la paranoia entre la gente. El permanente divisionismo que origina separaciones en las familias, amistades, asociaciones y partidos políticos es producto de una falta de conciencia personal formada sobre la base de valores.

"La incertidumbre en las relaciones humanas es una de las enfermedades más terribles del mundo actual. Se realizan viajes espaciales, se construyen computadoras fuera de toda imaginación y se elaboran sistemas sutilísimos de filosofía, pero no se construye al ser humano porque este radica en las relaciones éticas" (Giussani, 1987: 33).

Los valores juegan en la moral el papel de los principios en las ciencias. Las ciencias son necesarias para la evolución del hombre, pero uno puede vivir sin conocer las leyes de las ciencias. Sin embargo, uno no puede vivir sin conocer la confianza moral en el otro. Cuanto más uno comporta la vida de otra persona más capaz es de tener certeza moral acerca de ella, ya que el cúmulo de indicios se multiplica.

Martha Nussbaum (cfr.capítulo XIV,2*)* considera que la ciencia no es enemiga sino más bien amiga de las humanidades *si se maneja de una manera adecuada.* La degradación ambiental y la degradacion humana y ética están íntimamente unidos .El progreso científic-tecnológico favorece a los hombres, pero tambié puede voltearse en contra de la humanidad. ¿El hombre va definitivamente asu deconstrucción total? Puede el hombre aceptar esta resignación y renunciar a la razón y a la libertad?

Filósofos como Luc Ferrry, André Comte Sponville, Iris Murdoch, Marta Nussbaum, Tomas de Aquino y otros señalen con razón que el amor es el fundamento de nuestra existencia. El amor constituye las virtudes. El amor trasciende la razón y los derechos. Aristóteles decía que la dignidad es la relación virtuosa y hace la vida agradable.

6. La Victoria del amor será la última Palabra de la Historia del Mundo (Benedicto XVI)

Primeramente, hemos explicado el aporte de la filosofía para la ética porque la religión debe poder reflexionar con claridad sobre sobre sí misma y para lograr esta tarea la filosofía juega un papel indispensable en la medida que ella sintetiza "apertura para el mundo" con la "apertura para Dios". La afirmación filosófica de la posibilidad de la "capacidad para Dios" es la base racional de la fe.

Además, la teología necesita de la filosofía para verificar la inteligibilidad de sus aserciones. El teólogo debe conocer todas las filosofías que han influido en las nociones y la terminología. La palabra de Dios se dirige a cada hombre y el hombre es naturalmente filósofo. La teología moral necesita la aportación filosófica (Juan Pablo II, 1998, n. 64-65).

La razón está en todos los pueblos y culturas. Dios ha creado a todos los hombres con la misma dignidad. La "ley natural" es expresión de la igualdad de todos los hombres. Todos pueden encontrarse y coincidir.

Cada acto libre humano, también el acto de la fe debe tener un grado de racionalidad. Además, un vacío ontológico o desconocer la razón lleva inevitablemente al fideísmo. Solo quedará la fe sin ningún criterio racional. En segundo lugar, solo Dios es absoluto. La religión está dentro de los límites de la historia. Entender la religión como algo absoluto llevaría al fanatismo. En tercer lugar, si todo dependerá exclusivamente de la fe no se tomará en cuenta el propio esfuerzo del hombre para hacer el bien. En cuarto lugar, la teología necesita de la mediación de la reflexión filosófica para poder establecer un diálogo fructífero con la ciencia y con la problemática actual.

En un mundo desacralizado el hombre no encuentra la experiencia del sentido de lo religioso. No se entiende lo religioso como fuerza de integración y como garantía de los valores fundamentales que sustentan las instituciones y la sociedad. Por un lado, se necesita una reflexión filosófica sobre los prejuicios y límites de las ciencias y las tecnologías que eliminan la libertad del ser humano. Por otro lado, la obligación legal no surge por la conciencia sino se fundamenta en el poder coactivo. Sin el voluntad libre se respeta solamente por miedo a la sanción. La filosofía del pragmatismo y la teoria de la comunicación de Habermas eliminan la conciencia libre de escoger el bien que es la base de la ética. Se desconoce que la dignidad de la persona está en su conciencia y no en el entorno de la cultura superficial.

Toda la tradición desde los primeros teólogos, llamados los Padres de la Iglesia reconoce el aporte de la razón para poder entender los valores e interpretar las ciencias. Una ética cristiana no puede fundarse exclusivamente sobre el mensaje evangélico. Ya encontramos en la carta a los Filipenses el reconocimiento de la ética en otras culturas: "Por lo demás, hermanos, fíjense en todo lo que encuentran de verdad, noble justo y limpio; en todo lo que es fraternal y hermoso, en todos los valores morales que merecen alabanza. Pongan en práctica todo lo que han aprendido, recibido y oído de mí, todo lo que me han visto hacer, y el Dios de la paz estará con ustedes" (San Pablo: Fil. 4,8-9). El ambiente cultural era complejo y no existía una sola moral. *Los cristianos tomaron los principios del ambiente que podían ser asimilados y se dejaron los que debían ser rechazados.*

Patrick Nullens, teólogo de la Iglesia evangélica y profesor en la Facultad de Teología de Lovaina, afirma que todos estamos de acuerdo sobre la síntesis impresionante entre la fe cristiana y la filosofía, elaborada por la genialidad de Tomás de Aquíno (1224-1274). Su pensamiento tiene los límites de su época, pero nos interesa mantener sus principios éticos. Muchos se inspiran hoy en día en este sistema cristiana que fundamenta una ética. Metafísica y ética están unidas. El mayor aporte de Tomás de Aquino es el intento de unir la palabra de Dios con el fin del hombre y la filosofía de la ética. La ética es mucho más que un conjunto de mandamientos arbitrarios. Los mandamientos son creados por Dios por medio de los cuales Dios lleva al hombre a su fin. Se trata de la felicidad cristiana, una vida con Dios. La Biblia, las virtudes y el orden natural forman una unidad coherente (Nullens, 2006: 120-121).

Actualmente muchos creen que el desarrollo de la ciencia y la técnica lograrán satisfacer a los seres humanos a través del dinero y el poder. Sin embargo, el desarrollo de las fuerzas productivas puede ayudar a la liberación moral de los seres humanos, pero ni la causa por sí mismo, ni siempre ayuda. Este enfoque materialista limita el hombre a cumplir normas técnicas y desconoce la riqueza de la libertad que orienta las acciones de acuerdo a los valores de amor, justicia fortaleza y templanza. El amor de Dios para el hombre es la característica principal del cristianismo, tema que es ausente en el mundo moderno y tecnócrata. El mundo occidental se alejó de la tradición cristiana. La mentalidad tecnócrata marginó la religión como aporte al entendimiento de la sociedad. Que muchos dejan de practicar la fe no es consecuencia de una falta de modernización de la Iglesia sino "negar a Dios y la religión, o prescindir totalmente de ellos, no constituye ya, como en el pasado, un hecho raro e individual: actualmente, con frecuencia, se presentan como exigencias del progreso científico o de un nuevo humanismo" (Concilio vaticano II, Gaudium et Spes, párrafo 7). El hombre tendría una autonomía autosuficiente. Su concepto central es la contingencia mientras que para el creyente existe una comunidad entre la pluralidad por Dios que es su fundamento.

Es importante que tanto ateos como creyentes tengan una conciencia clara de la finitud de su existencia y de sus proyectos. No podemos ser indiferentes frente a lo transcendente que no se puede verificar por experimentos o deducir racionalmente. Lo encontramos en el amor, el bien, la justicia, la belleza, la soledad, el dolor y en la muerte. Todos los hombres y pensamientos tienen sus límites y errores. Es fácil de comprobar por una reflexión sobre uno mismo. Sin embargo, en todos hay también una voluntad en menor o mayor grado para buscar el bien y podemos perdonar. No podemos vivir sin confianza mutua.

Dios ama a todos, no solo a los creyentes. El mensaje de los ángeles a los pastores que vivían en el campo de Belén donde acababa de nacer Jesús: "Gloria a Dios en lo alto del cielo y en la tierra paz a los hombres de buena voluntad" (Lucas, 2, 14). La gracia está presente en todos y puede ser asumida o negada. Los de otras religiones y los ateos atribuyen sus buenas acciones a otras creencias o ideas. Estamos frente a un misterio de Dios en el mundo. Dios ofrece el camino hacia el bien, pero es siempre transcendente a los actos de los seres humanos. Sin embargo, el cristiano empieza y termina el día con una oración. La fe en Dios influye en el trato con las otras personas porque ve a Cristo presente en ellas. Esta decisión interna distingue y favorece a un cristiano de las otras personas.

La fe nos abre un horizonte diferente. El encuentro con Dios llama a un pensar y a un actuar diferente. Por el encuentro con Cristo el hombre recibe un ejemplo de la vida del amor y del bien que lo *convierte a esta vida de amor*. La primera pregunta entonces no es: ¿qué debo hacer o qué voy a hacer? (la pregunta de Lenin), sino: ¿Quién soy yo?

Leemos en la encíclica Lumen Fidei (Francisco, 2006) que amor y verdad no se pueden separar. El conocimiento es necesario para descubrir el sentido de la vida. Sin embargo, sin amor la verdad se vuelve opresiva para la vida humana. Quien ama aprende que el amor mismo abre nuestros ojos para la realidad de manera nueva, en unión con las personas amadas. En la modernidad se ha intentado construir la fraternidad entre los hombres, fundándose sobre la igualdad. Sin embargo, es necesario volver a la verdadera raíz de la fraternidad. La salvación empieza con algo que nos precede. El origen de toda bondad está en Dios. La inteligencia no es solo para investigar y organizar sino también para reconocer lo que ha recibido.

Para que el mundo se renueve es necesario el misterio y el ejemplo de Cristo. El descubrimiento del amor como conocimiento se encuentra en la concepción bíblica de la fe. La biblia habla del corazón donde razón y amor está unidos. La fe conoce por estar vinculado al amor, en cuanto el mismo amor trae una luz. La fe es la que nace cuando recibimos el gran amor de Dios que nos transforma interiormente y nos da ojos nuevos para ver la realidad. Cristo nos ha revelado el amor del padre dándonos la nueva creación. El mundo adquiere una nueva dignidad. Surge una nueva cultura y una nueva moralidad diferentes de las normas del entorno que no brotan del corazón sino imitan la cultura dominante. En la biblia el corazón es el centro del hombre donde se entrelazan la interioridad de la persona (el entendimiento, la voluntad, la afectividad) y su apertura al mundo y a los otros, "No existe la inteligencia y después el amor: existe el amor rico en inteligencia y la inteligencia llena de amor" (Benedicto XVI, Caritas in Veritate).

La originalidad del cristianismo consiste en que Dios ha ofrecido al momento de la creación a todos los seres humanos, sin excepción, el fin último del hombre y su presencia por medio de Cristo para conseguirlo. Si bien Dios ha creado el hombre con libertad y autonomía esto no significa que el hombre tiene dos destinos, uno, lo natural, en este mundo que depende del esfuerzo del hombre y otro, lo sobrenatural, que depende de la gracia de Dios. Dios conoce solo un destino final para el hombre: su vida personal con el misterio. Creación y alianza son una sola realidad. El cosmos es creado por Dios y es el camino para encontrar la realización de la ética cristiana. La realidad del amor de Dios se manifiesta solo plenamente cuando el hombre conscientemente y libremente decide responder y se manifiesta como cristiano.

El encuentro con Dios llama a un pensar y actuar diferente. Si me permiten una advertencia en Cristo, una exhortación afectuosa, algo que proceda del Espíritu y que me sugiere la ternura y simpatía, entonces colmen mi alegría poniéndose de acuerdo, estando unidos en el amor, con una misma alma y un mismo proyecto. No hagan nada por rivalidad o vanagloria, Que cada uno tenga la humildad de creer que los otros son mejores que él mismo. No busque nadie sus propios intereses, sino más bien preocúpese cada uno por los demás. Tengan unos con otros los mismos sentimientos que estuvieron en Cristo Jesús: Él compartía la naturaleza divina y no consideraba indebida la igualdad con Dios; sin embargo, se redujo a nada y se hizo semejante a los hombres (Filipenses, 2: 1-5).

Sin embargo, puede darse una dialéctica entre la vida y el misterio. Dios creó al ser humano con libertad. Hay mucho mal en la sociedad por las personas que no cultivaron a sí mismos en lo material y lo moral. Sin embargo, a pesar de la confianza en el amor de Dios no podemos dejar de preguntarnos por qué, por ejemplo, Dios permite que gente perversa origina guerras con tantos muertos y enfermedades de personas muy queridas.

Al final siempre surge la pregunta ¿Por qué no te has opuesto con poder a tus enemigos que te han llevado a la cruz? El estilo divino es no arrollar con el poder exterior, sino dar libertad, ofrecer y suscitar amor. Padece y muere y, como Resucitado, quiere llegar a la humanidad solamente mediante la fe de los suyos, a los que se manifiesta La actitud de los discípulos no es hacer conjeturas sobre la historia y el futuro. Ya ahora viene a estar con nosotros. Nada quedará sin sentido, toda injusticia quedará superada y establecida la justicia. La victoria del amor será la última palabra de la historia del mundo (Benedicto XVI, 2011: 321). En la cosecha se separa la hierba mala de la buena, como podemos leer en el evangelio.

Ningún sistema de leyes es tan perfecto para que pueda lograr la fraternidad y la paz sin el perdón, el amor misericordioso. "Si aceptamos que el amor de Dios es incondicional, que el cariño del Padre no se debe comprar ni pagar, entonces podremos amar más allá de todo, perdonar a los demás aun cuando hayan sido injustos con nosotros, De otro modo, nuestra vida será un espacio de permanente tensión o de mutuo castigo" (Francisco, 2016, n.86). La obra de misericordia está dirigida al prójimo y también a la organización de la sociedad.

"Nosotros somos sus herederos. Todos aquellos a los que guía el espíritu de Dios son hijos e hijas de Dios. Entonces no vuelvan al miedo; ustedes no recibieron un espíritu de esclavos, sino el espíritu propio de los hijos, que nos permite gritar: ¡*Abba*! o sea: ¡Padre! El Espíritu asegura a nuestro espíritu que somos hijos de Dios. Siendo hijos somos también herederos; la herencia de Dios será nuestra y la compartiremos con Cristo. Y si hemos sufrido con él, estaremos con él también en la Gloria" (San Pablo, Romanos, 8: 14-15).

BIBLIOGRAFÍA

Abramson, Pier-Luc
2006 "Ciencia y cientifismo en el pensamiento de Manuel González Prada". En: Manuel *González Prada: escritor de dos mundos*. Isabelle Tauzin, ed. Lima: Instituto Francés de Estudios Andinos (IFEA).

Aleksiévich, Svetlana
2015 *El fin del "Homo sovieticus"*. Barcelona: Acantilado.

Álvarez Brun, Félix
1961 *La Ilustración, los jesuitas y la independencia americana*. Lima: Ministerio de Educación Pública.

Álvarez Vita, Juan
2006 *El mundo maravilloso de los Derechos Humanos*. Lima: Universidad Alas Peruanas.

Apel, Karl-Otto y Enrique Dussel
200 *Ética del discurso; ética de la liberación*. Madrid: Trotta.

Aquino, Tomás de
1986 *Summa Teologiae*. Madrid: BAC.

Aranguren, José Luis
1999 *Ética y política*. Madrid: Editorial Biblioteca Nueva.

Arendt, Hannah
2003 *Conferencias sobre la filosofía política de Kant*. Barcelona: Paidós.

Aristóteles
2004 *Ética Nicomaquea*. Buenos Aires: Editorial losada.
2005 *Ética Nicomáquea*. Bogotá: Gráficas Modernas.
2009 *Ética Nicomáquea*. Madrid: Tecnos.
2012 *Política*. Madrid: Alianza Editorial.

Armas, Fernando

1998 *Liberales, protestantes y masones*. Lima: Pontificia Universidad Católica del Perú (PUCP).

Arnsperger, Christian
2005 *Critique de l'existence capitaliste*. Paris: Éditions du Cerf

Aubert, Roger
1984 *Nueva historia de la Iglesia*. Madrid: Ediciones Cristiandad.

Aubry, Gwenwaëlle
2002 "Dunamis et Energeia dans l'Éthique Aristotélicienne: L'Éthique du Démonique". En: *L'Excellence de la Vie*. Paris: J. Vrin.

Baigent, Michael y Richard Leigh
2005 *Masones y templarios*. Madrid: Martínez Roca. (Versión en inglés: *The Temple and the Lodge*. Londres: Jonathan Cape, 1989).

Balint, Michael
1971 *Freud en la actualidad*. Barcelona: Ediciones Barral.

Barrico, Alessandro
2019 *The Game*. Barcelona, Editorial Anagrama.

Baudrillard, Jean
1983 *Les Strategies Fatales*. Paris: Grasset.
1996 *El crimen perfecto*. Barcelona: Anagrama.

Bauman, Zygmunt
2007 *Amor líquido*. México: Fondo de Cultura Económica (FCE).
2011 *Ética posmoderna*. Buenos Aires: Siglo Veintiuno.

Béji, Hélé
2010 "¿Qué futuro para el pluralismo cultural?". En: ¿Hacia dónde se dirigen los valores? México: FCE.

Benedicto XVI, Ratzinger Joseph
1987 *Iglesia, ecumenismo y política*. Madrid: BAC.
2002 *Cardenal Joseph Ratzinger: Dios y el mundo, una conversación con Peter Seewald*. Barcelona: Galaxia Gutenberg.

2002 *El Espíritu de la liturgia. Madrid: Ediciones cristiandad.*
2005 *Principios de moral cristiana.* Valencia: Edicep.
2006 *Deus Caritas est.* Lima: Editorial Hijas de San Pablo.
2007 *Spe Salvi.* Lima: Editorial Paulinas.
2009 *Caritas in Veritate.* Lima: Editorial Paulinas.
2011 *Jesús de Nazaret*, Madrid, Ediciones encuentro.
2012 *Mi Cristiandad.* Barcelona. El Planeta.
2013 *Entre razón y cultura.* México: FCE.

Beorlegui, Carlos
2006 *Historia del pensamiento filosófico latinoamericano*, Bilbao: Universidad de Deusto.

Berten, Ignace y Luneau René
1991 *Le Rendez-vous de Saint-Domingue*, Paris: Editions du Centurión.

Bindé, Jérome
2010 "Contrato natural y desarrollo en el siglo XXI". En: ¿Hacia dónde se dirigen los valores? México: FCE.

Bloom, Allan
1987 *The Closing of American Mind.* New York: Simon & Schuster.

Bonino, Serge-Thomas
2009 *A la Recherche d'une Éthique universelle: nouveau Regard sur la Loi naturelle.*
Ciudad del Vaticano: Libreria Editrice Vaticana.

Borghi, Marco
1998 *Les Chartres entre l'éthique et le droit.* Fribourg: Universitaires Fribourg.

Burgos, Juan Manuel
2003 *Antropología: una guía para la existencia.* Madrid: Palabra.

Buttiglione, Rocco
1982 *El hombre y el trabajo.* Madrid: Encuentro.

1989 *La doctrina social de la Iglesia en el contexto de la nueva evangelización*. Argentina: Ediciones Fe y Cultura.

Canto-Sperber, Monique
2002 "Aristote modernisé". En: *L'Excellence de la Vie*. Paris: J. Vrin.
2004 *La Philosophie Morale*. Paris: Presses Universitaires de France.

Cerutti Gulberg, Horacio
1992 *Filosofía de la Liberación latinoamericana*. México: FCE.

Cicerón, Marco Tulio
1984 *Sobre la República*. Madrid: Gredos.

Comte-Sponville, André
1995 *Petit Traité des grandes vertus*. Paris: Presses Universitaires.
2004 *Le capitalisme est-il moral?* Paris: Albin Michel.
2013 *Las más bellas reflexiones sobre la vida*. Barcelona: Espasa.
2015 *C'est chose tendre que la vie*. Paris: Albin Michel.

Conferencia Episcopal latinoamericano
2003 *Puebla*, Lima, Editorial Epiconsa, tercera edición.
2007 *Aparecida*, Lima, Editorial Epiconsa,

Concilio vaticano II
1972 *Gaudium et Spes*. Madrid: Ed. BAC

Consejo Pontificio Justicia y Paz
2005 *Compendio de la doctrina social de la Iglesia*. Ciudad del Vaticano: Libreria
Editrice Vaticana.

Contreras Peláez, Francisco
2013 "¿Debemos alegrarnos de la muerte del positivismo jurídico?". En: *Cultura* N° 27.
Lima: Universidad de San Martín de Porres.

Copleston, F. C.
1955 *El pensamiento de Santo Tomás*. México: FCE.

Cortina, Adela
1992 "Ética filosófica". En: *Conceptos fundamentales de ética teológica.* Madrid: Trotta.
2008 *Ética sin moral.* Madrid: Tecnos.
2011 "Ética discursiva y educación en valores". En: *Tolerancia III: Ética y política.*
Ciro Alegría Varona, Pepi Patrón y Fidel Tubino, eds. Lima: PUCP.

Dahrendorf, Ralf
2006 *El recomienzo de la historia.* Buenos Aires: Katz.

Dawson, Christopher
1953 *Europa, Wezen en Roeping.* (Traducción del libro *Understanding Europe*).
Paris: Desclée de Brouwer.

Dosse, François
2012 *Paul Ricoeur, un philosophe dans son siècle.* Paris: Armand Colin.

Dworkin, Ronald
2012 *Los derechos en serio.* Barcelona: Planeta

Eckhart
2007 En el libro de Marcel Braekers, Meesters in Spiritualiteit, ed. Altiora Averbode, Bélgica.

Epsicopado latinoamericano
2005 Puebla. Lima: Epiconsa y Paulinas.

Ezatti, Ricardo
2013 "Política y economía al servicio del bien común en clave de la enseñanza social de la Iglesia". En: *Pensamiento cristiano.* Lima: IESC.

Feinmann, José Pablo
2008 *La filosofía y el barro de la historia.* Buenos Aires: Planeta.

Ferry, Luc
1988   *La Pensée 68*. Paris: Gallimard.
1992   *Le nouvel Ordre écologique*. Paris: Éditions Grasset et Fasquelle.
2006a *Apprendre a vivre*. Paris: Plon.
2006b   *Kant, une lecture des trois "Critiques"*. Paris: Bernard Grasset.
2007   *Familles je vous aime*. Paris: Editiones X0.
2009   *Face a la crise*. Paris: Odile Jacob.
2010   *La revolution de l'amour*. Paris: Plon.
2011   *L'Anticonformiste: une autobiograhie intelectuelle*. Paris: Denoël.
2012   *De l'amour. Une philosophie pour le XXI siècle*. Paris: Odile.
2017   *La Revolución transhumanista*. Madrid: Alianza editorial.

Flores Quelopana, Gustavo
2014   *El espíritu de la filosofía peruana virreinal*. Lima: Editorial IIPCIAL.

Flori, Jean
2002   *Ricardo Corazón de León*. Barcelona: Edhasa.

Forment, Eudaldo
2003   *Santo Tomás de Aquino, antología filosófica*. Madrid: Tecnos.

Fraile, Guillermo
2000   *Historia de la filosofía*. Madrid: Biblioteca de Autores Cristianos.

Francisco
2006   Lumen Fidei. Lima: Editorial Paulinas.
2013   *Evangelii Gaudium*. Lima: Editorial Paulinas.
2015   *Laudato Si*. Lima: Editorial Paulinas.
2016   *Amoris Laetitia* . Lim: Editorial Paulinas

Friedman, Thomas
2006   "*La cultura cuenta: Glocalización*". En: *La Tierra es plana*. Madrid: Planeta.

Frieling, Gudula
2016 " "*Chrisliche Ethik oder Ethik für Christen*? Editorial Friedrich Putstet Rgensburg.

García García, Emilio
1999 *Derechos Humanos. La comunicación humana en la sociedad tecnológica.*
Madrid: Tecnos.

Gauchet, Marcel
2002 *La Démocratie contre elle-meme*. Paris: Gallimard.

Gilson, Étienne
1978 *El tomismo*. París: Ediciones Eunsa.

Giovannini, Jean-François
1998 "L'État national, instrument de la citoyenneté a l'échelle mondiale". En: *Éthique économique et droits de l'homme*. Marco Borghi y Patrice Meyer-Bisch, eds. Friburgo: Presses Universitaires.

Giussani, Luigi
1986 *La conciencia religiosa en el hombre moderno*. Madrid: Encuentro.
1987 *El sentido religioso*. Madrid: Encuentro.
1995 *El camino a la verdad es una experiencia*. Madrid: Encuentro.
1996 *El rostro del hombre*. Editorial Encuentro.

Giusti, Miguel
2007 *Debates de la ética contemporánea*. Lima: PUCP.
2015 *Disfraces y extravíos*. México: FCE.

Gobry, Ivan
1995 *La Philosophie Pratique d'Aristote*. Paris: Presses Universitaires de Lyon.

Golte, Jürgen y Doris León Gabriel
2011 *Polifacéticos*. Lima: Instituto de Estudios Peruanos (IEP).

Gomá, Javier
2009 *Ejemplaridad pública*. Madrid: Santillana.
2019 *Dignidad*. Barcelona: Galaxia Gutenberg, S.L.

Gómez, Carlos y Javier Muguerza
2007 *La aventura de la moralidad*. Madrid: Alianza.

González Prada, Manuel
2005 *Páginas libres*. Lima: Orbis Ventures.
2006 *Horas de lucha*. Lima: Peisa.

Gourinat, Jean Baptist
2002 "Aristóteles, Délibération et Choix dans L'Éthique Aristotelicienne". En: *L'Excellence de la Vie*. Paris: J. Vrin.

Grey, Carmody
2015 "Alleen theologia kan de cultuur redden". En: *Tijdschrift voor Theologie*. Nederland: Boom.

Grice-Hutchinson, Marjorie
1952 *The School of Salamanca. Readings in Spanish Monetary Theory, 1544-1605*. Oxford: Clarendon Press.

Gusdorf, George
1971 *Les Príncipes de la Pensé au Siècle des Lumiéres*. Paris: Payot.

Habermas, Jürgen
2000 *Aclaraciones a la ética del discurso*. Madrid: Trotta.
2013 *Ciencia y técnica como "ideología"*. Madrid: Tecnos.

Hegel, G. W. F.
1998 *Escritos pedagógicos*. México: FCE.

Honneth, Axel
2014 *El derecho de la libertad*. Buenos Aires: Katz.

Hume, David
2003 *Historia natural de la religión*. Madrid: Trotta.
Jacob, André

2012 *Éthique et condition humaine*. Paris: Kime.

Huntington, Samuel
2013 *El Choque de las civilizaciones*, Ed. Espasa, Barcelona,

Ivergeigh, Austen
2015 *El gran reformador*, Barcelona: Ed.B, S.A.

Jaspers, Karl
1995 *Los grandes filósofos*. Madrid: Tecnos.

Jaume, Lucien
2010 *Les Origines Philosophiques du Liberalisme*. Paris: Flammarion.

Juan Pablo II
1982 *Laborem Excercens*. Lima: Edirorial Paulinas.
1998 *Fides et Ratio*. Lima: Editorial Paulinas.
1993 *Veritatis Splendor*. Lima: Editorial paulinas.
2003 *Centesimus Annus*. Lima: Editorial Paulinas.

Julián Gonzales, Rosa
2014 *La violencia en el discurso cinematográfico*. Lima: Universidad de San Martín de Porres.

Kant, Emmanuel
1970 *Crítica de la razón pura*. Buenos Aires: Losada.
1994 *Crítica de la razón práctica*. Salamanca: Sígueme
2002 *Crítica de la razón práctica*. Salamanca: Sígueme.

Krugman, Paul
2012 *El retorno de la economía de la depresión y la crisis actual*. Barcelona: Crítica.

Küng, Hans y Karl-Joseph Kuschel
2006 *Ciencia y ética mundial*. Madrid: Trotta.
2008 *Ética mundial en América Latina*. Madrid: Trotta.
2011 *¿Vida Eterna?* Madrid, editorial Trotta.

Lázaro Cantero, Raquel
2002 *La sociedad comercial en Adam Smith. Método, moral, religión.* Pamplona: Ediciones de la Universidad de Navarra.

Leclercq, Jacques
1977 *Las grandes líneas de la filosofía moral.* Madrid: Gredos.

Lenin, V. I.
1967 *Las tres fuentes y las tres partes integrantes del marxismo.* Moscú. Leuridan Huys, Johan
1995 "Sobrino y Boff: Dos propuestas eclesiológicas latinoamericanas". En: *Cultura* N° 9. Lima: Asociación de Docentes de la Universidad de San Martín de Porres (Adusamarpo).
1996 "La experiencia religiosa según Giussani". En: *Cultura.* Lima: Adusamarpo.
1997 "Bases para una antropología cristiana y eclesiológica". En: *Cultura.* Lima: Adusamarpo.
2005 "Iglesia, cultura y derechos humanos". En: *Cultura.* Lima: Adusamarpo.
2006 "Modernidad y relativismo". En: *Cultura.* Lima: Adusamarpo.
2007a "Iglesia versus nueva cultura". En: *Testimonio.* Lima: Instituto de Estudios Social Cristianos (IESC).
2007b   "Derechos humanos". En: *Testimonio.* Lima: IESC.
2008a "Desconfiar de la ética". En: *Testimonio.* Lima: IESC.
2008b "La respuesta de la modernidad al relativismo". En: *Testimonio.* Lima: IESC.
2009 "La cultura de la vulgaridad y la ética de la virtud". En: *Cultura.* Lima: Adusamarpo.
2012 "Reconstruir la civilización". En: *Cultura.* Lima: Adusamarpo.
2014 "La familia, la escuela y los líderes de la sociedad". En: *Cultura.* Lima: Adusamarpo.
2015a "La ética de las virtudes". En: *Cultura.* Lima: Adusamarpo.
2015b "La cultura moderna actual". En: *Cultura.* Lima: Adusamarpo.

Lipovetsky, Gilles
1992 *Le Crépuscule du Devoir.* Paris: Gallimard.

Lipton, Bruce
2016 *De la Biología a la Creencia.* Madrid.

Locke, John
1988 *The Reasonabless of Cristianity*. Cambridge: Laslett.

Loobuyck, Patrick
2005 *Moraal zonder God?* Holanda: Damon.
2013 *De seculiere Samenleving*. Antwerpem: De Linkerover Uitgevers.

Löwith, Karl
2007 *Historia del Mundo y Salvación*. Buenos Aites. Ed. Katz.

Luckmann, Thomas
1989 "Religión y condición social de la conciencia moderna". En: *Razón, ética y política*. Barcelona: Antropos.

Luhmann, Niklas
1989 "La moral social y su reflexión ética". En: *Razón, ética y política*. Barcelona: Antropos.
2013 *La moral de la sociedad*. Madrid: Trotta.

Luypen, William
1968 *Fenomenología del derecho natural*. Buenos Aires: Ediciones Carlos Lohlé.
1975 *Rechtvaardigheid*. Zwolle, Nederland: Tjeenk Willink.
Lyazid, Maryvonne

1998 "Citoyenneté des autorités publiques européennes". En: *Éthique économique et droits de l'homme*. Marco Borghi y Patrice Meyer-Bisch, eds. Friburgo:Presses Universitaires.

Lyotard, Jean-François
1979 *La Condition Postmoderne*. Paris: Editions de Minuit.

Maaloyf, Amin
2019 *El Naufragio de las Civilizaciones*. Madrid: Alianza Editorial

Machuca Castillo, Gabriela
2006 *La tinta, el pensamiento y las manos*. Lima: Universidad de San Martín de Porres.

Maestre Pagaza, Fernando y Alberto Péndola Febres
2001 *Corrupción, un estudio psicoanalítico*. Lima: Universidad de San Martín de Porres.

Marcel, Gabriel
1949 *Positions et approches concrètes du mystère ontologique*. Paris: J. Vrin.

Marquard, Odo
2006 *Felicidad en la infelicidad*. Buenos Aires: Katz.

Martínez Ocamica, Gutenberg
2013 "Estado, mercado y comunidad". En: ¿Qué es ser socialcristiano hoy? Montevideo: Funny.

Methol Ferré, Alberto
2006 *La América del siglo XXI*. Buenos Aires: Edhasa.
2015 En el libro de Alver Metalli, El Papa y el Filósofo. Chile: Universidad Pontificia y Católica.

Miró Quesada Cantuarias, Francisco
2010 *Proyecto y realización del filosofar latinoamericano*. Lima: Universidad Ricardo Palma.

Montaner, Carlos Alberto
2005 *La libertad y sus enemigos*. Buenos Aires: Sudamericana.

Montero, Rosa
2018 Entrevista en Perú 21, Lima.

Montiel, Edgar
2010 "Un enfoque estratégico de política exterior para la era intercultural". En: *Cuadernos Unesco Guatemala*, N° 2.

Morandé, Pedro
1989 "La cultura de la solidaridad: Exigencia de una humanidad unificada e interdependiente". En: *Una experiencia que se hace escuela*. Buenos Aires: Cultura y Fe.

Morin, Edgard
2010 "La ética de la complejidad y el problema de los valores en el siglo XXI". En: ¿Hacia dónde se dirigen los valores? México: FCE.

Mounier, Emmanuel
1949 *Le Personalisme*. Paris: Ed. Que sais-je?

Muguerza, Javier
2007 "Racionalidad, fundamentación y aplicación de la ética". En: *La aventura de la moralidad*. Carlos Gómez y Javier Muguerza, eds. Madrid: Alianza Editorial.

Murdoch, Iris
1969 *On "God" and "Good"*. London: Chatto & Windus.

Natali, Carlo
2002 "*La phronesis d'Aristote dans la dernière décennie du XX siècle*". En: *L'Excellence de la Vie*. Paris: J. Vrin.

Neiman, Susan
2008 *Moral Clarity. A guide for Grown-Up Idealists*. New York: Harcourt.

Nietzsche, Friedrich
1883 *Also sprach Zarathustra*

Noah Harari, Yuval
2015 *Homo Deus*, México, Penguin random House.
2018 *21 lecciones para el siglo XXI*, Lima: Penguin.

Nullens, Patrick
2006 *Verlangen naar het Goede*. Zoetermeer: Boekencentrum.

Nussbaum, Marta
1990 *Love's Knowledge. Essays on Philosophy and Literature*. New York: Oxford University Press.
1999 *Gerechtigkeit oder das gute Leben*. Frankfurt.
2007 *Las fronteras de la justicia*. Barcelona: Paidós.

2010 *Not for Profit. Why Democracy Needs the Humanities*. Princeton: Princeton University Press.
2014 *Emociones políticas*. Barcelona: Paidós.
2017 Crear Capacidades. Barcelona: Espasa libros.

Oppenheimer, Andrés
2005 *Cuentos chinos*. Buenos Aires: Sudamericana.

Ortega y Gasset,
1961 *El Hombre y la gente*, Obras Completas, VII, Madrid. Revista de Occidente

Pablo Vi,
1967 *Populorum Progreso*. Lima: Editorial Paulinas.

Petter, Domien M. de
1972 *Naar het Metafysische*. Antwerpen-Utrecht: Nederlandse Boekhandel.
1964, *Implicite Intuitie* en el libro Begrip en Werkelijkheid. Hilversum-Antwerpen: Paul Brand,

Pieper, Josef
2007 *Las virtudes fundamentales*. Madrid: Rialp.

Portocarrero, Gonzalo
2006 "La (im) posibilidad de un positivismo criollo". En: *Manuel González Prada:escritor de dos mundos*. Isabelle Tauzin, ed. Lima: IFEA.

Quesada, Fernando
2009 "Ética y política". En: *La aventura de la moralidad*. Carlos Gómez y Javier Muguerza, eds. Madrid: Alianza Editorial.

Radcliffe, Timothy
2008 *¿Qué sentido tiene ser cristiano?* Bilbao: Desclée de Brouwer.
2011 *Os llamo amigos*. Salamanca: Editorial San Esteban.

Rahner, Karl
2002 *Escritos de teología*. Madrid: Ediciones Cristiandad.

Ramón Rallo, Juan
2017   La Globalización; el principal enemigo del populismo de izquierdas y derechas en el libro El Porqué de los populismos, coordinado por Fran Carrillo. Barcelona: Centro libros.

Rayfield, Donald
2004 *Stalin y los verdugos*. Buenos Aires: Taurus.

Raymaekers, Bart
2007 *Ethiek, recht en samenleving*. Leuven: Lanoo.

Ricken, Frido
2014 *Sozialethik*. Stuttgarten: Kohlhammer.

Ricoeur, Paul
2008,I   *Amour y Justice*. Paris, Editiones Points.
2008,II *Lo justo 2*. Madrid: Trotta. (Traducción de *Le Juste* 2. Paris: Esprit, 2001).

Riesman, David
1964 *La Foule solitaire*. Paris: B. Arthaud.

Ritter, Gerhard
1972 *El problema ético del poder*. Madrid: Ediciones de la Revista de Occidente.

Rodríguez Luño, Ángel
2010   Ética general. Pamplona: Eunsa.

Roig, Arturo Andrés
1981 *Filosofía, universidad y filósofos en América Latina*. México: Editorial   Universidad Autónoma de México.

Romeyer Dherbey, Gilbert
2002 "La Question de Droit Naturel". En: *L'Excellence de la Vie*. Paris: J. Vrin.

Rueda, Paulino
2011 *Sociología del Derecho*. Lima: Universidad de San Martín de Porres.

Salazar Bondy, Augusto
1974 *Lecturas filosóficas*. Lima: Editorial Arica.

Sandel, Michael J.
2010 *Justice. What's the right thing to do?* New York: Farar, Strauss and Giraux.

Sartori, Giovanni
1997 *Homo videns*. Madrid: Santillana.

Sartre, Jean-Paul
1971 *Bosquejo de una teoría de las emociones*. Madrid: Alianza.

Savater, Fernando
2004 *Ética para Amador*. Barcelona: Ariel.
2005 *Los siete pecados capitales*. Buenos Aires: Sudamericana.
2007 *La vida eterna*. Barcelona: Ariel.
2012 *Ética de urgencia*. Buenos Aires: Paidós.

Schell, Jonathan
2005 *El mundo inconquistable*. Barcelona: Galaxia Gutenberg.

Scheltens, D. F.
1981 *Mens en Mensenrechten*. Brussel: Samsom Uitgeverij, Alphen aan de Rijn.

Schillebeeckx, Edward
2010 *La historia de un viviente*. Madrid: Trotta.
2002 *Verlangen naar ultieme Levensvervulling*. Nijmegen: Tijdschrift voor Theologie, 42, 4 (2002).

Schockenhoff, Eberhard
2012 *Ética de la vida*. España: Herder.

Scola, Angelo
1989 *Identidad y diferencia*. Madrid: Encuentro.

Seguín, Carlos Alberto
2007 *Psicoterapia*. Lima: Colegio de Psicólogos del Perú y Universidad de San Martín de Porres.

Sen, Amartya
2007 *Identidad y violencia*. Buenos Aires: Katz
2012 *L'idée de justice*. Paris: Flammarion.

Sierra Bravo, Restituto
1975 *El pensamiento social y económico de la escolástica*. Tomos I y II. Madrid: Instituto de Sociología Balmes.

Sloterdijk, Peter
2010a *Die nehmende Hand und die gebende Seite*. Berlín: Suhrkamp Verl.
2010b "¿Un siglo religioso? Pero, ¿será espiritual?". En: ¿Hacia dónde se dirigen los valores? México: FCE.
2013 *Has de cambiar tu vida*. Valencia: Pre-Textos.

Stiglitz, Joseph
2002 *El malestar en la globalización*. Madrid: Santillana.

Suárez Cortina, Manuel
2006 "Laicismo y anticlericalismo en la España de fin de siglo: Manuel González Prada y las 'dos Españas'". En: *Manuel González Prada: escritor de dos mundos*. Isabelle Tauzin, ed. Lima: IFEA.

Tongeren, Paul van
2008 *Een Inleiding in de Deugdenethiek*. Amsterdam: Ed. Sun.

Touraine, Alain
1995 *Crítica de la modernidad*. Buenos Aires: FCE.
2010 "Por un contrato cultural". En: ¿Hacia dónde se dirigen los valores? México: FCE.

Trigo, Tomás
2003   *El debate sobre la especificidad de la moral cristiana.* Pamplona: Eunsa.

Tubino, Fidel
2007   "Introducción: En defensa de la universalidad dialógica". En: *Debates de la ética dialógica.* Lima: PUCP.
2015   *La Interculturalidad en cuestión.* Lima: Fondo Editorial PUCP.

Urbano, Henrique
1991   *Modernidad en los Andes.* Cusco: CERA, Bartolomé de las Casas.

Ureña, Enrique
1998   *La teoría crítica de la sociedad de Habermas.* Madrid: Tecnos.

Vacher, Laurent-Michel
1990   *L'Empire du Moderne. Actualité de la Philosohie Américaine.* Paris: Les Herbes Rouges.

Valverde, Carlos
1995   "Ética, cristianismo y orden político". En: *Communio.* Madrid: Encuentro.

Vargas Llosa, Mario
2013   *La civilización del espectáculo.* Lima: Santillana.

Vaticano II
1972   Gaudium et Spes. Madrid: Editorial BAC.

Vegetti, Mario
2002   "Normal, Natural, Normatif dans l'Éthique d'Aristote". En: *L'Excellence de la Vie.* Paris: J. Vrin.

Velasco, Juan Carlos
2003   *Para leer a Habermas.* Madrid: Alianza Editorial.

Viano, Cristina
2002 "Passions, désirs et plaisirs chez Aristote". En: *L'Excellence de la Vie*. Paris: J. Vrin.

Vigo, Abelardo
2006 *Economía y ética en el siglo XVI*. Madrid: BAC.

Walgrave, John Henry
1962 "Standpunten en stromingen in de hedendaagse moraaltheologie". *Tijdschrift voor theologie. Leuven. Editor Peeters.*
1971 *Palabra de Dios y Existencia*. Editorial Lannoo, Bélgica. Impreso en España, Gráficas Halar, Madrid.

Ward, Thomas
2001 *La anarquía inmanentista de Manuel González Prada*. Lima: Universidad Ricardo Palma y Editorial Horizonte.

Wolton, Dominique
2000 *Penser la comunication*. Paris: Flammarion.

Zizek, Slavoj
2006 *Arriesgar lo imposible*. Madrid: Trotta.
2008 *En defensa de la intolerancia*. Buenos Aires: Sequitur.
2000 Fragile absolu. Paris: Flamarion.

www.ingramcontent.com/pod-product-compliance
Lightning Source LLC
Chambersburg PA
CBHW072119290426
44111CB00012B/1712